북한, 그리고 동북아

North Korea and Northeast Asia

백인학 외

북한, 그리고 동북아

지 은 이　백인학 외
발 행 인　남광규
발 행 처　도서출판 매봉
초판인쇄　2014년 11월 22일
초판발행　2014년 11월 22일
등록번호　제6-479호
주　　소　서울시 영등포구 국회대로 867 1102호
Tel · Fax / (02)780-9013 / 780-9017
값 / 20,000원 • ISBN / 978-89-92799-09-6 93340

북한, 그리고 동북아

백인학 외

도서출판 매 봉

North Korea and Northeast Asia

by Bak In Hag

Maebong Publishing House

책을 펴내며

본서는 모두 14명의 필진이 참여했으며 서문과 함께 책 전체 내용은 2부로 나뉘어서 총 11편의 논문을 수록하고 있다. 서론은 통일에 대한 시론적 내용을 담고 있으며 본문의 제1부는 북한연구의 동향, 김정은 집권 이후 북한의 대내외정책과 경제정책, 북한체제의 급변가능성 및 북한인권문제, 통일비용을 통해 본 통일교육의 방향 등을 다루고 있다.

1부의 내용을 개괄적으로 보면 먼저 1장의 북한 관련 박사학위 600여편을 분석한 북한연구의 동향을 통해 북한관련 연구가 어떻게 진행되어 왔는가를 구체적인 데이터와 분석을 통해 일목요련하게 이해할 수 있는 점이 눈에 띈다. 2장과 3장은 김정은 집권 이후 북한의 내외정책이 어떻게 진행되어왔는지, 그리고 박봉주 내각을 중심한 김정은의 경제정책의 방향이 무엇인지에 대한 이해를 담고 있다. 4장과 5장은 북한의 북한 급변사태 시 국제사회의 개입 가능성과 북한 인권문제의 동북아적 함의를 북한의 '세 세대 인권'의 개념을 중심으로 분석하고 있다. 6장은 최근 우리 사회의 통일논의와 관련해 통일비용 분석과 관련한 통일교육의 방향을 논하고 있다.

제2부에서는 북중관계, 북일관계, 북러관계를 동맹 및 2000년 대 초의 관계를 중심으로 살펴본 글들과 중국의 에너지정책과 러시아의 민족문제 및 우리 통일교육의 방향에 대해 다루고 있다. 2부에 수록된 논문들은 현재와 시기적으로 차이가 있으나 북한을 중심한 동북아 주변 국가들과의 외교관계 흐름을 시기적으로 살펴보는 의미와 함께 북한과는 직접 연관되지 않지만 중국의 에너지정책과 러시아의 민족문제 및 우리의 통일교육에 대한 이해를 함께 담았다.

2부의 내용을 개괄적으로 보면 7장과 8장은 북중동맹의 성격을 북중동맹 유지전략의 관점에서 분석한 글과 상하이협력기구를 중심한 중국의 에너지안보를 다루고 있다. 9장은 1990년대 이후 2004년 까지의 북일수교 협상을 일본의 입장에서 분석하고 있어 최근 북일교섭의 역사적 배경 이해에 도움을 줄 수 있는 내용을 담고 있다. 10장과 11장은 북한과 러시아와 관련된 내용으로 10장은 1994년부터 2000년 까지 북러관계의 특징을 노동신문 분석을 통해 보여주고 있다. 11장은 북한과 직접 관련된 것은 아니지만 러시아 민족주의 성격과 다문화주의에 대한 시민문화적 이해의 내용을 담고 있다.

끝으로 본 책은 항상 웃는 낯으로 만남을 흥겹고 유쾌하게 이끄시는 백인학 선생님에 대해 갖는 감사와 고마움의 마음도 담아서 출간했다. 백인학 선생님과의 만남과 학과에서의 생활이 엊그제 같은데 벌써 정년 은퇴하신다고 하니 한편으로는 좀 더 계셨으면 하는 아쉬움과 함께 못다 표현한 감사의 마음을 한 편의 글로 대신할 수 있다면 다행으로 생각한다.

2014년 11월

집필진 일동

차 례

제2부 북한과 동북아 · 179

서문

다시 통일을 생각한다

백인학 ı 강원대학교

'우리의 소원은 통일! 꿈에도 소원은 통일!'이라고 남과 북 사람이 만나면 노래한다. 소련의 와해와 동구권의 민주화로 개혁, 특히 한반도의 통일보다 더 어렵게 보이던 독일통일이 실현된 이후, 통일은 소원에서 가능성으로 우리에게 나타나게 되었다.

통일은 민족의 숙원이 되어서 누구도 명시적으로 반대하지 않으며, 따라서 정부의 중요한 국정 목표의 하나가 되었다. 민족적 숙원은 '통일지상론'으로 절대 명제화 하였으며, 이는 곧 통일이 윤리적이고 도덕적인 차원의 당위로 되었음을 의미한다. 당위론적 통일론은 통일의 당위성을 규범적으로 수용하고, 왜 통일이냐에 대한 논의를 불가능하게 하였으며, 다만 방법론을 실현가능성보다도 논리적으로 모색하게 하였다. 이러한 상황에서 통일에 대한 합리적인 사고는 어려웠으며, 실용적인 정책도 부재할 수밖에 없었다. 이승만 정부의 '승공통일론'이나 장면, 박정희 정부의 '선건설 후통일론'은 구체적 통일 논의의 유보시대였다고 할 수 있다.

제6공화국이 추구한 북방정책에 의한 동구권 및 소련과의 수교, 뒤이은 독일의 통일, 동구권의 민주화 소련 붕괴는 통일을 가시적으로 가능하다고 인식하기 시작하였다. 1992년 북한의 최대 후원국인 중국과의 수교 및 인적·물적 교류의 증대는 한반도 평화정책에 대한 자신감과 통일에 대한 관심을 제고시켰다. 김영삼 정부의 '민족 공동체 통일방안'은 지금까지 한국의 공식적인 통일방안이다. 그 이후 김대중 정부의 화해협력정책, 노무현 정부의 평화번영정책, 이명박 정부의 상생공영정책과 현 박근혜 정부의 한반도 신뢰 프로세스는 모두 민족 공동체 통일방안 하에서 대북한 정책이다. 물론 구체적인 내용과 추진과정 상에서 차이는 있지만, 명칭은 단어에 차이가 있지 뜻에 차이는 없다. 화해협력도 평화번영하자는 것이며, 평화번영도 어느 한쪽의 평화번영이 아니라 남북한 모두가 함께 상생공영하자는 것이다.

남북한 관계가 개선되고 진전되기 위해서는 상호신뢰가 무엇보다 중요하고, 신뢰 없이는 어떠한 정책도 성공할 수 없다는 것은 자명하다. 김대중 정부의 포용정책도 북한 신뢰를 얻기 위해서 우리가 먼저 베풀자는 것이다. 베풀어야 신뢰가 형성되어 대북정책이 성공할 수 있다는 것이다. 그러나 신뢰가 없는 상태에서 베푸는 것은 일방적인 퍼주기인 짝사랑이라고 비판한다. 무엇이 먼저인지 논쟁이 있을 수밖에 없다. 남북한 간에 신뢰가 형성되지 않는 것은 상대방에 의해서 흡수당할지도 모른다는 두려움 때문이라고 할 수 있다. 한국이 아무리 선의를 가지고 남북교류를 추진하고 지원해도, 북한은 자유와 시장경제의 바람을 불어넣어 북한체제의 붕괴를 위한 트로이 목마가 될 수 있다고 볼 수도 있다. 한국도 북한의 행동을 체제 방어보다는 적화통일을 위한 준비라고 간주하기도 한다. 따라서 어쩌면 남북한 당국이 통일포기를 선언하는 것이 어쩌면 상호신뢰를 가져오고, 궁극적으로 통일을 앞당길지도 모른다.

바람직한 통일정책을 위해서 많은 제언을 할 수는 있다. 무엇보다도 우리 내에서 통일을 할 것인가 아니면 안할 것인가의 문제부터 확인하고, 할 것이라면 어떤 방법을 택할 것인가를 명백히 밝혀야 한다. 실질적으로는 북한 붕괴에 의한 흡수통일론을 추구하면서 북한 붕괴를 원하지 않는다고 하는 것이나, 북한을 자극할 방법은 안 된다는 논리는 이해하기 어렵다. 사실상 현 시점에서 통일포기라면 평화공존과 교류를 더 모색해야 할 것이다. 아무리 좋은 통일방안이라도 남북한에서 결정적인 영향력을 행사하면서 통일로 크게 손해 볼 가능성이 높은 정치·군사·관료·일부 경제엘리트들의 이해관계에 합치되지 않으면 합의가 어려울 것이다. 사실 합의통일은 불가능할지도 모른다. 기존세력이 자기의 모든 것을 포기하면서 통일을 하려고 할 것인지는 의문이다. 반대로 쌍방 기존 세력의 이익이 평등하게 보장되는 통일은 예멘의 1차 통일에서 보듯이 실패할 가능성이 높다.

사실 통일은 두 가지 경우에만 가능할지도 모른다. 어느 한 쪽에 의한 무력 통일이 하나이며, 한쪽이 붕괴하여 다른 쪽으로 흡수당하는 통일이 다른 하나이다. 이렇게 본다면 우리도 평화적 흡수통일을 명확히 하고 북한의 붕괴촉진과 붕괴에 대한 대비를 갖추는 것이 더 중요한 통일정책이 될 수도 있다. 서독의 예에서 보듯이, 남한체제가 자유·평등·인간의 존엄성, 인간다운 삶이 더욱더 향상되는 자유민주복지사회가 되어서 북한 동포들에게 남한체제가 그들의 대안이 되게 하는 것이 급선무이다. 전쟁없는 평화공존과 통일을 위해서 협력하는 동시에 우리체제가 통일한국의 미래상이 되도록 노력해야 할 것이다. 북한체제가 붕괴되더라도 북한 인민들이 남한과의 통일을 원하지 않을 수도 있다. 동독이 서독과 통일보다 자체적으로 국가를 만드는 것이 더 바람직하다고 생각했다면 분단 상태로 갔을지도 모른다. 평화통일의 기회가 도래한다면 모든 역량을 동원해서 잡아야 한다. 기회의 창은 항상 가능한 것이 아니라는 점을 또한 명심하여 통일비용과 통일이후의 어려움에 대한 지나친 경계는 불식되어야 할 것이다.

역대 정부의 대북정책은 구체적인 실천에서는 차이가 있었지만 명명된 정책은 용어의 차이뿐이었다. 김대중 정부의 화해협력, 노무현 정부의 평화번영, 이명박 정부의 상생공영 정책도 남북한 간에 신뢰가 없으면 불가능한 일이다. 따라서 박근혜정부의 신뢰프로세스의 두 가지 원칙은 '평화에 대한 도발에는 강력히 대처한다'와 '기존의 합의는 지켜야한다'는 것이라고 생각한다. 그런데 북한은 2012년 12월의 미사일 발사와 2013년 2월의 3차 핵실험, 그리고 뒤이어 정전협정파기, 전시상태선포, 개성공단 폐쇄 등으로 박근혜정부를 길들이려 하였으나, 정부의 단호한 대응으로 실패하였다. 북한은 개성공단을 재가동하였으나, 남북한 간의 적대적인 경색상태는 지속되고 있다.

이러한 상황에서 남북관계의 목표는 현상타파(통일), 현상유지, 북한동포 지원 등에 대해서 장기·중기·단기적인 목표를 세우고 추진해 상호 신뢰의 대북정책으로 평화적 분단 관리로 현상유지를 목표로 할 수 있다. 그러나 통일이 궁극적 목표라면 평화적 흡수통일을 명확히 하고 북한의 돌발적인 붕괴에 대한 대비가 필요하다. 우리가 자유민주주의와 시장경제를 통한 복지사회를 건설하여 북한 동포들에게 우리 체제가 대안이 될 수 있도록 해야 하며 21세기의 세계적인 흐름인 민주화 물결이 북한에도 들어가서 북한 체제가 민주화 될 수 있도록 지원하면서 중국의 영향력 하에 들어갈 수도 있을 것임을 경계해야 할 것이다.

남북관계의 원칙은 한반도에서 전쟁 공포 해소, 평화정착, 통일기반구축, 호혜평등, 국민합의, 북한주민의 삶의 질적 개선과 인권향상 등의 기본원칙이 준수되어야 할 것이다. 핵무기 폐기도 이의 일환으로 추진되어야 할 것이다. 대외노선은 한미동맹에 입각한 한미일 공조가 기저가 되면서 중국의 협력 하에 대북정책에 대한 공조를 유지해야 할 것이다. 내적으로도 민족보다 대한민국과 국민이 우선시 되어야 하며 대한민국과 국민의 안전을 확보하는 명제가 통일보다 우선되어야 할 것이다.

이러한 목표와 원칙을 바탕으로 향후 바람직한 대북정책은 전제 조건으로 개혁·개방을 포함한 북한체제의 변화는 북한 당국자가 체제유지와 발전의 필요성에서 결정하는 것이지 한국 정부나 국민의 희망에 따르는 것이 아니라는 인식이 필요하다. 따라서 대북포용정책 또는 햇볕정책은 유화정책이 될 수 있는데 이 경우 희망을 사실로 착각하는 “희망적 사고”의 우를 범해서는 안 된다. 따라서 「남북사이의 화해와 불가침 및 교류·협력에 관한 합의서」의 합의사항들이 이행될 수 있게끔 노력하는 것이 필요한데 정부 차원에서는 제한적 상호주의를 적용해야 할 것이다. 북한과 1:1의 상호주의는 아니더라도 우리의 지원에 최소한의 조건 제시로 중국, 베트남의 경우와 같이 납북자 석방, 쌀 등 식량지원 시 북한의 농업생산 방식 변경을 요구해야 할 것이다. 민간차원에서는 무분별한 경쟁적 지원문제를 해소해야 한다. 순수한 민간차원이 아닌 친북 좌파적 지원과 교류는 품목과 상황에 따라서는 제한할 필요가 있는데 지방자치단체 단위의 교류지원에는 선별적 승인이 필요하다. 이들 사업 중에는 중앙정부가 하기 힘든 사업도 있고 남북강원도 간에 금강산 솔잎혹파리 방제 등과같이 상호간에 실질적인 도움이 되는 사업도 다수 있다. 이러한 사업은 중앙정부 차원에서 지원이 필요할 것이다.

대한민국에 온 탈북자, 기타 제 3국에 거주하는 탈북자, 중국의 조선족, 러시아 연해주에 거주하는 고려인에 대한 바람직한 정책이 필요한데 탈북자가 한국사회에서 어떻게 살아가고 있느냐는 북한 주민에게 많은 영향을 줄 것이다. 또한 조선족이나 고려인은 북한주민과 접촉이 잦다는 면에서 북한 주민들의 대남인식에 영향을 줄 것이므로 장기적이고 바람직한 정책이 필요하다. 이를 위해서는 현금이 지불되는 사업은 가급적 줄여야 하고 현금 대신 물자지급 방식 검토가 필요하다. 무엇보다도 과거 경수로 사업과, 금강산 관광 등과 같이 단기적이고 가시적인 업적에 치중하여 실패하는 일이 없어야 한다. 아쉬운 쪽은 북한이고, 시간은 우리에게 유리함을 인식하고 조급함을 버리고 시간과 여유를 가지고 접근할 필요성이 있다. 장기적인 목표 하에 원칙에 충실하게 대북정책을 추진해야 할 것이다.

또한 남북한 관계가 경색되었다는 비판에 과잉 반응할 필요가 없는데 이점을 너무 염려하면 북한에 끌려갈 수밖에 없다. 대북정책은 원칙에 따른 일관성 유지가 중요한데 원칙 있는 대북정책으로 되는 것과 안 되는 것을 분명하게 구별하여 북한이 인식케 하며 인도적 지원과 정치적 지원을 분명히 구분해야 할 것이다.

향후 남북관계는 북한은 위기고조정책의 남한 내 반응을 주시하면서 향후 박근혜정부의 대북정책을 주시하고 있는데 한국 내에서 이명박 정부 때의 남북한 대화 및 교류 중단에 따른 비판과 새로운 대북정책에 대한 요구가 커질 것으로 기대할 것이며 따라서 시간이 지나면 정부가 유화정책으로 전환할 것으로 예상할 것이다. 미국도 이라크, 이란, 아프가니스탄 문제와 국방예산

삭감 등으로 북한과의 대결 국면을 원치 않을 것으로 판단되는데 결국 핵보유는 인정하고 핵확산 억지 전략으로 전환할 것으로 기대할 것이다. 한국정부도 좋지 않은 경제여건과 복지비 지출 증대 등으로 인한 국방예산 절감을 위하여 북한과의 관계개선으로 나올 것으로 기대할 것이다.

이런 북한의 입장에 대해 박근혜정부는 대국민설득, 여·야 합의도출 노력, 부처 간 이견정리 등 차분하게 여러 가능성에 대한 준비를 할 필요가 있는데 그 과정에서 친북·종북세력에 대한 고립화가 필요하다. 한미공조를 철저하게 유지하면서 미국과 북한과의 협의과정에 적극적으로 참여할 필요가 있다. 일본과의 공조를 위하여 불필요한 한일관계의 긴장을 해소해야 할 것이다. 그런 점에서 역사와 위안부 문제, 독도 영유권 등을 관계개선의 전제조건으로 삼을 필요는 없다. 독도영유권은 실질적 지배를 하고 있으므로 과도한 대응을 자제할 필요가 있는데 일본과의 관계 악화는 한미관계에도 부정적 영향을 미칠 수밖에 없다. 중국에 대해서는 전략적 협력 사고가 필요한데 한중관계가 한미 및 한미일 관계보다 우선할 수는 없을 것인데 만약 한미관계가 악화되면, 한국은 중국의 우선 순위에서 멀어질 것이다. 러시아와는 상호 호혜적인 관계를 유지할 필요가 있는데 중국과의 관계 악화로 북한은 러시아에 접근하고 있는 상황에서 향후 러시아의 대북 영향력이 증대될 것으로 보인다. 우리로서는 천연자원수입, 유라시아 대륙 진출, 통일 환경 조성 등을 위하여 러시아와의 안정적이고 호혜적인 관계유지가 필요하다. 개성공단에 대해서는 유연한 정책이 필요한데 아쉬운 쪽은 북한이기 때문에 북한의 잘못된 행동이 나올 경우 폐쇄할 수 있다는 가능성을 알릴 필요가 있다. 민간 차원의 지원·교류 등은 대북정책의 원칙에 어긋나지 않는 한 허용하고 지원할 필요가 있다. 통일은 기다리는 인내가 필요한데 조급하게 성과를 추진하면 또 다시 북한에 끌려갈 수 있다.

1부

김정은 시대 북한의 체제유지와 변화

제1장

북한연구동향에 관한 연구: 박사학위논문을 중심으로(1970~2012)

안득기 | 국가안보전략연구소
허정필 | 동국대학교

Ⅰ. 서론

남북이 분단된 지도 반세기를 넘어서고 70여년의 세월이 흐르고 있다. 학문적 차원에서 북한연구는 남북한 분단의 특성상 한국정치 뿐만 아니라 국제정치 연구영역에 이르는 포괄적인 측면에서 이루어져 왔다. 북한연구는 북한의 정치문화, 권력 및 엘리트, 로동당 등 집단, 대외정책 및 사회 경제적 측면에서 주로 진행되어왔으며, 이러한 연구들은 통일과 관련된 연구로 이어지기도 하였다.

이제 북한연구의 새 지평이 열리고 있다. 북한 관련 연구는 연구 방법론적 측면에서 어려운 점을 극복하고 나름대로 다양성을 띠어왔다. 그 동안 북한 관련 연구는 정보의 취약성으로 인해 2차 자료에 의존하는 등 활발하게 진행될 수 없었던 어려운 여건이 있었으나 북한연구를 지속하려는 노력을 잃지 않았다. 남북한 분단 이후, 북한을 연구대상으로 하는 학문적 성과는 타 분야에 비해 뒤져 있었던 상황에서 벗어나 이제는 다양한 측면에서의 연구가 활성화 되고 있다. 그러나 현 시점에서 중요한 일은 지금까지의 북한관련 연구를 차분히 되돌아보고 미래 연구 분야를 개척하기 위한 자세를 가다듬어야 한다는 것이다.

이 연구는 북한연구의 과거와 현재를 돌아보고 앞으로 북한 관련 연구가 어떠한 방향으로 나아가야 할 것인가를 제시하는데 의미를 갖는다. 한 분야의 연구는 과거를 규명하기도 하지만 시대적 현실을 반영하기도 한다. 특히 북한 문제는 한국 및 국제정치 현실에서 연구자뿐 아니라 일반인들도 가장 관심을 두고 있는 분야이기도 하다. 특히 국내적 측면에서는 장기적으로 통일뿐만 아니라 금강산 관광이나 개성공단, 주식 시세, 경제 지원 등 우리의 정치, 경제, 사회 등 전 분야에 걸쳐 실생활과 직접적인 관련을 맺고 있다. 하지만 여전히 북한은 아직도 우리가 쉽게 접근하거나 완전히 이해하지 못하는 운둔의 땅으로 남아 있다. 이로 인해 북한을 둘러싼 문제에 대해 정확히 인식하는 것은 필요 불가결하면서도 아직도 많은 혼란을 야기하는 요소들이 상존하고 있다.

그 동안 북한관련 연구 분야는 남북한 정전체제가 성립된 이후 제한된 자료와 정보로 인한 어려운 현실 속에서도 나름대로 분단체제의 평화적 관리와 분단극복을 위한 연구에 매진해 왔다. 돌이켜 보면 북한관련 연구 분야는 반공과 냉전시기 그리고 탈냉전의 시대를 거치면서 소위 '주적 대상'의 연구에서 '평화공존'의 대상연구로 변모하였고, 과거에 대한 성찰과 현실극복, 그리고 미래 예측의 측면에서 괄목할 만한 성과를 이루어 왔다. 그러나 북한관련 연구가 다양한 연구주제와 더불어 질적, 양적 증가라는 성장을 이루기도 하였지만, 세부적인 연구 분야에 따라 방법론이나 내용의 독창성은 아직까지 크게 개선되지 못한 점이 있는 것도 사실이다.

이 연구는 한국사회가 분단된 이후, 북한 관련 연구들이 본격화되기 시작한 1970년대부터 다양성 있는 연구가 진행되고 있는 2012년까지 이루어진 박사학위 논문을 대상으로 연구의 주요 내용과 특징, 방법론 등을 분석하여 지금까지 이루어진 북한 관련 연구의 시대별 동향을 파악하여 미래 연구 방향을 제시하는데 목적이 있다. 첫 북한관련 박사학위논문[1])으로부터 2012년까지

---

* 본 논문은 「평화학연구」 제14권 15호(2013)에 실린 논문임.
1) 이문영, "북한 행정 권력의 변질 요인에 관한 연구," 「고려대학교 박사학위 논문」 (1970).

이루어진 총 621편의 논문[2]을 문헌중심의 접근방법과 시대적 상황을 접목하여 북한학 연구동향을 검토한다. 주로 논의되어왔던 북한접근 시각, 연구자세, 연구방법, 연구방법론 등 주요 특징을 검토하고, 특히 시대별로 주요하게 논의되어 왔던 전체주의적, 비교사회주의적, 내재적, 미시적, 세계체제론적, 지역학적 접근방법을 통해 북한연구 방법론적 함의와 분석방법을 살펴본다.

본 연구에서는 이와 같은 북한연구의 주요동향을 이론적으로 정리한 후 박사학위 논문들의 특징을 살펴 북한연구동향의 정리하고 연구와 관련된 주요 시대별 특징을 분석한다. 아울러 북한연구에 대한 시각과 접근방법의 변화에 따른 박사학위 논문의 주요 연관관계를 확인하는 데 있어 정치·경제·법·대외관계 등 그동안 주로 연구되어왔던 분야와 함께 탈북자지원, 사회문화, 일상생활, 도시사 등 새롭게 시도되고 있는 연구 분야들을 통해 북한연구동향을 분석한다.

Ⅱ. 북한연구의 연구방법론 함의와 분석 틀

북한연구는 북한 및 북한과 관련된 문제에서 발생하는 현상들을 분석하고 예측하는 것이다.[3] 분단이후 한국사회에서의 북한연구는 단일주제로서가 아닌, 여러 분야에 걸친 다양한 논의를 통해 양적·질적으로 성장해 왔다. 전체주의적 시각 중심의 연구를 중심으로 한 초기 연구로 부터 비교정치, 내재적 접근, 미시적 접근, 일상생활 연구 등 다양한 방법으로 변화와 접근이 이루어지고 있다.

과거 냉전체제 질서 속에서 북한은 적대적이며, 체제경쟁의 대상이었기 때문에 연구대상이라기 보다는 극복의 대상에 가까운 것이었다. 특히 한국전쟁을 치른 후유증으로 인해 북한을 객관적으로 언급하는 것조차 불가능한 분위

2) 국회도서관 검색시스템을 이용하여 논문명(title)과 핵심단어(Key word)로 "북한, 김일성, 김정일, 김정은, 북핵" 및 "북한정치, 경제, 사회, 문화" 등과 관련된 검색을 실시하였고 첫 북한관련 박사학위 논문 시점인 1970년 2월부터 2012년 8월까지 구분하였다.

3) 이헌경, "북한연구 현황과 접근 방향,"『한국평화연구학회보』 11권 4호, 2010, pp. 83-85. 이헌경은 내재적, 외재적 접근법이나 이론적·경험적 연구의 효과를 거두기 위해서 보다 폭 넓은 차원에서의 자료와 정보의 수집이 필요함을 지적하고 있다.

기가 오랫동안 우리 사회를 지배해 왔다. 이후, 1980년대에 접어들어 일어나 민주화로 인해 '북한바로알기운동'이 전개되었고, 북한에 대한 기존의 관심과 고정관념을 변화시키는 계기로 작용하였다. 북한이라는 적대적 대상이 공개된 장으로 나오게 되면서 '북한권력 구도 연구, 남북한 경제 비교, 관료체제 연구, 엘리트 연구' 등이 이루어지기 시작하였다. 이 시기까지 한국정부는 공산권 및 북한을 연구하는 연구소를 각 대학과 언론사에 부설연구소로 설치할 것을 장려하였다.[4)]

1970년대 중반의 북한연구방법론에 대한 논의는 주로 북한사회를 올바르게 이해하기 위한 연구시각의 정립문제(인식론), 자료의 종류와 수집 및 분석방법 문제, 그리고 적절한 이론 틀(모델) 내지 접근법의 적용과 개발문제 등을 중심으로 이루어졌다. 그러나 사회의 어떤 현상도 한 가지 이론적 틀이나 방법론에 의해서 완벽하게 설명되기 어렵다는 측면에서 보면 특정한 사회현상을 제대로 분석하기 위해서는 다양한 방법론을 적절하게 활용하여야 한다. 따라서 불완전한 사회현상을 일반화하기 위해서는 특별한 패러다임이나 모델을 동원하여 분석할 수 있는데, 북한연구의 경우 단일한 패러다임이나 모델로 일반화시키기에는 다소 무리가 있다. 특히 코르나이가 제시한 사회주의체제 이전에 국가들의 사회, 정치, 경제 체제들의 주요 특징에서 다른 사회주의 국가들과 많이 유사하지만 북한은 다소 독특하다는 것을 알 수 있다.[5)] 그럼에도 불구하고 북한의 체제성격을 두고 사회주의적 조합주의(B. 커밍스), 신전체주의(G. 매코맥), 유격대국가(와다 하루키)등의 주장이 있으나, 이들 논의 역시 결국에는 이론 틀 및 연구대상에 대한 실사구시적 입증의 부족으로 한계를 노정하고 있다.[6)]

---

4) 김영수, "북한연구 동향 평가: 성과와 과제," 『동아연구』 제50집, 2006, p. 30.
사실상 대학 연구소의 북한연구 효시는 1957년 미국의 지원을 받아 설립된 고려대 아세아문제연구소이다. 이후, 동아일보 부설 안보통일문제연구소(1968년), 영남대 통일문제연구소(1969년), 동국대 안보연구소(1971년), 한국외국어대 소련 및 동구문제연구소(1972년)를 비롯하여, 강원대 통일문제연구소, 연세대 동서문제연구소, 경남대 극동문제연구소, 중앙일보 동서문제연구소, 한국일보 통일문제연구소 등 총 16개 연구소가 1978년까지 지속적으로 개설되었다.

5) 8가지 사회주의 이행과정 중 주요특징에서 북한은 일본에서 해방직후 초기 중공업이 차지하는 비중이 낮지 않았으며, 매우 가난하지 않았다. 그러나 구소련과 중국 아래 많은 원조를 받았다.

1980년대 중반 이후 송두율 교수가 제시한 내재적 접근은 기존의 냉전적 북한연구에 대한 비판과 다양한 학자간의 논쟁으로 한 단계 진일보 할 수 있는 계기가 되었다. 이후 북한연구에 있어 '노동신문 이해와 북한문헌 분석'을 객관적으로 역사적인 맥락과 함께 올바르게 연구하는 문헌중심적 연구방법이 많이 시도되고 연구발표를 하였다. 그러나 북한에서 출간된 북한문헌에 있어 정치적인 부분을 고려하고 객관성만을 가지고 주요 핵심을 찾기란 쉬운 일이 아니다. 이러한 이유로 문헌중심적 연구에서도 통계자료 분석을 통해 주요 내용을 찾아내는 연구방법이 활성화되고 있다. 또한 어려운 북한 경제 현실로 인한 탈북자의 증가는 탈북자 면접을 통한 북한사회의 실상을 간접적으로 연구하는 등 새로운 북한연구에 지평을 열었다고 볼 수 있다. 그러나 탈북자 면접을 통한 북한미시사회 연구는 대상자의 신빙성과 객관성 확보에 있어서 여전히 문제점을 가지고 있다. 최근에는 북한접경지역 연구와 행위자네트워크 이론연구방법[7]을 통해 그 동안 우리가 간과해왔던 주요 북한연구를 다시 한 번 세밀하게 살펴보면서 새로운 의미를 찾으려는 연구가 진행되고 있다.

현상을 정확하게 설명하고 앞으로의 상황전개를 예측하기 위해서 연구방법의 선택은 매우 중요하다. 북한연구는 접근법에 따라 역사·문화적 접근법, 정치·문화적 접근법, 정치과정적 접근법, 제도적 접근법, 국제정치·경제적 접근법 등 다양한 측면으로 분류될 수 있으며, 분석방법에 따라 전체주의적, 비교사회주의적, 지역학적, 역사문화적, 내재적, 외재적, 미시적, 거시적 등 다양한 방법으로 분류하여 연구할 수 있다.[8]

그러나 이와 같이 다양한 방법을 통한 북한연구들은 큰 틀에서 시대적 상황을 반영하여 냉전시기와 탈냉전시기로 구분해서 분석할 수 있다. 특히 냉전시기의 주요 북한연구방법의 분석틀은 전체주의적 접근 연구가 다수를 차지하였다. 이 당시 많은 북한연구학자들은 북한연구를 대체로 서구학자들이 개

6) 이종석, 『새로쓴 현대북한의 이해』 (역사비평사, 2005), pp. 23~24.

7) 브루노 라투르(Bruno Latour), "Give me a Laboratory and i will raise the world," in Karen Knorr- Cetina and Michael Mulkay(eds.) Science Observed(London: SAGE, 1983), (Abridged and reprinted in mario Biagioli(ed.), The Science studies reader, London: Routledge, (1999).

8) 안득기, "북한 및 통일의식 분석," 『북한연구학회보』 제11권 1호 (2007), p.3.

발한 구조·기능주의적인 방법, 또는 전체주의접근법의 범주에 속하는 것으로 보았다. 하지만 이 접근법을 북한의 특정 연구대상에 적용시킬 때도 비판적인 논문이어야 한다는 대전제의 한계를 벗어나지는 못했다. 비교공산주의 접근법에 의한 북한연구도 극히 부분적으로 진행되었으나 연구의 범위와 대상은 한정되어 있다. 북한을 연구하는 데는 그들의 내재적 논리에 입각한 연구가 선행돼야 함에도 불구하고 그럴 경우 북한에 대한 부정적인 측면이 부각되어야 한다는 한계 때문에 객관성을 가지기는 어려웠다.[9]

반면 탈냉전시기에 접어들어서는 1980년대 중반이후 등장한 내재적 연구방법 논쟁을 시작으로 북한연구 분석틀이 보다 다양해지기 시작했다. 특히 객관성 견지를 바탕으로 통일지향적 자세와 공존의 대상으로서의 북한연구가 시작되었다는 점은 1980대 북한연구의 커다란 성과로 볼 수 있다. 또한 분석의 범위도 남북관계에서 동북아 국가 관계 그리고 세계화에서 북한연구로 세계화의 진행과 북한연구를 접목시켜 연구를 활성화 하였다. 분석의 대상도 정치, 체제, 경제, 군사, 국가권력 중심의 연구에서 사회문화, 생활, NGO 지원, 의료 등 다양한 영역까지 확대되었다. 연구방법론의 적용도 국제관계학의 현실주의, 자유주의, 구성주의 등과 분단체제론, 특수관계론, 남북한 비교정치론 그리고 세계체제이론 등을 적용한 지역학적 접근을 시도하고 있다.

Ⅲ. 분석의 내용과 시대별 연구동향

1. 주요 분석 내용

북한관련 박사학위 연구동향을 분석하기 위해서 국회전자도서관 논문검색시스템을 활용한 결과, 1970년~2012년까지 621개의 논문이 확인되었다. 시기별로는 1970년 첫 박사논문을 시작으로 1970년~1979년 7편, 1980년~1989년

9) 김남식, “북한연구 현황과 문제점”, 『월간말』 통권 25호 (1988), pp. 18~19.

21편, 1990년~1999년 146편, 2000년~2009년 298편, 2010년~2012년 149편의 논문이 조사되었다.[10)]

시기별로 북한관련 박사학위 논문들의 주요내용을 살펴보면, 1970년대 북한연구는 북한연구의 초기단계로 북한 행정과 일상적인 법에 관련된 연구가 주를 이루고 있음을 발견할 수 있다. 1970년대는 북한이 1956년 8월 '반종파사건'을 계기로 김일성에 대한 서열정리가 본격화되었고, 1967년 12월 최고인민회의 제4기 1차 회의를 통해 주체사상을 국가 활동의 지도사상으로 공식 반영되면서 김일성 중심의 지도체계가 확립되었던 시기이다. 그리고 1972년에 1948년 9월에 제정된 조선민주주의 인민공화국 헌법을 폐기하고 "조선민주주의 인민공화국 사회주의 헌법"을 채택하였다. 이 헌법 10장 104조에서 자주적인 사회주의 국가를 선언하고 주체사상을 헌법으로 규범화시키고 주석제[11)]를 신설하였다. 이러한 일련의 변화와 1970년 초 미중관계 개선 속에서 북한은 북·중관계를 유지하면서 미국과 접촉을 시도하고자 했던 시기이다. 반면 박정희 체제는 1972년 7.4남북공동성명을 통해 '자주, 평화통일, 민족 대단결' 등을 통한 통일논의를 시도하였다.

1980년대 북한연구는 주로 정치, 경제, 법, 비교 영역의 연구가 진행되어 논의의 폭이 보다 확장되었다. 당시 주요 특징으로 북한은 1980년 조선노동당 제 6차 대회에서 '사회주의 경제건설의 10대 전망 목표'를 제시하였다. 그리고 스스로 '사회주의 완전한 승리를 향한 단계'[12)]로 설정하였다. 그러나 1978년부터 시작된 2차 7개년 계획과 뒤이은 3차 7개년 계획의 거듭된 실패와 1980년대 중반부터 사회주의 진영의 몰락 조짐은 북한 경제를 더욱 어렵게 하였고,

10) 한편, 북한연구의 정체성을 다시 확립하기 위한 노력의 일환으로 석사학위 연구동향을 분석한 연구가 시도되었다. 이 연구에서는 연구분야와 주제의 다양성과 양적 및 질적 특성 등을 분석하여 정부 차원의 체계적인 북한연구에 대한 지원 확대, 대학 수준에서 관련 교육 과정의 관리 등 다양한 분야에 대한 연구의 활성화, 그리고 북한연구에 대한 체계적인 노력 등이 필요함을 지적하고 있다. 자세한 내용은 Yongsoon Kim, Eun Kook Lee, Haekyung Song, "A Sketch of North Korean Studies in South Korea: The Current Status and the Prescriptions to Establish Its Identity as an Independent Discipline," Korean Political Science Review, Vol. 45, No. 3. (2008), pp.92~93.

11) 주석은 행정 및 군사분야의 최고책임자.

12) 중국은 사회주의 초급단계로 규정.

북한으로 하여금 외교적 고립상태를 만들었다. 안팎의 어려움 속에서도 북한은 '조선노동당 제6차 대회'를 통해 김정일의 후계구도를 구축하였다.

반면 박정희 체제에서는 1979년 10.26 사건으로 인해 반공중심체제에 변화가 서서히 일기 시작했다. 특히, 1980년대 초반부터 일기 시작한 '민주화' 물결에 영향을 받아 1980년 광주민주화운동, 1987년 6월 민주화 투쟁 등은 1980년대 중반부터 전개된 '북한바로알기운동'을 통해 북한연구의 본격적인 시작을 알리는 결정적인 계기로 작용하였다. 사실상 '북한바로알기운동'은 주체사상과 북한체제를 긍정적으로 보려는 운동권 학생들의 주도로 전개되었던 것이었지만, 북한에 대한 기존의 관심과 고정관념을 변화시키는 계기로 작용하여, 비로소 '북한'이라는 단어가 금기의 영역에서 공개된 장으로 나오게 되었다.[13)]

하지만 1970년대와 1980년대에 들어서면서 북한연구의 양적성장과 다양성에도 불구하고 북한을 학문의 대상으로서 연구하기보다는 국가안보와 현실정책의 요구에 의해 주로 연구되었기 때문에 연구의 폭이 다소 한정적이었다는 한계에서 벗어나지는 못했다.

1990년대에 들어와 북한연구는 이전 시기에 비해 양적 증가가 두드러진다. 특히 이 시기에는 기존 연구들의 전체주의적 접근 연구방법에서 벗어나 내재적 접근 연구방법이나 미시적 연구방법 등 새로운 연구방법을 시도하려는 움직임이 나타난다. 당시 주요 특징으로 북한은 1990년 5월 최고인민회의 제9기 1차 회의에서 국방위원회 제1부위원장에 김정일을 선출하였다. 그러나 1990년대 사회주의권이 붕괴하면서 북한경제는 꾸준히 마이너스 성장을 하게 된다. 북한은 경제침체를 벗어나기 위해 북·일관계 개선을 시도하지만 8차 회담을 마지막으로 중단되었다. 특히 1980년대부터 누적된 경제 침체로 인해 심각한 경제난에 빠져 있던 북한은 1990년대 중반에 발생한 대홍수로 인하여 식량난을 가중되었고 경제가 파탄지경에 이르게 되었다. 이 과정에서 북한은 핵외교를 통해 1994년 북미 간에 최초의 핵 협상을 이끌어 냈다. 그러나 1994년 김일성의 사망으로 인하여 다시 북한은 장기간 침체기간을 지속하게 된다.

---

13) 김영수, 앞의 책, p.26.

반면 한국정부는 1990년대 초반에 접어들어 국가적 차원에서 본격적으로 북한연구를 지원하기 시작하여 1991년 4월 '민족통일연구원'을 개원하였다. 1980년대 후반 이후 구소련의 해체와 동구권의 붕괴 등 국제정세의 급변에 따라 한반도의 주변 정세와 통일 환경이 변화하고 있다고 판단한 한국 정부는 사회주의권과의 교류확대와 남북한 통일외교를 적극 추천하기 위해, 그리고 국민들의 바람직한 민족통일관 정착을 위한 프로그램마련이 필요하다는 판단 아래 전문연구기관을 개원했다.[14]

1990년대에 다양한 북한연구방법론 도입은 많은 논쟁을 불러 일으켰다. 특히 1988년 말 재독학자 송두율에 의해 소개된 내재적 접근법[15]은 북한연구에 있어 전환적 의의를 갖는 획기적 사건이라 할 만큼 우리사회에서 북한연구 방법론 논쟁을 불러일으켰다. 내재적 사회주의 분석방법은 동독연구가인 루츠(P. C. Ludz), 사회주의 비교연구가인 바이메(K. V. Beyme), 그리고 송두율에 의한 소련과 중국사회주의 비교연구에 적용되었다. 내재적 접근법은 사회주의 국가 사회에 존재하는 일반성과 특수성 양 측면을 종합적으로 분석하고 있다. 내재적 접근법은 각국 사회주의에 내재하는 이념적 차이에 대한 연구자의 가치판단의 문제가 남아 있지만, 사회주의를 '밖'에서 들여다보는 '선험주의'적 태도와는 달리 자본주의와는 구별되는 사회주의 독자성은 물론 그 발전의 다양성도 인정하고 있다.[16] 하지만 내재적 접근 초기에는 북한자료를 무비판적으로 수용하고 주체사상 등 북한 사회주의를 북한입장에서 이해하고 평가해야 한다는 편향성이 나타나기도 했다.

2000년대에 접어들어 북한연구는 1990년대보다 더 폭 넓고 다양한 분야에서 298편의 연구가 진행되었다. 이 시기는 특히 그 동안 많은 연구가 부족했던 사회·문화·종교·의학·체육·인권 등 영역에서 질적 연구가 진행되는 등 북한연구에 있어서 가장 다양한 측면에서의 시도가 이루어졌다. 당시 주요 특징으로 북한은 소련의 해체에 의한 사회주의 시장의 와해, 미국의 대북 경제봉

---

14) 김영수, 위의 책, pp.34~35.
15) 고유환, "북한연구 방법론의 현황과 과제," 『통일과 평화』 창간호 (2009), p.54.
16) 고유환, 앞의 책, p.44.

쇄, 연이은 자연재해 등에 직면하면서 강성대국론[17]과 선군정치라는 통치이념을 제시하였다.[18] 비교적 짧은 기간의 선군정치를 통하여 나름대로 위기극복의 성과를 내기도 했다. 1990년대 내내 마이너스 성장을 보였던 북한은 1999년부터 플러스 성장으로 전환했다. 2000년에 역사적인 남북정상회담을 통하여 화해협력의 물꼬를 텄고, 유럽 등과의 대외관계도 활발하게 유지했다. 특히 미국과의 관계개선의 청신호가 보였고, 김정일의 중국 방문을 통한 북한식 경제개혁은 북한 관료들과 주민들에 대한 '신사고'의 강조로 이어졌다.[19]

2002년에는 '7.1 경제관리개선조치'를 통해 경제개혁개방을 시도하였으나 결국 체제위협으로 인해 다시 회귀하고 말았다. 경제발전을 외치면서 핵은 꾸준히 발전시켜 2006년, 2009년, 2013년까지 3차례 핵실험을 실시하면서 주변국과 국제사회를 긴장시켰다. 하지만 이와 같은 체제유지를 위한 노력에도 불구하고 김정일은 2011년 12월 사망하게 된다. 후계자 김정은의 등장과 2009년 화폐개혁을 통한 체제정비 및 단속은 김정은 후계자 체제로 전환을 상기시켰다.

반면 한국정부는 김대중 정부와 노무현 정부가 북한과 유대관계를 형성하면서 각각 남북정상회담을 통한 남북관계 개선에 적극적으로 임하였다. 금강산 관광, 개성공단 건설 등과 같은 경제교류와 2000년 '6.15 남북공동선언', 2007년 '10.4 남북공동선언' 등을 통해 통일교류에 적극적이었다. 이 같은 남북교류는 1990년대 북한연구에서 찾아볼 수 없었던 '탈북자, 급변사태, NGO 대북지원' 영역의 연구가 급증하고 활성화되는 계기로 작용하였다.

2010년~2012년까지 3년 동안의 북한연구는 총 149편의 박사학위를 배출할 정도로 활발한 북한연구가 진행되었다. 이 기간에 북한에서는 김정일 사망과 후계자로 김정은이 등장하였다. 이명박 정권 기간 천안함 사건과 연평도 포격사건으로 인하여 남북관계는 경색관계를 지속하여 왔다. 이와 같은 상황에 불구하고 북한연구는 남북 간 연구로 확장되어 더욱 활발히 진행되었다.

---

17) 『로동신문』, 1998.8.22.

18) 『로동신문』, 2003.1.11.

19) 양무진, "주체사상과 선군사상," 『한국과 국제정치』, 제24권 3호 (2008), p.78.

특히 북한연구에 있어 새로운 방법론을 모색하면서 북한 일상생활과 남북 접촉지대, 이탈주민의 노동에 관한 세부적인 연구가 진행되고 있다.

2. 시대별 연구동향

1970년대의 주요 박사학위 연구는 1972년 북한 '조선민주주의 인민공화국 사회주의 헌법' 채택에 관한 주요내용('주체사상을 헌법으로 규정', 주석제를 신설)에 대한 집중적인 연구가 진행되었다.[20)]

1980년대는 1970년대보다 연구의 폭이 넓어졌다. 특히 경제, 대외관계, 정치영역의 연구가 집중되었는데, 그 이유는 1974년 비철금속의 국제가격이 크게 하락하였고, 북한은 경제적 위기에 복착하였기 때문이다. 당시 북한의 무역 총 교역량 중 일본, 동유럽 국가들과의 교역량은 40~50%였다. 설상가상으로 1973년 가을에 발생한 중동전쟁으로 인하여 국제석유가격이 폭등하게 되었고, 그 동안 동유럽국가 혹은 사회주의국가로부터 석유원조가 끊기게 되면서 북한경제에 큰 영향력을 미쳤다. 반면 1984년 '조선민주주의 인민공화국 합영법' 제정은 주변국으로 하여금 북한 개혁개방에 대한 예측과 사회주의국가 경제개혁에 관한 연구를 시작하게 하는 동기가 되었다. 1982년 김정일의 '주체사상에 대하여', 1986년 '사회정치적 생명체론'은 혁명적 수령관의 연장에서 후계 체제의 이론적 정당성을 설명하고 정치사회화를 공식화함에 따라 이와 관련된 연구가 진행되었다. 아래에 제시된 표들은 각 시대별 연구동향을 주요 연구 주제별로 색인화 하여 통계처리 한 것이다. 〈표 1〉에서 나타난 바와 같이 1970년대에는 북한연구에 대한 박사학위 논문이 약 7편 정도로 미약하나마 이루어지기 시작하였으며, 1980년대에 접어들어 보다 활성화된 것을 볼 수 있다.

---

20) 이헌경, 앞의 책, pp.85-88.
정부기관 주도의 연구가 이루어졌던 1960-1989년 시기를 1시기로, 북한연구가 학계를 중심으로 본격적으로 이루어졌던 1990년대 이후를 2시기로 큰 틀에서 구분하고 있다.

| 표 1 | 1970년대 - 1980년대 연구동향

	NGO	경제	과학기술	교육	군사	급변사태	농업	대외	문학	법	북핵	사상	사회문화	안보	여성	역사	의료	인권	정치	종교	체육	체제	탈북자	토지	통일	행정	협상	환경	사회복지	총합계
1970																										1				1
1974		1																												1
1975										1																				1
1976												1																		1
1978																										1				1
1979										1			1																	2
1883		1								1		1							1											4
1984		1																												1
1885								2		2																				4
1987		1						1											2			1								5
1988								1		2									1											4
1989				1															2											3

1990년대는 아래의 〈표 2〉에서 제시된 바와 같이 북한연구의 눈부신 양적 증가가 두드러진다. 1970년대 7편, 1980년대 21편에 비해 1990년대에는 총 146편으로 북한연구가 다양한 차원에서 진행되었다. 특히 이 시기에는 교육과 사회문화에 관련된 연구가 크게 급증하였다. 1990년대 초 일시적인 북한자료 개방과 학자들의 다양한 북한연구 접근시도, 주체사상과 연관된 주체문화에 대한 연구로 인해 1980년대의 연구풍토와는 다른 차원에서 연구가 진행되었다. 이 외에도 소련 사회주의 붕괴와 한·소간에 수교 및 김일성의 사망으로 인한 북한사회에 적지 않은 충격과 지속되는 마이너스 경제성장으로 인해 체제·정치·대외관계·경제 분야에 걸친 연구가 집중되었다. 반면에 1991년 '남북사이의 화해와 불가침 및 교류 협력에 관한 합의서' 채택과 남북통일방안(1989년 '한민족공동체 통일방안', 1980년 '고려민주연방공화국 통일방안')등은 적대적이지 않은 남북통일관련 연구를 증가시켰다. 특히 체육 분야에서 1990년 서울에서 개최된 남북통일축구대회를 비롯해 세계탁구선수권대회 및 세계청소년축구선수권대회 단일팀 구성 등이 직접교류의 형태로 성사되어 탈정치영역에서의 남북교류 연구가 시작되었다.

1990년대의 또 다른 특징으로 군사분야에 관련된 연구가 처음으로 등장하였다는 점이다. 남북 군비통제와 접근방법 그리고 통일국군에 관한 군사통합방안에 관한 연구이다. 연구에서 보듯이 이전과는 다른 시각을 찾아낼 수 있다. 전쟁의 대상에서 통일국군으로 통합과 화합의 대상으로 연구한다는 것이다. 이는 당시 시대적 상황을 보여주는 것이라 할 수 있다. 1990년대 연구를 좀 더 세밀히 보다 보면 북한의 행태가 단일하지 않고 다양한 형태로 정치, 경제, 대외관계, 사회문화 등 다양하게 진행되고 있는 것을 찾을 수 있다. 특히 남북관계 진전과 모색을 통해 대외이미지 개선과 대내 핵전략을 지속하여 북·미간 핵 협상 도출은 북한의 이중성을 확인하는 데 충분하다. 이와 관련하여 북한협상능력에 대한 연구도 시작되었다.

| 표 2 | 1990년대 연구동향

	NGO	경제	과학기술	교육	군사	급변사태	농업	대외	문학	법	북핵	사상	사회문화	안보	여성	역사	의료	인권	정치	종교	체육	체제	탈북자	토지	통일	행정	협상	환경	사회복지	총합계
1990		2			1			1	1										3											8
1991		2						4				1	1						4						1	1				14
1992		2		2				1		1		1	1	1					2		1	3		1	1	1				18
1993		1		1	1							1	1			1			2						1	1				10
1994		3						1	1			1	1	1	1				1							1			1	12
1995		1		2				2		1		1							3			2		1	3		1			17
1996		2		2				1		1	1								1			1								9
1997		2		2			1		1	3		2	1								3	2		1	2				1	21
1998		3		1	1		1	3		1			1			1			3			3					1			19
1999		4		3	1			1			1	1	1						1		1		1		2	1				18

격동의 1990년대 북한연구를 넘어 2000년대에 들어오면서 북한연구는 두 배 이상으로 늘어나게 된다. 2000년대의 주요특징은 기존 정치·경제·사회문화 연구 이외에도 NGO 지원연구, 북한의 과학기술, 급변사태, 북핵, 여성, 의료, 역사, 종교, 토지, 환경 분야의 연구가 크게 증가하였다. 2002년 '7.1 경제관리개선조치'로 인하여 북한의 경제관련 연구도 지속적으로 늘었다. 6자회담의 진행과 중단 그리고 세 차례에 걸친 북핵 실험이 진행되는 동안 북핵과 관련된 연구도 꾸준히 진행되었다. 특히 북핵 관련 연구에서 특이한 점은 90년대부터 진행되어온 북핵 관련 연구는 대부분 핵 협상전략이나 북미관계, 핵억제 전략 등이었으나, 최근에 접어들어서는 북한의 생존과 안보를 위한 북핵 연구가 진행되고 있다는 것이다. 2000년대 들어와 북한은 핵개발뿐만 아니라 광명성과 은하 로켓(인공위성)을 개발하여 발사함에 따라 과학기술체계의 눈부

신 성장을 전 세계에 보여주었다. 그러나 북한의 과학기술체계의 발전에 관한 북한연구는 현재까지 많이 부족한 상태이다. 현재까지 연구는 단지 북한의 과학기술 정책에 중점적이어서 기술 분야의 심도 있는 연구가 필요하다.

2008년 김정일 와병설이후에는 급변사태에 관한 연구가 시작이 되었고, 이와 관련하여 남북 간에 제도통합이나 정책기구 신설 등 정책분야에 관한 논의와 연구도 실시되었다. 사회문화영역 연구의 증가와 더불어 그동안 쉽게 접근하지 못했던 여성과 인권에 대한 연구가 심도 있게 진행되었다. 특히 북한 여성에 대한 연구는 초기 2000년대에는 주로 북한여성들의 역할에 관한 연구였다면, 최근 여성에 대한 연구는 탈북 여성들에 관한 인터뷰접근 방식의 연구 등 보다 실제적인 차원에서 진행되고 있다. 인권은 국제사회에서 한 국가가 국가차원으로 해야 할 의무와 북한의 인권개선을 위한 제도적 측면에 대한 연구로 이어진다. 더불어 고난의 행군시기를 거치면서 기아로 인한 사망사고 증가와 말라리아 같은 질병발생 현황 등 보건의료에 관한 연구가 진행되었다.

북한 토지의 경우 2000년대 초반에는 북한 토지개혁과 사유화에 관한 연구를 진행했던 반면, 현재는 통일 후 합리적 토지 관리방안과 토지소유권에 대하여 연구가 증가하고 있다. 또한 2000년대 접어들어서는 "북한 기독교에 관한 연구"와 "선교를 통한 남북교류 협력 지원에 대한 연구"등 종교분야에 대한 연구가 진행되는 등 보다 다양한 분야에서의 연구 활성화가 이루어지고 있다.

| 표 3 | 2000년대 연구동향

	NGO	경제	과학기술	교육	군사	급변사태	농업	대외	문학	법	북핵	사상	사회문화	안보	여성	역사	의료	인권	정치	종교	체육	체제	탈북자	토지	통일	행정	협상	환경	사회복지	총합계
2000		2		4				4		1						1			2		1	2	1		1					19
2001	1	2		2	2			3	2				1						3			1	1					1		19
2002	1	10	1	1	3			1	2	1			3						1				1		2	1	2	1		31
2003		4	1	1		1		2			3	1							5	1			2	1					1	23
2004		7			1			2	5	1	2		3	1	1				1	2		2	5		1		1			35
2005		3		2	1				2	1	2		2			1	1	2	1	1	1	1	1		1					23
2006		3		1	2		1	3	3	2	2	4			1	1	1	1	2			3	6		1			1		38
2007		3	2		1	1	1	3	4	2	4	2		2	1			1	5			5			1			1		39
2008		6		2	3			5		4	1	2	1	1			1		4		1	1	4	2						38
2009		5	1		3	1		2			1	2	6					1	2			4	3		2					33
2010		4			8			7		3	2		6		1	1			2	3		6	8		1					52
2011		5	1	1	6	1		3			1	1	1					1	3	1	1	2	4		3	1		1		37
2012	1	3	1		5	1		4	2	5	5	2	4		4	1	1	2	1	3		1	8		3			2	1	60

Ⅳ. 북한연구의 특징과 함의

1970년부터 2012년까지의 북한관련 국내 박사학위 논문(총 621편)을 3가지 연구동향 즉, 주제별, 학교별, 연도별 중심으로 분류하였다. 이와 같은 분류에서 총 29개의 주요특징을 나타내는 주제어(NGO, 경제, 과학기술, 교육, 군사, 급변사태, 농업, 대외관계, 문학, 법, 핵, 사상, 사회문화, 사회복지, 안보, 여성, 역사, 의료, 인권, 정치, 종교, 체육, 체제, 탈북자, 토지, 통일, 행정, 협상, 환경 등)가 선정되었다. 이들 주요 주제어를 중심으로 29개의 주요특징을 통해 분류한 박사논문 연구실적은 다음과 같다.

| 표 4 | 29개 주요 분야 연구동향

	분류	편수		분류	편수
1	경제	83	15	행정	9
2	정치	58		여성	9
3	대외	57	18	인권	8
4	탈북자	45	19	환경	7
5	체제	40		역사	7
6	군사	39		과학기술	7
7	사회문화	35	22	토지	6
8	법	34		안보	6
9	교육	28	24	협상	5
10	통일	26		급변사태	5
11	북핵	25	26	의료	4
12	사상	24		농업	4
13	문학	23		사회복지	4
14	종교	11	29	NGO	3
15	체육	9	계		621

위의 〈표 4〉에서 제시된 바와 같이 적어도 한국사회에 있어서 북한관련 박사학위논문은 북한경제 관련 연구가 타 분야에 비해 가장 활발히 진행되었고, 이어서 정치, 외교 순위로 연구되고 있는 점을 알 수 있다. 그러나 특이

한 점은 경제, 정치, 대외관계 다음으로 탈북자에 관한 연구가 비중을 차지하고 있다는 점이다. 이러한 연구동향은 남북관계, 혹은 북한문제에 대한 현실적인 부분에 대한 측면이 연구에 이르기까지 크게 반영된 결과로 볼 수 있다. 반면에 의료, 농업, 사회복지, NGO 지원에 관한 연구는 아직까지 미흡한 상태이다. 따라서 미래사회와 관련된 보다 다양한 시각에서의 폭 넓은 연구가 필요하다.

둘째, 주요 학교별 연구동향을 분류해 보면 국내 대부분의 대학에서 북한관련 연구가 활발히 진행되고 있음을 알 수 있다. 주요 대학의 박사학위 논문은 각각의 학교별 성향과 특징뿐만 아니라 연구흐름을 정리하는 데도 유용하다.

| 표 5 | 주요 학교별 연구동향 (순위별 30개 대학)

	분류	편수	내용
1	경남대	49	경제(2), 교육(4), 군사(8), 대외(7), 법(1), 북핵(4), 사상(2), 사회문화(2), 안보(2), 정치(9), 체제(1), 탈북자(1), 통일(4), 협상(1), 행정(1)
2	동국대	46	경제(5), 군사(6), 대외(6), 문학(1), 법(3), 북핵(1), 사상(5), 사회문화(3), 사회복지(1), 안보(1), 인권(2), 정치(4), 체제(4), 탈북자(2), 통일(1), 행정(1)
3	고려대	45	경제(8), 군사(3), 농업(1), 대외(7), 문학(1), 법(4), 북핵(2), 사상(3), 사회문화(1), 인권(1), 정치(6), 체제(2), 탈북자(2), 통일(2), 행정(1), 협상(1)
4	서울대	43	경제(5), 과학기술(2), 교육(6), 농업(1), 대외(2), 문학(1), 법(4), 북핵(1), 사회문화(4), 여성(1), 의료(1), 정치(6), 체제(2), 탈북자(3), 통일(2), 행정(1), 환경(1)
5	경희대	28	NGO(1), 경제(6), 대외(4), 문학(2), 법(2), 북핵(2), 통일(1), 사회문화(2), 정치(2), 체육(1), 체제(3), 탈북자(1), 토지(1)
6	경기대	24	NGO(1), 경제(3), 군사(4), 급변사태(1), 대외(2), 법(1), 북핵(2), 사상(2), 사회문화(2), 여성(1), 정치(1), 체제(1), 탈북자(2), 토지(1)
7	한양대	24	경제(3), 군사(1), 대외(1), 문학(1), 법(1), 북핵(2), 사상(1), 사회문화(2), 여성(1), 의료(1), 정치(4), 종교(1), 체육(1), 체제(1), 탈북자(2), 협상(1)
8	연세대	23	경제(3), 과학기술(1), 교육(1), 대외(3), 문학(1), 법(1), 북핵(2), 사상(2), 사회문화(2), 인권(1), 정치(1), 종교(1), 체제(2), 탈북자(2), 토지(1)
9	이화여대	23	경제(2), 과학기술(1), 교육(1), 군사(1), 대외(1), 사상(1), 사회문화(5), 여성(2), 인권(1), 체제(2), 탈북자(5), 행정(1)
10	단국대	22	경제(3), 과학기술(1), 교육(1), 군사(2), 문학(2), 법(2), 북핵(1), 사상(1), 역사(2), 체제(2), 통일(4), 협상(1)
11	건국대	19	경제(5), 대외(2), 정치(3), 문학(1), 법(2), 사상(1), 체제(3), 통일(1), 환경(1)

	분류	편수	내용
12	북한대학원 대학교	19	경제(1), 교육(1), 군사(1), 대외(1), 문학(1), 북핵(3), 사회문화(2), 의료(1), 정치(2), 종교(1), 체육(1), 체제(1), 통일(3)
13	성균관대	18	경제(1), 교육(1), 군사(1), 급변사태(1), 대외(3), 문학(1), 법(1), 사회문화(1), 여성(1), 정치(4), 종교(1), 체제(2)
14	조선대	13	토지(1), 정치(2), 경제(4), 대외(3), 문학(2), 북핵(1)
15	명지대	12	NGO(1), 경제(1), 군사(2), 법(3), 사회문화(1), 종교(1), 탈북자(2), 통일(1)
16	중앙대	12	경제(4), 농업(1), 교육(1), 사회복지(1), 행정(1), 탈북자(1), 과학기술(1), 체제(1), 사회문화(1)
17	한국외대	12	사상(3), 정치(1), 대외(3), 사회복지(1), 체제(2), 경제(1), 인권(1)
18	경북대	10	경제(2), 교육(1), 군사(2), 역사(1), 정치(2), 탈북자(1)
19	국민대	10	경제(3), 군사(1), 대외(1), 법(2), 토지(2), 행정(1)
20	서강대	10	북핵(1), 정치(2), 사회문화(1), 체제(2), 군사(1), 사상(1), 대외(1), 역사(1)
21	부산대	9	사회문화(1), 교육(1), 대외(1), 사상(1), 정치(2), 탈북자(2), 협상(1)
22	대진대	8	경제(1), 교육(1), 북핵(1), 인권(1), 통일(1), 체세(2), 탈북자(1)
23	영남대	8	교육(1), 탈북자(1), 정치(2), 체제(1), 경제(1), 사회문화(2)
24	숭실대	7	역사(1), 급변사태(1), 인권(1), 군사(1), 탈북자(1), 경제(1), 여성(1)
25	충남대	7	법(1), 환경(2), 문학(1), 군사(2), 여성(1)
26	원광대	5	경제(3), 통일(1), 탈북자(1)
27	인하대	5	정치(1), 경제(1), 행정(1), 체제(1), 안보(1)
28	창원대	5	대외(1), 법(1), 경제(2), 문학(1)
29	한국교원대	5	체제(1), 교육(2), 사상(1), 환경(1)
30	한국정신 문화연구원대	5	체제(2), 교육(2), 통일(1)

우선 경남대학교에서 49편(북한대학원대학교 19편)과 동국대학교 46편, 고려대학교 45편, 서울대 43편 등 많은 학교에서 다양하게 북한연구를 진행하여 왔음을 볼 수 있다. 주요특징으로 경남대학교는 상대적으로 군사와 대외관계 영역 연구학자가 많이 배출된 반면 동국대학교와 고려대학교는 북한경제와 대외관계 연구, 서울대학교는 교육과 정치관련 연구가 이루어 졌다. 이와 같이 경남대학교, 동국대학교, 고려대학교 등 3개 대학에서 북한연구와 이와 관련된 학위논문의 성과가 크게 이루어졌던 이유는 이들 대학에 북한학을 전공으로 하는 학과 및 학과목이 개설되었다는 점이 크게 작용한 결과로 볼 수 있다. 그리고 이 외에도 이화여자대학교에서는 사회문화와 탈북자관련

연구학자가 상대적으로 많이 배출되고 있음을 볼 수 있다. 학교별로 연구영역에 있어서의 근사한 차이를 보인다.

셋째, 연도별 북한연구동향이다. 1970년 첫 북한관련 박사학위 논문이 시작된 이래 현재까지 수많은 연구가 진행되어왔다. 특히 1980년대 중반부터 전개된 '북한바로알기운동'은 1990년 초, 북한 관련 박사학위논문의 증가로 나타났다. 더불어 1991년'남북 사이의 화해와 불가침 및 교류·협력에 관한 합의서'는 북한연구에 새로운 희망을 안겨주면서 연구의 활성화를 가져왔다. 하지만 북한연구는 1996년 상반기에 접어들어 단 2건의 실적으로 감소하였다. 이 당시 통일대축전 행사에 참여했던 한국대학총학생회연합(한총련) 소속 대학생들이 연세대에서 농성에 들어가자, 김영삼 정부는 8월 20일, 전경 2만여 명을 투입해 강경 진압했다[21]. 이 일로 5848명이 연행되면서 실질적인 학생운동이 끝나는 상황에서 북한연구학자들은 종속세력으로 의심을 받기 시작하였고 이로 인해 상반기 북한연구 학위논문이 다소 주춤하게 된다. 그 이후 북한연구학자는 객관성을 더욱 견지하면서 다양한 북한연구를 폭넓게 진행하여 다양한 영역에서 북한연구가 진행되고 있다.

| 표 6 | 연도별 박사학위 논문동향

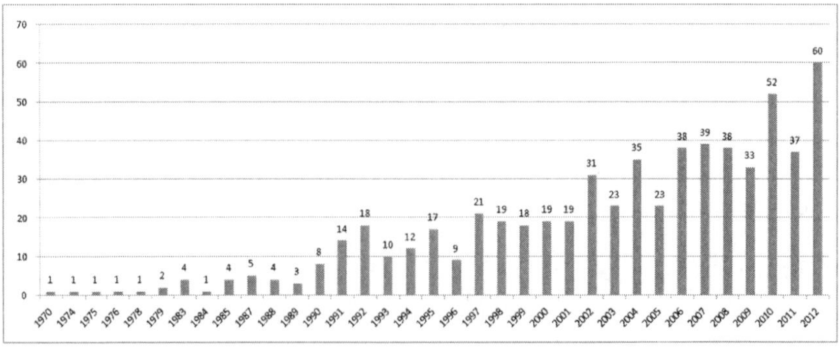

21) 한겨레21, "1996년보다 나은 삶인가," 『한겨레 제982호』 2013.10.21.

V. 결론

오늘날 눈부신 과학의 발전과 인터넷 환경은 우리에게 실시간으로 다양한 정보를 제공하고 있다. 이로 인해 과거시기에 북한정보와 관련된 제한적 특성으로 인해 정부에서 공개한 일부 자료들을 복사하며 자료를 수집하였던 어려운 여건에서 점차 벗어나 자료 복사, 수집에서 자료 타이핑, 컴퓨터 저장 그리고 인터넷 공유 시대까지 진행되었고 연구자들의 시각도 이전 시기에 비해 다양해졌다. 그럼에도 불구하고 북한연구는 아직까지 다른 연구분야에 비해 창의성이나 독창성이 부족한 것이 현실이다. 그 이유는 아직도 북한 정보에 대한 접근이 쉽지 않기 때문이다.

지식의 범람 시대에서 수 많은 자료가운데 옥석을 찾아 올바른 정보를 이용하는 일 또한 쉬운 일은 아니다. 하지만 열악한 연구여건 속에서도 북한연구는 꾸준히 지속되어 왔고, 다양한 시각과 접근방법을 통해 주적대상의 연구에서 평화공존의 대상연구로 변모를 가져왔다. 이 중심에는 수많은 북한연구학자들의 노력이 있었다. 특히, 북한관련 박사학위 논문들은 시대적 배경을 바탕으로 주요연구를 심도 있게 수행하여 학습자로 하여금 광범위하게 이해할 수 있게 지식을 제공해 주었다. 특히 주요 전문가들의 논문은 후학들에게 무분별한 자료로부터 벗어나 올바른 지식습득의 지름길을 알려주었고 연구방법의 시각과 접근을 다채롭게 해 주었다.

박사학위논문 중심으로 북한연구 동향을 분석하면 몇 가지 장점과 보완점을 확인 할 수 있다. 첫째, 제한된 자료에 대한 새로운 인식론과 방법론 적용이다. 과거에는 내재적 접근 논쟁처럼 인식론과 방법론에 대한 갑론을박이 있었지만, 현재는 연구자 개개인마다 인식론과 다양한 시각의 접근을 통해 독특하고 창의적인 논문이 점차 증가하고 있다.

둘째, 1990년대 이후 남북관계 경색, 북한의 도발 등에도 불구하고 과학적인 분석과 다양한 연구주제를 통한 분석이 시도되었다. 남북관계의 진전과 경색 그리고 북의 도발로 인한 국민감정 악화에도 불구하고 객관적인 시각을 견지하면서 주요 행태에 대한 분석은 자칫 오류를 범할 수 있는 상황을 바로 잡게 해 주었다.

셋째, 북한에 대한 올바른 이해와 미래 한반도에 분석이 이루어지고 있다. 시간이 흐르면서 북한의 정치, 경제, 대외관계, 사회문화 등 세부적인 분야까지 심도 있는 연구가 진행되어 왔다. 이러한 연구는 전쟁의 위협을 가지고 사는 우리에게 남북 간에 정확한 사실을 논리적으로 풀어 설명하고 미래 한반도에 대한 평화공존 가능성을 선사했다. 또한 동북아시아에서 한반도의 역할을 부각시키고, 세계 흐름속의 한반도의 지역적 특성을 지속적으로 홍보하여 세계 속의 중심국가로서의 역할에 대한 연구가 이루어지고 있다.

하지만 북한연구에 있어 보완점도 필요하다. 첫째, 정책중심적 편중 연구에 관한 부분이다. 주요 경제변화나 정치적 변화에 따라 연구가 중첩되거나 편중되는 경우가 상당하다. 물론 연구자마다 바라보는 시각의 차이는 존재하지만 일련의 현상에 대한 해석이 비슷하다는 것이다. 사회가 움직이는 데에는 한 가지 현상만 있는 것이 아니라 여러 가지 현상들이 유기체적으로 결합되기 때문이다. 그렇기 때문에 우리가 미처 간과하며 지나칠 수 있는 다양한 부분들에 대한 연구가 필요하다.

둘째, 미시와 거시연구의 혼돈이다. 북한에 대한 부분적 연구를 통해 전체를 해석하는 오류나 상대적으로 전체적 틀이나 구조만을 연구하고 세부적인 내용을 간과한 채 해석하는 것이다.

셋째, 1차 자료이용의 미흡이다. 북한 자료수집의 제약성 때문에 2차, 3차 자료가 1차 자료를 압도하는 경우가 있다. 1차 자료의 축적 없이는 북한체제의 특성을 정확히 읽을 수 없다. 연구과정에 있어서도 2차, 3차 자료의 이용은 연구자의 목적과 다른 방향으로 이끌 수 있기 때문에 보다 객관적인 연구를 위해서는, 특히 북한관련 박사학위 논문에서는 1차 자료 중심의 연구가 진행되어야 할 것이다.

참고문헌

고유환, “북한연구 방법론의 현황과 과제,” 『통일과 평화』 창간호(2009).

구갑우, 『북한연구방법론: 북한연구와 비교사회주의 방법론』, 한울아카데미(2003).

김남식, “북한연구 현황과 문제점,” 『월간말』 통권 25호(1988).

김영수, “북한연구 동향 평가: 성과와 과제,” 『동아연구』 제50집(2006).

안득기, “북한 및 통일의식 분석,” 『북한연구학회보』 제11권 1호(2007).

양무진, “주체사상과 선군사상,” 『한국과 국제정치』 제24권 3호(2008).

이종석, 『새로쓴 현대북한의 이해』, 역사비평사(2005).

이헌경, “북한연구 현황과 접근 방향,” 『한국평화연구학회보』 11권 4호(2010).

최완규외, 『북한연구방법론』, 한울아카데미(2003).

Bruno Latour, “Give me a Laboratory and i will raise the world,” in Karen Knorr-Cetina and Michael Mulkay(eds.) *Science Observed*(London: SAGE, 1983, Abridged and reprinted in mario Biagioli(ed.), *The Science studies reader*(London: Routledge, 1999).

Janos Kornai, *THE SOCIALIST SYSTEM: The Political Economy of Communism* (Princeton, N.J.: Princeton University Press, 1992).

Yongsoon Kim, Eun Kook Lee, Haekyung Song, “A Sketch of North Korean Studies in South Korea: The Current Status and the Prescriptions to Establish Its Identity as an Independent Discipline,” *Korean Political Science Review*. Vol. 45, No. 3(2010).

『광명백과사전 3권 : 정치』, (백과사전출판사: 주체98, 2009).

『로동신문』(1998/08/22), (2003/01/11).

한겨레21, “1996년보다 나은 삶인가”, 『한겨레21』(2013/10/21).

제2장

북한의 대외관계에 나타난 김정은 정권의 특징과 향후 전망

남광규 | 고려대학교 아세아문제연구소

Ⅰ. 서론

2013년은 한국을 비롯해 동북아 주요 국가들의 리더십 교체 원년이 되면서 향후 동북아 국제정세의 기본적인 틀이 만들어진 해다. 미국에서는 오바마 2기 행정부가 들어섰고 중국은 5세대 지도층인 시진핑 체제가, 일본은 정권을 되찾은 자민당의 아베 신조 총리가 들어서는 등 동북아 주요국들 모두 새로운 대외정책이 시작되어 진행되고 있다. 전반적으로 현재 진행되고 있는 동북아 국제정세는 보수 우경화의 흐름이 강한 속에서 지역 내 경제협력의 필요성 속에서 군사경쟁의 양상이 가속화 되고 있다. 센카구열도(중국명, 다오위다오)를 둘러싼 중일 간 영토분쟁과 북한의 핵개발, 일본의 우경화와 집단적 자위권을 통한 군사 역할의 확대, 중국의 일방적인 방공식별구역 설정 등 동북아 역내 국가 간 갈등과 대립이 고조되는 모습을 보이고 있다.

그런 점에서 박근혜 정부를 둘러싼 동북아 주변 외교환경은 좋은 것은 아니다. 어떻게 보면 120여 년 전 구한말의 정세와 유사한 형국을 보이고 있다. 그렇지만 그때와 다른 점은 동북아가 이제는 세계의 중심 지역으로 부상하고 있다는 점이다. 미국과 함께 G-2국가로 부상한 중국과 경제대국 일본, 신흥경제국으로 발전하고 있는 러시아 등 동북아 지역은 세계열강들의 각축장이 되고 있다. 한국의 국제적 역할과 위상도 과거와 비교할 수 없을 정도로 커져서 이제는 중견 국가의 위치에서 국제적 역할이 넓어지고 있다.

이런 동북아의 국제환경 속에서 후계 승계 2년차를 맞은 북한의 김정은 정권은 작년 12월의 장거리 로켓 발사와 2013년 2월 12일의 '3차 핵실험'에 이어 3, 4월 달에는 '전면전'을 불사할 기세로 전쟁 분위기를 만들어 동북아에 안보 불안과 전쟁 위기를 조성했다. 북한은 이를 통해 동북아 국가들의 리더십 변화기에 북한의 존재를 부각시키면서 향후 동북아 정세를 북한이 원하는 구도로 이끌어 내기 위한 모험주의적 대외노선을 감행했다. 남북관계에 있어서도 전쟁 협박은 물론이고 개성공단 폐쇄조치로 박근혜 정부를 압박했으나 과거와는 다른 박근혜 정부의 대응으로 개성공단 재가동을 위한 협상테이블에 나와 남과 개성공단 정상화에 합의하는 모습을 보였다. 대외적으로도 최룡해의 중국 방문을 기점으로 국제사회에 대해서는 6자 회담 재개로 대화 국면으로 들어가는 듯 하는 모습을 보여 주었다. 대내적으로는 북한 자체의 경제개발를 모색하면서 각종 시설물 완공을 통해 김정은의 업적을 과시하면서 13개 경제개발구와 1개의 경제특구 설정 등으로 과거에 비해 개방적인 모습으로 북한 사회가 변화하고 있다는 인식을 심어 주고 있다.

이러한 북한 올 한 해 대외정책의 배경에는 무엇보다도 김정은 정권의 내적·외적 권력기반 강화가 주요한 요인으로 작용하고 있다. 그런 점에서 김정일의 '선군노선'의 계승이라는 점에서 북한은 김정일 시대의 대외정책과 흐름을 같이 하지만 일종의 '출구전략'이 없는 모험주의적 대외정책에서는 김정일 시대와는 구분되는 김정은 시대 대외정책의 특징이 나타나고 있다. 따라서 북한의 대외정책은 기존의 '핵외교'에 새로이 '김정은 후계체제의 안착'이라는 새로운 변수를 중심으로 수립, 실행되고 있다. 특히, 최근 발생한 장성택 숙청과 처형으로 발생한 북한 내 정변으로 인해 김정은과 북한의 미래에 대한 불확실성이 높아지고 있다.

그런 점에서 현재 박근혜정부가 마주하고 있는 동북아의 국제정세는 '위기'와 '기회'가 공존하는 상황이며 그 위기의 중심에 북한문제가 놓여 있다.

따라서 박근혜정부가 대북정책의 골간으로 제시한 '한반도 신뢰 프로세스'가 어떤 모습으로 현실화될지 주목받을 수밖에 없다. 남북관계에서 신뢰 구축이 무엇보다 절실한 이유는 지난 수십 년 간 반복된 남과 북 사이의 합의와 파괴의 악순환이 끊어지기 위해서는 최소한의 신뢰구축이 전제가 되어야 하기 때문이다. 박근혜정부의 외교안보 및 '한반도 신뢰프로세스'에 나타난 대북정책을 성공적으로 수행하기 위해서는 북한 대외정책의 성격과 향후 방향에 대한 정확한 분석이 필요하다. 이를 통해 올 상반기 발생한 북한의 핵실험 및 전쟁위협 과정에 나타난 김정은 정권의 대외노선의 성격을 정확하게 분석하고 이를 바탕으로 국제공조를 바탕한 세밀한 대북 외교 전략을 마련하고 실천해야 할 것이다. 나아가 '한반도 신뢰프로세스'와 '동북아 협력 구상'이 작동할 수 있도록 북한의 변화를 이끌어 낼 수 있는 전략적 방안을 모색하기 위해서는 북한의 대외정책을 분석하고 이를 바탕으로 북한 대외정책의 변화를 이끌어 낼 수 있는 다양한 형태의 다자, 양자외교의 틀을 만들어 나갈 필요가 있다. 또한 장기적으로는 북한 내 급변사태에 대비하는 내외적 준비도 필요한 시점이다.

이러한 배경을 바탕으로 본 글은 김정은 정권이 들어선 이후부터, 좀 더 좁히면 2012년 12월 장거리 로켓 발사 이후부터 지금까지의 시기를 중점적으로 분석하고 있다. 이 기간도 세부적으로 구분하면 작년 12월의 장거리 로켓 발사부터 올 2월의 '3차 핵실험'까지의 국제적 도발기, 국제연합 안보보장이사회의 대북제재에 대한 반발과 함께 3, 4월에 조성된 대남 전쟁도발 위협기, 5월 이후 나타나고 있는 국제사회와의 대화 모색기로 구분할 수 있다. 이런 세부적인 시기 구분을 바탕으로 장거리 로켓 발사와 '3차 핵실험'을 강행한 북한 내부의 결정 요인들에 대한 분석을 통해 '3차 핵실험'의 대외적 목적과 정치적 의도를 알고자 한다.

특히 과거와는 다른 중국의 적극적인 대북제재 참여 과정과 이후 나타난 북중관계의 '일반국가화'의 변화 가능성에 대한 논의를 통해 북한의 대중관계의 변화 요인을 찾고 있다. 북한의 대미외교에 있어서는 미국에 대한 본토

공격과 핵전쟁까지 언급한 극단적인 대미공세와 이후 나타난 미국에 대한 '통미봉남'식 대화제의의 성격과 의도를 분석하고 있다. 이와 함께 북한이 대화를 모색하면서 제일 먼저 교섭한 북일교섭과 그 외 국제사회와의 관계를 살펴보고 있다. 이상의 논의를 바탕으로 이를 통해 박근혜정부가 추구하는 '한반도 신뢰프로세스'와 '동북아 협력 구상'을 통한 북한 외교의 변화를 유도할 수 있는 요소와 그 가능성을 짚어보고자 한다.

Ⅱ. 김정은 집권 이후 북한의 내외정책의 성격과 변화 추이

1. 제도적 차원에서의 권력 강화와 불안정한 리더십

2011년 12월 17일 김정일이 사망한 이후 북한의 3대 세습 지도자로 공식 활동을 시작한 김정은은 금수산기념궁전에 마련된 김정일 국방위원장의 빈소에서 상주로 북한의 고위 인사 및 해외 인사들을 맞이하면서 최고 지도자의 모습을 드러내기 시작했다. 당시 김정은은 노동당 군사위원회 부위원장으로 조문객을 맞이했다. 북한의 각 언론 매체들은 김정일 위원장에게 붙였던 '탁월한 영도자' 같은 찬양 수식어를 김정은에게 사용하면서 국가 최고 지도자로 예우했다.[1] 김일성 전 주석에게는 '위대한,' 김정일 국방위원장에게는 '경애하는'이라는 수식어를 붙였던 북한은 김정은 부위원장에게는 '존경하는'이라는 수식어를 붙이기 시작했다. 그러다 최근 장성택 처형 이후 김정일 2주기 추모식이 끝난 다음부터는 '위대한 지도자'라로 명명해 김정은을 김일성 급으로 우상화하는 의도를 보여주고 있다.

한편 김정은을 뒷받침할 권력 집단의 면면은 2010년 12월 19일 발표된 232명의 장의위원 명단에 나타났다. 전체 장의위의 숫자 중 가장 많은 숫자

---

* 본 논문은 2013년 국회 외교통상위원회 정책연구과제(13-23)로 수행된 결과물임.

1) 〈노동신문〉(2011/12/17).

를 차지하고 있는 인사들은 과거 김정일 국방위원장의 후계 시절에 실세로 부상해 김정일 정권을 이끌어 왔던 인사들이 포진되었다. 구체적으로 김영춘 인민무력부장, 오극렬 국방위 부위원장, 강석주 부총리, 주규창 당 기계공업부장, 홍인범 평북도당 책임비서 등 80여명에 이르는 장의 위원들은 김정일 국방위원장을 떠받쳤던 권력의 실세들이다. 당시 김정은의 측근 실세로 관심을 받았던 리영호 총참모장은 장의위 서열 4위에, 김정은의 친인척 후견세력의 중심인 장성택 국방위 부위원장은 장의위 서열 19위에 올라 있었다.

김정일 사망 이후 국가 최고 지도자가 된 김정은은 그에 걸맞는 제도적, 형식적 절차를 거쳐 명실상부한 지도자의 위치에 자립잡기 위한 권력다지기에 나섰다. 우선 김정은은 2012년 4월 당대표자회의와 제12기 5차 최고인민회의에서 당 제1비서와 국방위원회 제1위원장의 자리에 올라 당·정·군의 최고 직책을 다 갖게 되었다. 이와 함께 군부 서열 1위인 총정치국장에는 민간 당료 출신인 최룡해를 임명해 군부를 장악했다. 군에 대한 감시와 통제를 담당하는 총정치국 출신들이 인민무력부장(김정각 제1부국장)과 국가안전보위부장(김원홍 조직부국장), 인민무력부 제1부부장 겸 후방총국장(현철해 상무부국장)에 임명되어 군에 대한 당의 장악력이 강화되었다.[2)]

김정은이 당 제1비서와 국방위 제1위원장에 임명되기 직전 김정은은 당 중앙위원회 책임 일꾼들을 상대로 자신의 통치 구상을 밝혔다. 4월 19일 전문이 공개된 담화에서 가장 눈에 띄는 것은 노동당의 지도노선을 '김일성-김정일주의'로 하기 위해 당규약(黨規約)을 개정할 것임을 예고하면서 '당의 유일지도체제'를 더욱 강화시킨 점이다. 김정일의 선군정치노선을 계속 강화시켜 나갈 것이라는 점을 재확인했는데 "선군(先軍)이 북한의 자주이고 존엄이며 생명"이라면서 선군노선을 통해 군사력을 강화시켜 나갈 것을 강조했다.[3)] 담화에 나타난 김정은의 정책방향은 당-정-군을 아우르는 권한을 거머쥐고 출범한 김정은 정권이 우선은 김정일 국방위원장의 '유훈' 관철에 가장 큰 비

2) 김갑식, 『김정은정권 출범의 특징과 향후 전망』(서울: 국회 입법조사처, 2013), 25쪽.
3) 〈노동신문〉(2013/04/19).

중을 두고 있다는 점이다. 이와 함께 당면 과제인 체제 안정과 경제재건에 주력하는 내용을 담고 있지만 과거에 비해 새로운 내용은 눈에 띄지 않았다. 전체적으로 김정일 위원장 때 수립된 기존의 경제정책과 노선에 따르는 내용으로 경제도 김정일 시대에 수립된 국방공업 우선의 경공업·농업 동시 발전 노선을 유지할 것을 담았다.

이어 2012년 7월 18일에는 북한의 4대 권력 기관인 노동당 중앙위원회, 노동당 중앙군사위원회, 국방위원회, 최고인민회의 상임위원회의 공동 명의로 김정은을 원수로 추대를 결정을 통해 김정은을 '원수'의 지위에 올랐다. 북한에서 '공화국 원수'는 군 출신이 오를 수 있는 최고위 계급인 '인민군 원수'보다 한 단계 높은 지위로 대원수로 추대되었던 김일성과 김정일에 이은 최고 계급에 해당한다. 김정은이 2010년 9월 27일 공식 등장할 때 받은 계급이 인민군 대장이었으니 김정은은 2년 만에 최고 계급을 단 셈이다.

그런데 김정은의 공화국 원수 진급은 당시 북한군부의 1인자라 할 수 있는 리영호 총참모장의 갑작스러운 실각된 이후 이루어졌다. 현영철 대장을 차수로 승진시킨 데 이어 김정은이 명실상부한 군 최고위 자리에 오른 것은 리영호 총참모장 전격 해임 이후 권력 암투설에 따른 군부의 동요를 막고 대내외적으로 군부에 대한 장악력을 과시하기 위한 것으로 해석되었다. 리영호 숙청을 계기로 김정은을 중심해 노동당의 장성택과 군의 최룡해가 이끄는 김정은 시대 권력체계가 확고히 자리 잡았다. 이에 따라 군에 대한 당의 통제 역시 강화되어 군부 운영은 군보다 당이 주도하는 양상이 되었다.

따라서 북한 군부의 위상은 과거 김정일 시대에 비해 약화되어 가는 징후가 곳곳에서 나타났다. 김정은이 북한군 수뇌부를 대규모 교체하는 과정에서 일부 고위 군 인사에 대한 계급 강등, 충성서약 강요 등의 현상이 나타난 것도 군부에 대한 인위적이고 대대적인 세대교체의 과정으로 볼 수 있다. 군단장 9명 중 6명이 교체된 것 역시 북한 역사상 사례가 드문 경우다. 군 수뇌부 대폭 교체의 배경에는 군에 대한 당의 민간 통제를 강화하려는 차원으로 보여 지는데 이 과정에서 그동안 군이 해오던 외화벌이 사업, 돈벌이 사업이 당으로 이전되면서 군부의 돈줄이 끊어져 나갔다.

북한군의 힘이 약해지는 징후는 앞서 리영호 총참모장이 해임됐던 흐름의 연장선상에 있다. 민간인 출신의 최룡해가 당을 통해 군을 장악하는 과정에서 기존 군부 실력자들에 대한 일종의 실력행사가 이루어진 것이다. 당에서의 활동 외에 군 경력이 없는 최룡해를 군 총정치국장으로 임명해 군에 대한 당의 통제를 강화하면서 군이 갖고 있던 외화사업을 내각으로 이전하면서 군부 실세들을 차례로 제거함으로서 군을 장악해 나갔다. 김정은의 권력 공고화를 명분으로 군의 기득권을 약화시키면서 경제적 이권사업들을 군에서 내각으로 반납시키면서 경제적 이권을 신 지배층에게 유리하게 재분배해 나갔다.[4)]

결국 김정은 시대에 발맞추어 군도 김정은의 사람들로 재편되었다는 점과 대외적으로는 김정은의 권력 장악이 안정기에 들어섰다는 점을 보여주는 정치적 효과도 의도한 것으로 보인다. 군에 대한 인사개편 과정도 당을 통해서 이루어졌는데 2013년 8월 25일의 '선군절'을 맞아 열린 노동당 중앙군사위원회 확대회의에서 군에 대한 대대적 인사가 결정되었다. 이처럼 북한군이 김정은 제1위원장의 군대로 재편되면서 북한군도 급속한 세대교체를 맞았다. 북한은 노동당 중앙군사위원회 확대회의에서 군부 인사를 김정은 체제 2년차에 맞게 개편하면서 국가운영이 당, 내각, 군으로 재편되는 모습을 보였다. 새롭게 북한 군부의 주요 인사로 등장한 인물은 리영길 인민군 총참모부 작전국장과 장정남 인민무력부장인데 이들은 인사를 통해 대장으로 승진하면서 군부 내 소장파로 부상했다. 60대와 50대 들이 주축이 되는 군으로 세대교체가 이뤄지면서 김정일 시대의 대표적인 군부 인사인 김격식 군 총참모장도 모습을 감췄다.

그런데 새로운 군부 인사 구성이 당의 정치국 회의 또는 중앙군사위 회의 등을 거쳐 이뤄졌다는 점은 노동당이 군부를 영도하는 시스템이 확립된다는 것도 의미한다. 사회주의국가는 '당-국가체제'로 모든 것이 당을 중심으로

4) 윤덕민, "2013년 북한정세전망," 국립외교원 외교안보연구소, 『주요국제문제분석』(2013. 01. 30), 2~3쪽.

운영되어야 정상적인 체제였지만 김정일 시대에는국방위원회를 중심으로 군이 과도하게 북한의 국정 운영을 주도했는데 그 역할을 이제는 당이 군을 통제하는 방향으로 재정립되는 모습을 보여 주었다. 그러다보니 2013년 상반기 '전쟁 국면'을 만들며 군이 주도했던 북한의 국정운영에서도 군이 뒤로 물러서는 모습이 나타나고 있다. 그 과정에서 그동안 천안함 폭침사건과 연평도 도발을 통해 후계승계 과정에서 김정은을 도와 주었던 군 실세들이 공식석상에서 모습을 감추게 되었다.

그러나 김정은의 군 지도에서 타나나고 있는 특징들, 즉, 군에 대한 당적 통제와 군인사 관행에서 서열과 계급의 무시, 잦은 인사교체 등은 권력 기반이 취약한 김정은의 권력 과시적 성격이 강하게 나타나고 있기 때문에 실제 북한군의 통합성 유지에서는 의문점이 제기되고 있다. 김정은 자신의 군 주도세력 구축에 급급함으로 군에 대한 정책 선택과 집중 약화로 인해 군의 불만과 정책결정에서의 불안정한 모습이 지속하는 모습을 보이고 있다.[5] 이것은 군에 대한 통제력 강화가 김정은의 자율적 권력 행사로 이루어지는 것인지 아니면 중심적인 후견 세력을 배경으로 민간과 당을 배경한 세력의 군부에 대한 세력경쟁인지의 여부이다. 그렇기 때문에 김정은이 제도적, 공식적 차원에서 북한의 최고 지도자가 되었고 군부를 통제하는 모습을 보여주고 있지만 그것이 실제 김정은의 리더십에서 나온 것인지는 불투명하다. 이것은 결국 지금 "누가 북한을 통치하는가" 하는 의구심을 불러일으키고 있다.[6]

결국, 2013년 12월에 발생한 장성택 숙청과 처형 과정을 보면 비록 정치국 확대회의를 통해 장성택에 대한 당 차원에서의 반역죄를 물었지만 전체적으로 최룡해를 중심한 군부에 김정은이 업혀 가는 듯 하는 모습을 보여주고 있어 군이 김정은 정권의 주된 기반임을 확인시켜 주었다.

5) 고재홍, "김정은정권의 군 지도방식 변화와 시사점," 국가안보전략연구소(2013), 1쪽.
6) 알렉산더 만수로프(존스홉킨스대 국제대학원 연구원) 박사와의 대담.(2013/10/22).

2. 경제건설의 강조와 경제개발구의 설치

김정은은 육성을 통해 직접 밝힌 <2013년 신년사>에서 '남북공동선언'의 이행을 강조하면서 내부적으로는 경제건설을 강조했다. 김정은은 경제건설의 성과는 인민생활에서 나타나야 한다며 농업과 경공업이 올해 경제건설의 중요 과제라고 밝혔다. 경제 부분과 관련해 인민생활 향상과 경제강국 건설에서 결정적 전환을 일으켜야 한다면서 북한 주민들의 식량문제 해결과 경공업 발전, 지식경제 강국으로 전환, 국토관리, 문화·교육사업 발전 등을 열거했다. 김정은은 북한 인민들의 먹는 문제, 식량 문제를 원만히 해결해야 한다면서 경제사업에서 제기되는 모든 문제를 내각에 집중시키고 내각의 통일적인 지휘에 따라 풀어가는 질서를 세워야 한다고 했다.[7] 김정은의 신년사 내용은 과거와 비교해 선군정치에 대한 언급이 줄고 상대적으로 경제발전에 대한 표현이 늘어난 것이 눈에 띄었다.

북한은 지난 2002년 내각 주도로 '7·1 경제관리 개선조치'등의 경제개혁을 추진했지만 실패한 후 당이 경제정책에 주도적인 역할을 해왔다. 그러나 김정은의 지시에 따라 경제사업의 당·정 간 역할분담이 이뤄질 것으로 예상되고 노동당의 경제사업 관여도 축소될 것으로 보인다. 김정은은 2012년 6월 28일 '우리식의 새로운 경제관리 체제 확립에 대하여'라는 제목의 경제방침을 제시했다. '6·28 조치'의 기본 방향은 기업과 개인의 생산물자 자율처분권을 확대하는 것으로 기업은 국가가 생산계획을 정해주지 않고 공장과 기업소가 독자적으로 생산하고 생산물의 가격과 판매방법도 자율적으로 정하도록 하는 것이다. 농업 부분에 있어서도 전체 수확량의 70%를 당국에 바치면 나머지 30%는 농민들이 가져갈 수 있도록 하는 내용을 담고 있다. 이 모두가 국가가 계획량을 할당하는 방식의 계획경제가 아니고 시장 판매를 기반으로 하는 조치라는 점에서 시장 경제적 요소가 매우 큰 것으로 평가할 수 있다.

그러나 이것이 과거에는 없었던 새로운 조치가 아니라 지난 2002년에 시

---

7) <노동신문>(2013/01/01).

행한 '7·1경제개혁조치' 이후 달라진 북한의 경제 현실을 반영하고 이를 공식화 한 것으로 볼 수 있다. '7·1 경제관리개선조치' 이후 북한의 생산 및 유통 등 경제행태의 변화를 반영하여 그동안 북한 주민들과 기업들 사이에서 음성적으로 벌어지던 일들을 합법화한 것으로 볼 수 있다. 배급제가 사실상 무너지고 한때 단속했던 장마당이 다시 확대되는 북한경제의 현실을 받아들일 수 밖에 없다는 점이 '6·28 조치'에도 담겨져 있다.

그렇기 때문에 '6·28조치'는 2002년 시행했던 '7·1경제관리개선조치'와 유사한 부분이 많다. '7·1조치'는 1990년대 중반 '고난의 행군'을 거치면서 북한사회에서 시장의 역할이 커지고 시장가격이 대세를 이룬 상황을 반영해 싼값의 국정가격을 비싼 시장가격과 일원화 하고 기업과 개인의 경제활동 자율성을 키워준 조치다. 주요 내용은 가격 및 생활비 현실화, 독립채산제 도입, 분조관리제 중심의 협동농장 운영을 골자로 하고 있다. 그러나 2002년 시행한 '7·1조치'는 북한의 만성적인 재화의 공급부족으로 제대로 작동하지 못해 2003년 3월 당시 김정일의 '시장 장려' 조치에 내각이 〈시장관리운영 규정〉을 발표하는 등 시장과 개인 상거래를 당국이 공식적으로 인정하기 시작했다. 이에 따라 2004년부터 북한에 대규모 종합시장이 조성되기 시작했으며 2007년에는 그 숫자가 300개까지 늘어난 것으로 알려졌다. '6·28조치'조치가 과거 경제개혁과 다른 점은 시장에서의 자율 거래를 공기업에 적용한 점과 농업에서 일부 사적 소유를 공식적으로 인정한 부분이다.

이어 북한이 2013년 11월 21일에는 최고인민회의 상임위원회 정령으로 13개 경제개발구와 1개의 경제특구 설치를 발표했다. 13개 경제개발구는 평안남도 압록강경제개발구, 자강도 만포경제개발지구, 자강도 위원공업개발구, 황해북도 신평관광개발구, 강원도 현동개발구, 함경남도 흥남공업개발구, 함경남도 북청농업개발구, 함경북도 청진개발구, 함경북도 어랑농업개발구, 함경북도 온성섬관광개발구, 양강도 혜산경제개발구, 남포시 와우도 수출가공구와 신의주 경제특구다.[8)]

8) 〈조선중앙통신〉(2013/11/21).

이처럼 북한은 새로운 경제정책을 모색하고 있으나 이것이 선군에서 선경으로 전환이라기보다는 정책에서 경제 분야를 종전보다 더 중시하겠다는 정도로 볼 수 있다.[9] 북한이 새로운 경제개혁 조치가 성공하려면 과거와 같이 제한적으로 시행하면 실패를 반복할 수밖에 없는데 새로운 지도부가 들어선 상황에서 북한 주민들의 생활을 한 단계 더 발전시킬 수 있는 보다 과감한 경제개혁과 개방이 필요한 것이다. 그렇기 때문에 북한이 관심을 보이고 있는 경제개발이 북한 주민들의 생활을 개선하기 위한 것인지 아니면 김정은의 전시성 업적을 위한 것인지는 더 지켜봐야 할 것이다. 특히 핵문제를 떼어 놓고 경제개발을 논한다는 것이 현실성이 없다는 점이다.

3. 핵개발·경제발전 병진노선의 채택

북한은 2012년 12월 12일 오전 9시 49분경 평안북도 철산군 동창리 미사일기지에서 장거리 로켓미사일을 기습적으로 발사했다. 발사된 장거리 로켓미사일의 탑재물이 고도 494-588km의 궤도에 안착한 것으로 보여 북한이 발사한 장거리로켓에 탑재된 위성이 지구 궤도 진입에 성공한 것으로 평가되었다. 발사 거리도 로켓의 1단 추진체 연소시간이 길어져 사거리도 1만 3,000km 이상으로 늘어난 것으로 추정되었다. 사정거리가 대폭 늘어남으로써 북한은 대륙간탄도미사일을 발사할 수 있는 기술 능력을 갖춘 것으로 평가된다. 이것을 보면 장거리 미사일 개발 능력이 상당한 정도에 이른 것으로 볼 수 있다. 그들 말대로 김정일 국방위원장의 유훈에 따라 선군노선을 계속하면서 김정은의 능력을 과시하려는 것이 장거리 로켓 미사일 발사의 주요 목적이었다.

장거리 로켓 발사에 이어 북한은 과거의 행태대로 2013년 2월 12일 3차 핵실험을 감행했다. 북한의 3차 핵실험은 1994년 김일성 사후 김정일이 〈제네바합의〉를 파기하고 핵개발을 통해 통치력을 강화시켜 나간 것과 같은 행보

9) 김갑식, 『김정은정권 출범의 특징과 향후 전망』(서울: 국회 입법조사처, 2013), 20쪽.

를 김정은이 선택했다는 점을 보여 주었다. 북한은 지속적으로 핵능력을 강화시켜 왔는데 플루토늄, 우라늄 등의 핵물질 획득과 고폭장치 개발, 핵무기의 시험적 제도의 2단계를 거쳐 3차에 걸친 핵실험을 통해 성능을 확인하고 마지막으로 소형화 및 전력화의 4단계로 진행되어 왔다.[10)]

북한은 3차 핵실험 이후 유엔의 대북제재가 강화되자 그때부터 의도적으로 한반도에 전쟁 분위기를 고조시켰다. 북한은 2013년 3월 30일 '정부·정당·단체 특별성명'을 통해 북남관계가 전시상황에 들어갔다고 하면서 이 전쟁은 국지전으로 한정되지 않고 전면전쟁, 핵전쟁으로 번지게 될 것이라고 했다.[11)] 북한은 특별성명에서 남한은 물론이고 미국 본토와 하와이, 괌까지 공격할 것이라고 위협했다. 그러면서 김정은이 동서남북을 가리지 않고 곳곳에 얼굴을 보이면서 북한군을 직접 지휘하는 모습을 연일 북한 매체를 통해 보여 주었다. 심지어는 '미국 본토 타격계획'이라는 작전 계획도까지 의도적으로 공개하면서 김정은이 이를 지도하는 모습을 부각시켜 김정은의 지도자적 능력을 애써 홍보하는 모습을 보였다.

북한이 최고도의 표현을 남발하면서 전쟁 분위기를 고조시키고 있는 이유는 실제 전면전을 하겠다는 의도보다는 북한 내부에 전쟁 분위기를 고조시키면서 김정은의 권력 기반을 강화하려는 것에 더 큰 의도가 있었다. 왜냐하면 북한 스스로 '전쟁 상황'이라고 주장하면서 선두에 서서 대처해 가는 김정은의 지도력을 의도적으로 보여 주려는 흔적이 너무나 역력했기 때문이다. 북한이 2012년 12월의 장거리 로켓발사에 이어 3차 핵실험을 한 중요한 이유 중 하나는 2013년 동북아 지도부 교체기에 북한 문제로 동북아 정세를 주도하고 이를 통해 김정은의 대내외 권력기반을 강화시키고자 하는 것이다. 이를 통해 젊은 지도자 김정은이 북한을 완전히 장악하고 있음을 과시하고 국제적으로도 북한의 지도자로서 자리매김 하기 위한 의도가 컸다.

2013년 3월 31일 당중앙위원회 전원회의를 통해서는 경제건설과 핵무력건

---

10) 이승현, "북한의 제3차 핵실험의 배경과 전망," 극회입법조사처, 『이슈와 논점』, 제606호 (2013/02/15), 4쪽.

11) 〈연합뉴스〉(2013/03/30).

설을 병진시키는 '새로운 전략적 노선'을 채택했다. 이 노선은 김일성과 김정일이 구현해온 '경제와 국방 병진노선'을 계승, 신화, 발전한 것으로 방위력을 강화하면서 경제건설에 집중해 '인민들이 사회주의 부귀영화를 마음껏 누리는 강성대국'를 건설하기 위한 전략적 노선이라고 규정했다. 그러면서 '우리의 실정에 맞게' 경제발전과 국방력강화에서 최대의 효과를 낼 수 있게 하는 현실적 노선이라고 했다.[12] 이것은 대량살상무기인 핵무기 개발을 통해 재래식 무기에 대한 의존을 줄임으로써 국방비를 감축하고, 주민생활과 관련된 경제 분야에 더 많은 투자를 하겠다는 것이다.[13]

북한은 2012년 4월 13일 개정한 헌법 서문에 북한이 핵보유국임을 명시했다. 5월 30일 북한의 대외선전용 웹사이트인 '내나라'를 통해 공개된 북한의 사회주의헌법 4차 개정안은 개정 헌법을 '김일성-김정일 헌법'으로 명시하면서 특히 김정일의 위업을 강조했다. 북한에서 헌법은 최고 지도자의 교시와 노동당 규약 다음으로 중요한 통치지침을 담고 있는데 헌법 서문에 북한 스스로 '핵 보유국'임을 명시한 것은 세계적으로도 그 유례를 찾아보기 어려운 일이다. 북한은 2005년 이후 지속적으로 핵보유국을 주장해 왔는데 헌법에다 아예 못을 박은 것이다.

전원회의에서 제시된 핵보유의 법제화를 위해서 북한 최고인민회의는 "자위적 핵보유국의 지위를 더욱 공고히 할 대하여"라는 〈4·1 핵보유 법령〉을 채택했다. 이 법령은 북한 외무성이 2010년 4월 21일 비망록을 발표하면서 제시한 핵정책을 확대, 구체화해서 대내외적으로 제시한 북한 정권의 최초 공식 핵정책이다. 〈4·1 핵보유 법령〉은 모두 10개 조로 구성되어 있는데, 핵은 절대 포기할 수 없지만 방어적 목적으로만 사용할 것이며 최대한 안전하게 관리하겠다는 내용을 담았다.[14]

그러나 헌법에다 북한이 핵보유국임을 명기한 것은 소위 '김일성 헌법'이

---

12) "김정은의 당중앙위원회 전원회의 보고 전문," 〈조선중앙통신〉(2013/04/01).

13) 정성장, "김정은 체제의 경제건설과 핵무력건설 병진 노선 평가," 세종연구소, 『정세와 정책』, 2013년 5월호, 12쪽.

14) 전성훈, "김정은 정권의 경제·핵무력 병진노선과 '4·1 핵보유 법령'," 통일연구원, 『Online Series CO 13-11』(2013), 4쪽.

라고 하면서도 '한반도 비핵화'가 김일성의 유언이었다는 기존의 입장을 뒤집는 것이다. 뿐만 아니라 김정일 생존 시 6자 회담을 통해 핵무기 철폐를 약속했던 '9·19 공동성명'에도 반하는 것이다. 이처럼 김일성-김정일 헌법이라고 명명하면서도 그들이 약속한 내용과는 모순되는 내용임에도 불구하고 북한이 핵보유국을 명기한 내부 이유는 취약한 김정은 정권을 결속시키기 위해 주민들에게 핵보유국이라는 자기만족을 심어 주기 위한 것이며 대외적으로는 북한이 핵을 포기하는 협상을 지속할 의사가 없음을 선언한 것으로도 볼 수 있다. 따라서 6자 회담과 같은 북핵 관련 회담이 열릴 경우 그것이 북한의 비핵화를 위한 회담이 아니라 핵보유국으로서 미국과 동등한 입장에서 핵군축회담을 하겠다는 의도를 담고 있다.

북한체제는 외부와의 갈등을, 특히 미국과의 대결을 통치의 정당성으로 삼기 때문에 대립적인 대미관계 설정은 북한체제 탄생 이후 체제 유지의 가장 큰 근간이다. 북한이 만약 핵 보유국으로 인정받으면 고농축우라늄(HEU)을 비롯한 핵 프로그램을 계속 진행할 수 있는 명분도 얻고 미국을 상대로 군축협상을 거쳐 평화협정까지 요구할 수 있는 길이 열릴 수 있다. 그러나 북한의 핵보유국 지위는 자기 스스로 만족하는 대내용으로 그칠 수밖에 없다, 왜냐하면 국제사회는 북한에 대한 핵보유국 지위 인정을 할 없기 때문이다.

북한은 2005년 2월 외무성 대변인 성명을 통해 핵 보유를 선언한 이후 2006년과 2009 년 두 차례에 걸쳐 핵실험을 감행했다. 그러나 국제사회의 어느 국가도 현재 북한을 공식적인 핵보유국으로 인정하고 있지 않다. 또한 법리적으로 보더라도 현재 북한은 핵확산금지조약(NPT) 회원국이 아니기 때문에 핵확산금지조약이 규정하고 있는 핵보유국의 지위를 가질 수 없다. 북한이 실질적으로 인정받고 싶은 미국으로부터의 핵보유국 지위 인정도 이루어질 가능성도 없다. 결국 북한이 헌법에다 핵보유국 지위를 명기한 것은 김정은 정권의 자기만족일 뿐이다. 국제적으로는 오히려 북한의 고립만 심화시킬 뿐만 아니라 북한의 후견 국가인 중국의 입장도 난처하게 만드는 결과다.

Ⅲ. 개성공단의 중단과 재개

2013년 2월 12일 북한의 '3차 핵실험'에서 시작된 대남 전쟁위협 국면의 시작은 유엔제재에 대해 북한이 반발하고 적반하장으로 미국과 남한이 북한에 전쟁을 도발했다는 억지 주장에서부터 비롯되었다. 북한은 심지어 동맹국인 중국과 러시아까지 미국에 동참했다고 비판하면서 북한 스스로 3차 핵실험이 정당하다는 것을 전쟁 위협으로 강변했다. 이처럼 남한에 대한 비난 수위를 높여 가는 것은 유엔제재를 중심으로 중국을 포함한 모든 국제사회가 북한에 대한 제제에 동참하자 남쪽으로 초점을 옮기면서 국제사회의 제재를 분산, 혼돈 시키려는 의도였다. 대남위협과 군사도발의 가능성을 높임으로써 유엔을 중심한 국제공조의 국면을 남북 간 군사대립 국면으로 전환시키려 한 것이다.

북한은 남한과 미국이 전쟁을 도발했다는 적반하장의 주장을 북한 주민들에게 주입시켰다. 그러나 사실은 북한의 '3차 핵실험'으로 유엔을 중심한 국제사회의 대북제재가 실시되자 그 이후부터 북한은 미국이 주도하는 북한 침공이라고 뒤집어씌우며 전쟁 분위기를 고조시켰다. 이와 같은 북한의 전쟁 분위기 조성에 한미 양국이 굳건한 동맹으로 철저한 대비를 하니까 북한은 거꾸로 자신들이 전쟁 위협을 받고 있다고 북한 주민들을 상대로 사태를 호도했다. 심지어는 평양 주재 외교 공관과 국제기구에 대해 철수를 권고하면서 전쟁 위협을 높여 나갔다. 그렇기 때문에 한국과 미국의 대화 제의에도 불구하고 북한은 미국에 대해 적반하장으로 '도발 행위'의 즉각 중단과 전면 사죄, '핵전쟁 연습' 중단 등을 조건으로 내세웠다.

그러나 북한이 원하는 뚜렷한 결과물이 없을 경우, 개성공단을 악용할 가능성도 배제할 수 없었다. 개성공단을 북한의 3차 핵실험으로 인해 조성된 대북 국제공조를 남북대결국면으로 전환시키기 위한 '국면전환용'으로 이용할 가능성도 높았다. 북한은 2013년 3월 30일 일방적으로 '전쟁 상황'을 발표하고 하루 뒤 개성공단 폐쇄 가능성을 거론했다. 그리고 4월 2일에는 남한에서 개성공단으로 들어가는 통행은 막고 개성공단에서 남한으로 내려가는 것은 허용했다. 이처럼 북측이 남에서 북으로 가는 통행은 막고 북에서 남으로 내려가는 것은 허용하는 것은 북한이 발표한 '전쟁 상황'에 맞게 남한 국민들의 안전에 대해 북측이 책임 있는 조치를 취했다고 주장할 수 있는 구실을 만들기 위한 것이었다. 다시 말하면 전쟁 상황이라 남한 국민의 안전을 책임질 수 없으니 북으로 오는 길은 막고 반면에 개성공단에 있는 남한 국민들이 남으로 갈 수 있는 통로는 열어 놨으니 올바른 조치를 취한 것이라고 강변할 수 있는 근거를 만든 것으로 볼 수 있었다.[15)]

그러나 박근혜 정부가 개성공단 철수라는 강수로 북한의 개성공단 운영 중단에 대처하자 북한은 개성공단 재개를 위한 남북회담으로 나오지 않을 수 없었고 결국 개성공단 문제와 관련해 열린 남북 당국 실무회의에서 남과 북이 개성공단 재가동에 원칙적으로 합의했다. 남과 북은 2013년 7월 6일 낮부터 16시간에 걸쳐 2번의 전체회의와 10번의 수석대표 접촉 등 심야 협상을 통해 개성공단 정상화 문제와 재발방지 대책 및 시급한 현안 해결 방안 등에 관해 논의했다. 회담 결과 남북 양측은 7월 7일 판문점 북측 지역 통일각에서 당국 실무회담를 마치고 4개항으로 구성된 합의문에 서명했다. 합의문에서 남과 북은 개성공단 사태와 관련, 준비가 되는데에 따라 개성공단 입주 기업들을 재가동하기로 원칙적인 합의를 했다. 이에 따라 지난 4월 3일 북한의 일방적 조치로 시작된 개성공단 사태가 95일 만에 정상화의 계기를 마련했다.

실무회담에서 합의된 구체적인 내용을 보면 우선 장마철 개성공단 설비 피해를 줄이기 위해 입주기업 관계자 등이 개성공단을 방문해 설비 점검과 정비를 진행하도록 했다. 또한 남측 기업이 완제품 및 원부자재를 반출할 수 있도록 하고, 절차를 밟아 설비도 반출할 수 있도록 했다. 이를 위해 북측은 개성공단을 방문하는 남측 인원들의 안전한 복귀 및 신변 안전과 차량의 통행과 통신을 보장했다. 이와 함께 개성공단 가동중단 사태의 재발방지 문제 등 개성공단 정상화를 위한 후속 회담도 개성공단에서 개최키로 했다. 합의 내

15) 남광규, "'남북 화해의 상징' 개성공단 어떻게," 〈매일경제〉(2013/04/10).

용을 보면 남북 양측의 요구를 적절하게 절충했다. 남측은 완제품 및 원부자재의 반출을 강하게 요구했고 북측은 기업의 설비 점검과 조속한 원상복구를 제시했는데 양측 요구가 절충된 내용이 합의문에 담겼다.

북한은 개성공단 중단 조치로 남한을 압박하려 했지만 결과적으로 북한이 대화의 장의로 들어오지 않을 수 밖에 없었다. 북으로서는 거의 유일한 외화수입원이 끊긴 상태에서 5만 3천명에 달하는 개성공단 근로자들의 생계가 큰 부담으로 작용했다. 경제적 손실 외에도 동북아 정세가 대화 국면으로 활발하게 전환되어 가는 과정에서 북한이 느끼는 외교적 고립도 남북 당국 간 실무회담에 응하게 된 요인이었다. 중국과 미국 등이 6자회담뿐만 아니라 북한과의 대화를 위해서는 남과 북 사이의 대화가 선행되어야 한다는 요구도 북한이 당국회담에 나서게 된 배경이었다.

2013년 8월 14일 광복절을 하루 앞두고 남과 북은 제7차 개성공단 실무회담에서 5개 항으로 이루어진 합의서를 채택해 개성공단 정상화에 합의했다. 이로써 4월 북측이 일방적으로 개성공단을 중단한 지 133일 만에 개성공단은 정상화의 길에 들어섰다. 개성공단이 중단된 이후 그동안 6차례에 걸쳐 남북 실무회담이 이어졌지만 양측의 입장이 맞서는 바람에 합의에 실패했는데 사실상 마지막 회담이었던 7차 회담에서 극적으로 타협안을 도출하였다. 이 과정에서 남한 정부는 개성공단 정상화를 위해 필요한 책임 소재와 재발방지를 위한 제도적 장치를 북측에 강력하게 요구했다. 반면에 북측은 개성공단과는 아무 상관이 없는 군사훈련 중단과 소위 최고 지존에 대한 모독 등의 이유를 들어 자신들의 책임을 회피하려 했다. 결국 개성공단 중단 책임과 재발방지책을 둘러싸고 남과 북이 첨예하게 대립했다. 이처럼 실무회담에서 가장 핵심적인 쟁점이었던 개성공단 재발 방지 대책에 대해서 남과 북이 함께 보장하는 형식으로 개성공단의 발전적 정상화에 의견을 같이 하게 됨으로써 남북합의문이 도출되었다. 이를 위해 개성공단에 있는 남측 인원의 안정적 통행, 북측 근로자의 정상 출근, 기업재산의 보호를 보장함으로써 북측의 일방적인 행위는 불가능하게 되었다.

개성공단의 완전한 정상화와 관련해 가장 주목받는 부분은 〈개성공단 남북공동위원회〉의 구성이다. 이를 위해 남북은 '개성공단 남북공동위원회 구성 및 운영에 관한 합의서'를 체결하고 해당 기구들의 활동을 개시했다. 특히, 개성공단을 왕래하는 남측 인원들의 신변안전을 보장하고, 기업들의 투자자산을 보호하며, 통행·통신·통관의 이른바 '3통 문제'를 해결하기 위해서는 공동위원회의 구성이 가장 시급한 과제였다. 이를 바탕으로 공동위원회는 개성공단 국제화와 관련해서 남북이 함께 외국 기업들의 유치를 적극적으로 장려하는 동시에 관련 제도를 국제적 수준으로 발전시키고 공동으로 해외투자설명회를 추진하기로 했다.

그러나 북한은 9월 25일로 예정돼 있던 이산가족 상봉을 일방적으로 연기했다. 이후 개성공단의 발전적 정상화가 예정대로 진행되고 있지 않았다. 그것은 개성공단의 발전적 정상화에 적극적으로 협조해야 할 북측의 태도가 개성공단 정상화 합의내용과는 다른 모습을 보였기 때문이다. 개성공단의 정상화를 위해 필수적인 3통 문제 해결을 위한 분과위원회 회의를 북측이 일방적으로 연기한 뒤, 후속 일정조차 잡지 못하면서 진전을 이루지 못했다. 이에 따라 원래 10월 31일에 개최하기로 예정되었던 외국 기업을 대상으로 한 투자설명회도 현실적으로 개최되기 어려워 무산되었다. 그러나 남북은 2013년 11월 29일 3통분과위를 열어 개성공단 출입과 관련해 연내까지 전자출입체계(RFID) 공사를 마무리 짓기로 합의했다. 따라서 내년 초에는 일일 단위 상시통행이 가능해져 개성공단 입출경 조건이 개선될 것으로 보인다.[16)]

16) 〈연합뉴스〉(2013/12/03).

Ⅳ. 북중·북미관계의 추이와 특징

1. 북중관계 경색과 중국의 적극적인 대북제재 동참

중국은 북한을 안보 완충지대로 지원해야 할 대상에서 중국 동북지역의 건설과 동해 잔출권 확보를 위한 외적 환경 구축 차원에서 북한과의 관계를 강화하고 있으며, 미국과의 전략게임 속에서 북한과 한반도를 활용하는 태도에는 큰 변화가 없다.[17] 그러나 3차 핵실험을 통해 도발하는 북한이 완충역할이 아니라 중국의 부담이 되는 점이 중국으로서는 고민이 되지 않을 수 없다. 더구나 북한의 핵보유는 일본과 같은 주변 국가들이 군비를 증강하는 빌미를 제공하기 때문에 중국의 고민은 깊어질 수밖에 없다.[18]

장거리 로켈 발사와 핵실험 이전까지만 하더라도 북중관계는 경제협력을 중심으로 상호 협력이 깊어질 것으로 예상되었다. 장성택 북한 국방위원회 부위원장 겸 노동당 행정부장은 2012년 8월 13일부터 18일 까지 5박 6일 간의 중국 방문을 마치고 북한으로 돌아갔다. 방중 일정에서 장성택은 황금평·위화도, 나선지구 공동개발을 위한 제3차 개발합작연합지도위원회 회의를 통해 이들 지역에 대한 중국 측의 적극적인 지원을 요청했다. 중국 정부도 나선지구와 황금평·위화도에 대한 적극적인 지원을 약속했고 향후 북중 간 경제협력 확대와 중국 정부의 적극적인 투자를 약속했다. 장성택은 방중을 통해 구체적으로 나진·선봉특구를 물류 및 관광지구로, 황금평과 위화도는 정보산업 위주의 지식형 경제구로 육성하며 개발을 강화하기로 중국 측과 합의했다. 중국 상무부도 북한의 지원 요청에 따라 '나선경제구법'을 개정하고 '황금평 위화도 경제구법'을 제정하는 등 관련 협정을 체결했다고 밝혔다.

북한과 중국은 지난 2010년 5월 당시 김정일 국방위원장이 중국을 방문했을 때, 나선과 황금평을 공동 개발하기로 합의했으나 실제로는 큰 진전을 이

17) 오승렬, "북한의 대외관계 전망," 한국수출입은행, 『수은북한경제』(2012년 겨울호), 31쪽.
18) 하순구, "외교정책 방향에 대한 소고," 연세대학교 북한연구원, 『Issue Brief』, 제11호(2013/10).

루지 못했다. 그런데 나선·황금평 개발을 책임지고 있는 장성택 부위원장이 중국을 방문해 정체되어 있는 이들 지역에 대한 돌파구를 마련하기 위해 중국에 과감한 투자와 지원을 요구한 것이다. 북한과 중국 양국이 나선과 황금평·위화도 공동 개발을 맡을 2개의 관리위원회를 출범시키고, 경제특구 개발·운영에 필요한 구체적 협정에 서명한 것은 그동안 교착상태에 빠진 나선특구와 황금평·위화도 공동개발을 본 궤도에 올리겠다는 것이었다. 장성택의 방중은 김정은체제 출범 이후 북중 관계를 보다 더 견고히 하면서 북한경제를 획기적으로 변화시키기 위한 움직임으로 볼 수 있다. 중국도 경제지원과 대규모 투자를 통해 북한에 대한 실질적인 영향력을 확대하려는 모습을 보여 주었다.

그러나 북한의 3차 핵실험과 전쟁 분위기 조성은 북중관계에도 변화를 가져 왔다. 전쟁위협 국면이 지속되던 2013년 5월 핵실험 이후 처음으로 중국을 방문한 김정은의 특사인 최룡해 총정치국장은 시진핑을 면담해 북한이 유관 각국과 공동 노력해 6자 회담 등 각종 형식의 대화와 협상을 통해 관련 문제를 적절하게 해결하기를 바란다고 말했다. 이와 함께 경제 발전, 민생 개선을 바라며 북중간 고위급 교류와 소통을 희망한다고 말했다. 중국이 주장해 온 6자 회담을 북한이 마치 선심 쓰듯이 할 수 있다는 태도로 말한 것이다. 이에 대해 시진핑 국가 주석은 최룡해에게 '비핵화'란 단어를 세 차례나 강조하면서 북한의 핵보유를 절대 용납하지 않겠다는 점을 강조했다.[19] 면담의 핵심 내용은 북한이 6자 회담을 포함한 대화에 나서겠다는 점과 중국이 북한에 대해 비핵화를 강력하게 요구한 부분이다.

그러나 북한이 6자 회담이 이미 폐기됐다고 공개적으로 선언했던 북한이 6자 회담을 말했지만 그 진정성은 매우 낮아 보였는데 왜냐하면 6자 회담의 설치 목적이 북한의 비핵화인데 북이 이에 대해 한 마디도 언급하지 않았기 때문이다. 따라서 6자 회담을 포함해 다양한 형태의 대화가 재개되어도 북한이 비핵화의 길로 나올지는 불투명하다. 그것은 핵보유를 헌법에까지 명시하

19) 〈新华网〉(2013/05/24).

고 핵개발과 경제개발을 병진하겠다고 밝힌 북한이 핵폐기를 말할 가능성이 낮기 때문이다.

6자 회담은 지난 2008년 12월 중국 베이징에서 6자 회담 수석대표 간에 마지막 회담을 한 이후 거의 5년 동안 가동이 중단된 상태다. 6자 회담은 북한이 국제사회에 약속한 2단계 핵폐기 일정을 거부하면서 지금까지 중단되었다. 그런 6자 회담이 재개되려면 6자 회담이 더 이상 '다음 회담을 위한 회담'으로 이용되어서는 안 된다는 것이 한국과 미국의 입장이다 . 6자 회담이 과거처럼 핵개발에 필요한 북한의 시간벌기에 이용되지 않고 한반도 비핵화의 실질적인 첫걸음이 되어야 하기 때문에 6자 회담이 실제 북핵문제해결의 진전을 가져 올 수 있는가 하는 점이 중요한데 이 부분은 전적으로 북한의 태도와 중국의 조정에 달려 있다.

그러나 최룡해의 방중을 계기로 북한의 행동이 유화적으로 변하기 시작했고 이어 김계관의 중국방문에서 한층 더 부드러워져 미국과의 직접 대화를 강조하면서 미중정상회담을 마친 중국의 협조를 구하는 모습을 보였다.[20] 북한에서 소위 '전승절'이라고 하는 '7·27행사'에서 눈에 띈 부분은 열병식에서 김정은 바로 옆에 중국대표로 참석한 리윈차오 부주석이 자리를 함께 한 점이다. 리 부주석은 2013년 7월 26일 평양 '5월 1일 경기장'에서 열린 중앙보고대회와 집단체조 아리랑 공연에서도 내내 김정은과 자리를 함께 하는 등 북한이 각별하게 신경 쓰는 모습을 보였다. 이것은 정전 60주년 행사를 통해 북중관계를 부각하는데 애를 쓰는 모습이었다. 그런데 리 부주석은 북한 방문에서 '한반도 비핵화'를 강조해 북한에 부담을 주었다.[21] 중국은 정전 60주년이 한반도의 평화 안정을 더욱 잘 수호하고 지역의 번영과 발전을 추구해야 한다고 하면서 비핵화 입장을 분명히 했다. 또 하나 주목할 점은 중국정부가 6·25전쟁을 '조선전쟁'으로 언급한 부분이다. 중국은 6·25전쟁을 미국에 대항해 북한을 도왔다는 의미로 '항미원조' 전쟁으로 불러 왔다. 이것을

20) 〈中国评论新闻〉(2013/06/19).
21) 〈新华网〉(2013/07/26).

보면 중국은 북한과의 특수관계에서 더 이상 6·25전쟁을 보지 않고 보편적 시각에서 북중관계를 보려는 의도가 깔려 있는 것으로 풀이된다.

그런 점에서 시진핑 총서기가 중국의 국가주석이 되면서, 중국의 대북정책에도 변화가 생기는 것 아니냐는 관측이 높아졌다. 중국은 북한 때문에 국제사회에서 경제 외 부분에서 3류 국가로 인식되거나 유엔안보리 국가면서 외교안보적 결정에서 발목이 잡히는 상황을 더는 인내하기 어려울 것이다. 특히 'G2 국가'로 미국에 상응할 해양세력으로 성장하려는 중국이 북한 때문에 국제사회의 견제 대상이 되는 것은 중국의 장기발전에도 좋을 것이 없다.[22] 대북 유엔제제에도 중국이 지금까지의 행보와는 달리 실제 행동에 옮기는 정도가 높게 나타났다. 북중 국경선의 일부 통관에 대한 제재, 중국 내 각 부처에 대한 유엔제재 이행 지시 등이 구체화되었다. 뿐만 아니라 중국 고위 장성의 '한국 주도 통일' 발언이나 중국 공산당의 당교 기관지 부편집장의 '북한 포기론'이 나오는 것을 보면 중국의 북한에 대한 입장에 변화가 기미가 감지되는 듯 하는 느낌을 갖게 했다. 실제 중국인들 사이에서 북한에 대한 실망과 비판이 최근 급속히 확산되고 있다. 중국 언론은 북한이 국제사회와 대립을 통해 체제 유지를 도모한다면 북한의 상황은 더 어려워질 것이라고 꼬집었다. 중국의 대표적인 일간지인 〈인민일보〉의 경우 북한에게 정세를 오판하지 말라는 공개적 말로 북한의 전쟁 도발 위협을 질책했다. 북한을 혐오하는 중국 일반인들의 정서도 넓게 퍼져갔다. 북한에 대한 중국인들의 반발 정서를 표현한 노래 동영상도 등장해 유튜브를 통해 확산되고 있는데 일부 중국 내 행동가들은 북한이 영변 핵원자로 재가동 방침을 밝히자 북한의 핵폐기를 위한 군사행동을 촉구하는 항의 시위도 계획했다. 예로, 〈중국민간반핵클럽〉은 "영변 원자로 재가동은 중국인도 좌시할 수 없는 북한 깡패정권의 핵위협"이라는 거친 말로 북한의 핵개발을 비판했다.[23]

중국은 그동안 북한의 대외적인 동맹국으로서 북한의 도발적인 행위에 대

---

22) 남광규, "북한 3차 핵실험 이후 한반도 정세와 남북관계," 한국산업경제연구원, 『신용경제』 (2013년 4월호).

23) 〈중앙일보〉(2013/04/04).

해서 직접적인 비난을 자제해 왔지만 이제는 대놓고 비판하는 경우가 늘고 있다. 중국과 러시아 정부 도 원론적 입장에서는 외교적 해법을 강조하고 있지만 국제사회의 대북제재 대열에서 이탈하지 않는 방식으로 사실상 북한에 대한 경고를 전하고 있다. 단기적으로 중국의 대북정책이 근본적으로 변화할 가능성은 없지만 중국 내에서 대북정책을 놓고 인식의 분화현상이 일어나고 있고 시진핑 이후 북한에게 경고 신호를 보내고 있는 점을 유념할 필요가 잇다.[24] 북한의 잘못된 행동을 교정하기 위한 외교적 압박으로 볼 수 있는데 이를 통해 북한의 4차 핵실험을 비롯한 북한의 대남 도발을 사전에 방지하고자 하는 의도를 담고 있다.[25]

실제 중국이 유엔안전보장이사회의 대북제재결의안에 적극 동참하면서 북한의 대중국 수입 규모도 크게 줄었다. 중국 해관총서가 2013년 7월 29일 발표한 통계에 따르면 올 들어 지난 6월까지 중국의 대북 수출액은 지난해 같은 기간보다 13.5% 줄어든 15억 9천만 달러로 나타났다. 특히 대북 원유 수출액이 20.2% 감소한 2억 6천만 달러를 기록해 주된 감소 요인으로 꼽혔다. 한편 한국개발연구원(KDI)이 8월 1일 발간한 자료에 따르면 북한의 2013년도 1~5월 대중무역 규모는 24억 5,300만 달러로 작년 같은 기간보다 2.2% 줄었다. 북중무역 증가율이 2010년 29.3%, 2011년 62.4%로 급증했다가 지난해 5.4%로 급감한데 이어 올해 마이너스로 돌아선 것이다.[26]

북중교역과 중국의 대북 수출이 이같이 줄어든 것은 중국이 북한의 3차 핵실험 이후 유엔 안보리 대북 제재 결의안을 적극 이행하고, 북한 조선무역은행 계좌까지 폐쇄하면서 대북제재 효과가 가시화됐기 때문이다. 특히 북한은 중국으로부터 차량과 기계, 전기기기 등 공산품 수입에 어려움을 겪는 것으로 나타났다. 중국은 북한의 장거리 로켓 발사에 대한 대북제재인 유엔 안전보장이사회 2087호 결의가 채택된 것을 계기로 통관 검사, 국경 밀무역 단

24) 이상현, "6자회담 재개 전망과 한국의 대북정책 방향," 동아시아연구원, 『Smart Q&A』 (2013/09/16).

25) 한석희, "시진핑 시대 중국의 대외정책과 북중관계," 한국정치학회·민주평화통일자문회의, 『최근 한반도 정세와 통일·안보 과제』 (2013/04/19), 7쪽.

26) 〈人民網〉(2013/07/29).

속, 북한인 상대 출입국 관리를 강화해 왔다. 특히, 북한의 핵실험 이후 중국이 대북 무역에서 위법사항 감시를 강화한 것이 북한의 대중 수입 감소에 영향을 미쳤다. 예를 들어, 중국 정부는 지난 3월 중국은행이 미국의 독자 제재 목록에 오른 북한 조선무역은행의 계좌를 폐쇄하기도 했다.

이처럼 중국이 국제사회의 대북제재에 적극 참여하는 것은 결국 북한 경제 내 상품 공급에 차질을 빚게 할 수 밖에 없다. 나아가 북한 내 생필품 부족까지 초래할 수 있는 조치라는 점에서 중국의 대북 수출 감소는 한편으로 정치적으로는 북한에 대한 중국 당국의 경고로 해석될 수 있다. 북한은 장기적인 경제난으로 인해 경제 부문에서의 대중국 의존이 날이 갈수록 심화되고 있다. 심지어는 북한을 중국의 '동북 4성'이라고 해도 과언이 아닐 정도로 중국 경제가 북한을 잠식하고 있다. 북한의 시장에서 거래되는 상품의 대부분은 중국산이고 기본 화폐는 중국 위안화가 자리 잡고 있는 실정이다. 이런 상황에서 중국의 대북제재 참가는 결국 북한 경제의 위기로 이어질 수도 있다.

중국은 6자회담을 재개하기 위해 적극적인 셔틀외교를 전개하고 있지만, 미국과 북한 간 입장 차이를 좁혀서 대화의 장에 마주앉도록 할 수 있는 능력은 발휘하지 못하고 있다. 이는 북핵문제에 대해 중국이 행사할 수 있는 역할이 극히 제한적이라는 것을 의미한다. 중국의 역할을 활용하여 북핵문제를 해결하는 데에는 근본적 제약이 있다. 중국은 북핵문제에 대한 한·미와 북한 사이의 대결을 조정·중재하는 역할을 할 수 있을 뿐, 문제 해결의 키를 쥐고 있지는 않다.[27]

2. 대결적인 대미관계 설정과 미국의 강경 대응

김정은 지도부가 등장한 이후 북한이 미국에 대해 보인 첫 외교적 반응은 북한에 대한 식량 지원요청이었다. 북한은 김정일 국방위원장의 영결식이 있

27) 신상진, "중국의 북핵 6자회담 재개 노력과 한국의 북핵정책," 서희외교포럼, 『서희칼럼』 (2013. 11. 13).

었던 2011년 12월 28일 미국과 식량 지원과 관련한 협상을 재개하면서 기존에 합의했던 지원 품목의 내용 변경을 요구했다는 보도가 나오기도 했다. 2011년 11월 28일 뉴욕에서 열렸던 북미간 실무자급 만남은 애초에는 이미 합의한 영양지원 후속조치로 예상되었다. 그러나 북한은 미국의 영양지원 규모를 애초 합의한 24만t보다 크게 늘려줄 것을 요구하고 영양제품 이외에 쌀 등 알곡도 함께 지원해 달라고 요청했다는 것이다.

북한의 이런 요구에 대해 미국은 지원규모를 늘리는 방안은 신중히 검토했던 것으로 알려졌다. 미국은 그동안 2008년 북한에 지원하기로 약속했던 식량 50만t 가운데 미 집행된 33만t 내에서 대북 지원규모를 검토해왔는데 지원을 약속한 규모가 24만t이기 때문에 추가적으로 지원 규모를 늘릴 여지는 있다. 그러나 알곡 지원의 경우 군사전용 가능성이 있는데다 영양제품에도 일정량의 알곡이 포함돼있는 점을 내세워 불가하다는 입장을 북측에 통보한 것으로 알려졌다.

북미 양국은 김정일 사망 이전에 북한이 비핵화 사전조치 이행에 동의하고 이에 따라 미국이 매달 2만t씩, 총 24만t의 영양지원을 북한에 제공하는 내용에 합의한 바 있다. 합의 당시 미국은 북한이 요구한 식량 지원은 군용으로 전용될 가능성이 있기 때문에 인도적 지원의 차원에서 영양 보조식품만 지원하기로 했고 북한이 여기에 응했던 것이다. 이에 따라 미국은 북한 내 유아와 고령자를 대상으로 한 분유와 비스킷, 비타민 등 영양 보조식품을 매월 2만t, 1년간 총 24만t을 지원하도록 결정한 것이다. 이처럼 미국 정부가 식량지원은 아니지만 북한에 인도적 차원의 영양지원을 결정하게 된 배경에는 북한이 비핵화 사전 조치에 긍정적으로 나오기 위한 사전 분위기를 조성하기 위한 것이었다.

그러나 북한이 2012년 4월 13일 장거리 미사일을 발사함으로써 식량 재개 논의를 통해 북미대화를 재개하려던 미국은 북한에 대한 일체의 대화를 중단했다. 오바마 대통령은 선거운동 기간 중 대북문제에 있어서 한국 정부와의 긴밀한 조율과 협력을 중시한다는 입장을 확고히 했고, 핵문제를 비롯해 북한에 대해서는 원칙적이면서도 강경한 정책을 내세웠다. 한미관계에 있어서도 전시작전통제권 전환 연기, 미사일 지침 개정 등 민감한 사안들도 그의 1기 임기 중에 순조롭게 마무리 되었다. 오바마 정부의 1기 대북정책의 기조는 '전략적 인내'로 표현할 수 있다. 이것은 핵폐기를 비롯해 그동안 북한이 국제사회에 약속한 내용들을 이행하기 전까지 미국은 북한과의 대화에 적극적으로 나서지 않는다는 것이었다. 6자 회담에 관해서도 북한이 비핵화를 위한 진정성 있는 행동을 보일 때만 가능하다는 입장에서 변화가 없다. 그리고 한국 정부가 주도하는 대북정책을 미국이 적극적으로 지지한다는 입장이었다. 그러나 2012년 초 미국의 '전략적 인내'에 대한 수정 요구가 높아지자 북한의 비핵화 사전조치와 대북식량영양 지원을 고리로 한 '2·29합의'를 해 대북정책 변화의 기미가 보였다. 그러나 북한이 2012년 4월 13일 장거리 미사일을 발사하면서 미국의 대북정책은 '2·29합의' 이전 보다 더 강경하게 변할 수밖에 없었던 것이다.

2012년 북미간 '2·29합의'가 합의가 채택된 이후 3월 16일, 북한은 지구관측 위성 광명성 3호를 발사하겠다고 발표했고 4월 13일 실패했지만 실제 광명성 3호를 발사했다. 북한이 '2·29합의'를 파기하면서 미국과 대결관계를 형성했던 것이다. 2012년 7월 30일 싱가포르에서의 비공개회동도 있었으나 미국의 대북적대정책 종식을 주장하면서 그 후에나 비핵화를 고려하겠다면서 평화협정 체결, 한미동맹 해체, 주한미군 철수 등 기존 주장을 반복하였다.[28] 3차 핵실험 이후 북한은 2013년 6월 국방위원회 대변인 중대담화를 통해 미국에 대해 고위급 회담을 통해 한반도 긴장해소 문제를 협의하자고 제안했다. 그러면서 한반도 정세를 격화시켜온 당사자는 미국이며 핵보유국으로 북한의 지위는 외부, 즉 미국으로부터의 핵위협이 완전히 종식될 때까지 유지될 것이라고 밝혔다.[29] 북한은 미국에 대해 군사적 긴장상태 완화문제, 정전체제의 평화체제로의 전환문제, 핵보유국으로 미국과의 관계 설정을 통해 북미관계를 열어가겠다는 입장을 내세우고 있다.[30]

---

28) 조영서, "김정은 체제의 특성과 변화 전망," 한국수출입은행, 『수은북한경제』, 2013년 봄호(서울: 한국수출입은행, 2013), 14쪽.

29) 〈조선중앙통신〉(2013/06/16).

그러나 이런 북한의 입자에 대해 미국의 입장도 확고하다. 글렌 데이비스 미국 대북정책특별대표는 미상원외교위원회에서 미국이 대북정책을 밝히면서 북한을 핵보유국으로 인정할 수 없고, 북한에 대한 보상은 없을 것이며, 북한의 도발을 용납하지 않고, 남북관계 및 북한의 인권개선이 없이 미북관계의 근본적인 개선은 어렵다는 4가지 원칙을 밝혔다.[31] 미중정상도 2013년 6월 7일 정상회담에서 북한 비핵화, 북한의 핵 국가 불인정, 이를 위한 공동노력에 합의해 미국에 입장에 중국이 공식적으로 동의했다.[32]

오바마 대통령은 굳건한 한미동맹을 바탕으로 핵폐기를 포함해서 북한이 옳은 선택을 하도록 압박하면서도 북한에게 '기회의 창'을 열어 주고 있다. 즉, 북한에 검증 가능한 비핵화 조치와 국제사회로부터의 고립 가운데 하나를 선택할 것을 촉구하면서 북한에 대해 비핵화를 요구하고 있다. 어떤 경우이든 굳건한 한미동맹의 바탕 하에 핵문제 해결을 비롯해 한반도의 평화정착과 안전에 한미 양국은 인식과 행동을 같이하고 있다. 그렇기 때문에 북한이 늘 해 왔듯이 미국만 상대하고 한국을 무시하는 이른바 '통미봉남'식 대미접근을 하게 되면 북한은 더욱 어려운 상황이다.

지난 해 미국 정부가 승인한 대북 수출 건수는 모두 22건으로 전년도와 비슷한 수준으로 나타났지만 규모는 크게 줄어든 것으로 나타났다. 미 상무부 산업안전국이 2012 회계연도를 통해 발표한 내용에 따르면 미국은 지난 한 해 북한에 대해 총 22건, 1,090만 달러의 대북 수출을 승인했다. 이런 수치는 2011년의 23건, 3,840만 달러와 비교하면 승인 건수는 비슷하지만 액수는 28%에 불과한 수준이다. 이처럼 액수가 많이 줄어든 것은 승인된 대북 인도주의 수출의 평균 액수가 크게 줄어들었기 때문이다. 반면에 수출 승인을 요청한 물품 중 20건, 약 880만 달러 어치의 대북수출 신청이 기각됐는데 이 가운데는 한국과 북한을 잘못 표기한 사례도 포함되어 있다. 미국 정부는 유

30) 박형중, "북한의 대화제의 배경과 향후 전망," 국방대 국가안전보장문제연구소, 『안보현안분석』, Vol.84(2013/06).

31) Glyn Davies, "U.S. Policy toward North Korea," Senate foreign relations panel(2013/03/07).

32) 〈한국일보〉(2013/06/09).

엔 안보리 결의 1718호와 1874호, 그리고 미국 수출관리 규정에 따라 식량과 의약품을 제외한 모든 물품의 대북 수출과 재수출에 대해서는 허가를 받게끔 하고 있다.

미국은 지난 1999년 빌 클린턴 대통령이 대북 수출통제를 완화하면서 북한에 대한 수출이 시작되었다. 그러나 미국 정부는 유엔 안보리의 대북 결의에 따라, 수출관리 규정에서 지정한 물품을 북한으로 수출하거나 재수출할 경우, 미 상무부 산업안전국의 승인을 받도록 하고 있다. 특히 사치품, 무기와 관련된 물품, 핵 비확산과 미사일기술 관련 통제물품, 생물무기와 화학무기, 국가안보 관련 통제물품은 원천적으로 대북수출 허가를 신청할 수 있는 대상에서 제외된다. 그러나 북한 주민들에게 직접 혜택이 돌아가는 담요와 신발, 난방용 연료 등 인도주의 물품과 유엔의 인도주의 구호 노력을 지원하는 물품, 그리고 농산품과 의약품 등은 승인 없이 대북 수출이 가능하다. 미 상무부 자료를 통해 살펴 면 지난 2001년부터 2012년까지 12년 동안 미국은 총 132건에 모두 1억 달러의 대북 수출을 승인한 것으로 나타났다. 이 가운데 2008년부터 2012년까지의 5년 동안에 1백 건으로 대북수출의 대부분을 차지한 반면, 2001년부터 2007년까지 7년 동안은 32건에 불과했다. 액수 면에서도 2001년부터 2007년까지 7년 동안 450만 달러에 불과했던 반면, 2008년부터 2012년까지 5년의 기간이 9,550만 달러를 차지하고 있다.

V. 북일대화 모색과 국제사회의 대북제재 강화와 지원 감소

탈냉전 이후 '북한위협론'은 일본의 군사적 역할 확대를 위한 논리적, 실제적 근거를 제공하여 왔다. 1993년 노동 미사일 발사는 일본에서 북한을 실제적 안보위협으로 인식시킨 직접적 계기가 되었다. 1998년 8월 대포동 미사일 발사 이후 일본 정부는 당시 반대 여론으로 인해 도입이 불투명하던 미사일 방어(MD) 시스템 및 4기의 정찰위성 도입을 결정하였고, 5척의 이지스함과

4대의 공중급유기를 실전 배치할 수 있었다.[33] 일본 정부는 2013년 12월 새로운 방위계획대강을 채택했는데 내용에서는 북한을 가상 적국으로 설종하고 고도화하고 있는 북한의 핵, 탄도미사일 능력을 감안하여 자위대에 의한 적기지 공격 능력의 보유를 검토할 것을 담고 있다.

반면에 일본은 납치문제를 해결하기 위해 북한에 대해 대화와 압박 전략을 구사하고 있다. 일본은 경제난을 겪고 있는 북한이 일본과의 대화를 통한 수교교섭에 나설 것으로 인식하면서 이 경우 일본은 수교협상의 전제조건으로 일본인 납치문제를 해결한다는 입장을 갖고 있다.[34] 아베 신조 총리는 2013년 5월 15일 참의원 예산위원회에서 고이즈미 준이치로 전 총리의 정무 비서관을 맡은 이이지마 이사오 내각 관방참여가 북한을 방문한 것에 대해 "총리, 정부로서는 노코멘트"라고 말해 언급을 피했다. 그러면서 일본 정부의 대북외교의 기본 자세를 "납치, 핵, 미사일 문제를 해결하고 〈북일 평양선언〉에 있듯이 북일관계를 개선하겠다"고 설명했다.[35]

그러나 북한은 5월 20일의 〈노동신문〉 논평을 통해 "일본은 과거 침략 전쟁으로 막대한 피해를 초래한 우리 나라 등에 철저한 사죄와 배상을 해야 한다"고 주장해 식민지 지배에 대한 "과거 청산"을 재차 일본에 요구했다. 그러나 "납치문제는 해결 된 일"이라는 주장은 삼가해 공식 대화 재개를 응시해 일본 측을 배려하는 모습도 보였다.[36] 이이지마 특사가 납치 문제 해결을 위한 협의를 "기한을 두고 추진해야 한다"고 주장에 대해 북한은 일본의 독자적인 경제 제재 해제를 요구하는 동시에 일본 내 북한 대사관의 기능을 가진 재일본 조선인 총연합회(조총련) 중앙 본부의 계속 사용을 요청했다. 납치에 관해 북한 측은 "일본의 의도를 김정은 제 1 위원장에게 전하겠다"고 응답했지만 "납치는 해결 된 일"이라는 기존 입장을 변경할 준비가 있는지에 대해서

---

33) 조양현, "일본의 군사적 보통국가화와 동북아 안보환경," 제주평화연구원, 『JPI Peace Net』(2013.09.30).

34) 이기완, "일본의 북한인권정책의 본질과 한계," 대한정치학회, 『대한정치학회보』, 19집 3호(2013), 156쪽.

35) 민주당 가와카미 요시히로씨에 대한 아베 답변, 〈共同通信〉(2013/05/15).

36) 〈共同通信〉(2013/05/20).

는 밝혀지지 않았다.[37]한편 일본 방위상이 북한 미사일의 핵탄두 탑재 가능성 발언에 대해 북한은 미국의 반북정책에 편승해 군사대국화의 책동을 정당화하려 하는 것이라고 비난했다.[38] 이처럼 올 상반기 아베가 의욕적으로 추진한 대북교섭은 북한과 일본의 입장만 확인한 채 정체되는 모습을 보였다.

반면에 국제사회의 대북 압박과 비난은 높아져 갔다. 북한의 3차 핵실험에 대한 유엔 안전보장이사회의 대북제재 결의안 〈제 2094호〉는 이전의 결의안에 비해 상당히 강도 높은 추가 제재조치를 규정했다. 결의안은 북한 은행의 해외 신규 활동 금지, '대량 현금'의 밀반입 단속, 대량살상무기 전용우려 물품 이동 차단을 핵심으로 하고 있다. 특히 기존 결의안에 권고 사항으로 돼 있던 해운, 금융 관련 제재항목이 의무 사항으로 바뀌었다. 국제법적 효력을 발휘하는 '결정한다'는 표현을 19차례나 사용하면서 회원국에 결의이행 의무를 부여하였다. 〈2094결의안〉에는 새로운 내용들도 담겨 있다. 의심스런 화물이 실린 것으로 추정되는 항공기의 이·착륙과 영공통과를 불허하도록 촉구하는 내용도 포함되었는데 항공 관련 제재조치가 구체적으로 적시된 것은 이것이 처음이다. 특히, 외교관들의 외교 행낭을 감시하는 내용이 제재에 포함된 것은 북한을 상당히 힘들게 할 것으로 기대되었다. 북한은 그동안 외교관들을 이용해 정권 차원에서 마약, 위조 담배, 상아 등을 밀거래해왔다. 이렇게 버는 돈이 적게 잡아 매년 1억에서 2억 달러에 이르고 있기 때문에 달러가 궁한 북한으로선 이번 제재가 치명적일 수도 있다. 보석류, 고급 승용차, 요트 등의 금수 사치품 목록이 만들어진 것도 북한 지도부에 대한 압박수단이 될 수 있다.

유엔안보리의 제재와 함께 국제사회의 북한에 대한 인도적 대북지원 금액도 크게 줄어들었다. 유엔 중앙긴급구호기금(CERF)이 올해 북한에 지원하기로 한 금액은 700만 달러(약 77억원)인데 이는 지난 2011년 북한에 지원한 2,500만 달러에 비해 급격하게 줄어든 규모다. 유엔중앙긴급구호기금은 인

---

37) 〈共同通信〉(2013/05/25).

38) 통일부, 『주간 북한동향-제1161호』 (2013/07).

도주의적 상황이 심각하지만 국제사회의 지원이 충분치 않은 아프가니스탄, 알제리, 에티오피아 등 12개국에 1억 달러를 지원하기로 했고 이 중 700만 달러 만를 북한에 지원하기로 한 것이다. 이것은 지난해 3월과 9월에 각각 1100만 달러와 195만 달러를 지원한 것에 비해서도 상당히 축소된 규모이다. 북한에 지원하는 자금은 현재 대북사업을 하는 유엔 산하 세계식량계획(WFP), 식량농업기구(FAO), 세계보건기구(WHO), 유엔아동기금(UNICEF) 등에 배정된다.

북한은 2010년 까지 유럽연합 25개국과 외교관계를 수립했다. 유럽연합은 2004년 부터북한의 경제개혁에 대한 워크숍을 북한과 공동으로 개초해 오고 있다. 또한 유럽연합은 북한과 정치대화를 지속하고 인권문제도 주요 의제로 다루었으나 북한의 인권개선 조치가 없자 2003년부터 지속적으로 '북한 인권결의안'을 제출해 왔다. 2005년 이후에는 유엔 총회 차원으로 격상하여 매년 북한 인권 결의안을 채택하고 있다.[39]

유럽연합 역시 올해 북한에 식량을 지원할 계획이 없다고 밝혔다. 유럽 집행위원회 산하 인도지원사무국(ECHO)은 북한에 식량을 지원할 계획이 없다고 밝혔는데 그 이유는 북한의 식량 사정이 긴급 지원을 할 정도로 나쁘지 않기 때문이다. 2012년 10월 유럽연합 조사단이 북한에서 식량사정을 조사한 결과 이런 결론을 내렸는데 유럽연합은 현지 사정에 따라 식량 지원을 하고 있다. 최근 유엔의 조사 결과 북한의 식량 사정이 2년 연속 좋아졌기 때문에 올해는 북한보다 더 심각한 식량난을 겪는 나라가 지원을 받게 됐다는 것이다. 유엔 산하 세계식량계획(WFP)과 식량농업기구(FAO)는 2012년 11월 발표한 보고서에서 북한의 '2012~2013 양곡연도' 기준으로 쌀과 옥수수의 생산량이 전년보다 각각 11%와 10% 늘어날 것으로 추산한 바 있다.[40] 따라서 유럽연합은 북한의 식량 사정을 관찰하면서 긴급 지원이 필요한 경우 적절한 조치를 취할 것이라고 덧붙였다. 유럽연합은 지난 2011년 여름부터 작년 말까지

---

39) 통일부 통일교육원, 『북한 이해-2011』 (2011), 83쪽.

40) FAO, "FAO Country Profiles:Democratic People's Republic of Korea"(2012).

1천만 유로(약 140억원) 규모 상당의 식량을 북한에 보낸바 있다.

북한과 유럽연합의 2012년 교역액은 2011년보다 소폭 증가한 것으로 나타났다. 2012년 1월부터 9월까지 북한과 유럽연합의 교역액은 전년도 같은 기간의 6,900만 유로 보다 18% 늘어난 8,200 유로로 집계됐다. 이 기간 동안 북한의 대 유럽연합 수출액은 2011년도 4,700만 유로의 40% 수준인 1,900만 유로로 줄어든 반면에 수입액은 6,300만 유로로 2011년도의 2,200만 유로 보다 3배 가까이 늘었다. 이로써 2011년도 같은 기간에 2,500만 유로의 흑자를 냈던 북한은 지난 해에는 5,400만 유로의 적자를 기록했다. 북한이 유럽연합과의 교역에서 적자를 기록한 것은 지난 2009년 이후 처음이다.

Ⅵ. 결론

독재국가의 체제 불안정 요인은 지도자의 통치력 강도와 정치세력 간 분열 정도의 복합작용에 의해 결정된다. 독재자의 카리스마적 기질이 강하게 표출되어 국정운영이 진행되면 체제 불안정은 낮아질 것이지만, 지도자의 자질 또는 통치 근거에 시비가 발생하면 체제불안정이 증가할 수 밖에 없다.[41] 그런 점에서 김정은의 정책이 실패로 귀결된다면 권력유지는 어려워 질 수밖에 없다. 특히 집권 2년 동안 김정은의 권력은 제한적 단일지배체계로 인척을 중심한 후견세력이 협의를 통해 결정하는 상태였는데 장성택 숙청 이후에는 홀로서기를 해야 하기 때문에 정책집행에 따른 실패는 김정은의 책임으로 나타날 수밖에 없는데 장성택 숙청처럼 권력 내부에 책임을 전가하면 북한 지도부 내 불안정성은 더욱 높아질 수 있다.

대외적으로 김정은 시대의 북한은 미국과는 '대립과 협상'을 통한 전략적 편승(bandwagoing), 중국과는 '밀착과 견제'을 통한 이중전술을 추진할 가

41) 김중호, "후계체제 구축시기 북한의 대외관계 특징과 전망," 한국수출입은행, 『수은북한경제』 (2011년 봄호), 41쪽.

능성이 크다. 공세적인 대미정책을 통해 미국을 압박하면서 중국과의 경제적 의존의 심화가 정치적 종속으로 나가지 않도록 조절할 것으로 보인다.[42] 결국 과거 김정일이 구사하던 외교정책을 반복할 가능성이 높은데 문제는 외교적 가용한 자원이 별로 없다는 점이다. 3차 핵실험을 통해 국제사회를 압박했지만 오히려 중국을 포함한 국제사회의 제재만 더 강화시켰다는 점이 핵실험의 외적 용도로 한계 효용이 줄어들고 있다는 점을 보여주는 것이다.

북한의 외적 고립과 내적 불안정성이 높아진 상황 속에서 임기 첫 해를 시작한 박근혜 대통령의 대북정책 기조는 남북 간 신뢰 회복을 그 시작으로 하고 있다. '한반도신뢰프로세스'로 명명된 대북정책 방향은 남북 간의 기존 합의와 약속을 잘 이행하고 이를 바탕으로 교류와 협력을 증진하자는 것이다. 튼튼한 안보와 신뢰를 바탕으로 북한에 대한 군사적 억지력을 유지하면서 남북관계를 재정립하자는 것이다. 이에 바탕으로 한반도의 평화적 관리가 아닌 분단 극복을 위한 적극적인 통일정책으로 나가자는 것이다. 이를 간단하게 정리하면 상식과 국제규범이 통하는 새로운 남북관계를 정립하고 이를 바탕해 남북협력과 국제협력을 통해 북한의 비핵화를 달성하겠다는 것이다. 이를 통해 한반도에 평화를 정착하고 내부적으로 통일을 주도적으로 이끌 수 있는 역량을 확충하고 대외적으로 국제사회의 협력을 이끌어 내어 통일을 이루어 갈 수 있는 통일기반을 조성하겠다는 것이다.[43]

한반도 신뢰프로세스는 한반도를 넘어서서 동북아 차원의 노력과 연결되어 있다. 신뢰프로세스가 가동될 수 있는 국제적 환경을 조성한다는 측면에서 동북아 차원의 신뢰구축 노력과 병행되는 것이다. 한반도 신뢰프로세스는 동북아의 국제관계가 협력적일 때 지지를 확보할 수 있고 또 안정적으로 추진될 수 있다. 동시에 한반도 신뢰프로세스는 한반도의 평화와 안정에 기여함으로써 동북아의 평화 . 안정에 긍정적으로 작용할 수 있다. 그러한 의미에서 한반도 신뢰프로세스와 동북아 평화협력구상은 상호 추동하는 관계라

42) 문순보, "김정은 체제하 북한의 대외관계 전망," 세종연구소, 『정세와 정책』(2012년 2월), 22쪽.
43) 통일부, 『한반도 신뢰프로세스』(2013), 11쪽.

고 할 수 있다.[44]

그런 점에서 박근혜 정부의 대북정책은 '과정으로서의 통일'과 '결과로서의 통일'을 전략적으로 결합하고 있는데 실행 가능한 작은 통합에서 출발해 신뢰를 바탕으로 실질적인 통일을 추구하겠다는 것이다. 이것은 대내, 남북, 국제 차원의 접근을 통해 임기 중 통일의 초석을 놓는 역할을 수행하겠다는 의지를 보인 것으로 볼 수 있다.[45] '한반도 신뢰프로세스'가 남북 간의 신뢰구축을 위한 대북접근이라면 '동북아 평화협력 구상'은 동북아 국제사회의 신뢰구축과 이를 바탕으로 한 공동번영을 밝힌 것으로 볼 수 있다. 박대통령의 이런 구상은 동북아 국가 간에 다자간 협력을 통해 갈등과 대립을 조절해 동북아 국가들이 공동번영의 길로 나갈 것을 제안한 것이라고 할 수 있다. 특히, 대화와 6자 회담과 같은 다자협의를 강조해 온 중국으로서는 박근혜대통령의 제안이 중국의 접근방식과도 일맥상통하는 것으로 환영하는 입장이다

주지하듯 현재의 남북관계는 지난 2010년 북한이 자행한 천안함 폭침과 연평도 포격으로 인해 '5·24조치'로 상징되는 냉기류가 지속되고 있다. 이로 인해 민간의 인도적 지원을 제외한 모든 분야에서 남북관계가 단절되어 있는 상태다. 그런 점에서 박근혜 정부는 지금의 남북관계를 개선할 수 있는 새로운 방향을 모색하고 있다. 그러나 새로운 남북관계가 가능하려면 무엇보다도 우선 군사적 도발이 재발되지 않는 것이 최우선으로 필요하다. 그러나 북한이 3차 핵실험을 강행함으로써 '한반도 신뢰 프로세스'는 첫발을 내딛기도 전에 일단 어려운 난관에 봉착했다. 국제사회를 모두 적으로 돌리는 북한의 핵실험으로 신뢰프로세스가 형성되기 어려운 환경이 만들어졌기 때문이다. 그렇지만 박근혜정부는 국제사회의 북핵제재 국면에서도 북한에 이른바 '기회의 창'은 열어두고 있다. 박근혜대통령도 북한의 군사적 도발에는 강력하게 대응하겠지만 동시에 남북대화의 계기를 마련하기 위한 노력 역시 포기하지

44) 유현석, "한반도 신뢰프로세스, 어떻게 이해할 것인가," 제주평화연구원, 『JPI Peace Net』(2013.06.07).

45) 김수암, "박근혜정부 대북·통일정책의 과제와 방향," 한국정치학회·민주평화통일자문회의, 『최근 한반도 정세와 통일·안보 과제』(2013/04/19), 54쪽.

않겠다고 수차 밝혔다.

박근혜대통령이 동북아 국제정세가 어려운 상황임에도 불구하고 신뢰를 바탕으로 동북아 국가들 간의 신뢰구축을 제안한 것은 매우 시의적절한 접근이다. 특히 북한도 참여할 수 있고 참여하기를 바란다는 박대통령의 언급을 주목할 필요가 있다. 이것은 북한이 원하는 바가 동북아국가들간의 협의를 통해서도 충분히 논의될 수 있다는 것을 제시한 것이다. 북한이 지금처럼 모든 국제사회와 인근 동북아 국가들을 적으로 돌리는 상황에서는 북한이 정상국가로 발전해 나갈 수 없다. 북한이 원하는 체제안정과 경제개발은 결국 국제사회의 지원과 협력을 통해 진행될 수 있다. 그러기 위해서는 동북아 국가들 간 신뢰와 북한과 동북아 국가들 간의 신회 구축이 무엇보다도 필요하다.

그런 점에서 박근혜정부의 대북정책은 외교정책의 부분으로 진행되는 것이 적절하다. 이를 통해 북핵문제를 포함한 북한문제를 대한민국의 외교적 입지를 강화하는 방향으로 나갈 필요성이 있다. 박근혜정부는 앞에서 말한 것처럼 동북아 역내 국가들 간의 복잡다단한 관계 속에서 주변국들과의 외교관계를 전 방위로 조율할 수 있는 여지가 많다. 구체적으로 안보를 위해서는 동맹국 미국과 협력을 강화해야 하지만 경제의 측면에서는 중국이 중요한 파트너인 것이 현실이다. 중국과 일본 사이, 미국과 일본 사이에서도 일정 부분 한국이 역할을 할 수 있는 공간이 있다. 나아가 동북아 지역 내 다자협력체 구축에 한국이 앞장서고 지역 내 국가들이 공동 가치와 규범을 공유해 나가도록 기회를 마련하는 것도 중요하다. 박근혜대통령도 북한문제 해결은 한반도평화와 동북아지역안보와 밀접하게 연관되어 있음을 강조했다. 이것은 장기적으로 동북아평화공동체의 형성과도 연결될 수 있다.

한편으로 박근혜정부 시기에 동북아 정세의 흐름과 북한 내부 변화로 인해 통일의 단초가 열릴 가능성도 예상할 수 있다. 따라서 국제적 통일 공감대 확대를 위한 통일외교를 강화하면서 유엔을 비롯한 국제사회의 협력을 통해 북한주민의 삶의 질 향상도 염두에 둘 필요가 있다.

참고 문헌

김갑식, 『김정은정권 출범의 특징과 향후 전망』(서울: 국회 입법조사처, 2013).

김수암, "박근혜정부 대북·통일정책의 과제와 방향," 한국정치학회·민주평화통일자문회의, 『최근 한반도 정세와 통일·안보 과제』(2013/04/19).

김중호, "후계체제 구축시기 북한의 대외관계 특징과 전망," 한국수출입은행, 『수은 북한경제』(2011년 봄호).

고재홍, "김정은정권의 군지도방식 변화와 시사시점," 국가안보전략연구소(2013).

남광규, "북한 3차 핵실험 이후 한반도 정세와 남북관계한국산업," 한국산업경제연구원, 『신용경제』(2013년 4월호).

남광규, "'남북화해의 상징' 개성공단 어떻게," 『매일경제』(2013/04/10).

문순보, "김정은 체제하 북한의 대외관계 전망," 세종연구소, 『정세와 정책』(2012년 2월).

박형중, "북한의 대화제의 배경과향후 전망," 국방대 국가안전보장문제연구소, 『안보현안분석』, Vol. 84(2013/06).

신상진, "중국의 북핵 6자회담 재개 노력과 한국의 북핵정책," 서희외교포럼, 『서희칼럼』(2013/ 11/13).

알렉산더 만수로프(존스홉킨스대 국제대학원 연구원) 박사와의 대담, (2013/10/22).

이기완, "일본의 북한인권정책의 본질과 한계," 대한정치학회, 『대한정치학회보』, 19집 3호(2013).

이상현, "6자회담 재개 전망과 한국의 대북정책 방향," 동아시아연구원, 『Smart Q&A』(2013/09/16).

이승현, "북한의 제3차 핵실험의 배경과 전망," 국회입법조사처, 『이슈와 논점』, 제606호(2013/02/15).

오승렬, “북한의 대외관계 전망,” 한국수출입은행, 『수은북한경제』(2012년 겨울호).

유현석, “한반도 신뢰프로세스, 어떻게 이해할 것인가,” 제주평화연구원, 『JPI Peace Net』(2013.06.07).

윤덕민, “2013년 북한장세전망,” 국립외교원 외교안보연구소, 『주요국제문제분석』(2013/01/30).

조양현, “일본의 군사적 보통국가화와 동북아 안보환경,” 제주평화연구원, 『JPI Peace Net』(2013/09/30).

조영서, “김정은 체제의 특성과 변화 전망,” 한국수출입은행, 『수은북한경제』, 2013년 봄호(서울: 한국수출입은행, 2013).

전성훈, “김정은 정권의 경제·핵무력 병진노선과 ‘4·1 핵보유 법령,” 통일연구원, 『Online Series CO 13-11』(2013),

정성장, “김정은 체제의 경제건설과 핵무력건설 병진 노선 평가,” 세종연구소, 『정세와 정책』(2013년 5월호).

통일교육원, 『북한 이해-2011』(2011).

통일부, 『한반도 신뢰프로세스』(2013).

통일부, 『주간 북한동향-제1161호』(2013/07).

하순구, “외교정책 방향에 대한 소고,” 연세대학교 북한연구원, 『Issue Brief』, 제11호(2013/10).

한석희, “시진핑 시대 중국의 대외정책과 북중관계,” 한국정치학회·민주평화통일자문회의, 『최근 한반도 정세와 통일·안보 과제』(2013/04/19).

FAO, “FAO Country Profiles:Democratic People's Republic of Korea”(2012).

Glyn Davies, “U.S. Policy toward North Korea,” Senate foreign relations panel(2013/03/07).

〈노동신문〉(2011/12/17).

〈매일경제〉(2013/04/10).

〈중앙일보〉(2013/04/04).

〈조선중앙통신〉(2013/04/01), (2013/06/16), (2013/11/21).

〈연합뉴스〉(2013/03/30), (2013/12/03).

〈한국일보〉(2013/06/09).

〈共同通信〉(2013/05/15), (2013/05/20), (2013/05/25).

〈新华网〉(2013/05/24), (2013/07/26).

〈人民網〉(2013/07/29).

〈中国评论新闻〉(2013/06/19).

제3장

북한의 실리주의와 개혁개방 가능성 연구: 박봉주 내각총리 복귀를 중심으로

이수석 | 국가안보전략연구소
김일기 | 국가안보전략연구소

Ⅰ. 머리말

김정은 정권 등장이후 북한권력 판도가 뒤바뀌고 있다. 김정일 시대 권력자들은 뒤로 물러나고 새로운 인물들이 등장하고 있다. 특히 군부 인사들의 경우 계급강등과 복귀를 반복하면서 권력이동이 숨가쁘게 진행되고 있다. 김정일 국방위원장이 마련해 놓은 군부후견체제를 김정은 제1위원장이 바꾸어 놓은 것이다. 노동당에서도 정치국원들이 대거 변모하면서 새로운 인물들로 교체되었다.

김정은 시대 새로운 인물들이 등장하는 가운데 한 때 김정일 시대 북한의 총리를 지낸 박봉주가 다시 등장했다. 북한정치에서 오랜만에 들어보는 이름이다. 과거 '7.1 조치'를 주도했다가 실각해서 북한의 정치무대에서 사라진 줄 알았던 그가 당 경공업부장에 이어 내각총리로 북한의 언론에 재등장한 것이다. 박봉주의 등장은 김정은 정권의 권력구도에서 많은 점들을 시사한다. 더구나 그는 당 정치국 위원의 자격으로 당내에서 일정한 정도의 지위를 확보했다는 점에서 경제 관료에 국한된 역할만 하지 않을 가능성이 높다.

북한이 장거리 미사일 발사와 제3차 핵실험 등 군사도발로 한반도 긴장을 조성하던 시점에 김정은은 박봉주를 내각총리에 임명했다. 군사도발로 경제를 포기한 것으로 인식되던 북한정권이 박봉주를 왜 내각총리로 임명한 이유가 궁금하다. 또한 박봉주의 내각총리 임명으로 북한의 경제정책은 변화할 것이며, 그 방향이 개혁개방으로 나아갈 것인가가 관심사항이다. 특히 김정일 시대 등장했던 실리주의 사고의 연장선에서 박봉주가 복귀한 것이 아닌지 주목해야 할 것이다.

이 논문은 박봉주 내각 총리 임명을 통해 북한의 개혁개방 가능성을 살펴보고자 한다. 이를 위해 먼저 김정일 시대 박봉주의 1기 총리 취임 당시와 물러날 때의 상황을 살펴보고자 한다. 특히 김정일 시대의 경제 분야의 화두였던 실리주의와 개혁개방에 관해 살펴보고자 한다. 나아가 박봉주 2기 총리 취임 배경과 정치적 의미에 관해 분석한 후, 향후 북한의 개혁개방 가능성을 전망하고자 한다.

Ⅱ. 김정일 시대와 박봉주 1기 내각

1. 실리주의 등장과 박봉주 1기 내각의 출범

김정일은 김일성 사망 이후 외부의 기대와는 달리 개혁개방에 대한 부정적 인식과 함께 우리식 사회주의에 대한 고수를 천명하였다. 이러한 개혁개방에 대한 태도는 김일성 시대부터 내려온 인식에 기반하고 있다.[1)] 김정일의 개혁개방에 관한 부정적 인식은 "나에게서 어떤 변화를 바라지 말라"[2)]는 언급에

---

* 본 논문은 『세계지역연구논총』 2013년 31집 3호에 게재된 논문임.

1) 김일성은 북한체제는 개혁이 이미 이루어졌기 때문에 개혁이 필요없다고 하며, 과거 소련의 경우처럼 지난날 정책에서 잘못된 것이 있으면 바로잡아야 하지만, 북한은 제도적으로 잘못한 것이 없다고 한다. 김일성, "일군들의 혁명성, 당성, 로동계급성, 인민성을 높여 당의 경공업혁명방침을 관철하자(1989.6.7-9)," 『김일성 저작집 42』(평양: 조선로동당출판사, 1995), p. 15.

서 잘 나타나고 있다. 이 발언은 1994년 김일성 사망과 혹독한 경제난으로 대내외적으로 위기에 처해 있던 북한에서 김정일의 심경 변화와 개혁개방을 기대했던 사람들에게는 매우 실망스러운 발언이었다.

김정일은 북한에 자본주의를 도입하는 것을 수정주의 또는 반혁명세력으로까지 언급하고 있다. 김정일은 "기업소들이 가격을 자유롭게 정하고 리윤이 많이 나는 제품을 마음대로 생산하여야 한다고 주장하나 이것은 반사회주의적이며 수정주의적인 리론입니다"[3]라고 밝히고 있다. 나아가 "우리나라에 세워진 사회주의제도가 세상에서 제일 좋은데 무엇 때문에 자본주의를 끌어들이겠는가"[4]라고 주장하면서, "제국주의자들이 떠드는 개혁, 개방바람에 끌려들어 가서는 절대로 안됩니다. 개혁개방은 망국의 길입니다"[5]라고 주장하고 있다. 이러한 개혁개방에 대한 부정적 인식은 1980년대 말의 사회주의 국가들의 체제전환에 따른 위기의식과 체제 유지를 위한 북한의 대응으로 볼 수 있다.

김정일 시대 북한의 개혁개방에 대한 인식은 실리주의와 신사고의 등장 및 자력갱생의 의미 변화와 함께 조금씩 변화하기 시작하였다.[6] 북한은 김정일 시대 출범 이후 국가목표로 '사회주의 강성대국 건설'을 주장하면서, 이를 위해 '실리주의'를 강조하였다. 북한은 1998년 9월 17일의 「로동신문」과 「근로자」 공동논설에서 "경제사업에서 실제적인 리익이 나게 하여야 한다"면서 "변화된 환경과 조건에 맞게 경제사업을 신축성 있게 조직 전개하는 것도 실제적인 리익을 실현하는 방도"라고 강조하였다. 또한 김정일 역시 "경제사업에서는 결정적으로 실리주의로 나가야 한다"고 주장하고 있다.[7] 이러한 경

2) 『로동신문』, 1996년 6월 3일.
3) 김정일, "정치도덕적 자극과 물질적 자6극에 대한 올바른 리해를 가질데 대하여(1967.6.13)," 『김정일 선집 1』(평양: 조선로동당출판사, 1992), p. 221
4) 김정일, "당사상교양사업에서 나서는 몇가지 과업에 대하여(1990.1.11)," 『김정일 선집 10』(평양: 조선로동당출판사, 1997), p. 33.
5) 김정일, "올해를 강성대국의 위대한 전환의 해로 빛내이자(1999.1.1)," 『김정일 선집 14』(평양: 조선로동당출판사, 2000), p. 458.
6) 이에 대해서는 대해서는 김일기, "북한 개혁·개방의 단계와 방향: 사회주의 체제변화론의 관점에서," 건국대학교 박사학위 논문(2006), pp. 70-75 참조.
7) 『로동신문』, 1999년 7월 22일.

제에 있어 실리주의는 중국의 흑묘백묘론(黑猫白猫論)과 비슷한 의미를 지니고 있으며, 따라서 매우 실용적이고 실천적인 원칙으로 볼 수 있다.[8)]

북한의 실리사회주의는 김정일의 소위 '신사고'와 연결되고 있다. 북한은 경제강국을 건설하기 위해서는 국가경쟁력 성장이 가장 중요한 과업이라고 강조하면서 2001년 신년사를 통해 "새로운 세기에 걸맞는 사상관점과 사고방식"이라는 소위 '신사고'를 제시하였다.[9)] 2002년 1월 김정일 위원장의 중국 상하이 방문 이후 북한은 주민들에게 새로운 사고, 근본적인 일신, 새로운 관점 등을 지속적으로 촉구하면서, 사회 전반의 의식과 행동변화를 독려하고 있다. 이러한 신사고에 대한 강조는 김정일이 위기에 처한 북한 경제체제를 회생시키기 위한 방안으로서의 정치적 구호 뿐만 아니라, 경제운용방식에 대한 개혁의 필요성을 인정하고 있다고 볼 수 있다. 결국 김정일의 신사고 발언은 선군정치를 통한 체제유지에 대한 자신감을 바탕으로 경제문제 해결을 위한 보다 적극적인 자세로의 방향전환이라고 볼 수 있다.[10)]

북한은 실리주의와 신사고의 제시와 함께 자력갱생의 의미에 변화를 주었다. 북한은 "1960년대의 신문, 잡지를 보면 사상이 기본이라고 하면서 광부들이 막장에서 나오지 않고 인력으로 일하는 것을 아름다운 소행으로 소개한 것이 적지 않은데 새 세기에 들어 과학기술을 무시하고 그런 식으로 계속 일해서는 안된다"고 하면서, 자력갱생이 맨손으로 하는 것이 아닌 과학기술의 토대하에 이루어지는 것임을 강조하고 있다. 특히 "지난 시기에는 모든 것을 자체로 한다고 하면서 맨손을 두드려 만들어야 자력갱생하는 것으로 여겼는데, 이제는 그렇게 해서는 안됩니다. 기술을 무시하는 자력갱생이란 있을 수

---

8) 북한의 실리주의는 중국의 흑묘백묘론과 그 심도와 강도에 있어서는 차이가 있지만, 변화의 기본원칙과 지침이 되고 있다는 점에서 본질적으로 동일하다. 성채기, "김정일 시대의 신경제노선 평가와 전망," 『KDI 북한경제리뷰』 제4권 10호(2002), pp. 13-15.

9) 새 세기의 요구에 맞게 사상관점과 사고방식, 투쟁기풍과 일본새에서 근본적인 혁신을 이룩해 나가는 것은 우리 앞에 나선 선차적인 과업이다. 21세기는 거창한 전변의 세기, 창조의 세기이다. 위대한 김정일 동지께서는 언제나 먼 앞날을 내다보시며 통이 크게 작전하시고 대담하게 변혁을 이룩해 나가고 계신다. 새 세기는 혁신적인 안목과 기발한 착상, 진취적인 사업기풍을 요구한다. "고난의 행군에서 승리한 기세로 새 세기의 진격로를 열어 나가자," 「로동신문」 2001년 1월 1일..

10) 김일기(2006), pp. 72-73.

없습니다. 기술을 혁신하고 그에 기초하여 자력갱생하는 것이 진짜 자력갱생입니다"[11]라고 강조하고 있다. 결국 자력갱생은 순수한 자력갱생을 의미하지 않으며, 자기의 힘과 지혜로 새로운 과학기술을 개발할 뿐만 아니라 다른 나라의 첨단과학기술을 받아들여 자기의 것으로 만드는 것이 진정한 자력갱생이라는 입장를 취하고 있다.[12]

북한은 실리주의와 신사고 그리고 자력갱생에 대한 의미변화와 함께 경제일꾼들에 대한 강조를 하기 시작하였다. 경제일꾼을 포한한 간부들의 역할에 관해 김정일은 새로운 시대를 맞아 과거와 같은 낡은 사고와 방식에서 벗어날 것을 주장하였다. 특히 경제분야에 관해 당간부와 경제일꾼들의 해야 할 임무에 관해 김정일은 실리라는 관점에 설 것을 제시하고 있다. 경제분야는 경제일꾼에게 맡기되 경제일꾼은 실리를 우선적으로 생각해야 한다는 것이다. 김정일은 "경제지도일군들은 모든 부문, 모든 단위에서 실리를 보장하는 원칙에서 경제를 관리운영해 나가도록 하여야 한다"[13]고 주장하면서, "간부들은 사업방법과 일본새에서도 근본적인 개선을 가져와야 합니다. 21세기는 거창한 변혁의 세기, 창조의 세기입니다. 지난 세기의 낡은 사업방법과 일본새에 매달려가지고서는 위훈을 창조해나갈 수 없습니다."[14]라고 주장하였다.

김정일은 특히 초급간부의 역할을 강조하였다. 김정일은 "당 초급 선전일군들은 지난 시기의 낡은 관념과 뒤떨어진 사고방식에서 벗어나 모든 것을 새로운 관점, 새로운 높이에서 보고 혁신적으로 풀어나가도록 깨우치고 이끌어주어야 합니다"[15]라면서, "직권이나 열성만 가지고 일하던 때는 이미 지나

---

11) 김정일, "새 세기의 요구에 맞게 함경남도의 경제사업에서 새로운 앙양을 일으킬데 대하여(2002.6.4-5, 7)," 『김정일 선집 15』, p. 288. 물론 1991년에도 이런 의미에서 자력갱생을 언급했지만 그 강도는 약했다. 김정일, "과학기술발전에서 새로운 전환을 일으키자(1991.10.28)," 『김정일 선집 14』, pp. 196-222 참조.

12) 김정일, "새 세기의 요구에 맞게 함경남도의 경제사업에서 새로운 앙양을 일으킬데 대하여(2002.6.4-5, 7)," 『김정일 선집 15』, p. 297.

13) 김정일, "사회주의 강성대국건설에서 결정적 전진을 이룩할데 대하여(2000.1.1)," 『김정일 선집 15』, p. 12.

14) 김정일, "올해를 새 세기의 진격로를 열어나가는데서 전환의 해로 되게 하자(2001.1.3)," 『김정일 선집 15』, p. 95.

15) 김정일, "새 세기 혁명적 진군의 요구에 맞게 당 초급선전일군들의 역할을 더욱 높이자(2001.4.12),"

갔습니다. 일군들은 자기 직무에 완전히 정통하고 모든 사업을 옳은 방법론을 가져야 한다"[16]라고 주장하고 있다. 이는 노동당의 의도와 방침을 관철하기 위해서는 초급간부들의 실력이 필요함을 강조하고 있는 것이다.

김정일은 또한 "실력이 없으면 진실로 당에 충실할 수 없습니다"[17]라고 주장하면서, 일꾼들의 실력문제는 실무적 문제가 아니라 사상문제, 당과 수령에 대한 충실성 문제로 되어 사상이 투철하면 실력을 쌓을 것이고, 배우지 않고 노력하지 않는 것은 당에 대한 충성심이 없다고 판단하고 있다. 즉, 경제문제가 사상문제로 대두되어, 실력이 없으면 사상적으로 문제가 있는 사람으로까지 인식할 수 있다는 것이 김정일의 생각인 것이다. 결국, 김정일의 위와 같은 언급들은 박봉주와 같은 유능한 경제 관료들이 등장할 수 있는 배경으로 작용하였다고 볼 수 있다.

박봉주 1기 내각의 등장시점은 북한이 식량난 극복을 위한 증산운동을 배가해야 했고 흐트러진 사회기강을 바로 세우기 위해서 경제성장을 통해 돌파하는 방법을 선택했던 시기와 맞물려 있다. 당시 김정일은 이념도 좋고 군사우월주의도 좋지만 경제사업에서는 실리를 추구하는 것이 필요하다는 점을 인식하고, 박봉주를 정통기술관료로서 이념과 상관없이 경제발전을 추진할 인물로 판단한 것으로 보인다. 이러한 김정일의 사고를 바탕으로 해서 박봉주가 내각총리에 취임한 후에 경제분야에 대한 각종 개선 조치들을 전개하게 된다.

2. 박봉주 1기 내각의 당정갈등과 퇴진

박봉주가 총리로 임명된 시점인 2003년은 새로운 경제관리개선조치인 '7·1조치'가 2002년부터 시행되고 있던 시기이다. 당시 북한에서는 새로운 경제개선조치에 대한 기대가 있었다. 북한은 경제사업의 전반적 분야에서 내각의

『김정일 선집 15』, p. 126.

16) 김정일, "과수업발전에서 새로운 전환을 가져올데 대하여(2001.5.13)," 『김정일 선집 15』, p. 168.

17) 김정일, "현시기 일군들의 실력을 높이는 것은 우리 혁명의 절박한 요구이다(2001.12.3)," 『김정일 선집 15』, pp. 222-223.

역할을 확대하고 내각의 지휘하에 기업소나 공장의 자율성을 어느 정도 인정하면서 경제성장을 위한 정책을 추진할 계획을 가지고 있었으며, 박봉주가 그런 역할을 수행할 인물로 선택된 것이다.

박봉주는 노동자에서 총리 자리에까지 오른 입지전적 인물로 알려져 있으며[18] 1980년대 중반 남흥청년화학연합기업소 책임비서였던 그를 모델로 한 2부작 영화 '보증'이 나오기도 했다. 김일성 부자이외에 북한에서 살아 있는 인물을 모델로 영화까지 만든 일은 매우 이례적이라고 볼 수 있다.[19] 북한은 박봉주의 총리 임명과 함께 부총리를 비롯한 8명의 내각구성원을 교체하였으며, 문화상을 제외하고는 전부 경제분야 관련 인물로 교체하였다. 이처럼 경제분야 전문가들을 중심으로 교체한 것은 당시 내각의 과제는 경제재건이라는 점을 잘 알 수 있다.

북한은 박봉주의 내각 총리 취임과 함께 경제분야에서의 변화를 가속화하였다. 북한은 7·1 조치를 통해 시장가격 도입과 공장·기업소 자율성 부여 등을 도입하였으며, 이후 경제특구 확대, 농민시장의 종합시장으로의 개편, 포전제 시범실시, 외국인투자환경 개선(2005. 11) 등으로 개혁·개방 정책을 확대하였다.[20] 이처럼 박봉주는 내각 총리의 임명과 함께 내각의 역할을 강화하면서 '7·1조치'의 연장선상에서 북한 경제의 변화를 주도하였다.

북한은 박봉주 총리 임명 이전까지 신년공동사설을 비롯해 김정일의 담화 등 각종 문건에서 내각의 역할강화를 오래 전부터 주장해왔지만, 내각의 위상과 역할은 제대로 자리매김하지 못했다. 이는 당과 군이 경제 분야에 개입하기 때문이다. 또한 내각의 역할 강화와 함께 다른 문건에서는 내각을 비롯한 각급 경제기관 지도일꾼들은 당의 경제사상과 이론, 방침을 경제강국 건

18) 박봉주는 1940년생으로 덕천공업대를 졸업하고 평북 용천식료공장 지배인 등 주로 생산부서의 관리인으로 근무하다가 1980년 10월에 당 중앙위 후보위원으로서 당료생활을 하게 된다. 남흥청년화학연합 기업소 책임비서를 오랫동안 맡아 일했고, 1993년 당 경공업부부장, 1994년 당 경제정책 검열부 부부장으로 활동하는 등 주로 경제부서에 근무했었다. 1998년 최고인민회의 10기와 11기 대의원을 했고, 2003년 9월 내각총리가 되었다가 2007년에 해임되었다.

19) "주성하 기자의 서울에서 쓰는 평양이야기" 『동아일보』, 2013년 4월 2일.

20) 북한의 7·1조치와 그 이후 개혁개방 정책에 대해서는 윤황·김일기, "7·1경제관리개선조치 이후 북한 개혁개방의 평가와 전망," 『정신문화연구』, 제29권 제1호(2006), pp. 209-228 참조.

설의 확고부동한 지침으로 삼아야 한다는 이야기들도 동시에 주장하였다. 이는 결국 내각은 당의 지도하에 정책을 시행해야 한다는 것을 시사한다.

북한의 내각 총리는 권한보다는 책임이 더 많은 자리이며 그 위상은 낮다. 북한에서는 총리가 되는 것이 경사라기보다는 두려움과 근심스러운 일로 여겨진다고 하였다. 그만큼내각총리는 명예나 권한보다는 책임과 의무가 더 많은 자리여서 언제 물러나야 할지 모르기 때문이다. 당과 국방위원회가 상위기관으로 존재하는 권력의 역학관계에서 내각은 당의 절대적 명령에 복종해야 하기 때문에 내각총리가 소신껏 경제발전을 도모할 수 있는 힘은 별로 없다.

만일 경제가 기대한 만큼 제대로 활성화되지 않을 경우, 내각 총리의 교체는 언제든지 가능했다. 박봉주 이후 내각총리는 경제관료인 김영일로 교체되었고, 2009년 11월 화폐교환 이후 나타난 북한경제·사회 혼란의 책임을 물어 김영일은 해임되었으며 최영림 평양시당 책임비서가 총리로 선출되었다. 당에 비해 내각을 자주 개편하는 것은 사안이 발생할 때마다 총리가 책임을 져야 하기 때문이다.

이러한 내각 총리의 제한된 역할에도 불구하고 특이하게 김정일은 박봉주에게 막강한 권력을 주었다. 박봉주 총리 임명은 이전처럼 단순히 경제분야를 담당하는 명목상의 역할을 주기 위해서가 아니었다. 경제에 밝고 추진력 있는 박봉주를 통해 경제를 활성화시키려는 의도로 보인다. 아마 김정일은 7·1경제조치의 적극적인 추진을 박봉주 총리에게 기대했을 것이다.

박봉주의 등장을 전후로 북한은 당과 정부의 조직 및 인력의 구조조정을 실시했고, 당과 군의 경제사업을 축소해서 내각으로 이전했다. 또한 내각의 전문화와 세대교체를 추진했으며, 내각 인사권 및 경제관리 재량권의 총리 위임이라는 파격적인 조치를 취했다. 기존에는 당에서 결정한 것을 내각이 이행하면 되는 구조였지만, 김정일은 내각 인사과정에서 총리의 의견을 적극 반영하라고 지시했다. 이 시기 박봉주는 각급 성, 중앙기관들이 경제 관련 문제를 총체적으로 파악하기 위해 경제현안을 종합적으로 판단할 수 있는 기구를 설치함으로써 내각의 권한을 크게 확대시켰다.[21)]

그러나 2005년 상반기부터 북한 내부에서 경제정책을 둘러싼 권력갈등이 발생하기 시작하였다. 즉, 경제개혁 속도와 당의 영도 보장 문제로 인해 갈등이 초래된 것이다. 북한에서는 당이 모든 정책결정과정과 시행에서 정통성과 해석권을 갖는다. 당은 자신의 권력을 되찾으려고 사회주의 노선을 강조하기 시작했다. 김정일 역시 내각의 권력남용 문제를 제기했으며, 2006년 6월에는 내각이 자본주의 척후병 노릇을 하고 있다고 비판하기까지 했다. 김정일도 당과 내각관계에서 고심했던 흔적이 역력하다.

김정일은 당과 군부의 의견을 무시할 수 없었고, 박봉주를 견제하기 위해 2005년 7월경 박남기를 등장시켰다. 최고인민회의 예산위원장인 박남기는 신설된 당 계획재정부장에 임명되자, 총리가 갖고 있던 경제부처 인사권을 회수하고 당 계획재정부를 강화시켰다.[22] 기존에 내각이 갖고 있던 권력이 박남기에 의해 당으로 점차 이관되기 시작하면서 일시적으로 경제 분야에서 내각의 박봉주, 당의 박남기 투톱제제가 형성되었다.

그러나 결국 박봉주는 당과 군부의 견제로 실각하게 되며, 이는 내각총리의 한계를 잘 보여주는 대목이다. 박봉주의 경제자문에 응해주던 인사들은 부정부패 혐의로 지방으로 좌천되었다. 박남기 역시 2009년 11월 화폐개혁에 대한 책임을 지고 처형되었다. 이후 북한에서 총리를 비롯한 경제개혁을 추진하거나 인민경제를 맡고 있는 자리는 위험한 자리라는 인식이 점차 확산되게 되었다.[23]

---

21) 한기범, "북한정책결정과정의 조직행태와 관료정치," 경남대학교 박사학위논문, 2009, p.164
22) 한기범(2009), p. 195.
23) 이수석, "박봉주의 등장과 북한의 개혁개방 가능성", 『KDI 북한경제리뷰』, 2013년 5월호, p.28

Ⅲ. 김정은 시대와 박봉주 2기 내각

1. 박봉주 2기 내각의 정치적 의미

김정은 시대에 들어서면서 북한은 경제분야에서의 내각의 중요성을 강조하고 있다. 김정은은 '4·6 담화'[24]를 통해 내각을 '경제사령부'로 규정하면서, 국가의 모든 경제 문제를 내각 중심으로 추진하겠다는 원칙을 천명하였다. 이러한 경제분야에 있어 내각의 강조는 '6.28 방침'[25]을 통해 군의 경제사업 분야를 내각으로 이관하는 것에서 나타나고 있다.

북한은 경제분야에 대한 내각의 강조와 함께 2007년 4월 총리직에서 해임되어 순천비날론연합소 지배인으로 좌천되었던 박봉주를 다시 총리로 재등용하였다. 박봉주는 2010년 8월 당경공업 제1부부장으로 전격 복권되었으며 2012년 4월 김경희의 뒤를 이어 경공업 부장에 올랐고, 2013년 3월 당중앙위원회 전원회의를 통해 정치국 위원, 4월 1일 최고인민회의 제12기 제7차 회의를 통해 내각총리에 임명되었다. 과거 7·1 조치 이후 경제분야에 대한 책임을 물어 좌천되었던 박봉주가 다시 경제분야를 담당하는 내각의 수장에 임명된 것이다. 박봉주와 함께 좌천되었던 곽범기, 로두철, 전승훈도 모두 재등용됨으로써[26] 북한 경제의 사령탑들이 다시 2002년의 시점으로 되돌아간 모습이다. 결국, 북한 경제를 담당했던 박남기 등이 화폐개혁을 통한 경제회생 실패와 형장의 이슬로 사라진 이후 북한경제의 구원투수로 박봉주를 비롯한 경제관료들이 재투입된 것이다.

김정일이 박봉주를 2009년 화폐개혁에 대한 책임을 물어 처형했던 박남기

24) 김정은, "위대한 김정일동지를 우리 당의 영원한 총비서로 높이 모시고 주체혁명위업을 빛나게 완성해 나가자(2012.4.6)," 『조선중앙통신』, 2012/4/19.

25) 북한은 6월 28일 "우리식의 새로운 경제관리체계를 확립할 데 대하여"라는 방침을 제시했다. 이를 '6.28 방침이라 하는데, '6.28 방침'은 군부 경제사업의 내각 이전, 협동농장의 분조 인원 축소, 기업의 경영자율권 확대, 근로자 임금인상 등으로 알려지고 있다.

26) 내각 부총리를 역임했던 곽범기도 함경남도 당 책임비서를 거쳐 역시 2012년 4월 당비서 겸 부장으로 승진했으며, 9월에는 최고인민회의에서 예산위원장에 올랐다. 부총리 겸 국가계획위원장인 로두철이 정치국후보위원에 등용되고, 2012년 8월 18일 전승훈이 내각 부총리에 임명되었다.

처럼 숙청하지 않은 것을 보면, 아마도 그를 추후 등용할 생각이 있었던 것으로 보인다. 박봉주 만큼 경제를 잘 아는 사람이 없기에 향후 경제개혁을 위해 필요한 인물이라는 생각을 가졌을지도 모른다. 김정일은 건강이상이 발생한 이후인 2010년 그를 당 중앙위원회 간부로 다시 등용하기 시작한 것으로 보아, 김정은 시대의 경제분야를 맡길 구상을 했을 가능성이 높다.

박봉주 등장의 정치적 의미는 다음과 같다.[27] 첫째, 북한의 정치무대에서 세대교체와 연계되어 있다. 박봉주 등장 이전 최영림 내각에서는 고령자가 많았다. 당시 내각에 포진한 인물 중 부총리 이상의 연령을 보면, 최영림를 포함해서 강능수 부총리는 80대 고령이고 이외에 70대도 다수 포진되어 있다. 박봉주 내각에서는 상대적으로 젊은 층이 많다. 김정은으로서도 할아버지, 아버지와 같이 일했던 세대보다는 좀 더 젊은 층과 일하고 싶을 것이다. 이러한 세대교체 현상은 군부에서도 발생했다. 2012년에 김정은은 인민군 총정치국장에 60대 초반의 최룡해를 임명하여 수뇌부의 세대교체를 진행한 데 이어 최근 소장파인 50대 장정남을 인민무력부장으로 임명했다. 김정은은 군부내 소장파 군인들에게 주요 직책을 맡기면서 내각의 젊고 경제를 잘 아는 인물들과 함께 국정을 끌고 나가고 싶었을 것이다.

둘째, 김정은은 박봉주의 내각 총리 임명을 통해 경제발전과 인민생활 향상에 주력하겠다는 입장을 주민들에게 각인시키려 하고 있다. 박봉주는 2013년 4월 1일 최고인민회의 제12기 7차회의를 통해 총리에 취임한 이후 1기 총리시절에 비해 적극적 행보를 보이지는 않고 있지만, 경제정책에 관해 구체적 지시를 내리는 모습들을 가끔 언론에 보여주고 있다. 북한지도부가 경제에 관심이 많다는 것을 주민들에게 알려줄 필요가 있는 것이다. 작년부터 김정은은 인민의 허리띠를 졸라매게 하지 않겠다는 이야기를 해왔다. 그러나 북한의 잇따른 도발로 국제사회의 대북제재가 거세지고 있는 상황에서 북한 주민의 경제적 고통은 심각해지고 있다. 북한이 이런 주민들의 불편함과 불

27) 이 장은 이수석, "박봉주의 등장과 북한의 개혁개방 가능성", 『KDI 북한경제리뷰』(2013년 5월호)에서 일부 발췌하여 수정·보완했음.

만 등을 완전히 무시할 수는 없다. 2000년대 중반 경제개혁의 상징이었던 박봉주 카드를 내세워 북한 주민들의 불만을 무마하고 경제회생에 대한 기대감을 갖고 체제에 대한 충성심을 유도하려는 의도를 갖고 있다.

셋째, 박봉주 총리 임명을 통한 대외경제 여건의 개선이다. 북한의 체제내구력은 저하되어 있고 경제는 오랫동안 침체상태에 있다. 이를 해결할 만큼 북한의 대외경제 환경이 개방적이지도 않다. 이런 상황에서 김정은 정권은 박봉주를 통해 중국 등 시장경제 국가를 지향하고 있는 사회주의권과의 돈독한 관계를 형성하려 한다. 한동안 북한은 중국과의 경협을 구상하고, 중국의 특구 조성을 염두에 두었지만, 3차 북핵실험으로 인해 김정은 시대들어 북중관계는 소원해져 있다. 이러한 상황에서 대외 경제분야 협력을 내각 총리에게 맡겨 정치·군사 분야와 다른 행로를 가게 할 수 있다. 그래서 대외 경제협력 구상을 바탕으로 박봉주가 중국을 방문해서 북중관계 회복을 위해 노력하는 자세를 보일 것으로 예상된다.

넷째 당·정·군 관계에서 권력이 한곳으로 집중되지 않으려는 시도로 볼 수 있다. 최근 북한의 도발은 강경군부의 영향력 확대와 연관되며, 한반도 긴장상황은 군부에 더 많은 권력이 집중되는 결과를 초래한다. 김정은으로서는 군부와 함께 당과 내각에도 권력이 분배되어야만 정권이 존속될 수 있다고 본다. 박봉주 등장은 김정은이 당과 군부의 이데올로기 중심주의 사고와 달리 경제 분야에서는 실리적인 관점으로 접근하는 것이 필요한 때라고 인식한 결과이다. 과거 한때 영향력 있었던 박봉주를 등용함으로써 김정일 시대 강조했었던 실리주의를 따르고, 당과 군 관계자에게도 경직된 이념 대신 때로는 실리주의의 필요성을 강조할 것으로 예상된다.

2. 박봉주 내각의 과제와 당정 관계

박봉주 내각의 과제는 당면한 북한경제의 회생과 함께 지난 3월 당중앙위원회 전원회의에서 언급한 「경제·핵무력 건설 병진노선」의 관철일 것이다.

박봉주는 총리 취임 이후 첫 내각 전원회의 확대회의를 4월 22일에 개최했다. 내각 확대회의에서는 김정은이 2013년 3월 당중앙위원회 전원회의에서 언급한 사안들을 집행하기 위한 대책을 논의하였다. 이 회에서는 「경제·핵무력 건설 병진노선」 관철 문제, 3월 전국경공업대회에서 김정은이 제시한 과업 관철 문제, 올해 1/4분기 인민경제발전계획수행 정형 및 2/4분기 인민경제발전계획 수행을 위한 대책을 논의했다.

내각 확대회의 이후 박봉주는 경제현장을 방문했다. 4월 23일 박봉주 총리는 황해남도 해주시 비료공장과 채소온실, 청단군 청정협동농장 등에서 농사실태를 점검했다. 협동농장에서 분조는 기본적인 생산 단위이고 농장원들이 책임감을 갖도록 분조관리제를 제대로 시행해야 한다고 강조했다.[28)]4월 23일 평양에서 열린 제28차 중앙과학기술축전 개막식에 참석했는데, 『조선신보』는 중앙과학기술축전에 관한 기사에서 "올해 축전 개막식에 박봉주 내각 총리가 참석한 사실은 조선이 경제강국 건설에서 과학기술발전을 특별히 중시하고 있음을 웅변히 말해 주고 있다"고 의미를 부여했다.

4월 29일에는 박봉주가 북한의 주요 석탄생산지인 평남 순천지구 청년탄광연합기업소를 찾아 생산실태를 점검하고 순천화학련합기업소를 방문했다. 북한언론은 박 총리가 참석한 순천지구청년탄광련합기업소 일꾼협의회 개최를 알리면서 "새 세기 사회주의경제관리의 요구에 맞게 경영전략을 옳게 세우고 기업관리, 노력관리를 합리적으로 짜고들 데 대한 문제가 토의되었다"고 전했다.[29)] '새 세기 경제관리'란 용어가 나오고 이와 관련된 요구사항이 언급된 것은 북한의 새로운 경제관리개선조치 준비설과 맞물려 박봉주의 역할에 대해 관심을 높였다.

박봉주는 총리 임명 이후 농촌, 탄광, 발전소 등 여러 지역의 생산단위를 방문하며 근로자들을 격려했는데, 그 과정에서 공업과 농업의 관리방안을 언급한 것이 주목된다. 어쩌면 지난 2002년 7.1경제관리개선조치와 비슷한 조

28) 『조선중앙통신』, 2013년 4월 23일.
29) 『조선중앙통신』, 2013년 4월 29일.

치가 예상되는 대목이다. 현재 상황은 새로운 경제개혁을 위해 현장점검을 하고 상황을 파악하는 단계일 수 있다.

한편 박봉주 내각에 새로 참여한 사람들을 살펴보자. 북한은 4월 2일 최고인민회의 12기 7차회의 소식을 보도하면서 "일부 내각 성원을 해임 및 임명했다"고 밝히고 새로 임명된 리무영, 리철만, 강영수, 배학, 리혁, 리춘삼, 김경준, 강하국, 태형철 등 9명의 내각 상들을 소개했다.

리무영 부총리 겸 화학공업상은 1948년생으로 박봉주 총리보다 8년 아래이다. 그는 박봉주가 남흥청년화학연합기업소 당 책임비서로 재직할 당시 이 기업 현장 기사장을 지냈고, 이후 기업 지배인을 역임했다. 2003년에는 박봉주의 후임으로 화학공업상에 임명됐다. 2011년 5월 화학공업상에서 물러나고 내각 부총리직만 갖고 있던 리무영은 이번에 다시 화학공업상을 맡게 됐다. 박봉주의 의중이 반영되었다고 추측된다. 또한 10기부터 지금까지 최고인민회의 대의원이기도 하다. 리무영은 박봉주 내각에서 향후 중요한 역할을 맡을 것으로 보이며, 박봉주 이후 총리감으로 물망에 오를 인물로 판단된다.

강영수 도시경영상은 2002년 도시경영성 책임부원을 시작으로 도시경영성 처장, 부상 등을 역임했으며 2011년부터는 북한의 핵심 건설사업인 평양시 만수대지구 현장지휘부 부책임자를 맡아 실력을 인정받은 인물이다. 리춘삼 국가자원개발상, 김경준 국토환경보호상 등도 내각에서 자기 분야의 실무경험을 쌓으며 2000년대 중반 1기 박봉주 내각에서부터 관계를 맺어온 인물이다.

평안북도 농촌경리위원회에서 현장경험을 쌓은 리철만은 작년 4월 도 농촌경리위원장에서 내각 부총리로 전격 승진했으며 이번에 농업상까지 맡았다. 현재 45세의 젊은 리철만은 농촌사업 분야에 새로운 혁신을 도입할 것으로 예상된다. 리혁 수산상은 함경남도 신포수산사업소 지배인 출신이며 강하국 보건상은 평양시 제3인민병원, 제1인민병원 원장을 두루 거치며 현장 의료경험을 쌓은 인물이다.30)

북한의 인사결정 과정에서는 학연이나 지연과 같은 인맥이 크게 좌우되지

30) 『연합뉴스』, 2012년 4월 2일.

않는다. 그러한 만큼 이번에 임명된 인사들 중 박봉주와 같이 내각에서 근무했던 인사라고 해서 박봉주 인맥으로 보는 것은 무리가 있을 수 있다. 그러나 북한의 기술관료들은 같이 일해본 경험이 있는 경우, 경제분야 과제를 해결하는데 도움이 된다고 생각한다. 경제기술관료 특유의 치밀하고 꼼꼼한 성향도 좌우할 것이다. 박봉주 내각은 경제분야 회생을 위해 자신들에게 주어진 권한을 최대한 행사할 것으로 보인다.

박봉주 2기 내각은 1기 때와는 차이가 있다. 1기 내각 총리 시절에는 김정일 이외에는 후원자가 없었고, 오히려 경제개혁을 반대하는 인사들이 많았다. 지금은 상항이 달라져서 박봉주가 일할 여건이 훨씬 좋아졌다. 무엇보다 박봉주 본인이 당 정치국 위원이라는 점이다. 1기 내각총리 시절에는 정치국 위원이 아니어서 당의 견제나 감시를 받을 때가 많았다. 현재 정치국 위원으로서 당의 기반과 권력을 일부 갖고 있는 박봉주는 과거와는 다른 위상에서 총리 역할을 수행할 것으로 보인다. 따라서 내각은 김정일 시대 때보다는 담당해야 할 분야가 많아질 것으로 예상된다.

군부도 현재 세대교체가 진행 중이므로 내각이 추진할 사업에 대해 적극 반대하지 않을 것으로 보인다. 현재 국가의 계획적이며 통일적인 지도를 위한 방법으로 군 산하 무역회사들이 내각 산하로 이동 중이라는 이야기가 있을 정도이다. 그러나 박봉주는 과거 급격한 경제개혁으로 낙마한 적이 있기에 당과 군부의 반발을 초래할 경제개혁은 추진하지 않을 것이다. 박봉주의 1기 내각총리 시절 당정 관계가 갈등관계라면, 2기 내각총리 기간에는 협력의 당정 관계가 예상된다.

Ⅳ. 김정은 시대 북한의 개혁개방 가능성

1. 경제분야의 정책변화

사회주의 국가의 개혁은 일반적으로 체제변화에 포함되는 것으로, 공산당 독재와 공식적 이데올로기, 국가소유제, 관료적 조정 메커니즘 등의 세 영역 중 한 가지 이상에서 변화가 발생하고, 그 변화는 적당히 급진적(moderately radical)이어야 하며, 공산당 일당독재와 같은 체제의 기본적 속성은 유지되는 것으로 볼 수 있다.[31] 즉, 개혁은 혁명과는 달리 점진적이며 완만한 변화를 의미하는 체제내의 변화라고 할 수 있다. 반면, 사회주의 국가의 개방은 "세계시장 경제질서에 부합하는 방향으로 대외경제관계의 규모가 확대되고 그 구성과 내용이 변화하는 과정"으로 이해되고 있다. 즉 국민경제가 세계시장경제에 어느 정도 편입되는가에 따라 경제개방의 수준이 달라진다고 볼 수 있다.[32]

결과적으로 사회주의체제에서 개혁과 개방은 수레의 양쪽바퀴라고 할 수 있다. 개혁이 효율화를 키워드로 하는 것이라면, 여러 가지 제도적 결함에 기인하는 내재적인 개혁압력이 한쪽에서 개방을 필수적으로 실행하고 그 개방이 한걸음 더 나아간 개혁을 요구하는 구조로 되어 있기 때문이다.[33]

김정은 시대에 접어들면서 북한은 현재 북한의 경제관련 조치를 보면, 과거와는 달라진 모습을 보이고 있다. 2011년 1월 15일 『조선중앙통신』 보도에 따르면, 「국가경제개발 10개년 전략계획」에 관한 내각 결정 채택이 있었고, 2012년 11월에는 「조선민주주의인민공화국 대외경제부문 법규집'을 발행했다.

---

31) 코르나이는 체제변화를 체제전환(transformation), 개혁(reform) 그리고 혁명(revolution)을 포함하는 것으로 보면서, 깊이(depth)와 속도에서의 급진성(radicalism)을 기준으로 개혁과 혁명을 구분하고 있다. Janos Kornai, *The Socialist System: The Political Economy of Communism*(Princeton: Princeton University Press, 1992), pp. 386-392.

32) 최신림, 「북한의 경제개방과 산업정책」, 김연철·박순성(편), 『북한 경제개혁 연구』(서울: 후마니타스, 2002) pp. 225-226.

33) 양문수, "북한의 2000년대 경제개발전략에 관한 연구," 『통일부 신진학자 연구논문집』(2002), p. 192.

그리고 최고인민회의 상임위 정령(2012.4)을 통해 무역 및 세관 분야에서 내각의 권한을 강화하기 위한 「무역법」, 「세관법」, 「출입국법」 등을 개정했다.

그러나 무엇보다도 김정은 시대의 경제정책에 변화는 '6.28 방침'에서 잘 나타나고 있다. 북한의 '6·28 방침'은 현재까지 구체적 내용이 알려져 있지 않으나, 대북소식지들을 통해 부분적으로 그 내용이 소개되고 있다. 주요 내용은 협동농장의 분조 인원 축소, 기업의 경영자율권 확대, 서비스 무역분야 개인투자 합법화 등으로 볼 수 있다.[34] 북한은 '6.28방침'의 성공을 위해 경제 분야에서의 내각중심과 효율성, 책임성, 자율성을 강화하고 있으며, 이미 6·28 방침을 부분적, 시범적으로 시행하고 있는 것으로 알려지고 있다.[35]

북한이 현재 추진하고 있는 '6.28 방침'은 현재까지의 상황으로 볼 때 본격적인 개혁·개방 정책의 추진으로 보기는 어렵다.[36] 6.28 방침은 시장경제의 핵심인 가격자유화와 시장활성화 조치가 포함되어 있지 않고 있으며, 북한 역시 이를 개혁·개방으로는 보는 것에 대해 강력히 반발하고 있다. 북한은 "우리에게서 정책변화나 개혁·개방을 기대하는 것은 해가 서쪽에서 뜨기를 바라는 것과 같은 어리석은 개꿈이다"[37]라고 밝히고 있으며, 조총련 기관지인 『조선신보』도 '6.28 방침'을 개혁·개방 가능성과 결부시키는 것에 대해 강력히 반박하고 있다.[38] 결국, 김정은 시대에 접어들어서도 개혁·개방을 체제안보의 관점에서 바라봄으로써 부정적인 인식을 보여준다고 할 수 있다.

그러나 공식적인 매체를 통한 개혁개방에 대한 부정적 인식과는 달리, 박봉주의 내각 총리 임명 이후 북한은 경제분야에 대한 대한 개선 조치들을 지속적으로 시행하고 있다. 2013년 5월 29일 최고인민회의 상임위원회는 정령을 통해 경제개발구법을 채택하였으며, 2013년 10월 16일에는 최고인민회의

34) 국가정보원의 국회 정보위 보고에 따르면 북한이 추진하고 있는 최근 변화는 당·군 소관이던 경제사업의 내각으로의 이관, 협동농장의 분조 인원 축소, 기업의 경영자율권 확대, 근로자 임금인상 등이다. 『한겨레신문』, 2012년 7월 27일.

35) 『연합뉴스』, 2012년 8월 9일.

36) 이계만·김일기, "김정은 체제의 권력구조와 대내정책에 관한 연구," 『평화학연구』, 제13권 4호 (2012), pp. 83-84 참조.

37) 『로동신문』, 2012년 8월 13일.

38) 『조선신보』, 2012년 7월 11일.

정령을 통해 국가경제개발총국을 국가경제개발위원회로 승격하였다. 또한 「조선중앙통신」은 경제특구 개발을 촉진하기 위한 조선경제개발협회가 조직됐다고 보도했다.[39] 최근에도 북한은 외국기업들로 구성된 국제컨소시엄이 '개성첨단기술개발구' 건설에 합의해 곧 이행에 착수한다고 조선중앙통신을 통해 보도했다.

현재까지의 상황으로 볼 때, 김정은 시대에 접어들어 북한은 개혁개방에 대해서는 공식적 매체를 통해 부정적 인식을 보여주고 있지만, 경제 분야와 관련된 개혁조치들을 일정한 한계내이지만 꾸준하게 전개하고 있다고 볼 수 있다. 이러한 점에서 박봉주 내각이 앞으로도 이런 경제분야 조치들의 지속적 변화를 통해 개혁개방 정책을 추진할 가능성이 있을지가 주목된다.

2. 개혁개방의 추진 가능성

박봉주의 내각 총리 취임과 함께 우리사회를 비롯한 외부 세계에서는 북한의 개혁개방 가능성에 대해 관심이 집중되었다. 북한의 군사도발 정국이 지속되는 가운데 과거 경제개혁조치의 상징인물을 내각 총리에 다시 기용한 것은 이례적인 일이었기 때문이다.

현재 북한은 당의 주민에 대한 통제력이 과거에 비해 상당히 이완되어 있고, 체제내구력이 저하되어 있다. 이러한 북한의 상황은 오랜 세월동안 누적된 모순들의 결과로서, 근본적으로는 북한이 수령절대주의체제라는 점에 기인한다. 수령제일주의가 북한의 통치 근간이 되므로 지도자 개인의 즉흥적인 결정은 공식적인 지시가 되어 절대로 거역할 수 없는 사안이 된다. 특히 수령 개인에게 모든 권력이 집중되다보니 사회의 발전을 위해 동원되어야 할 자원과 물자, 인력이 수령의 우상화에 먼저 바쳐진다.

일반 정책 결정에서도 당이 사상적으로 지도하는 데 따라야 하므로 실무차원에서 볼 때 불합리한 결정도 그대로 집행되어야 한다. 물자배분의 경우

39) 『조선중앙통신』, 2013년 10월 16일.

당과 군에 먼저 분배한 후에 일반 행정기관에 배분하므로 국가운영이 제대로 될 수가 없다. 이런 점을 인식한 북한지도부가 경제난을 극복하고 체제 내구력을 증대시키기 위해 2002년 7.1 경제관리개선조치를 취하였다. 일부 전문가들은 이를 놓고 북한에서 개혁개방을 추진하는 것으로 분석하기도 한다. 그러나 북한에서 개혁적 변화는 수령유일체제에 대한 변화를 의미하므로 북한 당국은 변화에 소극적일 수 밖에 없다. 박봉주를 중심으로 개혁정책을 추진했지만 결국 당의 견제를 받아 이들 그룹은 몇 년만에 몰락했다.

김정은 시대 박봉주를 내각 총리에 재기용한 것은 김정은 정권이 현재 체제로서는 경제 살리기를 할 수 없다는 것을 인식했기 때문이다. 과거와 같은 방식으로는 더 이상 체제운영이 불가능하다는 것을 알기에 여러가지 제한적인 변화를 시도할 것이다. 그러나 경제·사회적 측면에서는 제한적 변화를 추구할 수 있지만, 정치·군사적 측면에서는 수령절대주의 체제에 기반한 구조를 여전히 유지할 것이다. 북한 체제의 기본적인 특성이 바뀌지 않는 한, 이 두 구조사이의 모순은 더욱 커지게 되면서 김정은 정권의 선택의 폭은 좁아질 수 밖에 없다. 오히려 모순이 중첩되면서 돌발상황이 발생하면, 김정은 정권에 부담이 될 수 있다. 김정은 정권으로서는 딜렘마에 처할 수 밖에 없다.

북한의 장거리 미사일과 핵문제 등 군사분야는 내각 담당이 아닌 군부와 군수경제 관련부서에서 관장할 문제이다. 군수담당 경제부서는 당 중앙위 비서국 산하이므로 내각이 개입할 여지가 별로 없다. 그런데 2013년 4월 내각 확대회의 결정서 형식으로 핵과 경제 건설 병진노선을 내각이 이행한다는 입장을 선언했다. 내각은 김정은과 당이 결정한 사항들을 충실히 집행하는 기구라는 것을 잘 보여준 대목이다.

북한이 박봉주 내각의 출범과 함께 내세운 핵과 경제건설 병진정책은 여러 의미를 담고 있다. 무엇보다도 북한의 경제성장을 위해서는 핵무력이 갖추어져야한다는 논리로 북한의 경제침체를 미국탓으로 돌리려는 의도가 있다. 즉, 북한경제 활성화를 위해 핵무기를 개발해야 하고, 이러한 핵억제력에 의거해서 경제건설과 인민생활 향상에 힘을 집중하려는 것이 국가적 목표라고 주장하는 것이다. 북한경제 악화로 인한 주민들의 불만을 외부환경 때문이라고 하면서 북한주민들에게 변명할 거리를 만들기 위해서이다. 김정은 정권은 핵무력도 건설하고 경제도 건설해야하는 이중적 과제를 갖고 있는데, 이는 해결하기가 불가능한 과제이다.

박봉주 내각은 경제건설이라는 당면 과제를 책임지고 있다. 박봉주 2기 내각은 1기때처럼 파격적 경제관리개선조치를 발표하기는 곤란하다. 지금은 김정은정권의 안정화가 제일 큰 목표이다. 박봉주 내각은 김정은 정권의 안정화를 위해 인민생활 향상과 경공업분야의 발전을 중점적으로 추구할 것이다.

또한 국제사회의 대북제재를 받는 상황에서 중국과의 경제협력을 추진하며, 현재 조성되고 있는 북한내 특구 외에 몇 개의 특구 조성을 고려할 수 있다. 이 과정에서 자연스럽게 중국이 원하는 방식, 즉 투자자 보장과 인프라 구축 등을 위해 일부 제한된 개혁개방 정책을 추진할 것이다.[40] 이는 김정일 시대부터 강조되었던 실리주의 사고에 기반한 것으로 볼 수 있다. 북한체제를 위태롭게 하고 김정은 정권을 위협할 수 있다고 판단되는 경제개혁을 배격하면서 김정은 정권과 북한식 사회주의체제의 큰 틀은 유지하는 선에서 개혁개방정책을 추진할 것으로 예상된다.

북한에서 향후 진행될 개혁개방의 방향은 다음과 같이 몇 가지로 분류될 수 있다. 첫째, 초보적 형태의 내부개혁과 일부 개방분위기를 유지하는 상태이다. 사회주의 국가의 일반적인 개혁개방은 중국과 베트남의 경험을 통해 볼 때, 정치적 변화를 배제한 채 경제 분야에서의 초보적 개혁과 대외 무역거래의 활성화 및 일부 지역에서의 개방 등이 이루어지고 있다. 둘째, 내부의 경제개혁보다는 대외적인 개방에 집중하는 형태이다. 셋째, 대외관계 개방보다는 내부 경제개혁을 확대하는 상황이다. 넷째, 내부개혁과 개방이 절대 불가능한 상황으로, 김정은의 개혁개방에 대한 인식이 전혀 없는 상황이다.

북한의 개혁개방에 대한 방향은 향후 대외환경의 변화와 김정은의 인식 변화에 달려있다고 볼 수 있다. 아마도 첫 번째 상황이 외부에서 기대하는 바람

40) 이수석(2013), p.34

직한 상황일 것이다. 북한의 김정은은 아직까지는 개혁개방에 대해서 부정적인 인식을 지닌 것으로 보인다. 일부 물질적 평가, 인센티브 제공에 대해서는 인정하지만 전반적인 개혁을 바라는 것은 무리다. 개방 역시 북한의 자력갱생, 강성대국을 추구하기 위한 개방에 불과하다. 그러나 그 가능성을 무시할 수는 없다.

Ⅴ. 맺음말

북한의 실리주의 사고는 김정일 시대 강성대국 건설을 위해 과거와 다른 방식의 사고와 행동을 해야 한다는 의도로 등장했다. 실제로 북한경제 사업영역에서 실리주의에 기반한 새로운 과업들이 제시되기도 했다. 이런 분위기에서 북한경제를 이끌어갈 사람이 필요했고 그 인물이 박봉주였다. 박봉주 총리의 등장은 경제난이라는 북한의 시대적 상황을 반영한 결과이다. 김정일은 박봉주 총리에게 많은 권한을 부여했고 박봉주가 군부와 당에 밀려서 제 의견을 피력하지 못하는 것을 오히려 질책하였다. 내각이 소신을 갖고 일하기를 기대했던 것이다.

그러나 박봉주는 군부 및 당과의 권력경쟁에서 밀렸다. 1기 내각의 실패는 개혁을 성급하게 추진하려다가 역풍을 맞은 결과이다. 박봉주가 총리에서 물러난 후 북한경제는 당과 군부의 영향으로 인해 체계적인 경제개혁이 불가능했다. 2009년 화폐개혁의 실패 이후 북한은 실리주의에 기반한 경제정책을 추진하고자 했으나 김정일의 와병과 김정은 후계체제 구축으로 경제문제에 관심을 돌릴 여유가 없었다. 김정은 집권이후 실리주의 사고에 기반한 새로운 경제정책 추진을 목표로 내세운 김정은 정권은 박봉주를 다시 선택했다. 박봉주가 갖고 있는 인맥과 능력이 필요했을 것이다.

향후 북한은 초보적 형태의 내부 개혁과 개방 분위기를 일부 유지하는 정도의 정책을 추진할 것으로 보인다. 일반 사회주의국가에서 개혁개방이라고 하는 정치적 변화를 제외하고 초보적 경제분야에서의 개혁과 대외무역거래의 활성화 및 일부 지역에서의 특구조성 등이 이루어질 것이다. 이런 정도 수준에서 북한의 개혁개방이 추진될 가능성이 높으며, 그 설계자는 박봉주가 될 것이다. 박봉주 내각총리는 정치국 위원이라는 위상을 갖고 1기 내각때보다는 훨씬 강력한 추진력으로 경제정책을 입안할 것으로 예상된다. 그러나 2기 박봉주 내각총리가 이끄는 북한경제가 지금 보다 더 수렁으로 더 빠질지, 아니면 경제발전을 이룰지는 좀 더 지켜보아야 한다. 확실한 것은 북한 내부의 근본적 변화와 외부의 지원 없는 자력으로 경제성장을 달성하기는 곤란하다는 점이다.

참고문헌

김일기, "북한 개혁·개방의 단계와 방향: 사회주의 체제변화론의 관점에서," 건국대학교 박사학위 논문(2006).

김일성, "일군들의 혁명성, 당성, 로동계급성, 인민성을 높여 당의 경공업혁명 방침을 관철하자(1989.6.7-9)," 『김일성 저작집 42』(평양: 조선로동당출판사, 1995).

김정은, "위대한 김정일동지를 우리 당의 영원한 총비서로 높이 모시고 주체혁명위업을 빛나게 완성해 나가자(2012.04/06)," 『조선중앙통신』(2012/04/19).

김정일, "당사상교양사업에서 나서는 몇가지 과업에 대하여(1990.1.11)," 『김정일 선집 10』(평양: 조선로동당출판사, 1997).

______, "과수업발전에서 새로운 전환을 가져올데 대하여(2001/05/13)," 『김정일 선집 15』(평양: 조선로동당출판사, 2005).

______, "과학기술발전에서 새로운 전환을 일으키자(1991/10/28)," 『김정일 선집 14』(평양: 조선로동당출판사, 2000).

______, "사회주의 강성대국건설에서 결정적 전진을 이룩할데 대하여(2000/01/01)," 『김정일 선집 15』.

______, "새 세기 혁명적 진군의 요구에 맞게 당 초급선전일군들의 역할을 더욱 높이자(2001/04/12)," 『김정일 선집 15』.

______, "새 세기, 21세기는 정보산업의 시대이다(2001/03/11)," 『김정일 선집 15』.

______, "새 세기의 요구에 맞게 함경남도의 경제사업에서 새로운 앙양을 일으킬데 대하여(2002/06/04-05, 07)," 『김정일 선집 15』.

______, "올해를 강성대국의 위대한 전환의 해로 빛내이자(1999/01/01)," 『김정일 선집 14』.

______, "올해를 새 세기의 진격로를 열어나가는데서 전환의 해로 되게 하자(2001/01/03)," 『김정일 선집 15』.

______, "정치도덕적 자극과 물질적 자6극에 대한 올바른 리해를 가질데 대하여(1967/06/13)," 『김정일 선집 1』(평양: 조선로동당출판사, 1992).

______, "토지정리는 나라의 부강발전을 위한 대자연개조사업이며 만년대계의 애국위업이다(2000/01/24)," 『김정일 선집 15』.

______, "현시기 일군들의 실력을 높이는 것은 우리 혁명의 절박한 요구이다(2001/12/03)," 『김정일 선집 15』.

성채기, "김정일 시대의 신경제노선 평가와 전망," 『KDI 북한경제리뷰』 제4권 10호(2002).

양문수, "북한의 2000년대 경제개발전략에 관한 연구," 『통일부 신진학자 연구논문집』(2002).

윤황·김일기, "7·1경제관리개선조치 이후 북한 개혁개방의 평가와 전망," 『정신문화연구』, 제29권 제1호(2006).

이계만·김일기, "김정은 체제의 권력구조와 대내정책에 관한 연구," 『평화학연구』, 제13권 4호(2012).

이수석, "김정일연구의 쟁점과 과제," 현대북한연구회, 『현대 북한연구의 쟁점 1』(서울: 한울, 2005).

______, "박봉주의 등장과 북한의 개혁개방 가능성," 『KDI 북한경제리뷰』(2013년 5월호).

주성하, "주성하 기자의 서울에서 쓰는 평양이야기" 『동아일보』(2013/04/02).

최신림, 「북한의 경제개방과 산업정책」, 김연철·박순성(편), 『북한 경제개혁 연구』(서울: 후마니타스, 2002).

한기범, "북한정책결정과정의 조직행태와 관료정치," 경남대학교 박사학위논문(2009).

Janos Kornai, *The Socialist System:* The Political Economy of Communism (Princeton: Princeton University Press, 1992).

『로동신문』(1996/06/03), (1999/07/22), (2012/08/13).

『연합뉴스』(2012/04/02), (2012/08/09).

『조선신보』(2012/07/11).

『조선중앙통신』(2013/04/23), (2013/04/29), (2013/10/16).

『한겨레신문』(2012/07/27).

제4장

북한의 내파 및 급변사태 시 국제사회의 개입 가능성

우평균 | 한양대학교 아태지역연구센터

Ⅰ. 서론

북한에서 김정은으로의 제3대 후계 체제가 공식화되고 이를 적극적으로 추진한 지도 수 년이 지났다. 김정일이 사망하고 1년 이상이 지난 2013년의 시점에서도 후계체제 확립 과정은 여전히 진행 중이지만, 김정은 후계체제는 안착되지 못하고 과도체제로 남을 가능성이 높다는 예측이 많은 전문가들 사이에서 제기되고 있다.[1] 김정일 사후 불안한 북한의 지도체제가 불안정의 요인들을 제거하고 나름의 공고성을 구축하여 정권 안정에 이르기보다는, 현 후계체제 내에 잠재해 있는 불안정의 요인들이 자체 모순으로 인해 어느 시점에 달하면 파괴적으로 작용하여 현 구도가 파열되는 상황이 올 것으로 보는 것이다. 다시 말해 이 시각은 김씨 왕조의 3대 후계체제를 안정화시키려는 세력과 이를 거부하고 비김 인사 자신이 권력을 쟁취하고 불안정한 권력 유지 체계를 끝내려는 세력 간의 갈등이 필연적으로 북한 내부에서 발생할 수밖에 없다는 관점(권력투쟁설)을 유지하고 있다.[2]

---

* 본 논문은 『평화학연구』 제14권 4호(2013)에 게재된 논문임.

1) "유일영도 복귀과정 김정은-장성택 충돌 가능성," http://www.dailynk.com/korean/read_print.ohp?catald=nk06500&num=96603&viewmode= (검색일: 2012.9.1).

과거에도 북한급변사태(contingency) 가능성에 대해서는 여러모로 논의가 있었지만, 특히 2000년대에 들어와서 급변사태가 다시 부각된 것은 2008년 김정일 국방위원장의 건강 이상과 2009년 3남 김정은의 후계자 지명에 따른 북한 내부 불안정성이 커지면서 국내외에서 북한 급변사태에 대한 논의가 활발하게 진행된 데서 연유한다.[3] 이 시기 급변사태에 대한 관심은 김정은 정권의 교체(regime change)를 넘어 국가 붕괴가 일어날 경우 대규모 군사력 투입 가능성까지 포함하고 있다.[4]

2011년 12월 김정일 사망 이후에도 북한 붕괴론이 계속 제기되었다. 하지만 2013년 2월 12일 북한의 제3차 핵실험 이후 김정은 정권 교체나 체제 붕괴 가능성이 낮아졌다는 견해가 대두하기 시작했다. 이를 종합해 볼 때, 북한에서 최고 지도자의 신상에 이상이 생기거나 엘리트 집단 내부에 불안정의 요인이 나타날 때마다 북한 정권 변화 혹은 체제붕괴의 가능성이 예단되었지만, 3차 핵실험의 성공과 더불어 북핵이라는 강력한 요인이 북한체제의 붕괴를 막고 있다는 '가설'이 새롭게 등장하고 있다.[5]

여기서 북한 급변사태와 연관된 하나의 개념으로서 '내파(implosion)'라는 용어를 들 수 있다. 내파는 말 그대로 외부 충격보다는 내부의 모순으로 인해 하나의 체제가 자체적으로 파괴되는 상황을 일컫는다. 즉 체제붕괴를 전제로 할 때, 내파는 붕괴의 진행양상을 의미한다. 이 전제에 따르면 20세기 말에

---

2) 권력투쟁의 핵심으로 김정은과 장성택이 주로 거명되고 있다. 김정은이 지도력을 발휘하기 시작하고 유일영도체계로 복귀하는 과정에서 장성택이 퇴진해야 하는 상황이 오면, 장성택이 퇴진을 거부할 가능성이 높다고 본다

3) '북한 급변사태'에 대해서는 그동안 많은 규정이 시도되어 왔는데, 본고에서는 북한이 내부로부터 무너져 내리는 경우를 주 대상으로 삼아 급변사태를 보고자 한다. 이같은 급변 사태의 범주에는 대규모 정치적 데모나 소요사태, 민중봉기나 폭동, 민중혁명, 쿠데타, 내란 등이 포함된다. 박동형, "북한 급변사태 가능성 연구," 『전략연구』 통권 제49호 (2009.11), pp.7-62.

4) 북한 지역의 안정화를 위해 필요한 군사력이 26만~40만 명에 달할 것으로 추산되며, 한반도에서 전쟁이 나거나 북한에서 내전이 발생한 뒤에 북한이 붕괴된다면 군사력 규모와 임무가 더 커질 것으로 보고 있다. Bruce W. Bennett, Jennifer Lind, "The Collapse of North Korea: Military Missions and Requirements," *International Security*, Vol. 2, Issue 36, pp.4-119.

5) 장거리 미사일 발사와 핵실험을 체제 안정의 신호로 받아들이는 경향으로 볼 수 있는데, 이와 같은 견해는 스티븐 보즈워스 전 미국 대북정책 특별대표나 일본 간세이가쿠인 대학의 히라가와 슌지(平嚴俊司) 등의 인사가 대표적이다. "미사일-핵성공…한풀 꺾인 '북 붕괴론'," 『동아일보』. 2013.2.21.

진행되었던 소련과 동유럽 사회주의 체제의 붕괴는 사실상 모두 내파되었다고 볼 수 있다. 다만 민중봉기에 의해 급진적으로 내파가 이루어졌던 사례가 있는가 하면, 선거나 정치적 경쟁을 통한 공산당 지배 구조의 몰락 같은 완만한 내파과정[6]이 있었기 때문에 내파의 방법과 시간적 경간에 있어 유형별로 차이가 난다고 할 수 있다. 이를 전제로 삼으면서 한 가지 고려해야 할 점은 북한 체제의 '내파'는 북한에서의 급변사태[7]시 진행될 수 있는 한 가지 유형이라는 점이다. 급변사태가 일어난다고 해서 반드시 내파된다는 보장은 없으며, 오히려 북한 내부에서 신정권이 등장하여 북한정치체제를 안정화시킬 수도 있다. 하지만 급변사태 진행의 한 가지 유형으로서의 내파가 다른 유형보다 그 가능성이 낮지만, 이에 대해 사전 검토할 필요가 있다.

| 그림 1 | 북한 급변사태에서 내파로의 진행 과정

내파는 '외부폭발'(explosion)의 반대 개념으로써, 내부에서 문제가 발생하여 자체 폭발한다는 의미를 담고 있다. 북한에서의 급변사태가 내파 쪽으로 갈 확률이 높다는 것은 입증할 수 없는 미래 역사에 대한 가정이다. 북한 내파에 대한 가정은 20세기에 등장해서 사멸한 기존 사회주의 국가들의 붕괴 유형을 볼 때, 기존 체제가 사실상 외부 충격에 의해 폭발한 경우는 없었다는 데서 출발한다. 북한은 소련과 동유럽 사회주의 국가들은 물론이고, 중국이나 베트남 및 쿠바 같은 몇 개 안 남은 현존 사회주의 국가들과도 명백히

6) 체코나 헝가리에 진행되었던 이른바 "벨벳 혁명"(velvet revolution)은 완만한 내파과정에 해당된다.
7) 북한의 급변사태는 '무정부 상황의 방치와 이로 인한 한국 및 주변 국가들에게 중요한 안보상의 위기를 조성하여 이들의 경쟁적 개입을 허용할 수 있는 현상"으로 볼 수 있다. 소치형, "북한 급변사태와 중국의 개입유형," 『중국연구』 제20집(2001.12), p.65.

다른 경험을 갖고 있는 고유한 체제 형식을 유지하고 있다. 즉, 북한이 사회주의 국가를 건설하여 걸어온 경로가 그 초기 및 체제 유지 기간 동안에는 다른 사회주의 국가들과 유사한 측면들이 많지만, 김정일로의 제2대 권력세습 체제가 이루어지면서 부터는 다른 나라들과 확연하게 구분되는 특징을 가진 나라로 변형되기 시작했고, 그 결과 북한은 다른 사회주의 국가들에서 볼 수 없는 북한만의 유일한 특성을 가진 체제를 유지하게 되었다. 따라서 북한체제의 결말이 다른 사회주의 국가들의 그것과 동일할 것이라고 예측하기 힘든 요소들을 갖고 있다.

독특한 체제 형식과 미래 진로에 대한 예측 불허성을 갖고 있는 북한이라 할지라도, 북한이 스스로든, 혹은 타의에 의해서든 체제의 형식을 파기하는 계기를 맞게 될 것이라는 가정을 할 수 있다. 그것은 북한의 현대사를 지탱해온 두 지주인 '수령 절대주의'의 붕괴와 수령 절대주의를 뒷받침해온 근간인 '조선노동당'의 해체(혹은 로동당의 자발적인 권력 포기)이다. 과거 소연방 시절 소련을 이끌고 갔던 기둥이었던 소련공산당이 1991년 8월 미수에 그친 3일간의 쿠데타 이후 그 충격파로 사실상 해산당했고, 결국 그해 말 소비에트 연방이 힘없이 무너졌듯이 북한에서도 조선노동당이 해체되면 북한체제 역시 일시에 붕괴할 것이다. 반면에 수령절대체제는 이미 붕괴되었지만, 조선로동당은 아직 건재한 상태라면 북한체제는 그대로 유지될 것이다. 또 한 가지 경우인 수령 절대주의라는 유일지배체계는 남아있지만, 조선노동당은 붕괴되는 상황을 가정할 수 있는데, 이 경우는 현실적으로 존재하기 어렵다. 즉 현재의 북한 지배 구조에서 조선노동당 없이 유일지배체계가 지탱하기 힘들기 때문이다. 조선노동당의 지지라는 배경이 없는 유일지배 체제는 대단히 허약한 지도자의 사적(私的) 지배구조이기 때문에 가벼운 충격만 가해져도 쓰러질 수밖에 없는 구조물이라고 할 수 있다. 따라서 북한에서 발생 가능한 내파의 구조는 유일 지배체제의 붕괴와 연이은 조선노동당의 해체라고 할 수 있다.

본고에서는 이와 같은 인식을 근거로 하여 북한에서 수령 절대주의 체제가 붕괴될 가능성과 이에 따른 급변사태 야기 가능성 및 급변사태 진행시 국제기구(UN)를 통한 한반도 문제 개입 가능성에 대해 서술하려는 목적을 갖고 있다. 이를 위해 제2장에서는 수령절대주의 체제의 존속과 붕괴에 대해 기술하고, 제3장에서는 북한 급변사태와 내파 가능성에 대해 서술하려 한다. 제4장에서는 급변 사태 시 미국과 중국 등 주변 국가들의 가능한 반응에 대해 살펴 본 뒤, 제5장에서는 UN 등의 국제적 관리와 한국의 대응책에 대해 제시하고자 한다.

Ⅱ. 수령 절대주의 체제의 붕괴

2013년 현재 북한 정치권력의 외관은 장성택·김경희의 후견으로 김정은이 권력체계를 신속히 구축하는 후견체제 형식을 취하고 있다는 견해가 많이 있다.[8) 이처럼 후견체제 형식을 취하고 있음에도 불구하고 실제로는 장성택의 권력 장악이라는 결과를 초래했다는 분석도 탈북자들을 중심으로 제기되고 있다. 이를 전제로 한다면, 남는 문제는 김정은 후계 체제가 향후에 과거 김일성·김정일 시대와 같은 유일영도체계로 복귀할 수 있겠는가 하는 문제와 더불어 만일 그렇게 되기 어렵다면 과연 어떤 상황이 조성될 수 있는지에 대한 의문이다.

무엇보다도 과거 김정일이 권력 승계와 장악을 위해 구축했던 유일사상체계가 유일사상의 담지자인 김일성과 이를 구체화했던 계승자 김정일에 이어 3대째 까지 이어진다는 보장이 없다. 특별히 김정은이 왜 유일사상체제를 이끄는 절대 지배자가 되어야하는지에 대한 논거가 빈약하거나 발견하기 어렵

8) 이 주장은 김정일이 사망하기 전인 2011년 10월 8일에 김경희에게 남긴 유언의 집행자로 김경희를 지목했고, 북한 언론이 2011년 12월 30일 노동당 정치국 회의에서 김정은을 북한 인민군 최고사령관으로 추대하면서 '10·8유훈'을 그 근거로 삼았다는 데서 출발한다. "고귀한 유훈, 간곡한 당부," 『노동신문』, 2012년 1월 18일; 이윤걸, 『김정일의 유서와 김정은의 미래』(서울: 비전원, 2012), pp.17-281.

다. 논거가 있다면 김영주가 만들고 김정일이 확립한 '당의 유일사상체계 확립을 위한 10대 원칙'에 있는 조항(10조)에서 강조하듯이, "혁명위업을 대를 이어 끝까지 계승하며 완성하여나가야 한다"는 정도였는데 2013년 8월에 북한은 동 원칙을 '당의 유일적 영도체계 확립의 10대원칙'으로 개정했다. 새로운 원칙에서는 김일성·김정일주의의 영도성 확립과 김정은의 권위를 절대화하는 내용을 추가함으로써 김정은에게 유일사상체계를 구현하는 절대적 권력자로 자리매김하고자 했다.[9] 이는 단순히 김씨 왕조의 지속성을 규정하면서 통치의 수단으로 유일체계의 독재성을 강제하는 규정일 뿐이다. 김정은이 사상을 확고히 하고 지도성을 발휘하리라는 보장은 없는 것이다.

북한에서 후계자 문제의 완전한 해결은 후계자를 선출할 뿐만 아니라 그 후계자 자신의 유일지도체제를 구축할 때 비로소 완성된다.[10] 제2대 계승자인 김정일 때까지만 해도 김정일이 유일사상체제의 근거를 만들고 자신을 사상과 체제의 구현자이면서 절대자로 부각을 시켰기 때문에 그런대로 논리가 설파될만한 여건을 갖고 있었지만, 김정일이 죽고 난 이후에는 유일체제의 본질을 드러낼만한 근거 자체가 없어졌기 때문에 이념적인 설득력을 상실했다고 볼 수 있다.

북한체제의 양대 지주인 수령절대주의와 조선노동당 일당독재 중에서 수령절대주의는 해체의 길로 접어들었다고 할 수 있다. 3대를 이어가는 이념체계의 지속은 현대의 어떤 독재체제에서도 나타난 적이 없다. 수령 절대주의의 해체는 이미 시작되어 김정은 후계체제가 실패의 길에 접어드는 순간 사라질 운명에 처해 있다. 현재 북한주민들의 제3대 지도자에 대한 충성은 강요된, 외견상의 행동일 뿐이며, 과거 흐루쇼프(N. Khrushchev) 의 스탈린 우상화에 대한 비판처럼 김일성 일가에 반대하는 세력이 정권 장악을 하면 하루아침에 사라질 수 있는 신기루와 같은 것이다.

이에 반해 북한체제의 내구성을 강조하는 입장에서는 북한체제가 아직 강

9) 오경섭, "북한의 '10대원칙' 개정: 주요 내용과 정치적 의미," 『세종논평』, 제272호(2013.8.13), pp. 1-2
10) 이승열, "북한 '수령체제'의 변화와 '3대 세습'의 구조적 한계," 『북한연구학회보』, 제13권 제1호 (2009), pp.134-135.

고한 물리적 통제력을 유지하고 있고, 인민들의 자발적 동의기제가 효율적으로 작동하고 있다는 사실에 근거해 내구성의 근거로 삼고 있다.[11] 여기서 문제가 되는 것은 인민들의 자발적 동의를 스탈린주의적 전체주의 체제인 북한과 같은 국가에서 측정하기 어렵다는 것이며, 특히 김정일 사후 통치능력에 있어 여러모로 미숙한 김정은 후계체제로의 권력이행이 진행되고 있는 과도기적 상황에서 인민들의 자발적 동의는 더욱 검증하기 어려운 과제로 남겨질 수밖에 없다.

김정은 집권 이후 수령절대주의가 약화되어 해체과정에 접어들었다는 하나의 근거로 김정은 등장 이후 자주 보이는 이른바 '이미지 정치'를 들 수 있다.[12] 기존 수령론에 따르면 수령은 인민이 추대하는 절대적 존재로서, '사회정치적 생명체'를 인민에게 제공하는 어버이이다. 절대적 존재는 그 자체로 의미가 있기 때문에 '이미지'에 집착할 필요가 없다. 지도자의 이미지를 돋보이려고 애쓴다는 것은 김정은 개인의 취향과 주관이 작용한 결과도 있겠지만, 이제 과거와 같이 수령으로서 군림하기는 힘들다는 것을 반증하는 것과 다름없다고 볼 수 있다. 이미지는 대중에 의해 선호되기도 하지만, 배척받을 수도 있는 선택적 고려 대상이다. 이미지 정치가 성공할 경우 지도자의 인기가 올라갈 수 있겠지만, 수령이라면 인기에 연연할 필요가 없는 것이 정상이다. 결국 인민들의 환심을 사기 위해 이미지 정치를 통해 '조작'의 방식을 취한다면, 차후에 얼마든지 대중들이 갖고 있던 이미지가 악화되고 종국적으로 지도자의 몰락을 초래할 수도 있는 것이다. 다만 수령절대주의의 이념체계는 와해 중이지만, 수령절대주의를 지탱하는 강제기제인 '공포통치'가 북한에서 약화되고 있는 현상은 아직 발견할 수 없기 때문에, 공포정치의 지속을 통해 일시적으로 정당성의 결여를 보완할 수 있겠지만, 이 역시 장기적으로 수령절대주의를 존속시키기 어려울 것으로 보인다.

수령절대주의가 붕괴의 길로 접어들었다고 본다면, 북한 체제 내파를 위해

---

11) 윤미량, "북한체제의 내구성 연구에서의 쟁점," 『현대북한연구와 남북관계』, 북한연구학회 2004 추계학술회의 자료집, pp. 118-119.

12) 이계성, "김정은의 이미지 정치," 『한국일보』 2012.7.30.

필요한 양 축의 붕괴 중에서 일각이 무너지기 시작했다는 것을 의미한다. 하지만 조선노동당의 지배 체제가 붕괴되지 않는 한, 북한체제는 존속할 수 있다. 따라서 아직은 불안정한 초기 내파 구조일 뿐이라고 할 수 있다. 수령 지배체제는 북한 내부적으로 해소될 수 있다 하더라도 조선로동당의 해체에 이르기까지는 이를 방해하는 굳건한 장애 요인들이 있어 북한 내부에서 이를 스스로 해결하기는 어려울 것으로 보인다. 결국 내파를 위한 두 번째 축을 약화시키는 것은 급변사태 발생 시 UN을 통한 다국적 개입과 북한 안정화 프로그램의 시행 및 그 결과로서의 조선로동당의 자연스런 소멸이라고 할 수 있다.

북한 급변사태 발생과 국제사회의 후속적인 개입 과정에서 조선노동당 독재가 종식되지 않고, 과거 소련이나 동유럽에서처럼 스스로 체제전환의 과정을 밟아나간다면 북한에서 조선노동당 독재가 사라져도 지배 엘리트의 인적인 구성에서 큰 변화가 나타나기 힘들 것이다. 북한에는 과거 폴란드나 헝가리, 체코 같은 일부 동유럽 국가에서와 같은 시민사회 형성의 초보적인 요소들이 마련되어 있지 않으며, 공산당을 대체하거나 대항할 수 있는 세력의 구심점, 즉 동유럽에서 가능했던 종교나 지식인 그룹의 부상을 예측하기도 어렵다. 따라서 급변사태 발생에 의해 조선노동당 독재가 붕괴한다 할지라도 비공산당 연립 정권이 처음부터 형성되기는 힘들며, 과거 조선노동당 출신 인사가 정권을 장악할 수밖에 없는 구조이다.[13] 이 때 김씨 세습 정권을 끝내고 새로 집권할 지도자는 다소 개혁적 성향을 갖고 있는 인사, 혹은 그 그룹이 될 수도 있으며, 아니면 개혁적 성향을 갖고 있지 않은, 전형적인 사회주의 체제가 강요하는 경직된 이념을 갖고 있는 고위인사가 될 수도 있다. 결국 북한에서 조선노동당 지배구조를 종식시키는 일은 내파의 시작이자 완료에 해당되며, 내파가 아니라면 자유선거가 도입될 때 인민의 지지를 상실하면서 제도적으로 조선노동당이 사멸할 수밖에 없다.

13) 배정호·이춘근·김흥규·우평균, 『북한체제 전환을 위한 전략적 과제와 한국의 동북아 4국 협력전략』 (서울: 통일연구원, 2009), pp.74-75.

Ⅲ. 북한 급변사태와 내파 가능성

1. 조선노동당 지배체제의 와해와 내파 가능성

북한에서 당장 내파가능성이 높지 않다 하더라도 급변사태의 가능성은 상존하고 있다. 스탈린식 사회주의 독재체제가 20세기에 이어 21세기에도 이어지고 있는 유일한 국가인 북한에서 단계적·점진적으로 자유민주주의 체제로 변화하는 것은 사실상 불가능하다. 북한이 구소련처럼 개혁을 시작한다면 소련과 마찬가지로 체제붕괴로 향하는 첫걸음이 될 것이고, 설사 개혁을 지금 한다하더라도 조선노동당 체제 하에서는 실패할 수밖에 없는 개혁이기 때문이다. 중국처럼 당독재와 개혁이 공존하는 드문 사례도 있지만, 중국 공산당 내부에는 권력의 순환을 암묵적으로 보장하는 합의 구조가 있기 때문에 가능한 측면이 있다. 북한은 소련, 동구 유럽, 심지어 중국과 달리 고도로 중앙 집중화된 최상층, 예를 들어 정치국 등에서 엘리트 다원주의가 부재하다.[14] 북한과 같은 권력 구도 및 억압적 사회체제가 존재하는 곳에서 공산당 지배구조를 온존시키면서 개혁을 시행한다는 것은 '개혁'(reform)이 아니라 기껏해야 '개선'(improvement)에 그칠 수밖에 없다.[15]

앞서 언급했듯이 북한체제의 내파는 진행과정이라기보다 결말로 간주할 만한 측면들을 갖고 있다. 즉 내파가 되려면 수령절대주의 체제가 붕괴하고, 종국적으로 조선노동당의 지배적 위치가 추락해야 하는데, 과거 사회주의 국가들에서 공산당이 파산한 경험을 보면, 폴란드나 헝가리 같은 동유럽 국가에서처럼 자유선거를 도입하여 선거 결과 공산당이 지배정당 위치를 상실하거나, 소련처럼 자유주의적인 다른 정파에 의해 해산 혹은 활동을 정지당하거나, 그것도 아니면 루마니아처럼 민중봉기에 의해 순식간에 쫓겨나는 유형이 대부분이었다. 북한에서는 급변사태가 발생한다고 해서 당장 자유선거가

14) 한병진, "북한정권의 내구성에 대한 이론적 고찰," 『국가전략』 제15권 제1호(2009), pp.123-124.

15) Pyung Kyun Woo, "Changes in North Korea's Elite Structure: A Comparison with the Soviet Union," *The Journal of Peace Studies*, Vol. 11, No. 2 (2010), pp. 59-85.

실시될 가능성이 높지 않으며, 또한 복수정당구조가 도입되어 조선노동당이 다른 정당 혹은 정파에 의해 구축될 가능성도 낮다. 소련의 경우, 소련체제를 지키기 위해 불법적인 쿠데타를 감행한 세력들의 시도가 실패로 돌아갔기 때문에 이에 대한 책임 및 단죄 차원에서 공산당 활동의 불법화는 필연적인 수순이었다. 소련처럼 북한이 되려면, 북한에서 다당제가 허용되어 조선노동당 이외의 정당이 결성되어 있고, 정부 부문에 노동당 이외의 정당 소속 인사들이 최고위층에 포진되어 있어야 가능하다. 북한에서 급변사태가 진행된다 하더라도 당장 다당제를 도입하고 정치적 경쟁의 자유가 보장될지는 의문이다. 그보다는 김정은 후계체제가 추락하고 다른 지도자 그룹이 들어선다하더라도-비록 그들이 개혁지향적일지라도- 여전히 북한식 독재체제를 유지할 가능성이 높다. 다시 말해 권위주의 체제로의 이행이 선행될 것이다. 권위주의 체제 하의 지배 집단이 주민과 당간부를 포함한 모든 인민에게 자유화조치를 시행하고 나서야 정치적 경쟁이 보장될 것이다. 그렇다면 비교적 단기간 내에 조선노동당 사멸이 가능한 것은 공산당에 반대하는 인민봉기 밖에 없는데, 역설적으로 북한에서 인민봉기가 발생할 가능성은 앞서 언급했듯이 가능성이 아주 적다.

북한에서 급변사태가 발생하고 그로 인해 내파로 단기간에 이어지는 것은 북한이 갖고 있는 여러 가지 여건상 어려울 것으로 보이지만, UN 등 국제사회가 북한 문제에 관여하게 될 때 노동당 지배체제는 자연스럽게 해소될 수 있다. 국제사회가 통제하는 북한 안정화 프로그램[16]은 북한을 정상국가화하는데 초점을 맞출 것이고, 그 첫 관문은 새로운 북한 지도부를 선출하는 자유선거가 될 수밖에 없다. 따라서 자유선거가 실시되는 과정에서 조선노동당은 더 이상 인민의 지지를 얻지 못하고 자동 소멸될 가능성이 크다.[17] 북한 체

16) 안정화 프로그램에는 군사 작전을 주로 수행하는 안정화 작전 뿐 아니라, 국제협력을 유도하는 노력과 더불어 민간 안전 지원도 포함된다. 차돌, "북한 급변사태시 안정화 작전에 대한 연구: 이라크 안정화 작전을 중심으로," 『군사논단』 제68호(2011년 겨울), p.193.

17) 이 상황이 되면 조선로동당의 간부들에 대한 과거 행적 조사와 그 결과에 따른 단죄 여부가 거론될 것이다. 이 단계에서 철저한 조사를 진행하되, 자신의 직분을 수행한 중간 관리 이하 행동요원들의 죄과는 사면조치를 취하는 것이 국민통합을 위해 바람직하다.

제의 내파는 이 과정에서 자연스럽게 이루어지며, 선거의 실시와 신 지도부 구성은 결국 한반도 북부에서의 평화적인 체제전환의 가능성을 높여준다.

결국 북한에서의 내파 가능성이 높다 하더라도 그것이 민중봉기 형태로 사태가 진행될 가능성은 거의 없다고 할 수 있다. 내파의 첩경은 북한의 현 지도체제가 와해되는 것인데, 그것은 파국적인 방식으로 진행될 수밖에 없다. 즉 권력투쟁에 따른 궁정 쿠데타나 군부 쿠데타에 의한 촉발 가능성이 높다.[18] 이와 같은 쿠데타 방식의 급변사태는 북한 변화의 촉발요인이 될 수는 있지만, 한국이 개입할 수 있는 상황은 못 된다. 급변사태가 마지막 단계, 즉 1989년 말 동독에서 나타난 것과 유사한 상황에 이를 때 비로소 북한 사태에 대한 개입의 실마리를 찾을 수 있다. 예를 들어 민중봉기나 쿠데타, 내전 상황, 대량 탈북이 복합적으로 발생하여 거의 완전한 무정부 상태가 됐을 때에야 적극 개입할 여지가 생겨난다.[19]

2. 북한 핵보유와 내파 간의 연관성

2013년 2월 12일 북한이 3차 핵실험을 단행했다. 2006년에 북한이 첫 핵실험을 실시한 후 3차에 이르기까지 3~4년 주기로 핵실험을 해왔다. 특히 제3차 실험을 통해 북한이 주장했듯이, 핵탄두의 소형화 및 경량화 가능성과 더불어 우라늄 핵무기를 개발했을 가능성까지 거론되는 상황에 이른 만큼, 향후의 자연적인 시간의 경과는 북한이 핵보유국 내지는 핵 실전배치가 가능한 국가로의 진입이 가까워오고 있음을 염려하지 않을 수 없다.

북한의 제3차 핵실험은 과거와 달리 북핵 문제의 성격을 바꿔놓는 분수령으

18) 브루스 베네트(Bruce Bemett)는 군부 쿠데타와 관련하여 한가지 가능한 가설을 제시하고 있다. 향후 김정은의 통치 기반이 갈수록 약화되기에 이르면 김정은이 이를 만회하는 수단으로 대한민국에 대한 돌발적인 공격을 가하는 침략전쟁을 군부에 지시한다. 이때 지시를 받은 군부는 남쪽이 아니라 김정은을 향해 군사력을 동원해 쿠데타를 일으킬 수 있다는 가정을 전제로 하고 있다. Interview with Bruce Bennett, "The Long History of Predicting North Korea's Collapse," *Korea Policy*, Vol. 19, No. 4 (2013), pp.66-73.

19) 박관용 외 지음, 21세기국가발전연구원, 고려대학교 북한학연구소 엮음, 『북한의 급변사태와 우리의 대응』 (서울: 한울 아카데미, 2007), p.167

로 작용하고 있다. 즉, 현재의 추세대로 북한이 핵개발을 지속한다면, 가까운 장래에 핵보유국으로 기정사실화되는 상황으로 인식되기에 이르렀다. 또한 북한의 장거리 로켓 발사와 핵실험은 김정은 정권 교체나 붕괴에 대한 기대를 무산시키는 효과를 발휘했다. 김정은 체제가 김정일 사망 후 2년여를 지나면서 건재하게 존재하는 것은 물론이고 3차 핵실험을 단행했다는 사실 자체가 김정은 체제가 안정됐다는 신호로 받아들이는 경향이 나타났기 때문이다.

| 표 1 | 북한 레짐 체인지(regime change) 주요 방법의 효과와 한계

	북한 지도부 암살	망명정부 수립	내부 동요 시 군사 개입
방법 및 효과	• 특수부대를 급파해 북한 지도부를 암살하거나 무인항공기(UAV) 등을 통한 지도부 정밀 타격 • 아군의 큰 피해 없이 작전 수행 가능	• 탈북자를 중심으로 해외에 북한 망명정부를 수립 • 해외에 북한 레짐 체인지의 거점을 마련해 북한 지도부에 대한 압박과 북한 사회의 내부 동요 효과	• 북한 지도부의 갈등이나 시민 봉기 등으로 내부적으로 붕괴하는 상황 • 한미 특수부대가 북한 지역에 신속히 투입돼 대량살상무기 등을 제거
한계	• 암살은 국제사회의 지지를 얻기 어려움 • 국제법상 무력 사용 허용의 기준이 매우 엄격함 • 작전 노출 또한 한국군 포로 발생 때 외교적 역풍	• 시민사회구조가 허약한 북한에 주는 효과 미미 • 망명정부를 이끌 상징적 인물의 부재 • 고 황장엽 씨도 망명정부 망안에 부정적이었음	• 북한 자체 붕괴 예측은 그동안 번번히 빗나감 • 한미 군대의 북한 진출에 대한 국제적 반발 가능성 • 중국도 무력 개입할 경우 한반도에서 군사충돌 우려

출처: 『동아일보』, 2013.2.21.

북한의 제3차 핵실험 이후 북한체제가 당분간 지속될 것이라는 전망이 대두하면서, 북핵문제를 해결하는 방식으로 북한정권을 교체하는 것이 우선적으로 고려되어야 한다는 시각도 등장하고 있다. 이같은 '정권붕괴론'은 과거부터 주로 한국과 미국 내 시민사회를 중심으로 존재해오던 것이지만, 북핵 제3차 실험 이후 북핵문제를 협상에 의해 해결하기 힘들다는 현실적 인식이 점증하면서 북핵과 북한인권 및 총체적인 북한 관련 문제를 단번에 해결하는 방식으로 시민사회 뿐 아니라 정치권, 특히 미국의 정가에서도 '정권교체'가 부각되기에 이르렀다. 정권교체론은 경제난이 가중되는 가운데서도 새로 등장한 북한 지도부가 민생에 집중하기보다는 연이어 장거리 미사일 발사와 핵실험으로 수억 달러로 추산되는 비용을 한 번에 소모하는 등, 북한 개혁과 주민생활 향상과는 거리가 먼 정부로 판명되고 있다고 전제한다. 또한 '레짐 체인지'론은 북핵문제를 길게 보았을 때, 1993년 1차 북핵 위기 이후 20년간 대화와 협상도, 어떤 대북제재도 북한의 행동을 변화시키기에는 역부족이었다는 점도 강조한다.

북한정권을 붕괴시키는 방식으로는 북한 지도부를 암살하거나 망명정부를 수립하거나 북한 내부 동요 시 군사 개입 등이 포함된다. 각각의 방법이 갖고 있는 특성과 한계는 〈표1〉과 같다. 북한정권을 강제로 종식시키는 각 방법들은 나름대로의 특성과 효과 및 한계를 갖고 있지만, 한국이 처한 현실에 비추어 볼 때, 비록 은밀하게 추진한다고 하더라도 북한 지도부 암살과 망명정부 수립은 사실상 불가능한 상황이다. 그 이유는 첫째 숫자는 많지 않지만 선전·선동 능력이 뛰어난 국내 종북 및 친북 세력과 더불어 종북은 아니지만 중도적 입장에서 북한 체제의 붕괴보다는 붕괴가 가져올 한반도에서의 혼란 조성과 그런 상황에서 한국이 지게 될 부담을 두려워하여 북한체제의 급속한 붕괴에 반대하는 움직임에 막혀 한국정부가 일관되게 북한정권 종식 정책을 공개적으로 추진하기 어렵다. 둘째, 한국이 앞장서서 북한정권 교체를 추진한다면, 중국 및 러시아 정부가 공개적으로 이에 반대함은 물론 한국에 압력을 가할 가능성이 높다. 셋째, 이 두 방법을 공식화하여 추진하는 기류가 나타난다면, 북한에서 한국 정부에 동조하는 세력을 색출하기 위한 대대적인 검거와 탄압이 뒤따를 것이고, 북한 내 자유민주주의 및 자유화 추진 세력들이 오히려 조기에 큰 희생을 치를 가능성이 있다.

한국이 북한 정부를 교체하고 핵까지 처리할 수 있는 방법은 세 번째 방식인 내부 동요시 군사 개입을 하는 방안이다. 북한에서 급변사태 없이 자체적으로 민주화 경로를 밟아서 노동당 독재 및 과도 독재체제가 사라진다고 하더라도, 새로 등장하는 정부가 핵을 포기하지 않고 그대로 보유할 가능성이 크다. 국제정치의 현실주의 이론에 바탕을 둔 해석을 한다면 북한의 핵보유는 북한 정권의 존속을 위해서 뿐만 아니라 북한이 처한 국가안보 현실에서 생존을 위해 반드시 추구해야하는 '국가이익'이므로 정권이 바뀐다고 해서 핵을 포기할 수는 없다.[20] 이는 드골의 프랑스가 핵을 개발하고 보유한 이후 드골 이후 바뀐 정부에서 계속 핵을 보유하는 논리와 같은 이치이다.[21] 구소련에서 개발한 핵을 계승한 카자흐스탄이나 우크라이나, 벨로루시를 제외하고, 자체 개발한 핵무기를 자발적으로 포기한 사례는 남아프리카공화국이 유일할 뿐이다.[22] 남아공은 1991년 6기의 핵무기를 자진해체하고 NPT에 가입한 유일한 국가로 기록되었다.

결국 국가적 생존과 잠재적 적으로부터 안보적 우위를 누리기 위해 핵을 개발한 나라는 국제사회의 제재가 어떠하든지 간에 핵을 포기한 전례가 없다. 따라서 앞선 핵개발 국가들보다 핵보유에 대해 훨씬 강경한 정책과 의지를 갖고 있는 북한이 자발적으로 핵을 포기하기 어려울 것이다. 더구나 미국이 향후에 북핵 제거보다는 현실적으로 비확산 차원에서 다룰 경우, 북한이 핵보유국으로 행동하면서 얻을 수 있는 국제정치적 이점과 위상을 고려한다면, 북한이라는 나라가 존속하는 한 핵은 그대로 안고 갈 공산이 클 수밖에 없다.

북한의 제3차 핵실험 및 핵보유국가로의 존속 가능성 증대는 북한 급변사태를 포함한 한반도 미래 상황에 대한 예측 불가능성을 높여주었고, 반면에 국제사회가 원하는 북핵 제거의 가능성을 낮춰 주었다. 북핵을 제거하기 위해서는 급변사태가 북한에서 일어나더라도 외국 군대가 직접 북한에 들어가

20) 미어샤이머(John Mearsheimer) 교수도 북한의 정권교체와 남북통일이 북핵문제의 유일한 해법이라는 견해에 반대하면서, 그것은 희망적 사고(wishful thinking)일 뿐 이라고 보고 있다. 『중앙일보』, 2013년 2월 23일.

21) 프랑스의 독자핵전력 개발이 미국 핵우산으로 프랑스 안보가 확실히 보장되고 있을 때 시작되었음을 생각하면 분명해진다. 프랑스 경우는 안보 등 절실한 군사상 필요가 없더라도, 어떤 국가가 여러 가지 국제정치상의 이유만으로도 독자핵전력 개발을 단행할 수 있고, 이런 핵병기 개발에 대한 결정이 내려지면 국제적으로 이것을 저지하기는 매우 어렵다는 것을 잘 보여주고 있다. 이호재, 『핵의 세계와 한국핵정책: 국제정치에 있어서의 핵의 역할』 (서울: 법문사, 1987), pp.49-78.

22) 그 외 브라질, 아르헨티나, 스웨덴 등 핵개발을 추진하다가 중단한 나라들이 있다. 브라질의 경우 원자력 프로그램을 1964-1985년까지 집권한 군부 권위주의 정부에서 추진한 바 있다. 당시 브라질 군부는 아마존 정글 지역에서 핵폭탄의 지하 핵실험을 비밀리에 추진했었지만, 결국 1990년 핵 개발 프로그램을 폐기했었다. 노병렬, "국제사회의 핵통제사례를 통해 본 북핵문제 해결방안: '통제된 핵확산'의 필요성," 『국가전략』 제12권 제3호(2006), pp.103-136.

핵을 찾아내어 관리하거나 제거하는 경로를 밟아야 한다. 그러나 3차 핵실험 이후에는 향후에 북한에서 정권이 어떤 식으로 바뀌더라도 북한 군부는 물론이고 정부가 자발적으로 핵을 제거할 가능성은 극도로 낮아졌다. 김씨 정권이 무너지고 자유민주주의 정권이 북한에 들어선다 하더라도 그 정권이 자발적으로 핵 억지력을 포기할 것으로 기대하기 어렵다. 만일 북한에 외국군대가 들어가 핵을 제거할 경우 미국과 한국이 최우선 대상이 되겠지만, 중국이 반대하고 나올 가능성이 높기 때문에 북핵 제거를 위해서라도 다국적으로 구성된 북한안정화 군대가 국제사회의 이름하에 파견되는 것이 바람직하다. 급변사태 시 중국 역시 북한의 핵무기나 기타 대량 살상무기(WMD, Weapons of Mass Destruction)가 유출되어 중국과의 국경지대나 중국 내부의 안정을 해칠 염려가 있기 때문에, 급박한 경우 단독 또는 NPT 체제 하에서의 핵무기 보유국이자 UN 안전보장이사회 상임이사국으로서 미국과의 공조 형태를 통해 북한지역에 개입할 가능성을 배제할 수 없다.

Ⅳ. 급변사태와 주변국 대응: 미국과 중국의 개입 가능성

미국이 북한 급변사태 시 취할 행동에 대해서는 근거를 가지고 예측하기가 쉽지 않지만, 대체로 미국은 한국의 의사를 수용하여 행동을 취할 것이라는 점에 대해서는 논자들의 주장에서 공통적인 경향이 있다. 그러나 한·미 간에 조율이 반드시 성공한다는 보장이 없으며, 한·미 간 이견 노출 시 미국이 독자적으로 개입할지 여부에 대해 견해 차이가 존재하는 듯하다. 미국이 개입하기 어렵다는 입장은 한국 정부가 자신의 구상에 따라 미국에 요구해오면 북한 개입을 위한 작전계획 등을 마련할 수는 있으나, 그것이 미국의 한반도 전략이라고 볼 수는 없다는 점에서 출발한다. 즉, 미국은 북한 급변사태라는 우발적 상황(contingency)에 대한 극단적 대비책을 마련해 놓는 정도에 불과한 대응을 하려 한다는 것이다. 그 근거로 미국의 대북전략이 대량살상무기 확산 방지를 기초로 하는 현상유지 노선에 입각해 있다는 점을 들 수 있다. 미국은 산적한 자신의 내부 경제 및 국가재정문제로 인해 북한 급변사태에 따른 군사적 개입 의사가 없어 보인다는 것이다.[23] 또한 미국이 북한 급변사태 시 개입을 꺼리는 이유로써 중국과 협력 관계를 유지해야 한다는 미중관계의 본질을 거론하기도 한다.[24]

반면에 미국이 북한 급변사태를 한반도 통일의 기회로 간주하여 아프가니스탄 및 이라크와 마찬가지로 통일과정을 최소화하는 가운데, 한반도 통일을 추진할 가능성이 크다고 보는 견해도 있다.[25] 이 주장의 근거는 한국이 북한을 신속히 흡수하지 않고 북한의 잔존세력에 관련지역의 통치를 위임한다던가 임시적인 연방체제를 통해 통일 속도를 조절할 경우, 이는 아프간이나 이라크와 같이 북한 내부의 혼란을 가중시키고 내전의 빌미를 제공할 수 있기 때문이다. 어쨌든 미국이 북한 급변사태를 한반도 통일의 기회로 간주할지에 대해서는 현 상황에서 판단하기 어려운 질문임에 틀림없다.

전후 상황을 고려할 때, 미국과 한국이 북한 급변사태 시 의견을 달리하여 갈등관계가 될 확률은 낮다. 한미동맹의 역사적 경과 및 북핵 위기 이후 공고하게 형성되어온 한·미공조 관계 등으로 미루어 볼 때, 미국이 한국과 의견이 불일치한다고 하여 독자적으로 행동할 가능성보다는 한국 및 중국과 협조적인 분위기를 조성하여 핵무기를 위시한 대량살상무기를 감독·관리하고 북한 지역에 질서를 회복하는데 결정적인 역할을 할 것으로 예측 가능하다.

미국이 직접 북한 급변사태에서 개입할 수 있는 여지는 크게 두 가지이다. 첫째는 앞서 언급한대로 미국이 '한반도 비핵화'를 수행하기 위해 북한 핵을 통제하고 확보하기 위한 목적에서 진입하는 경우이다. 현재 미국 정부가 북한의 붕괴를 대비한다고 가정하면, 그것은 북한 정권 변화 전반에 관여하겠

---

23) 북한의 미사일 실험발사와 제2차 북핵실험 이후 미국이 '전략적 인내(strategic patience)'라는 애매모호한 태도를 견지하고 있는 데도 이런 사정이 반영된 것이라고 본다.

24) 이수훈, '제2판' 급변사태론에 대한 비판적 검토," 『한국과 국제정치』 제27권 제4호(2011), pp.1-30.

25) Paul B. Stares and Joel S. Wit, *Preparing for Sudden Change in North Korea*, Council Special Report No. 42, Council on Foreign Relations (2009 January), p.6.

다기보다는 북한 핵의 통제 불능 상태에 대비한다는 것을 의미한다. 따라서 미국이 한국과 급변 계획을 세우고는 있지만 미국의 실질적인 역할은 주로 북한 핵보유 시설에 대한 확보 및 통제와 핵 폐기 처리에 집중될 것으로 보인다.[26] 북한에서의 급변사태 시 북한의 WMD를 효과적으로 통제하기 위해서는 한국을 포함한 주변 국가들이 그 첫 단계로 북한의 육지, 바다와 영공을 즉각적으로 봉쇄하는데 협력하는 내용이 포함될 수 있다. 물론 이 과정에서 주변 국가들의 북한의 WMD 관련 정보 공유는 필수적이다.[27]

둘째로, 미국이 개입할 수 있는 여지는 급변 상황에서 대량난민과 이탈주민이 발생하여 사회적 혼란이 심화되고, 북한 내에서 지도부에 의한 대량학살이 자행될 경우에 미국이 개입을 고려할 수 있다. 2011년 3월 UN안보리 결의안 1973호를 통해 '보호책임'(responsibility to protect)을 명분으로 미국의 리비아에 대한 군사적 개입이 승인된 사례를 근거로 삼을 수 있다.[28] 이 때 국제사회가 리비아처럼 미국에 사태수습을 주문하는 상황이 생길 수도 있다.

북한 급변사태 시 미국과 더불어 한반도 주변국가들 중에서 가장 중요한 역할을 할 것으로 예상되는 중국의 대응과 행동방식은 다음과 같이 나타날 것으로 가정할 수 있다. 그 근거는 첫째, 북한의 조속한 안정회복과 핵무기 통제방식을 모색한다. 둘째, 북한에 반중국적인 성향(적어도 친중적 성격은 아닌)의 정권이 들어서는 것을 방지한다. 셋째, 국제적 군사충돌 사태로 확산되는 것을 방지한다. 넷째, 중국의 단독개입을 피하고, UN 등 국제적 관리를 거쳐 문제를 해결한다. 다섯째, 미국의 한반도 군사개입을 저지하고 미국과의 타협을 통해 문제해결을 시도한다.[29]

여기서 주목할 내용은 중국이 중국 일방의 개입보다는 국제협력 혹은 UN

---

26) 전경주, 『북한 정권 붕괴 가능성과 대비』 (파주: 살림, 2012), pp.65-66.

27) Koh Jae-hong, "Kim Jong-il's Absence and North Korean Contingency: International Cooperation and South Korea's Response," Ilmin International Relations Institute, *Working Paper Series*, No.03, August 2010, pp.18-20.

28) 김성한, "북한 급변사태 시 한미공조의 방향," 『신아세아』, 제18권 4호 (2011), pp.19-44.

29) 이희옥, "북한급변사태와 중국," 성균관대학교 동아시아지역연구소, 『동아시아 브리프』 제5권 제4호(2010), p.42.

을 통한 한반도 문제 개입이라는 형식을 선호할 것이라는 점이다.[30] 중국도 이미 유엔을 통한 북한문제의 해결 방법에 대해 관심을 표명한 바 있다. 중국 중앙군사위원회 총참모부 총참모장 조리(助理) 장친성(章沁生) 중장은 2006년 10월 개최된 국제회의에서 북한 급변사태 발생시 중국군의 개입여부를 묻는 질문에 대해 "중국군은 단독으로 개입하기보다는 국제조직, 특히 유엔의 힘을 빌려 문제를 해결하기를 원한다"면서 "중국군이 개입한다면 유엔군의 일원으로 참여하는 형태가 될 것"이라고 말했다.[31]

중국이 자신의 일방적 개입, 다시 말해 단독 개입이 이루기지기 어려운 이유는 다음과 같다.[32]

첫째, 중국의 단독개입을 미국을 위시하여 국제사회의 주요 국가들이 앞장서서 반대할 것이 자명한데, 중국이 이를 무릅쓰고 단독행동을 하여 기존에 중국이 쌓아 놓은 국제정치적 지위의 상실 혹은 타격을 원하지 않고 있다. 또한 중국은 국내에 산적한 현안과 잠재적 불안요소 등으로 인해, 현실적으로 대외파병 등 중국 바깥의 정세에 직접 군대를 동원하는 등의 '심리적' 여유가 없다는 점도 명백하다.

둘째, 중국의 단독개입을 설사 북한 지도부가 요청했다 할지라도, 북한에

30) 중국의 관심은 주로 한반도에 대한 외세의 영향력 배제에 쏠려 있다. 그러나 이것이 힘겨울 경우, 차선으로 최소한 외세에 대한 영향력 축소 및 소극적 통제, 그것도 아니면 외세들 산의 중화(中和)를 가능한 한 보장하려는 데 있을 것으로 보인다. 또한 중국은 외세들 간의 '균형'을 유지시켜 나가는 것이 자신들의 영향력을 축소시키는 것보다 더욱 현실적인 대안으로 고려하고 있을 것이다. Benning Garret and Bonnie Glaser, "China's Pragmatic Posture toward the Korean Peninsula," The Korean Journal of Defense Analysis, vol. IX, no. 2 (Winter 1997), pp.63-91.

31) "중, 한반도 유사시 단독개입 안 해,"『동아일보』, 2006.12.9.; 스인홍(時殷弘) 중국 인민대 교수도 북한 급변사태시 중국정부는 유엔 안보리에서 가장 먼저 이 문제를 다루도록 요청할 것이라고 전망했다. 다른 중국의 전략가들도 중국이 북한에 진입하는 경우 UN의 승인 혹은 협력 하에 이루어질 것임을 강조하고 있다. Kim, Sung-han, "Directions for International Cooperation in North Korean Contingency: A Korean Perspective," *Ilmin International Relations Institute Background Paper Series*, No. 01, March 2010, pp. 4-5.

32) 중국의 개입 우선순위에 대해서는 국내에서도 의견이 일치하고 있지 않다. 그것은 중국이 국가이익을 어디에 두느냐에 따라 달라지는데, 북한 급변사태 시 중국의 일방적 개입을 전망하는 주장은 중국의 개입 선호도를 일방적 개입, 다국적군 개입, 유엔을 통한 개입 순이라고 주장하고 있다. 이 때 UN을 통한 개입의 선호도가 제일 낮은 이유는 중국이 북한에 대한 기득권을 갖지 못하게 될 것이기 때문이라고 보고 있다. 박창희, "북한급변사태와 중국의 군사개입 전망,"『국가전략』, 제16권 제1호(2010), pp. 33-59.

서 나타날지도 모르는 밑으로부터의 '반중 정서'에 대처할만한 수단을 중국이 갖추고 있지 못하다는 문제가 있다.

셋째, 중국은 북한의 치안유지에 따르는 정치·경제적 부담을 감당할 수 있는 여력이 없으며, 그렇게 하려는 의사도 없다. 또한 중국으로서는 경제적으로 도탄에 빠진 북한을 혼자 떠맡아 수렁에 빠져들기보다는 국제적인 공동지원 노력에 의해 북한을 구제하는 방안이 바람직하다.[33]

북한 급변사태 시 중국이 단독으로 개입하려고 하지 않아도 북한 지도층이 중국 측에 도움을 요청할 가능성이 높다는 주장도 꾸준히 제기되어 왔다. 중국의 입장으로 보았을 때도 북한이 혼란이 빠졌을 때 북한 주민들이 수많은 지뢰가 묻혀 있고 몇 겹으로 철조망이 쳐 있는 휴전선을 넘어 남쪽으로 오기보다는 오히려 두만강이나 압록강을 건너 중국 쪽으로 대량 이탈할 가능성이 많기 때문에 중국이 개입할 수밖에 없을 것으로 본다. 그 근거로 이미 중국이 북한과의 국경지대에 군대를 대폭 증강한 것을 들 수 있다는 것이다. 이런 상황 설정은 급변사태 시 북한에서의 친중 정권 대두 가능성을 높게 본다. 이 경우, 북한 체제의 성격이 시장경제로 전환하고 한국에 대한 안보적 위협의 요인이 낮아졌다 하더라도 한국으로서는 새로운 북한정권이 중국과 가깝다면 안심할 수 없는 상황이 된다.[34]

북한에서의 급변사태를 거론할 때 일반적으로 흔하게 거론하는 사항이 중국의 개입이 현실화된다는 논리였다. 국제법적으로 북한정권 내지 주도적인 정치주체에 의한 개입 요청(intervention by invitation)은 북측이 묵인할만한 충분한 사유가 있을 경우 급변사태에 대한 외부의 물리적 개입이 정당화될 수 있다. 그렇지만 북한에 대한 중국의 개입은 국제법적으로 근거가 없으

33) 이 경우, 가장 큰 경제적 지원을 할 수 있는 나라가 일본이다. 일본은 이미 2002년 북한과 수뇌회담 당시 '평양선언'에 합의했다. 선언에는 국교정상화 이후 100억 달러에 달하는 무상자금을 제공하며, 저금리 장기차관을 제공하고, 국제기구를 통한 인도주의적 지원에 협력한다는 내용을 담고 있다. 결국 김정일 사후 김정은 체제 확립의 과도기에서 북한이 외교적으로 가장 두드러지는 행보를 보이고 있는 대일 접촉 재개 노력도 결국 일본의 대북 보상 문제를 해결함으로써 일본의 자금을 얻어오려는 구상으로 볼 수밖에 없다.

34) 강경식·이기주, 『통일의 길, 바로 가고 있는가-독일통일에서 얻는 교훈』 (서울: 기파랑, 2007), pp.180-181.

며, 북한 당국이 중국에 개입을 요청할 가능성 또한 대단히 낮다. 그 밖에 북한과 중국 간의 '조·중 우호협력 및 상호원조 조약"(1961.7.11)을 근거로 조약에 의한 개입 가능성을 검토할 수 있으나, 현실적으로 중국이 이러한 주장을 제기할 지는 의문시된다. 조·중 조약은 북한에 대한 무력침공을 전제로 중국의 개입을 허용하고 있기 때문에 북한 내부에서 급변사태가 발생할 경우, UN 안전보장이사회의 틀 속에서 이해당사국들 간의 협의가 진행될 것이며, 중국을 포함한 주변 국가들 중 일부가 협의를 전제하지 않은 상황에서 일방적인 개입을 진행하는 것은 커다란 물리적, 외교적 방법을 동반할 것이기 때문이다.[35]

북한 내부의 붕괴로 인한 급변상황 속에서 "침략"의 명백한 정황이 인정되지 않는 이상 기존의 조·중조약에 근거한 개입은 정당화될 수 없다. 만약 북한정권의 요청에 의해 중국의 개입이 이루어진다면 이는 조약에 의한 개입이 아니라 명시적인 요청에 의한 것으로 될 가능성이 크다.[36] 이 경우도 중국은 현실적으로 UN 안보리와 기타 이해당사국들에 대한 협의를 진행하여야 하며, 비록 일방적인 개입을 시행하여도 조기철수의 국제적 의무를 이행하여야 하고, 북한의 질서유지와 재건에 대한 막대한 책임을 지는 동시에 국제사회의 비난이라는 커다란 비용을 감내하여야 하기 때문이다.[37]

북한 급변사태 시 중국 개입의 유일한 국제법적 근거로 삼을 수 있는 조·중조약이 갖는 의미로 일각에서는 북한 급변사태 발생 시 남측 단독 또는 남측과 미국이 연합하여 북측 지역에 개입할 때, 이를 북측에 대한 '무력공격'으로 간주하여 중국이 집단적 자위권을 발동시킬 가능성이 있다고 지적하곤

35) 신범철, "우리나라 주도의 개입논리와 대량탈북사태 관련 국제법적 검토," 『서울국제법연구』, 제18권 2호(2011), pp. 1-30; 홍성필, "북한급변시 개입의 국제법적 정당성 연구: 한국의 경우를 중심으로," 『서울국제법연구』, 제19권 1호(2012), p.261.

36) 남측으로서는 가장 곤혹스러운 사태가 북한 급변 사태 시 집권하고 있는 정부 또는 새롭게 들어선 친중적인 정권이 중국의 개입을 요청하는 경우이다. 국제법의 일반원칙에 따르면 특정국가를 대표하는 정부의 요청(request) 또는 동의(consent)는 무력개입의 위법성을 조각하거나 또는 동의의 존재로 인해 아예 위법성이 발생하지 않는다. 이근관, "북한위기상황 시 주변국의 개입가능성과 그 국제법적 논리에 대한 검토," 『서울국제법연구』, 제18권 2호(2011), pp.57-58.

37) 홍성필(2012), p.261.

한다. 1961년 조약에 기초하여 또는 조약과 별개로 북한의 요청에 의해 집단적 자위권이 합법적으로 행사되기 위해서는 필수적인 요건이 필요하다. 무엇보다도 북한 지역에 대한 무력 공격이 있어야 한다. 이와 관련하여 다음 두 가지에 대한 검토가 필요할 것으로 보인다. 먼저 북한 지역에 대한 남측의 개입이 어떤 상황 하에서 이루어지는가이다. 예를 들어 북한급변사태와 관련하여 UN 안보리 등에 의한 지지 또는 용인(blessing) 하에 북한 지역에 대해 개입하는 경우, 무력공격의 존재 여부등에 따라 중국에 의한 집단적 자위권의 발동 여부는 애초부터 배제될 것이다. 또한 북한 당국으로부터의 요청에 의해 중국이 개입하는 경우에도 북한에 대한 무력공격을 이유로 한 집단적 자위권의 발동은 배제될 것이다.[38]

결국 중국 입장에서 친중 정권을 북한 내부에서 자체적으로 수립하고, 중국에 도움을 요청한다면 외면할 수 없겠지만, 급변사태 시 북한에서 혼란이 계속되는 상황에서는 중국 단독으로 개입하기보다는 주변국들과의 타협에 의한 '협조적 개입방식'을 선호할 가능성이 높다. 이 때 가장 난항이 예상되는 것은 미국과 중국의 협력인데, 중국이 미국과의 협력을 중국이 원하는 방식대로 끌고 가기 어렵다고 판단할 경우, 현실적인 방안으로 유엔을 통한 개입으로 갈 수 밖에 없다. 즉, 중국은 미국과의 협조적 개입이 여의치 않고 북한 급변사태가 자국의 이익을 급격하게 훼손한다면, 유엔을 비롯한 국제사회를 움직여 북한에 대한 공동 관리를 요청할 가능성이 높다. 유엔에서의 개입 방식은 평화유지군(PKO, Peacekeeping Oerations)을 통해 인도주의적 임무 수행의 명분을 적극적으로 부각시키려 할 것이다.[39] 중국이 최근 유엔 평화유

---

38) 집단적 자위권이 발동되는 경우, 무력공격의 피해국이 자신이 무력공격의 대상임을 선언하고 원조를 요청하는 방식이 통상적이다. 1945년 이래 집단적 자위권의 원용 사례로는 소련의 헝가리 개입(1956), 체코슬로바키아 침공(1968), 아프가니스탄 침공(1979), 미국의 베트남에서의 무력행사(1965), 니카라과 내전 시 미국의 무력행사(1980년대 초) 등 강대국이 약소국에 개입·침공한 사례가 많았다. 이근관(2011), pp.50-51.

39) 중국은 지금까지 어떠한 나라의 유사사태에도 개입한 적이 없는 것이 사실이다. 즉, 어느 한 나라의 내란, 소요사태, 정변, 붕괴 등의 사태에 개입한 적이 없다. 중국이 가장 선호하는 다자적 개입은 UN의 평화유지활동이다. 중국은 1990년대부터 UN의 평화유지활동에 적극 참여해왔고, 이를 통해 소요사태에 처한 국가의 질서와 안정 회복은 물론 국가재건사업에도 적극 기여해왔다. He Yin, "China's Policy on Peacekeeping Operations," Asia Paper Series, Stockholm: Institute

지 활동에 적극적으로 참여하면서 중국의 이미지, 위상 및 영향력 제고를 위해 노력해 왔다는 점에서 이 점은 시사적이다. 중국이 이미 캄보디아, 동티모르 등 중국 인접지역의 평화유지 활동에서 기존의 '내정 간섭'에 대한 반대라는 원칙론을 포기하면서까지 적극적으로 참여한 것도 이러한 맥락이다.[40]

북한 급변사태는 필연적으로 북한의 핵무기 등 대량살상무기를 통제 및 관리해야 할 필연성 때문에 어떤 방식으로든 국제사회가 개입할 개연성이 높으며, 이 때 중국과 미국이 의견 대립으로 설사 독자적으로 군사적 개입을 하게 되는 최악의 상황이 오더라도 관련국들이 UN을 통해 공동행동으로 수렴하여 합치점을 찾게 될 가능성도 있다.[41] 따라서 중국의 독자적인 개입 상황을 억제하는 기능을 수행하기 위해서라도 UN을 통한 국제사회의 합의에 의한 개입은 필수적이다.

V. UN 등 국제적 관리와 한국의 대응책 모색

북한 내 총체적인 급변사태가 발생하더라도 한국이 단독으로 북한 사태에 개입하거나 한·미연합사 체제하에 한·미연합군이 함께 북한 지역으로 들어가는 것은 매우 어려울 것이다. 무엇보다도 중국이 이를 가만히 보고 있지만은 않을 것이기 때문이다. 그런 점에서 한국은 유엔 결의 하에 유엔의 이름으로, 즉 다자적 차원에서 개입하는 것이 가장 적절하고 타당해 보인다.

유엔 결의 하에 국제사회가 북한 사태에 개입한다면 그것은 국제 관리의 형태가 될 가능성이 높다. 다시 말해 미국과 중국이 양해하는 형태의 국제적 관리, 혹자는 이를 신탁통치라고 말하기도 하지만 국제적 관리를 받다가 한국 주도의 통일로 연결시키는 것이 한국에 바람직한 시나리오가 될 것이다.

---

for Security and Develoment Policy, 2007: 주재우, "한반도 통일에 대한 중국의 담론," 『글로벌 정치연구』 제3권 2호(2010), p. 75.

40) 이희옥(2010), pp.43-44.

41) 전경주(2012), pp.67-68.

결국 우리가 주도적으로 그런 상황을 만들 수 있도록 외교적으로 노력을 경주해야 한다.[42)]

만약 북한에 급변사태가 발생했을 때, 미국과 중국이 다른 주장을 한다면 사태가 매우 심각해질 수 있다. 독일통일 과정에서 보았듯이 확고한 한-미간 신뢰를 기반으로 미국, 중국, 일본과 긴밀한 협력 관계를 유지해야 한다. 북한 사회의 질서 유지, 군과 핵무기 관리, 새로운 체제 문제 등에 대해 신중하게 대책을 마련해야 한다.

북한에 급변사태가 발생하거나 북한 내부에 혼란이 발생하면 북한 상황이 대단히 유동적으로 진행될 개연성이 높다. 한반도 주변국가들 중에서 특히, 중국이 북한에서의 사태를 중국의 이익이라는 관점에서 이용할 가능성이 높지만, 한국은 이 경우 UN에 의한 국제관리 체제하의 과도정부를 수립하는 방안을 적극적으로 고려해야 한다. 이는 단순히 한반도 문제를 유엔에 이관하는 차원이 아니라, 국제사회의 연대 책임 하에 한반도 문제를 위임하고 북한에 안정화된 체제를 수립하는 목표를 위해 공동 노력해야 한다는 점을 의미한다.

유엔의 깃발 아래 이루어지는 안정화 작전에서 중국은 다른 국가들과 동일한 지분을 가지고 참여하게 될 것이다. 중국은 북한의 신정부 수립과 향후 한반도 통일문제에서 주도권을 갖지 못함에 따라 한국 또는 미국이 원하는 방향으로 북한사태가 처리될 가능성을 감수해야 할 것이다. 중국은 대량난민이 자국으로 유입되지 못하도록 국경지역을 봉쇄하는 데 주안을 둘 것이며, 북한 및 한반도 문제에 대해서는 유엔을 통한 국제사회의 결정을 준수해야 한다.[43)]

북한에 급변사태가 발생하거나, 급변사태로 인해 북한체제가 붕괴하는 상황이 오더라도 그로 인해 바로 통일이 된다고 가정하기에는 이론적·현실적으로 무리이다. 이 경우 UN이라는 국제기구에서 잠정적으로 관리하는 쪽으로 미리 구상을 갖고 긴급사태가 발생하기 이전에 준비해야 시점으로 판단된다. 핵무기와 기타 WMD 관리와 제거도 물론 이에 포함된다. 그러나 과거의 김

42) 박관용 외 (2007), pp.166-167.
43) 박창희(2010), p.49

대중, 노무현 정부는 물론 이명박 대통령에 이르기까지 이와 관련한 움직임은 공식적으로 없었던 것이 사실이다. 정부 차원에서 북한의 급변사태 및 체제 붕괴를 공식적으로 언급할 경우, 북한과 대화 시 공격당할 우려가 크고, 결과적으로 우리의 협상력을 약화시킬 수밖에 없는 언급으로 여기는 태도가 역력하다. 학자들과 몇몇 안보관련 기관 외에는 '급변사태'라는 용어 자체가 금기시되고 있다. 또한 정부 관계자들 이외에 정치인들 대부분도 유권자들의 우려와 걱정을 피하려고 북한의 위기에 대한 구체적 분석을 회피하는 분위기가 그간 대세였다. 이같은 현상으로 인해 북한을 자극할 수 있으므로 터부시하는 관행이 불문율처럼 확립되어 있는 듯하다. 한국에서는 단기적 분단관리를 중심으로 하는 정책을 '현실주의'로 생각하지만 이는 사실상 현실주의와는 거리가 멀다.[44] 그렇지만 언제까지나 이같은 태도가 이어질 수는 없다. 정부와 정치인들의 이러한 행태는 국가 안보 차원에서 사고할 때 무책임한 행동이라고 규정할 수 있다. 이제 국민적 차원에서 문제를 제기하고, 적극적인 논의가 개진되어야 할 시점이다. 향후 정부는 미래 상황에서 한반도 주변국들의 협조를 얻기 위해서는 미국, 일본, 중국 등을 중심으로 긴밀히 협의하고 협력을 확보하는 체제를 확립해야 한다.

특히 논란의 대상이 되고 있는 중국의 역할과 관련하여 한국은 중국과 협의하여 북한급변사태 시 유엔과의 공조를 통해 다국적 평화유지군의 진입을 허용하고 한반도관리 프로그램을 마련할 필요가 있다. 이는 한편으로 중국의 대북진출 가능성을 줄이기 위한 방편이 될 수도 있다. 한국은 "대한민국의 영토는 한반도와 그 부속도서로 정한다"는 헌법 제 3조 영토조항 등에 근거하여 북한에 대한 책임을 갖고 있으며, 급변사태 시 이를 적용하여 한국이 전적으로 책임지려는 자세가 중요하다. 중국은 한반도와 국경을 접하고 있기 때문에 한반도와 관련한 중대 사태가 있어날 때 여러모로 문제시될 수 있는 사항들이 많다. 예를 들어 한·중간 국경선에 대한 확인, 주한미군이 38선을 넘어 북한에 진입하는 문제, 탈북군인을 포함한 탈북자들의 동북지역에서의 관

44) 안드레이 란코프, 『북한워크아웃』(서울: 시대정신, 2009), pp.22-25.

리방법, 북한체제에 대한 향후 국제적 관리문제, 한반도 통일방안과 절차, 동북아 비핵화체제를 통일 이후 유지하는 문제 등 미룰 수 없는 현안들을 논의해야 하는 상황이 조성될 수 있다. 또한 중국의 시민사회에서 핵실험을 반복하는 북한에 대해 반발하는 기류가 조성되고 있음을 감안하여 시민사회 차원의 한·중교류가 더욱 강화될 필요가 있다.

북한 급변사태 악화 시 UN이 한반도 문제에 적극적으로 관여하는 문제는 한국의 의사와 배치되는 내용을 갖고 한반도 주변 강대국들이 담합하는 것을 방지할 수 있다. 특히 미국과 중국이 만약에 북한 문제를 놓고 합의를 한다면, 북한을 남한 소속으로 보아 남북한이 하나의 국가로 통합되는 것을 논의하기보다는 북한이라는 지역을 별도의 한 지역으로 상정해서 이 지역을 어떻게 안정화시키고 관리할 것인가를 논의할 가능성이 높다.[45] 만일 미국과 중국이 합의구조를 이루어 논의를 해나간다면 이 틀 내에서 양 국이 협의할 구체적인 내용이 무척 많고, 경우에 따라서는 한국의 이익에 배치되는 사안들을 논의할 가능성이 충분히 있기 때문에 북한 급변사태 이후 적절한 시기에 UN에 한반도 문제를 위임하여 북한에 과도체제를 구성한 뒤에, 궁극적으로 북한 지역 주민들의 자유의사에 의한 정부수립을 추진하는 방법이 한반도의 장래를 희망적으로 만들 것이다.

Ⅵ. 결론

북한에서 급변사태가 발생하고, 이로 인해 북한체제가 내파하는 상황이 오더라도 한반도 통일이 자동적으로 이루어질 수 있는 것은 아니다. 본고에서는 이와 같은 점을 전제로 통일에 다가가는 하나의 방안으로서 급변사태 시 북한 지역을 대상으로 UN이 관리하는 체제의 한시적 운영 방안에 대한 연구 및 준비 필요성을 제기하고자 하였다. 이를 위해서 한국 정부 차원에서 앞장

45) 박관용 외 지음(2007), pp.53-54.

서서 진행하기 어려운 현실적인 난점이 있지만, 정부는 통일환경 조성에 우호적인 한반도 주변국들을 대상으로 점차 UN 개입의 필요성을 역설하고 협력을 구하는 '조용한' 외교가 필요하며, 시민사회에서 이에 관한 전반적인 논의가 보다 활성화되어야 한다. 유엔이 주도하는 북한급변사태 개입은 가장 공정하고 정당성을 인정받을 수 있는 방법이 될 것이다. 무엇보다도 북한의 미래와 관련하여 한국의 시민사회에서 활발하게 제기되는 논의는 한반도 통일에 부정적인 인식을 갖고 있거나, 통일 자체에는 부정적이지 않더라도 자국의 이익범위를 조금도 손상해서는 안 된다는 사고를 갖고 있는 한반도 주변 국가들에게도-중국을 대표적으로 손꼽을 수 있는데-자신들의 입장을 재고할수록 자극을 주는 효과가 있으며, 궁극적으로 한국인들의 강한 통일의지와 세계 시민정신을 발휘하는 통일국가 수립 노력을 세계에 알릴 수 있는 장점이 있다.

결국 이와 같은 논의가 우리에게 '득'을 줄 수 있으며, 이로 인해 특별히 잃을 것은 없을 것이다. 북한 급변사태론에 반대하는 논리에 따르면, 한국이 제기하는 북한 급변사태 시 UN 개입에 대한 제안이 북한정권을 자극하여 남북관계를 경색 국면으로 몰고 갈 것이며, 그로 인해 북한에서 가능한 개혁·개방의 가능성을 낮추는 효과를 발휘할 것이라고 주장하고 있다. 이 경우, 현재의 기득권을 보장하는 체제 유지에 경각이 달려있는 북한정부와 정권 내 핵심요원들은 '북한 급변사태와 UN개입설'을 당연히 싫어하겠지만, 북한인구의 절대 다수를 점하고 있는 북한 주민들에게는 미래에 다가올 희망으로 각인될 수 있다. 경제난과 식량난에 더해 개인의 자유를 보장할 수 없는 현재의 질곡에서 벗어나 새로운 환경에서 자신이 추구하는 바를 모색할 수 있는 미래가 열린다면 이를 마다할 주민은 없을 듯하다.

향후 한국의 통일 대전략 속에 북한 급변사태에 대한 대처가 포함되어야 한다. 지금까지 한국정부는 점진적이고 단계적인 통일방안을 추구해 왔다. 그러나 북한 내 급변사태가 발생하여 통제 불능의 상태에 빠질 경우 한국의 통일방안은 점진적인 것이 되어야 하는지 아니면 즉각적인 것이 되어야 하는지를 사전에 결정하고 대비해야 한다. 즉각적으로 통일을 추진하는 것은 북한의 국제분쟁화, 통일비용 증대, 남북한 간의 혼란 조성 등 부정적 결과를 초래할 수 있는 반면, 점진적으로 통일을 추구하는 것은 주변 국가들의 이익에 따라 또 다른 북한을 세우고 통일을 지연시킬 수 있다는 우려가 작용한다.[46)]

결국 북한에서 급변사태가 발생한다 하더라도 한국의 안보에 유리하게만 상황이 전개되리라는 보장이 없기 때문에 북한 급변사태에 대한 진지한 검토가 시민사회를 중심으로 이루어져야 한다. 북한급변사태가 장기화될수록 남한 내에서도 격변 상황을 유발할 가능성이 높다. 이 때 우파의 안보우선 논리와 좌파의 통일우선 논리가 충돌할 가능성이 있다. 급변사태의 장기화는 북한 내부에서 발생할 수도 있는 게릴라전, 내전적 양상이 남한 내부의 좌·우파간의 극심한 대립과 연계될 수 있다.[47)] 한국 안보에 문제가 될 수 있는 상황이 북한 급변사태 발생을 통해서 제기될 수 있는 만큼, 항상 최악의 상황에 대비하는 자세로 출현 가능한 모든 문제들을 사전에 검토하는 자세가 필요하다고 하겠다. 앞서 살펴보았듯이 북한 급변사태 시 중국의 단독개입은 사실상 어려우므로 중국의 향후 행동을 우려하여 위축됨이 없이 한국 나름의 방안을 수립하여 적극적으로 대처해 나가는 자세가 요구된다. MD를 포함하여 북핵에 대비하는 첨단 방어 체계를 갖추는 것은 물론 수집가능한 북핵 관련 정보를 한국이 갖추고 있어야 할 것이다. 북한의 핵실험이 누적되면서 한반도 안보에 적신호가 켜진 상황에서 북한 스스로 핵을 포기할 가능성이 없어지고, 평화와 안전을 갈망하는 외부 세력에 의해 핵이 통제되거나 제거되어야 하는 필연성이 가중되고 있기에 모든 가능성을 열어두고 숙고할 수밖에 없다.

46) 박창희(2010), p. 55.
47) 박관용 외 지음(2007), p. 176.

참고문헌

강경식·이기주, 『통일의 길, 바로 가고 있는가-독일통일에서 얻는 교훈』 (서울: 기파랑, 2007).

김성한, "북한 급변사태 시 한미공조의 방향," 『신아세아』, 제18권 4호(2011).

노병렬, "국제사회의 핵통제사례를 통해 본 북핵문제 해결방안: '통제된 핵확산'의 필요성," 『국가전략』 제12권 제3호(2006).

란코프, 안드레이, 『북한워크아웃』(서울: 시대정신, 2009).

박관용 외 지음, 21세기국가발전연구원, 고려대학교 북한학연구소 엮음, 『북한의 급변사태와 우리의 대응』(서울; 한울 아카데미, 2007).

박창희, "북한급변사태와 중국의 군사개입 전망," 『국가전략』, 제16권 제1호(2010).

배정호·이춘근·김흥규·우평균, 『북한체제 전환을 위한 전략적 과제와 한국의 동북아 4국 협력전략』(서울: 통일연구원, 2009).

신범철, "우리나라 주도의 개입논리와 대량탈북사태 관련 국제법적 검토," 『서울국제법연구』, 제18권 2호(2011).

오경섭, "북한의 '10대원칙' 개정: 주요 내용과 정치적 의미," 『세종논평』, 제272호 (2013/08/13).

윤미량, "북한체제의 내구성 연구에서의 쟁점," 『현대북한연구와 남북관계』, 북한연구학회 2004 추계학술회의 자료집.

이계성, "김정은의 이미지 정치," 『한국일보』(2012/07/30).

이근관, "북한위기상황 시 주변국의 개입가능성과 그 국제법적 논리에 대한 검토," 『서울국제법연구』, 제18권 2호(2011).

이수훈, '제2판' 급변사태론에 대한 비판적 검토, 『한국과 국제정치』 제27권 제4호 (2011).

이승열, "북한 '수령체제'의 변화와 '3대 세습'의 구조적 한계," 『북한연구학회보』,

제13권 제1호(2009).

이윤걸, 『김정일의 유서와 김정은의 미래』(서울: 비전원, 2012).

이호재, 『핵의 세계와 한국핵정책: 국제정치에 있어서의 핵의 역할』(서울: 법문사, 1987).

이희옥, "북한급변사태와 중국," 성균관대학교 동아시아지역연구소, 『동아시아 브리프』 제5권 제4호(2010).

전경주, 『북한 정권 붕괴 가능성과 대비』(파주: 살림, 2012).

주재우, "한반도 통일에 대한 중국의 담론," 『글로벌정치연구』 제3권 2호(2010).

차돌, "북한 급변사태시 안정화 작전에 대한 연구: 이라크 안정화 작전을 중심으로," 『군사논단』 제68호(2011년 겨울).

한병진, "북한정권의 내구성에 대한 이론적 고찰," 『국가전략』 제15권 제1호(2009).

홍성필, "북한급변시 개입의 국제법적 정당성 연구: 한국의 경우를 중심으로," 『서울국제법연구』, 제19권 1호(2012). "유일영도 복귀과정 김정은–장성택 충돌 가능성," http://www.dailynk.com/korean/read_print.ohp?catald=nk06500&num=96603&viewmode= (검색일: 2012.9.1). "미사일-핵성공…한풀 꺽인 '북 붕괴론'," 『동아일보』(2013/02/21).

『중앙일보』(2013/02/23).

『노동신문』(2012/01/18).

Garret, Benning and Bonnie Glaser, "China's Pragmatic Posture toward the Korean Peninsula," *The Korean Journal of Defense Analysis*, vol. Ⅸ, no. 2 (Winter 1997).

Kim, Sung-han, "Directions for International Cooperation in North Korean Contingency: A Korean Perspective," Ilmin International Relations Institute Background Paper, Series, No. 01, March 2010.

Koh, Jae-hong, "Kim Jong-il's Absence and North Korean Contingency: International Cooperation and South Korea's Response," Ilmin

International Relations Institute, Working Paper Series, No. 3, August 2010.

Stares, Paul B. and Joel S. Wit, "Preparing for Sudden Change in North Korea," *Council Special Report*, No. 42, Council on Foreign Relations (2009 January).

Woo, Pyung Kyun, "Changes in North Korea's Elite Structure: A Comparison with the Soviet Union," *The Journal of Peace Studies*, Vol. 11, No. 2(2010).

Yin, He, "China's Policy on Peacekeeping Operations," *Asia Paper Series* (Stockholm: Institute for Security and Development Policy, 2007).

Interview with Bruce Bennett, "The Long History of Predicting North Korea's Collapse," Korea Policy, Vol. 19, No. 4(2013).

제5장

북한인권문제를 둘러싼 동북아 국제갈등: '세 세대 인권' 개념을 중심으로

홍익표 | 부산대학교 사회교육연구소

I. 서론

북한인권문제가 국내외적으로 뜨거운 관심의 대상이 되고 있다. 1990년대 중반 이후 탈북자들을 비롯한 북한주민들이 처한 열악한 상황이 국제적으로 알려짐에 따라 이들의 인권처우를 개선하기 위한 다각적인 시도가 행해지고 있다. 미국을 비롯해 유럽연합(EU), 국제연합(UN), 국제인권단체들 등 국제사회의 다양한 행위자들이 북한 인권문제에 관여하고 있고, 이들에 의해 각종 대화, 인도적 지원, 결의안 채택, 북한인권법 제정, 경제적 제재 등이 추진되고 있다. 국내에서는 외교적 경로를 통해 비공개로 해당국 정부의 협조를 구하는 '조용한 외교'가 한계가 있기 때문에 국제적 공론화와 압박을 통해 중국과 북한의 정책의 변화를 이끌어내야 한다는 주장이 거세다. 반면에 탈북자문제에서 보듯이 북한의 인권문제는 경제난에서 비롯된 것이기 때문에 북한의 개방과 개혁을 돕는 단계적 접근이 필요하다는 주장도 제기되고 있다. 이런 현실은 바야흐로 국내외를 막론하고 '북한 인권문제의 정치화(politicization)'[1]가 뚜렷이 나타나고 있음을 잘 보여준다.

---

* 본 논문은 『국제관계연구』제17권 제2호(고려대학교 일민국제관계연구원,2012)에 게재된 글을 부

그러나 이렇게 관심이 증폭하고 다양한 압력이 행사되고 있음에도 불구하고 정작 북한 인권문제가 실질적으로 개선되었다는 증거는 찾기 힘들다. 오히려 북한 주민들이 기본권을 심각하게 제약받고 있으며 각종 인권침해에도 노출되어 있는 등 북한의 인권상황이 더 악화되었다는 평가는 흔하다.[2] 국제인권단체들은 여전히 북한을 매우 열악한 인권국가로 지목하고 있다. 북한 인권을 둘러싼 국제적 갈등도 교착된 상태로 그 돌파구를 찾지 못하고 있다. 그렇다면 북한인권 관련 정책들이 북한 인권의 개선에는 실질적으로 기여치 못한 채 갈등만 조장하는 까닭은 무엇일까? 그리고 북한 인권의 개선을 가져올 수 있는 타당하고 적실성있는 대안들은 과연 무엇일까? 이 논문에서는 북한인권 관련 정책들이 대부분 타당성과 효과성에서 한계를 갖고 있으며 각각의 정책에 공감대를 조성하고 정당성을 제공해주는 관련 논의들도 충분히 유연하거나 역동적이지[3] 못한 점에 주목하고자 한다.

북한 인권에 대한 기존 논의들을 살펴보면 다차원적이고 복합적인 인권을 특정 범주로만 한정해서 좁게 인식하거나 아니면 여러 범주로 나누더라도 가치의 서열을 따지는 식의 논의가 대부분이다. 1세대 인권만을 언급하고 2,3세대 인권을 제외하는 주장, 오직 2세대 인권만을 강조하는 입장, 그리고 1,2

분적으로 수정·보완했음.

1) '북한 인권문제의 정치화'는 다양한 영역과 층위에서 발생하는 북한 인권문제가 정치적 행위자들의 관심의 대상이 되고 정치적 기관에서 주요 쟁점으로 토의가 이뤄지며 정치적 절차를 통해 해결이 모색되는 것을 일컫는다.

2) 대표적인 보고서나 백서로는 다음과 같은 것들이 있다. Amnesty International, *Amnesty International Report 2012: The State of the World's Human Rights*(London: Amnesty International Ltd, 2012); 김수암·김국신 외, 『북한인권백서』(서울: 통일연구원, 2012); International Federation for Human Rights, *Misery and Terror: Systematic Violations of Economic, Social and Cultural Rights in North Korea*, fidh Report n°374/2(November 2007).

3) 인권은 인간이 인간다운 삶을 유지하기 위해 갖는 기본적이고 필수적인 권리이지만 모든 시간과 장소, 인간들에 유효하다고 간주되는 보편적으로 수용되는 규범은 존재하지 않는다. 그런 까닭에 인권 개념은 서서히 발전하는 것이며 본질적으로 역동적인 성격을 갖는다. Philip G. Alston, "A Third Generation of Solidarity Rights: Progressive Development or Obfuscation of International Human Rights Law?", *Netherlands International Law Review*, Vol.29, Issue3(1982), pp.315-317; Philip G. Alston, "Peace as a Human Right", in Richard Pierre Claude & Burns H. Weston (eds.), *Human Rights in the World Community. Issues and Actions*(Philadelphia: University of Pennsylvania Press, 1992), p.200.

세대 인권만을 논의하고 3세대 인권은 아직 생성중인 것으로 여겨 간과하는 주장이 바로 여기에 해당한다. 그 중에서는 진영논리에 빠져있거나 국내정치에 대한 고려가 앞서는 경우도 상당수 발견된다.[4] 이런 현상이 나타난 것은 무엇보다도 북한 인권문제가 특수한 역사적 맥락과 정치·경제적 조건을 지닌 대상인 북한에 국제사회가 공유하는 보편적 가치인 인권을 적용하는 것을 핵심적 내용으로 하기 때문이다. 그럼에도 인권의 보편적 원칙을 견지하면서 동시에 이를 해당 지역의 역사적 맥락과 정치적, 경제적 조건에 부합되게 해석하고 적용한 연구는 그리 많지 않다.

근대 이후 민주주의의 발전과정은 '인간이 인간이라는 종에 속한다는 이유만으로 가지는 권리'[5]인 인권의 확대와 심화과정이었다고 할 수 있다. 이는 인권을 분할하고 특정 인권을 배제하는 것이 아니라 다양한 인권들을 상호연관되었다고 보고 통합적 시각에서 지속적으로 새로운 인권을 포함시키는 것이 지금까지의 민주화 과정이었다는 것을 의미한다. 그런 점에서 인권을 둘러싼 극단적이거나 편향적인 입장이 대립될 때 다차원적인 속성을 지닌 인권의 실질적 이행과 보호는 실현 불가능하다는 점을 유의할 필요가 있다. 인권을 둘러싼 국제적 논의 역시 인권개념이 지닌 포괄성과 통합성을 염두에 두고 살펴보는 것이 중요하다고 지적된다. 인권의 통합적 전통을 견지할 때만 한 종류의 인권과 다른 종류의 인권을 상충된 것으로 파악하는 오류를 피할 수 있기 때문이다.[6] 이 점은 국제적 갈등을 빚고 있는 북한 인권문제를 비판적으로 평가하고 건설적인 정책 제안을 하는 데에도 유용하다.

이를 위해 동원될 수 있는 이론적 틀이 프랑스 법학자인 카렐 바삭(Karel Vasak)이 구분한 '세 세대 인권(troisième génération des droits de

4) 이는 북한인권문제에 접근하는데 이중기준을 적용하거나 실질적인 인권개선에 대한 숙고 없이 정치적 수사로 일관하는 것으로 나타나고 있다. 인권은 특정 세력의 전유물이 아니다. 진보세력이라면 억압과 착취, 차별로 고통받는 존재에 깊은 관심을 갖고 그 해결을 위해 노력해야 하고, 보수세력이라면 공동체 내에서의 관계적 의무와 책임을 중시하고 이를 실천하기 위해 힘써야 한다. 그런 점에서 인권보장은 좌우라는 정치적 경계를 뛰어넘는 가치이기도 하다.

5) Micheline Ishay, 조효제 역, 『세계인권사상사』(서울: 도서출판 길, 2005), p.36.

6) 인권에 대한 상이한 세계관이 화해하는 과정으로 나가기 위한 첫 단계로 미셸린 이샤이는 '세계인권선언'의 통합적이고 보편적인 인권관을 상기하고 되찾는 일을 제시한다. Micheline Ishay(2005), p.595.

l'homme)'[7]이다. 1세대 인권인 시민적, 정치적 권리, 2세대 인권인 경제적, 사회적, 문화적 권리, 그리고 3세대 인권인 집단적 단결권은 상호의존성과 상호연관성을 갖고 있고[8] 국제인권규약으로도 점차 수용되고 있다. '세 세대 인권' 개념은 비록 오래 전에 유럽학계에서 처음 제시되었지만 유럽과는 달리 지역 내 공동의 이해를 추구하고 공동체를 형성하려 노력하기 보다는 여전히 개별 이익과 주권을 내세운 경쟁이 두드러지고 인권을 비롯한 다양한 영역에서 심각한 갈등이 표출되고 있는 동북아에서는 그 타당성이 크다고 판단된다. 특히 이는 기존의 북한 인권 관련 주장들이 지닌 한계를 보완하고 관련 논의를 보다 풍성하게 하는데도 기여할 수 있다고 보여진다.

이 논문에서는 이 점에 착안해 아시아적 가치와 인권문제를 둘러싼 논란의 연장선상에서 전개되고 있는 북한 인권을 둘러싼 갈등의 국제관계를 '세 세대 인권' 개념을 중심으로 분석하고자 한다. 이를 위해 II장에서는 '세 세대 인권'의 범주별로 구체적인 북한인권의 실상을 살펴보고, III장에서는 탈북자 문제를 위시한 북한인권문제를 둘러싸고 동북아 국가들 간에 인권갈등이 어떻게 전개되고 그 특징은 무엇인지를 고찰하고 있다. IV장에서는 혼란스럽게 제기되는 북한인권문제의 다양한 대안들을 타당성과 적실성을 기준으로 비판적으로 검토하고 있다. 이러한 구성은 이 논문이 복잡한 북한인권문제의 현실을 체계적 관점에서 재구성하는 기술(description)과 이 문제를 둘러싸고 나타나는 복잡다단한 현상들 간의 인과관계를 밝혀주는 설명(explanation)을 아울러 시도하고 있음을 의미한다.

---

7) '세 세대 인권'에 대한 바삭의 주장은 Karel Vasak (ed.) *The International Dimensions of Human Rights*(Paris: Unesco, 1979)에 부분적으로 개진되어 있다. 특히, pp.1-8, pp.41-58, pp.111-180. 보다 압축적인 설명으로는 Karel Vasak, "A 30-year Struggle: The Sustained Efforts to Give Force of Law to the Universal Declaration of Human Rights", *The Unesco Courier*(November, 1977) 참조.

8) 1950년 UN 총회는 "시민적, 정치적 자유의 향유와 경제적, 사회적, 문화적 권리들의 향유는 상호연관성이 있고 상호의존적이다"라고 강조한 바 있다. Peter J. Opitz, Menschenrechte und internationaler Menschenrechtsschutz im 20. Jahrhundert: Geschichte und Dokumente (München: Wilhelm Fink Verlag, 2002), p.56.

Ⅱ. '세 세대 인권'의 맥락에서 본 북한인권문제

'세 세대 인권'은 체코 출신의 프랑스 법학자인 카렐 바삭이 1970년대 후반에 처음 사용했다. 당시에 바삭은 프랑스의 스트라스부르에 있는 국제인권연구소(IIDH: Institut international des droits de l'homme)의 사무총장이자 유네스코(UNESCO) 인권·평화분과위원장으로 재직하고 있었다. 그가 제시한 '세 세대 인권'[9)]을 구체적으로 살펴보면 다음과 같다. 먼저 1세대 인권은 국가에게 개인의 자유에 간섭하지 않도록 요구하는 소극적 권리(negative rights)와 관련된 것으로 17·8세기의 자연권 및 시민혁명 사상에서 연유하는 것이다.[10)] 서유럽에서 민주주의의 진척은 17세기 이후 보수 봉건세력에 대항해 일어난 피지배계급의 봉기와 사회, 경제적 변혁으로 특징되는 사회혁명이 발생한 후에야 이뤄졌다. 대표적으로 프랑스혁명은 제헌국민의회가 구체제의 소멸을 선포하고 '인간 및 시민의 권리선언(Déclaration des droits de l'homme et du citoyen)'을 채택한데서 보듯이 봉건적 잔재들을 해체시키고 사회변동, 정치적 해방, 경제적 평등과 연계된 근대적 시민권 개념을 부각시킨데서 근대 민주주의 발전에 크게 기여했다. 이를 통해 확립된 권리들인 1세대 인권으로는 인간의 고결성의 보호, 자유 및 안전, 적절한 법의 집행을

---

9) 세대별 인권의 내용과 특징에 대해서는 Karel Vasak(1977), p.29; Eibe Riedel, "Die Menschenrechte der dritten Generation als Strategie zur Verwirklichung der politischen und sozialen Menschenrechte," in Adolfo Perez Esquivel (Hg.), *Das Recht auf Entwicklung als Menschenrechte. Von der Nord-Süd-Konfrontation zur Weltsozialpolitik* (München: Schnell & Steiner, 1989), pp.49-69; Burns H. Weston, "Human Rights," in Richard Pierre Claude & Burns H. Weston (eds.). *Human Rights in the World Community: Issues and Action*(Philadelphia: University Of Pennsylvania Press, 1992), pp.18-20.

10) 다른 견해도 있다. 새뮤얼 모인(Samuel Moyn)은 그가 '마지막 유토피아(The Last Utopia)'라 일컫는 근대 인권개념이 시민혁명에서 유래하지 않았다고 한다. 모인은 모든 사람에게 적용되고 국제적으로 보호되는 인권의 형태가 계몽사상, 19세기의 인본주의적 자극, 2차 대전 후 대량학살의 충격이 아니라 1970년대에 카터 대통령이 인권을 미국 외교정책의 근간으로 삼으려는 노력에서 비롯되었다고 주장한다. 1970년대까지 인권은 주권국가에 의해 감금되어 있었다는 것이다. Samuel Moyn, *The Last Utopia: Human Rights in History* (Cambridge: The Belknap Press of the Harvard University Press, 2010), pp.44-83. 그러나 2차 대전 이후 지금까지 인권규범을 국가 대외관계의 시금석으로 삼고 인권 관련 제 협약을 온전히 준수하는 국가는 별로 없었다. 1세대 인권의 역사적 연원에 대한 보다 포괄적인 견해로는 Eibe Riedel(1989), pp.54-55.

받을 권리, 가족 및 프라이버시의 보호, 지적활동의 자유, 정치적 활동 및 노동단체활동의 보호, 경제적 활동의 보호가 여기에 속한다.

이에 비해 2세대 인권은 노동운동과 사회주의 혁명을 거쳐 점차 전 세계로 확대되었다. 그러나 그 과정은 순탄치 않았다. 서방국가들은 2세대 인권이 국내기업과 노동자들의 이익과 직결되기 때문에 방만시 하는 경향이 있다. 사회권에 대한 서유럽국가들의 상대적인 소홀함은 1966년에 '경제·사회·문화적 권리에 관한 국제규약'이 채택될 당시에 미국과 서유럽국가들이 강제적인 성격 없이 점진적으로 이행되어야 한다면서 UN 인권위원회의 단일 규약안에 반대했던 역사적 사실과도 연관이 있다.[11] 이후 독자적인 이행장치가 없고 다수의 애매모호한 규정을 포함한 사회권 규약은 의무 불이행의 구실로 악용되어왔다. 이는 국제노동기구(ILO)에 의해 발전된 인권레짐이 노동자 권리 보호와 향상을 위해 비교적 적극적 역할을 한 것에 비교된다. 2세대 인권으로는 노동의 권리, 공정하고 유리한 노동조건을 누릴 권리, 노동단체권, 사회보험을 포함한 사회보장의 권리, 가족의 보호와 원조, 적정한 생활수준의 권리, 달성가능한 수준의 건강을 누릴 권리, 교육을 받을 권리, 문화적 권리의 평등한 향유가 이에 속한다.

한편, 3세대 인권은 '연대의 권리(droits de solidarité)'를 일컫는 것으로 1980년대 중반부터 대두되기 시작했다. 이 새로운 범주의 인권을 내세우는 사람들은 서구의 인권관념과 달리 인권의 본질은 보편적이지 않고, 경제적, 사회적, 문화적 요인들이 서로 다른 국가들에서 특정한 권리의 적용가능성을 결정한다고 주장한다. 그러면서 이들은 3세대 인권의 실천은 1,2세대 인권의 실천에 의존하고, 아울러서 1,2세대 인권의 온전한 표현은 3세대 인권에 의존한다고 주장한다. 3세대 인권은 깨끗한 환경에의 권리, 개발에의 권리, 평

---

11) 당시에 사회주의 국가들과 개발도상국들은 인권이란 몇 가지 범주로 명확하게 나뉘거나 가치의 서열을 따질 수 없으므로 모든 권리가 동시에 이행되고 보호되어야 한다고 주장하였으나 미국과 서유럽국가들의 반대로 채택되지 못했다. 나아가 미국과 서유럽국가들은 사회권을 자유권과는 달리 가입국이 조항을 이행하는 의무는 제외한 채 단지 보고절차만 포함시키도록 했다. 이러한 까닭에 사회권은 종종 '2차적인 권리(second-class rights)'라고도 불린다. 인권운동사랑방 사회권규약해설서팀 편, 『사회권규약 해설서 1. 사회권의 역사와 성격』(서울: 사람생각, 2002), pp.11-49.

화의 권리, 인간의 공동유산재산 권리, 커뮤니케이션 권리 등과 같은 집단적 단결권을 의미한다.[12]

이 중에서 1세대 인권과 2세대 인권은 국제인권규약의 양대 축으로 각각 1966년에 채택되고 1976년에 발효되었으며, 1968년 테헤란과 1993년 비엔나에서 열린 세계인권대회에서도 보편적 권리로 거듭 확인되었다.[13] 3세대 인권은 1981년 '아프리카 인권헌장(일명 Banjul Charter)', 1986년 'UN 개발권 선언' 등에서 채택되었다. 이는 세 세대 인권 개념이 대부분의 국가들과 인권 관련 국제회의에서 보편적인 권리로 수용되고 있다는 것을 보여준다. 물론 세 세대 인권론에 대한 비판 역시 존재한다. 예를 들어 네덜란드의 법학자인 체스 플린터만(Cees Flinterman)은 세 세대 인권론이 인권의 기준 속에서 위계를 함축하기 때문에 인권구분을 잘못 이끌고 있고, 그 같은 구분이 인권의 보편성에 필수적으로 뒤따르는 불가분성과 양립하지 않는다고 주장한다.[14] 영국의 철학자인 모리스 크랜스턴(Maurice Cranston)은 1세대 인권을 실질적 권리로 바꾸는 것은 용이하지만 2세대 인권은 대부분 국가에서 불가능하다고 주장한다. 정부가 2,3세대 인권을 충족하는데 필요한 자원이 결여되어 있기 때문에 이들 인권을 진정한 권리라 볼 수 없다는 것이다.[15]

그러나 나치 독일, 소련, 흑백인종차별 시대의 남아프리카 공화국, 오늘날의 중국과 북한에서는 국제적으로 공인된 시민적, 정치적 권리도 자국 법체계에서 효과적인 권리로 전환이 곤란하다는 사실을 염두에 둘 필요가 있다. 이와 달리 경제적, 사회적 권리를 실행하는 데 있어서 부딪치는 장애는 오히려 정치적인 것들이다. 최소한의 경제적, 사회적 보장이 없다면 시장경제에서 존엄한 생활은 불가능하다. 또한 경제적, 사회적 권리를 비판하는 대부분

12) Karel Vasak ed.(1979), pp.145-169, pp.111-134.

13) 이에 대한 세 가지 예외는 이슬람 근본주의 국가와 교황청 및 그 추종세력, 아시아의 몇 몇 논객들, 그리고 미국과 영국의 보수주의자들이다. Jack Donnelly, 박정원 역, 『인권과 국제정치: 국제인권의 현실과 가능성 및 한계』(서울: 도서출판 오름, 2000), pp.58-59.

14) Cees Flinterman, "Three Generations of Human Rights" in Jan Berting & Peter R. Baehr et.al. (eds.), *Human Rights in a Pluralist World*(London: Greenwood Publishing Group, 1990), pp.75-82.

15) Maurice Cranston, "Are There Any Human Rights?", *Daedalus*, Vol.112, No. 4(1983), pp.1-17.

의 견해는 경제적 권리인 재산권을 옹호하는 데서 모순이 있다. 시민적, 정치적 권리인 생명권과 경제적, 사회적 권리인 식량에 대한 권리는 동일한 가치를 보호하기 위한 별개의 수단이란 점에서 보듯이 1세대와 2세대 인권을 완전히 구분하는 것은 양자를 동일시하는 것과 마찬가지 오류를 지닌다.16)

이 같은 '세 세대 인권'은 다차원적이고 복합적인 인권문제를 분석하고 대안을 제시하는데 유용하게 사용될 수 있다. 지금까지 미국과 서유럽국가들은 대외정책을 수립하고 집행하는데 있어서 세 세대 인권의 적용을 달리해 왔다. 즉 자유권이라 불리는 1세대 인권에 비해 사회권이라 불리는 2세대 인권은 국내기업과 노동자들의 이익과 직결되기 때문에 방만시 하는 경향이 있다. 사회권에 대한 서유럽국가들의 상대적인 소홀함은 1966년에 '경제 · 사회·문화적 권리에 관한 국제규약'이 채택될 당시에도 미국과 서유럽국가들은 강제적인 성격 없이 점진적으로 이행되어야 한다면서 UN 인권위원회의 단일 규약안에 반대했던 역사적 사실과도 연관이 있다. 당시에는 동서대립이 극단으로 치닫던 냉전시대였다. 독자적인 이행장치가 없고 단순한 보고절차 등 다수의 애매모호한 규정을 포함한 사회권 규약은 이후 의무 불이행의 구실로 악용되어오고 있다.

그렇다면 북한인권문제는 세 세대 인권의 맥락에서 어떻게 고찰할 수 있을까? 물론 북한은 외부와 차단된 폐쇄된 국가로 정확한 정보의 실상이 알려지지 않은데서 외부에서 북한 인권문제를 살펴보는 것이 용이치 않다. 탈북자들도 불안정한 신분상 공개적으로 도움을 청할 수 없는 상황에 있기 때문에 규모 등 정확한 실태파악은 현실적으로 불가능한 실정이다. 그럼에도 1990년대 중반 이후 다양한 경로를 통해 탈북자들이 처한 열악한 상황이 국제적으로 알려지는 것을 계기로 북한의 인권상황에 대한 각종 정보도 늘어났다. 북한인권문제에 대한 관심과 우려가 확산되면서 국제사회의 다양한 행위자들이 북한인권 관련 보고서를 발표하는 등 개선을 요구하는 활동을 전개하고 있다. 이들이 작성한 보고서들17)을 중심으로 북한 인권의 실태를 세대별로

16) Jack Donnelly(2000), pp.59-62.

살펴보면 다음과 같다.

첫째, 1세대 인권인 시민적, 정치적 권리는 최소 기준의 민주주의와 불가분의 관계가 있다. 즉, 충분한 수준의 시민적, 정치적 자유가 보장되지 않는다면 인민이 직접 통치에 참여하거나 혹은 그들 자신에 의해 정기적으로 선출되는 대표자를 통해 궁극적 통제권을 행사하는 것은 불가능하다. 상당한 영토와 인구가 있는 국가에서 대부분 채택하고 있는, 복수의 정당이 규칙적으로 치러지는 선거를 통해 사회의 다양한 이익과 갈등을 표출하고 조직해 정부와 의회를 구성하는 민주적 통치제도가 북한에서는 확립되어 있지 않다. 북한은 당과 국가권력이 사회의 핵심 분야를 점유하고 명령을 통한 중앙집권적 지시와 계획이 이뤄지는 전형적인 사회주의 국가이다. 여기에 당 안에는 하나의 사상만이 지배한다는 유일사상체계라는 특수성을 갖고 있다. 사정이 이렇다보니 겉으로는 인민의 국가를 표방하고 있으나 실제로 인민이 가지는 절대적이며, 분할되고 양도될 수 없는 주권이 확립되어있고, 정부가 인민의 행복에 온 힘을 쏟고 개인의 자유를 보장하고 있다고 보기 어렵다. 헌법과 법률들에 인권 관련 규정이 명문화되어 있음에도 불구하고 실제적인 인권상황은 매우 열악하다고 지적된다.[18] 기본적인 권리라 할 거주이전 및 여행, 언론과 출판, 종교, 정치적 활동의 자유 역시 보장되지 않고 있다.[19] 이 같은 1세대 인권의 현실은 다양한 요인에서 북한을 탈출해 제3국에 불법체류하고 있는[20] 탈북자들의 배출요인(push factor)[21]으로도 작용하고 있다. 이들은

---

17) Amnesty International(2012); 김수암 · 김국신 외(2012); James D. Seymour, *China: Background Paper on the Situation of North Koreans in China*, WRITENET independent analysis(January 2005); International Federation for Human Rights(2007).

18) 휴먼 라이츠 워치(Human Rights Watch)의 2010년 북한보고서는 "헌법의 '립 서비스' 인권규정에도 불구하고 북한 인권상황이 여전히 심각하다"고 지적하고 있다. 북한에는 조직된 야당, 자유언론, 활성화된 시민사회, 종교자유가 존재하지 않는 반면에 자의적인 구속, 구금, 억류자에 대한 고문과 학대, 적법절차의 결여가 만연해 있다는 것이다. Human Rights Watch, *World Report 2010 - North Korea*, http://www.unhcr.org/refworld/docid/4b586ce716.html(검색일: 2012. 1. 15).

19) Vincent Brossel, "Journalism in the service of a totalitarian dictatorship", Reporters Without Borders, October(2004); Magda Hornermann, "Religious freedom non-existent, but much still unknown", Forum 18 News Service(29 March 2006).

20) 탈북자는 경제위기와 식량위기, 다양한 경로를 통한 외부 접촉, 북한 내 사회기강 해이와 일탈현상 증가 등으로 인해 발생된다고 지적된다. 윤인진, "탈북자문제의 실태와 분석: 탈북과 사회적응

특수한 신분으로 거주국의 법·제도적 보호를 받지 못한 채 각종 인권 침해에 노출되어 있다. 대표적으로 임금착취와 탈북여성들에 대한 인신매매는 관련 단체들에 의해 국제적으로 널리 알려진 바 있다.[22] 특히, 신체의 자유와 안전이 지속적으로 위협받기 마련인 구금 및 교정시설, 정치범수용소에 있는 북한 주민들 중에는 탈북자출신이 상당히 포함되어 있다고 알려져있다.[23]

둘째, 2세대 인권인 경제적, 사회적, 문화적 권리는 20세기 들어와 잇달아 성공한 사회주의 혁명에 힘입어 정립되었다. 북한도 사회주의 체제와 이념을 표방하는 국가이기 때문에 이에 합당한 국가사회보험과 사회보장제가 구비되었다고 주장한다.[24] 실제로 북한 헌법에는 국가가 "인민들의 물질문화생활을 끊임없이 높이는 것을 자기 활동의 최고원칙으로 삼"고 "모든 근로자들

의 통합모델", 『통일논총』, 18호, (2002), p.3. 탈북자들은 대부분 중국에 체류하고 있지만 최근에는 중국 정부의 단속이 강화되면서 몽골과 태국, 베트남, 캄보디아, 버마 등 중국 주변의 제3국으로 우회하는 탈북자들도 상당수에 달한다. 이들 탈북자들은 북한 영토 바깥에 머무르지만 북한과 연결망을 형성하고 꾸준히 사회·경제적 교류를 유지하고 있는 까닭에 넓은 의미의 북한인권문제에 포함시켜 살펴볼 필요가 있다. 이중에서 일부는 식량을 구하기 위한 일시적인 탈북자나 중국의 공안에 발각되어 강제송환된 탈북자에서 보듯이 다시 북한으로 귀국하기도 한다. 북한과 중국의 사회·경제적 연결망에 대해서는 김병로·신상진 외, 『북한-중국 간 사회·경제적 연결망의 형성과 구조』(서울: 서울대학교 통일평화연구소, 2008) 참조.

21) International Crisis Group은 탈북자문제를 배출요인(빈곤과 식량난, 정치적 동기)과 견인요인(외부 접촉과 연결망)으로 구분한다. International Crisis Group(2006), pp.7-9. 이중에서 식량난은 탈북자를 발생시킨 직접요인이다. 북한에서 대기근의 발단에 대해서는 Stephan Haggard & Marcus Noland, *Famine in North Korea: Markets, Aid, and Reform*(New York: Columbia University, 2007), pp.21-50.

22) 중국에 거주하는 탈북여성들의 실태에 대해서는 International Crisis Group(2006), pp.13-14; James D. Seymour(2005), p.17 참조.

23) 2010년 1월 한국의 국가인권위원회가 발표한 '북한 정치범수용소 실태조사' 보고서에 따르면 북한에는 6곳의 정치범수용소에 20여만명이 수용되어 있다고 한다. 국가인권위원회는 이곳에 수용된 북한주민들이 비밀처형 등 광범위한 인권침해를 당하고 있다며 "한국 정부는 국내외 북한인권 단체들과 협력해 이 문제의 해결을 북한에 설득해야 한다"고 지적했다. 또 국가인권위원회는 중국과 체결한 '국경지역업무협정'등에 따라 강제송환된 북한 주민들에 대한 처벌 수위가 2006년 이후 강화됐다고 밝혔다. 윤여상 외, "북한정치범수용소/강제송환 실태조사", http://www.humanrights.go.kr/03_sub/body02_4.jsp?m_link_url=03_sub/body02_4.jsp&m_id1=27&m_id2=378&m_id3=392&m_id4=410?NT_ID=17&flag=VIEW&SEQ_ID=596312(검색일:2011. 10.15).

24) 다른 사회주의 국가들과 달리 북한은 국가에 의한 복지가 아닌 '수령의 사랑과 배려에 의한 국가사회보험과 사회보장제'를 내세운다. 그럼에도 공적 부조(public assistance), 연금제도, 고용제도, 산재보상제도, 의료보장제도 등에서 모든 공민에 대한 국가의 복지 제공을 내세우는 데서 사회주의적 복지의 특징도 갖고 있다.

에게 먹고 입고 쓰고 살 수 있는 온갖 조건을 마련하여 준다"고 명시되어 있다(제25조). 이에 입각해 북한은 비교적 높은 수준의 사회복지체계를 갖추고 완전고용, 무료에 가까운 보건의료서비스, 장기간의 의무교육 등 각종 '국가사회적 혜택'을 주민에게 제공하였다. 그러나 북한은 재원 부족으로 인한 불충한 임금과 낮은 질의 의료서비스, 출신성분과 국가기여도에 따른 불평등한 고등교육 기회라는 문제도 갖고 있었다. 이밖에도 '국제인권연맹(fidh)'은 북한주민들이 출신성분과 국가기여도에 따라 분류되어 계층별로 직업선택, 주택, 건강, 교육에서 차별대우를 받고 있다고 지적하고 있다. 굶주림에서 해방될 권리, 공정하고 유리한 노동조건, 노동조합을 결성하고 참가할 권리에도 적지않은 제약이 존재한다는 것이다.[25] 이들 2세대 인권은 북한이 체제의 우월성과 수령과 당의 업적을 내세울 때 등장하였으나 다른 한편으로 북한 내에서 시민적, 정치적 권리를 억제하기 위한 논리적 근거로 사용되고 있기도 하다. 여기에 더해 1990년대 이후 경제위기와 식량위기가 만성화되고 시장경제요소가 부분적으로 도입되면서 북한의 사회복지 수준은 더욱 악화되었다고 평가된다. 2세대 인권의 불충분함과 보장 수준의 급격한 악화는 탈북자를 발생시킨 직접적 계기로도 작용했다.

셋째, 3세대 인권인 집단적 단결권은 포괄적이고 추상적인 성격을 갖고 있기 때문에 대부분 국가들에서 제대로 보장되지 않고 있다. 국제적으로도 1,2세대 인권보다 국제규약으로 덜 보장된데서 대외적인 압력도 약하다. 북한도 3세대 인권과 관련해 뚜렷한 입장을 밝힌 적은 드물다. 그러나 3세대 인권은 북한 인권문제를 파악하는 데 매우 유용하다. 예를 들어 경제적 저발전과 사회적 빈곤이 1세대와 2세대 인권에 심각한 제약을 가한다는 점에서 개발권[26]은 북한 인권문제를 해결하는데 있어 매우 중요하다. 북한 역시 여러 차

25) International Federation for Human Rights, *Misery and Terror: Systematic Violations of Economic, Social and Cultural Rights in North Korea*, fidh Report n°374/2, November(2003), pp.4-17.

26) 권리에 기초한 개발은 수탈과 착취를 내용으로 하는 식민주의가 만연하던 시기에 제3세계 개도국들이 선진산업국들이 우월하게 여겨온 개별적 인권에 대항해 주장한 것으로 특정한 유형의 경제발전 기회와 공정한 자원분배를 지향한다. Bård Andreassen & Stephen Marks (eds.), 양영

례에 걸쳐 개발협력에 우호적인 입장을 표명하기도 했다.[27] 국제사회가 외교적 고립과 중앙집중적 계획경제체제의 폐해로 경제가 낙후된 데다 출신성분에 따른 불평등한 사회구조가 존재하는 북한에 권리에 기초한 개발을 자극하고 지원하는 것은[28] 생명권과 식량에 대한 권리 등 북한 주민의 인권수준 향상에 기여할 수 있다고 보여진다.

이런 내용을 지닌 개발권은 평화권과도 밀접한 관련이 있다. 분단국인 남북한에 존재하는 군사적 대치와 과도한 군사비 지출, 경제적 격차, 빈곤과 기아 등은 민주주의를 제약하고 환경과 복지를 파괴하고 있다. 그런 점에서 지속적이며 건설적인 평화에의 권리는 남북한 간에 사회안정과 발전 및 통합을 공고히 하는데 중요하다. 남북한 간에 협정을 체결하고 주변국 간에 정치적·군사적 신뢰를 구축하거나 경제협력과 평화정착의 선순환을 통해 민족 공동의 번영이 가능하게 될 것이다. 한편, 평화를 전쟁위협의 부재와 더불어 지구촌의 경제 불평등이나 사회의 구조적인 착취, 차별, 인종, 종교 등의 문제를 포함한 적극적 개념으로 확대해보면 평화권은 1, 2세대 인권과도 밀접하게 연결된다. 그런 점에서 평화권은 인권의 완전한 실현을 위한 필수요소(sine qua non)이기도 하다.[29]

미·김선 역, 『인권을 생각하는 개발 지침서』(서울: 후마니타스, 2010), pp.150-152. 개발을 인권과 대립되는 개념으로 보는 견해에 대한 아마티아 센(Amartya Sen)의 설득력있는 비판은 같은 책 1장 참조.

27) 북한은 원조의 중점을 긴급구호에서 '개발복구' 방식으로 전환한다는 방침하에 인도주의적 사업보다는 개발사업을 지원해줄 것을 UN 및 각종 국제기구에 요청한 바 있다. 『연합뉴스』 2005년 11월 30일, 『연합뉴스』 2006년 2월 22일.

28) 이러한 정책으로는 북한의 지하자원을 공동으로 개발하거나 남북철도를 복원해 대륙경제권을 연결하는 것 등을 들 수 있다. 북한에 김정은 체제가 들어선 뒤 경제지도체제를 개편하고 인민생활 향상을 내용으로 하는 '선경정치'를 강조하는 한편 중국과 나선·황금평 공동개발 관련 협정을 체결하는 등 나름의 변화를 모색하는 것은 개발권에 기초한 남북협력에 보다 유리한 환경이 조성되고 있음을 의미한다.

29) 오스트레일리아 출신의 법학자이자 인권운동가인 필립 엘스턴은 평화권의 실현을 위한 노력은 모든 형태의 억압, 차별, 착취와 집단적이고 명백한 인권침해에 대항한 투쟁이며, 그런 까닭에 평화권은 인권의 완전한 실현을 위한 필수요소라고 지적한다. Philip G. Alston(1992), pp.206-207.

Ⅲ. 북한인권문제를 둘러싼 동북아 국제갈등

동북아 인권 갈등은 1980년대에 중국을 대상으로 전개되기 시작했다. 미국과 EU 회원국, 국제인권단체 등 국제사회 행위자들은 중국 내 인권 개선을 요구하거나 양자 간 인권대화를 전개하였고, 인권 관련 결의안을 상정하기도 했다. 이에 대해 중국은 자국의 특수성을 강조하는 인권개념을 제시하는 한편 상대국의 인권 상황을 비판하고, UN 인권위원회에서 중국 인권 결의안의 상정을 저지하는 등 나름대로 공세를 펴왔다.[30] 특히 중국은 미국은 물론 EU, 영국, 호주, 노르웨이 등과 양자간 인권대화를 정례화시킴으로써 중국 인권상황의 특수성을 알리는 동시에 일방적이 아닌 상호적 관계로서 인권문제를 설정하고 있다.[31] 그럼에도 미국을 위시한 서방국가들의 대중국 인권외교는 사실상 직접적인 성과를 거두지 못하고 있는 것으로 평가된다. 이는 이들 국가의 인권 관련 외교정책이 지정학적으로나 경제적으로 주요한 이해관계가 있는 국가들에서 일어나는 인권침해는 간과하거나 정당화하는 등[32]'이중기준(double standard)'[33]이 적용되었다는 비판에서 자유롭지 못하기 때문이다. 거론되는 인권도 1세대에 국한되었다. 또한 인권이 경제 및 안보문제와 연계되어 다뤄지고 있는 것도 인권외교가 성과를 거두지 못하는데 일조했다.[34]

---

30) 중국은 1980년대 이후 개방에 따라 내부 인권상황이 점차 외부에 노출되면서 서방국가들과 마찰을 빚고 있다. 1989년 6월의 천안문 사태는 중국의 인권상황이 국제사회와 각국 정부의 비판의 대상이 되는 결정적 계기가 되었다. 티베트 및 신장·위구르문제와 중국 내 반체제인사 탄압 등을 둘러싸고 서방국가들과 중국 간에 벌어지고 있는 갈등은 지금껏 지속되고 있다.

31) 김영진, "세력전이와 미국의 대중국 인권외교." 『EAI 중국연구패널보고서』 No.2 (2011), pp. 4-8.

32) Peter J. Opitz, *Menschenrechte und internationaler Menschenrechtsschutz im 20. Jahrhundert: Geschichte und Dokumente*(München: Wilhelm Fink Verlag, 2002), p.135.

33) 대부분의 서방국가들은 무역, 거래, 개발을 이유로 인권 및 민주주의를 다른 약소국들에 이식 및 강요하려할 때 지정학적 이해와 경제적 이해관계를 고려하였다. 주요한 이해관계가 있는 국가들에서 일어나는 인권침해는 간과되기 일쑤였다. 서방국가들의 인권정책에서 보여진'이중기준'에 대해서는 Rainer Tetzlaff (Hg.), *Menschenrechte und Entwicklung. Deutsche und internationale Kommentare und Dokumente*(Bonn: Stiftung Entwicklung und Frieden, 1993), p.79.

34) 중국에 진출한 미국기업들은 저임금에 의한 노동착취에 기반을 두고 있는 까닭에 적극적인 인권 주장에 반대하는 입장을 취하고 있다. 또한 강대국의 배타적 주권과 부딪치는 인권침해에

중국의 인권을 둘러싼 국제적 갈등은 1990년대에 들어와 탈북자 문제를 비롯한 북한의 인권상황이 국제적으로 널리 알려지면서 이를 둘러싼 갈등의 국제관계로 확산되었다. UN 인권위원회부터 미국, EU 및 러시아 등의 국제사회 행위자들이 북한의 인권실태에 우려를 표명하고 그 개선을 촉구하기 시작했다. 1997년 8월 제네바에서 개최된 제49차 UN 인권소위원회에서는 거주이전의 자유 보장, 인권이사회 정기보고서 제출 등 4개항의 대북 인권 관련 결의안을 표결로 채택함으로써 국제기구 차원에서 북한의 인권문제를 공식적으로 논의하는 계기를 마련하였다. 북한은 당시 김영남 외교부장이 UN 사무총장에게 서한을 보내 인권소위 결의안이 주권을 침해하였다는 이유로 '시민적·정치적 권리에 관한 국제규약'에서 탈퇴를 선언하였으나 UN은 해당 조문이 부재하다는 이유로 허용치 않았다. 북핵문제가 국제적 쟁점으로 부각되면서 UN은 2005년부터 총회 차원에서 북한 인권결의안을 채택하여 오고 있다. 결의안은 각종 북한 인권문제에 심각한 우려를 표시하고 북한 주민의 인권과 기본적인 자유 보장을 촉구하고 있다.[35]

국제적으로 북한 인권문제에 대해 가장 적극적인 행위자는 EU이다. EU의 대한반도 및 대북한 입장은 1999년 7월 유럽이사회 결론에 입각해 수립된 2000년 10월과 11월의 두 차례 결정으로 나타났다. 이는 남북한 화해와 북한의 인권존중, 핵 비확산, 안보문제, 남북관계 개선, 경제구조 개혁 및 사회발전 등 EU와 국제사회가 갖는 관심사들에 대한 긍정적 대응으로 평가된다. 이후 EU의 북한인권정책은 북한과의 양자 차원에서 전개되는 각종 인도주의 지원사업 및 정치대화와, UN 인권기구를 활용한 다자적 접근의 두 방식으로 전개되었다.[36] 전자는 북한 스스로 인권개선 능력을 제고하는 것이고, 후자는 북한 인권상황에 대한 국제사회의 우려와 인권개선을 위한 북한과 국제인권

대해서는 물리적으로 대응하기 어렵다. 다자적 접근, 즉 인권과 같은 고유한 가치의 침해를 막기 위해서는 국제적 지지와 공조가 필요한데, 중국은 UN 안보리에서 비토권을 소지하고 있고, 미국 위주의 문제해결 방식에 부정적 시각을 지닌 제3세계 국가들의 지지를 받고 있다. 김영진(2011), pp. 8-9.

35) 이금순 외, 『국제사회의 인권개선 전략: 이론과 실제』(서울: 통일연구원, 2008), pp.135-137.

36) 서보혁, 『북한 인권: 이론·실제·정책』(파주: 한울아카데미, 2007), pp. 237-244.

기구의 협력을 추구하는 것을 내용으로 하고 있다. 이에 따라 인도적 지원과 기술지원, 한반도에너지개발기구 프로젝트 기금 납부와 더불어 UN의 북한인권 결의안 상정이 이뤄졌다. 이 점은 인도적 지원을 북핵문제 관련 대북 압박 수단으로 활용하는 미국이나 납치자 문제 해결 일환으로 활용하는 일본의 북한인권정책과 비교된다. 탈북자문제에 대해서도 EU는 끊임없이 그 심각성을 지적하고 관련국과 유관기관과의 협조 하에 해결을 모색하고 있다.[37)]

미국 역시 북한의 인권문제에 대해 적극적으로 개입하고 있는 국가이다. 냉전구조가 종식된 후 세계 유일의 초강대국이 된 미국은 적대관계에 있는 국가들에 대한 외교정책을 수립하고 전개하는 데 있어서 인권을 주된 정책 수단으로 활용하고 있다. 이에 따라'인권침해국'으로 간주된 국가들에 대해서는 협력적 관계를 축소하고 각종 수단을 동원해 압박을 가하고 있다.[38)] 냉전시기에 일부 서방국가들이 소련을 비롯한 사회주의 국가들 내의 인권문제에 대해 비판을 가하기는 했으나 이를 직접적 개입으로 옮기지 못했던 역사적 사실에 비춰보면 이는 미국 외교노선의 큰 변화라 할 수 있다. 인권을 내세워 북한을 압박하는 것은 특히 부시 정부 출범 이후 두드러졌다. 당시 부시 정부는 북한체제의 독재구조와 '악한' 의도를 설명하며 인권을 부각하는 대북정책을 추진하기 시작한 바 있다. 미국 내의 강경파들 역시 북한체제 하에서 인권문제의 개선은 불가능하다고 여기고 북한체제를 무너뜨리려는 장기전략을 채택했다.[39)] 이들은 제1세대 중심으로 인권을 간주하고 제2세대와 제3세대 인권은 의도적으로 배제하였다. 이러한 인권관이 잘 드러난 것이 미

---

37) 가장 최근에도 유럽의회는 '탈북자 상황에 대한 결의(resolution on the situation of North Korean refugees (2012/2655(RSP))'를 통해 중국의 탈북자 강제송환이 UNHCR의 망명절차를 방해하는 것이며, 중국이 비준한 UN 난민협약과 의정서의 위반이라 지적하였다. 그러면서 북한이 심각하고 포괄적이고 체계적인 인권침해를 즉시 중단하고, 중국은 국제규약을 준수하고 경제적 이주를 인정할 것을 호소하는 한편 탈북자 송환을 막기 위해 북한정권에 양자적, 다자적 차원의 제재를 가할 것을 촉구한바 있다.
http://www.europarl.europa.eu/sides/getDoc.do?type=MOTION&reference=B7-2012-0261&language=EN (검색일: 2012년 8월 7일).

38) 이에 대해서는 인권과 민주주의를 명분으로 내건 압박의 이면에는 부시 정부 시기 득세한 네오콘에서 보듯이 도덕적 우월주의에 기초한 미국적 가치의 세계화가 자리잡고 있다는 비판도 제기된다.

39) John Feffer, "Engaging Pyongyang on Human Rights", *Foreign Policy in Focus*(November 20, 2008)

국 국무부의 인권보고서 및 인신매매보고서와 국제종교자유위원회(USCIRF)의 국제종교자유보고서이다. 2004년 7월 미국 하원에서 통과된 '북한자유법'을 수정한 '북한인권법 2004(North Korean Human Rights Act of 2004)' 역시 이 범주를 벗어나지 않는 것으로 평가된다.[40] 그러나 2006년 중간선거에서 공화당이 패한 후 부시행정부는 대북정책 궤도를 수정하였다. 북한의 핵 프로그램 폐기 목표가 우선순위가 되면서 인권문제는 뒤로 밀려났고, 북미 간 협상이 진전되는 동안 인권문제는 미결상태로 남았다.

민주당의 오바마 정부가 들어선 후 미국의 대북 인권정책은 전임 부시 정부와 차별성을 띌 것이라 예상되었다. 실제로 힐러리 클린턴 전 국무장관은 2009년 12월 워싱턴에서 한 연설에서 미국의 대외 인권정책과 관련해 "국익과 인권 중 하나에 치우쳐 인권을 외면하지 않되, 관련 국가를 협박 또는 고립시키지 않겠다"고 밝혔다.[41] 이는 오바마 정부가'악으로의 규정을 넘어서는(beyond demonization)'접근법으로 인권과 경제적 포용의 통합을 고려하고 북한 주민들의 일상안보를 개선하겠다는 의미로 평가됐다.[42] 그러나 산적한 국내개혁과제들과 금융위기로 인해서 오바마 정부는 북한 인권문제와 관련해서도 전임 정부와 비교해 의미있는 변화를 보여주지 못하고 있다. 오바마는 취임 전부터 북한과의 직접협상을 통해 적극적으로 문제를 해결하겠다고 공언했지만, 얼마 지나지 않아 경제제재와 무기금수를 통한 압력을 유지하면서 북한의 회담복귀를 기다리는 '전략적 인내(strategic patience)' 정책[43]으로 후퇴하고 말았다. 여기에다 북한이 핵실험을 강행하고 연평도 포격사건을 일으키는 등 강경정책으로 나오자 북미관계는 교착상태에 빠져들고 말았다. 북한의 핵프로그램을 둘러싼 갈등이 첨예화하면서 오바마 정부에

40) 이금순 외(2008), pp.139-149.

41) 『한겨레』, 2010년 1월 9일.

42) John Feffer(2008). 실제로 오바마 정부 초기 미국 관료들은 북한의 완전한 비핵화 조치와 관계정상화 및 상당한 원조 간에 포괄적인 일괄거래를 추진하기 시작했다고 밝힌바 있다. Emma Chanlett-Avery, *North Korea: U.S. Relations, Nuclear Diplomacy, and Internal Situation* (CRS Report for Congress, January 17, 2012), p.5.

43) 이는 북한정권으로 하여금 더 심각한 핵공포를 진전시키고 핵확산을 추진하는 등 상황을 통제하도록 허용하는 정책이라는 비판을 받았다. Emma Chanlett-Avery(2012), p.7

서도 대북한 인권정책은 여전히 부차적인 지위에 머무르고 있다.

탈북자를 비롯한 북한 인권문제에 개입하고 있는 또 다른 국가는 중국이다. 인권문제에 대한 중국의 전형적인 태도는 인권의 보편성을 부정하고 시간, 문화, 발전단계에 따라 구체적 실현형식과 내용에 차이가 있다는 점을 강조한다. 그리고 주권의 존중을 인권보호보다 더욱 근본적이고 우월한 원칙으로 제시하고, 시민적, 정치적 권리 보다는 경제, 사회적 권리 특히 개발권과 생존권을 앞세우는 것이다.[44] 미국을 비롯한 서방국가의 인권 압력에 대해 중국은 '중국 특색의 인권담론'이라 할 상대주의, 집체주의, 발전주의 세 가지 논리체계로 반박한다. 즉, 비서구 국가에 대한 인권의 보편적 적용은 자본주의 핵심국가들에 의한 신제국주의적 의도를 반영하는 것일 뿐 아니라 주변부 국가의 정치·사회·문화적 전통의 특수성을 무시하는 것이라는 것이다. 중국은 국가, 인민, 민족이 국제사회에서 누려야할 권리인 집단권리는 인민이 각종 인권을 향유할 수 있도록 해주는 가장 기본적인 선결조건이라고 주장한다.[45] 아울러서 권위주의적 발전모델에 입각해 고도의 발전 수준에 이르러 중산층이 형성되면 개명된 정치엘리트가 정치자유화를 추진한다는 주장도 피력한다.

2세대 인권에 기초한 인권전략을 추구하는 중국의 입장은 아시아적 가치에 기초를 둔 폭넓은 문화적 상대주의와 결합되어 있다.[46] 그러나 이러한 주장은 제3세계 국가의 권위주의 체제 하에서 많은 사람들이 억압적 엘리트들로부터 자신들을 보호하고 시민적, 정치적 권리의 확보를 위해 싸웠던 역사적 사실을 제대로 설명하지 못한다. 문화나 역사를 가치의 기원으로 보는 입장은 시민사회를 통한 국가권력의 통제나 법을 통한 권리의 보장을 핵심내용

44) 성공회대 인권평화연구소, 『동아시아 인권의 새로운 탐색』(서울: 도서출판 삼인, 2002), pp.206-209.

45) 전성흥, "중국의 인권담론과 정책: 해외 민주화 압력에 대한 대응", 『신아세아』, 15권 2호 (2008), pp.83-86. 중국의 인권캠페인은 제국주의, 헤게모니, 식민주의, 인종주의에 반대하는 보다 넓은 캠페인의 일부로서 전개되고 있는데 이는 개인의 권리가 아닌 집합적 권리들이라는 데 그 특징이 있다. R. J. Vincent, *Human Rights and International Relations*(Cambridge: Cambridge University Press, 1995), p.42.

46) Jack Donnelly(2002), p.238.

으로 하는 민주주의와 양립할 수 없다. 이른바'아시아적 가치(Asian values)'[47]를 내세우는 학자들이 개인주의보다는 집단주의를 재해석하면서 이를 연대와 신뢰의 자산으로 유지되는 공동체적 사회조직으로 발전되어가도록 하는 것이 타당하다는 주장 역시 설득력이 크지 않다. 왜냐하면 소수집단별로 공유되는 사회적 자본은 국가 전체의 공익에 기인하기 보다는 집단의 특수이익을 보장하거나 확충하는 데 기여하는 측면이 있기 때문이다.[48]

그럼에도 북한 인권문제 해결에 가장 큰 영향력을 지닌 국가는 중국이다. 중국은 북한의 후견국이자 북한과 유사한 인권관 및 인권문제를 갖고 있다.[49] 그런 중국이 적극적 행보를 취하지 않는다면 북한 인권문제의 개선은 난망하다. 물론 중국은 개혁과 개방 이후 경제발전을 위한 국제적 지원, 국제사회 참여가 초래할 이미지 개선과 영향력 확대, 미국의 패권주의 억제 등을 고려해 국제협력에 적극적으로 나서고 있다. 그렇지만 국제협력이 주권을 침해하고 국가이익 실현에 방해가 된다고 판단될 경우에는 소극적 태도를 보이고 있다.

중국이 관여하고 있는 인권과 관련된 국제적 갈등에서 특히 쟁점이 되는 것은 탈북자문제이다. 지금까지 중국정부는 자국 영토에 체류하고 있는 탈북자들을 이들이 집중해있는 동북지방의 치안유지와 북한과의 외교관계를 고려해 단지 불법월경자로 간주해 처리하고 있다. 외국공관에 진입한 탈북자에 대해서는 제3국 추방형태로 처리해왔으나 지난 2008년 초부터는 이들의 출국을 허가하지 않고 있다. 최근에는 북한의 식량난이 악화되면서 국경을 넘은

---

47) 1990년대에 들어와서는 이른바 '아시아적 가치'를 둘러싸고 동아시아의 정치가들 사이에 논쟁이 붙었는데 이는 과거 냉전시대에 동맹 또는 우호관계를 유지하던 미국과 동아시아 국가들 사이의 논란으로 확산되었다. 국제적 맥락에서 보면 이 논쟁이 불거진 데는 국제관계에서 중국의 급속한 부상을 견제하기 위한 외교정책 수단으로 활용된 점과 괄목할만한 경제성장을 이룬 아시아 국가들이 국제적인 정치적·문화적 담론의 장에서 자신의 목소리를 높이고 싶다는 욕구가 큰 역할을 하였다. 성공회대 인권평화연구소 편(2002), pp.58-59; Joanne R. Bauer & Daniel A. Bell (eds.), *The East Asian Challenge for Human Rights*(Cambridge: Cambridge University Press, 1999), pp. 5-23.

48) 임홍빈(2003), pp.72-73.

49) 중국과 북한은 인권에 대해 모두 상대주의적 입장을 취하지만 중국이 북한처럼 '강한 상대주의'적 입장이 아니라 다양성을 인정하는 '약한 상대주의' 입장을 취하는 데서 작은 차이가 있다. 이는 북한이 체제유지가 목표인 약소국이라는 점에 그 까닭이 있다. 이무철(2011), pp. 213-214.

탈북자가 급증하고 이 문제가 남북한 등과의 외교문제로 비화하자 단속을 강화해 많은 탈북자들을 북한으로 강제 송환하는 것으로 알려졌다. 강제 북송문제가 국제사회에서 쟁점으로 떠올랐지만 여전히 중국은 탈북자 문제는 국제법과 국내법, 인도주의적 차원에서 처리하고 하고 있다는 원론적인 입장을 고수하고 있다.[50] 중국은'난민지위에 관한 협약'과'난민지위에 관한 의정서'가입국임에도 불구하고 탈북자를 난민으로 인정하지 않고 있다.[51] 그 동안 중국은 북한과 체결한'국경지역업무협정'에 따라 불법월경자를 송환할 의무가 있고 따라서 중국, 북한 간에 처리돼야할 문제이며, 국제기구나 제3국이 관여할 문제가 아니라는 입장을 피력해왔다. 또한 중국은 UN 회원국이자 국제사회에서 독립주권국으로 내부 정치상황이 안정된 국가의 국민을 난민협약의 규정에 따라 난민으로 판정할 어떤 이유도 갖고 있지 않다고 밝혀왔다.

한편 다른 동북아 국가들에 비해 일본은 북한인권문제에 대해 소극적 태도를 보이고 있다. 단지 일본인 납치피해자를 중심으로 북한인권문제를 제기하고 있을 뿐이다. 그 계기는 2002년 9월 북일정상회담에서 김정일 국방위원장의 일본인 납치사실 인정이었다. 그 이전에 일본에서 북한인권문제는 일부 전문가나 시민사회단체에 의해서만 논의되었다. 정상회담 이후 북한에 대한 언론보도가 활발히 전개되기 시작했고 일반 국민들도 '북한에 의한 일본인 납치가 국가주권의 침해이며 용서할 수 없는 인권침해'라고 여기게 되었다. 이에 비해 북한 내에서의 인권문제나 북한체제를 국제사회에 편입시키는 노력에 대해서는 논의가 거의 없는 상황이다.[52] 이는 국제사회에서 일본 정부

50) 훙레이(洪磊) 중국 외교부 대변인은 2012년 2월 21일 정례 브리핑에서 탈북자 문제와 관련, "(북한) 사람들이 중국 국경을 넘어오는 것은 경제 문제에 따른 불법 입경이지 (정치 박해로 인해 탈북한) 난민의 범주에 속하지 않는다."고 규정했다. 이어 "한국이 이 문제를 UN 시스템으로 가져가 논의하겠다는 것은 적절하지 않으며, 중국이 국제법과 국내법, 인도주의적 차원에서 온당하게 처리하고 있다는 것을 한국도 잘 알고 있을 것"이라고 밝혔다. 『서울신문』, 2012년 2월 22일.

51) 중국이 탈북자의 난민지위 부여에 부정적인 것은 북한과의 관계, 동북 3성 지역의 안정과 안보에 대한 고려 때문이라고 지적된다. 중국은 경제위기로 생겨난 탈북자들에게 난민지위를 부여하는 것이 대규모 탈북사태를 초래하고 필연적으로 한반도의 위기상황으로 연결될 것으로 보고 있다. 또 인권문제 거론이 북한을 자극해 핵문제와 같은 다른 중요한 문제에 장애를 초래할 수 있다는 점도 중국이 우려하는 사항이다. 『통일뉴스』, 2008년 10월 29일.

52) 三村光弘, "일본 정부의 북한 인권에 관한 정책 그리고 과제와 전망", 국가인권위원회·한국국제정

가 표방하고 있는 인권기본정책이 북한에 대해서는 제대로 적용되지 않고 있음을 보여준다.[53)]

한국은 김대중 정부와 노무현 정부 시기에는 남북관계의 특수성을 고려하여 한반도 평화와 남북관계의 안정적 관리에 우선순위를 두었다. 이에 따라 북한 인권 개선을 위해 북한 당국에 공개적 압력을 가하는 것보다는 북한의 개방과 개혁 확대를 지원함으로써 점진적인 북한 사회의 인권개선을 추구하였다. 이들 정부는 UN의 북한 인권결의안에는 기권을 하였다. 이에 비해 이명박 정부는 북한 인권문제와 관련해 적극적 외교정책을 추진한 바 있다.[54)] UN 인권이사회에서 탈북자 강제 북송 문제를 제기하는 등 국제법 준수 촉구 및 국제사회의 여론 환기에 적극적으로 나섰던 것이 대표적이다. 중국에 대해서는 2012년 2월 19일 '난민협약·고문방지협약' 준수에 따른 탈북자 강제 북송 금지를 촉구하기도 했다. 이를 통해 대중국외교정책이 그 동안 양자협의를 통한 '조용한' 인도주의적 접근에서 벗어나 적극적 인권정책으로 선회했다는 평가를 받았다.[55)] 그러나 이명박 정부가 구체적인 북한 인권개선을 위한 정책을 수립하고 실천하지 않았다는 비판도 존재한다. 북핵을 이유로 인도주의적 지원을 단절하거나 줄였고, 남북대화와 민간인권단체들과의 협력에도 소극적이었다는 것이다.[56)] 이 같은 상황은 박근혜 정부에 들어와서도 크게 개선되지 않고 있다. 박근혜 정부는 새로운 대북정책으로 신뢰와 균

치학회 주최 제6차 북한인권 심포지엄 '동아시아의 인권레짐과 북한 인권' 발표논문(2009).

53) 여기에는 일본의 국내 인권상황 쇠퇴도 작용했다. 1990년대 이후 일본은 경제적·사회적·문화적 권리지표뿐만 아니라 시민적·정치적 권리지표가 하락하는 등 후퇴하는 경향을 보이고 있다. 그 요인으로는 장기 경제침체, 국제적 조건(아시아 국가들의 전쟁 책임 추궁, 국제기구의 일본 정부 비판, 일본 정부의 국제인권레짐 참여), 정치적 변화와 보수화, 시민운동의 다양화(보수운동과 비판적 운동)가 지적된다. 정진성·공석기 외, 『인권으로 읽는 동아시아: 한국과 일본의 인권 개선조건』(서울: 서울대학교출판문화원, 2010), pp.249-268.

54) 이무철, "한국의 대북인권정책", 국가인권위원회·한국국제정치학회 주최 '동아시아 인권레짐과 북한 인권' 심포지엄 발표문(2009년 10월 14일).

55) 『서울신문』, 2012년 2월 22일.

56) 서보혁(2009)은 이에 대해 북한 인권 개선의 주요 필요조건인 북한의 긍정적 반응 유도 혹은 북한과의 협력관계 조성에는 별 관심을 두지 않는 대신 인권의 보편성 차원에서 북한 인권에 대한 우려를 표명함으로써 국제인권문제에 대해 관심을 갖고 있음을 과시하고, 그것을 통해 인권보호국인 '우리'는 인권침해국인 북한과는 다르다는 우월감, 차별의식을 재확인하는 자기만족형 정책이라고 비판한다.

형을 두 축으로 하는 '한반도 신뢰프로세스'를 내세운데 이어 '통일대박론'을 제시하였다. 그러나 이러한 정책과 구호는 장기적이고 점진적인 교류협력과 상호이해라는 과정을 생략한 채 북한의 정책변화만을 신뢰의 조건으로 삼은 데서 북한의 호응을 이끌어내는데 한계가 있다고 보여진다.

서방국가들과 국제기구들이 북한 인권결의안과 북한인권법 채택, 북한인권보고서 발간 등을 통해 북한에 인권 개선을 요구하고 압박을 가하는데 대해 북한은 사회주의체제를 붕괴하려는 정치적 음모라 규정하고 강력 반발하고 있다. 북한은 탈냉전 이후 국제적 고립이 가중되고 안보위기와 경제위기가 심화된 상황에서 국제사회의 인권개입을 체제변화를 목적으로 하는 압력으로 심각하게 받아들이고 있다. 인권에 대해서도 북한은 서방국가들과는 다른 '우리식' 인권론을 내세우고 있다. 우리식 인권이란 "사회적 존재로서 사람이 응당 가져야 할 권리"로 "사회생활의 모든 분야에서 인민들이 행사하여야 할 자주적 권리"라는 것이다. 반면 서방식은 인권이 "부르죠아들이 계급적 지배를 확립하기 위한 정치사상적 수단"으로 이용하면서 그 본질이 왜곡되었다고 비판한다. 이는 북한이 문화상대주의적 시각에서 민주주의와 인권에 대해 이분법적 인식을 갖고 있음을 보여준다. 특히, 북한의 인권개념은 집단주의적 관점에서 주체사상과 결합되었다. 이는 국제사회의 문제제기에 대한 대응의 관점에서 정립되면서 외부로부터의 위협으로 포장하고 대내통제와 체제정당화를 위해 활용되고 있다.[57]

북한은 인권의 보편성을 부정하지 않고, 자국의 국가주권을 인정하고 인권개선을 위해 건설적으로 접근하는 외부행위자들에 대해서는 협력적 태도를 취하지만, 그 적용이 불공정하다고 판단될 경우에는 강하게 반발하고 있다. 예를 들어, 북한은 1980년대 초에 '시민적 · 정치적 권리에 관한 국제규약'와 '경제적·사회적·문화적 권리에 관한 국제규약'에 가입한 데 이어 1990년 '아동권리협약', 2001년 '여성차별철폐협약'에 가입하였고, 비록 선별적이지만 관련 규약에 대해 국가보고서를 제출하거나 심의에도 참여했다. EU가 UN

57) 김수암(2007), pp.35-38.

인권위원회에 북한 인권결의안을 추진하기 이전까지 이들과 정치대화를 진행했으며, 영국, 스웨덴 등과는 인권 관련 대화를 진행했다. 이 같이 미국과 EU에 대한 북한의 태도가 달리 나타난 데는 북한이 미국의 대북 강경책에 대한 견제수단 가운데 하나로 다극화를 지향하는 EU와의 관계개선을 활용하려는 의도가 작용했다.[58] 이는 인권문제에 대한 북한의 선택적 수용과 이중적 태도를 잘 보여준다.

Ⅳ. 북한인권문제의 대안들에 대한 비판적 평가

앞에서 살펴본 대로 북한인권문제를 둘러싼 동북아 국제갈등의 바탕에는 행위자별로 상이한 인권관이 자리잡고 있다. 이들은 각 세대 인권에 대한 이해와 선호가 뚜렷이 다르다. 이 중에서 탈북자문제는 동북아 여러 국가들의 이익이 복잡하게 얽힌 다차원성과 복합성을 특징으로 하는 국제적인 쟁점이다. 이는 동북아 국가들이 개별적 입장과 특수한 이익을 넘어 지역 수준에서 협력을 통해 문제를 해결해야 된다는 것을 가리킨다. 물론 이들이 인권 관련 다자적 제도를 결성하면 더할 나위가 없을 것이다. 그러나 동북아에는 전체 지역을 아우르는 대화나 협력기구가 전무하고 특정 영역에 국한된 소지역협정(SRTAs)도 제도화 수준이 높지 않다. 이는 동북아에서 일을 촉진하고 가능성을 열어주는 역할을 하는 '책임국가(ensuring state)'가 없고[59], 지역

---

58) 이무철, "'북한의 인권문제'와 북한의 인권관: 인권에 대한 북한의 시각과 정책에 대한 비판적 평가", 이수훈 엮음, 『북한의 국제관과 동북아 질서』(파주: 한울아카데미, 2011), p.197.

59) 앤서니 기든스(Anthony Giddens)에 의하면 책임국가는 분명한 성과를 내서 국민들뿐만 아니라 다른 나라의 지도자들에게 충분한 신뢰를 받는 국가를 말한다. Anthony Giddens, 홍욱희 역.『기후변화의 정치학』(서울: 에코리브르, 2009), p.19. 동북아에서 지역 내 강대국인 중국과 일본은 책임국가가 되기에 여러 한계를 갖고 있다. 일본은 역사적 유산에서 연원하는'정통성의 결여(legitimacy deficit)'문제가 있다. 일본은 아시아 국가들에 대한 제국주의 침략과정에서 수탈과 착취를 일삼았지만 이에 대해 명확한 사죄와 국가배상을 하지 않고 있고, 이에 더해 최근에는 평화헌법의 개정을 시도하고 군사대국화를 추구하고 있다. 중국은 과거에 조공체계를 축으로 하는 제국을 유지한 까닭에 새로운 리더십을 발휘하는 데 주변국들로부터 경계와 불신에 부딪치고 있다. 냉전의 유산 역시 체제와 이념이 다른 국가 간에 대립을 남겨 놓았다.

수준의 통일적인 협력틀이 부재하다는 것을 의미한다.

왜 동북아에는 유럽과 달리 공동의 이익을 추구하는 통합체가 부재하고, 진행되는 협력의 수준도 낮을까? 여기에는 다양한 요인을 제시할 수 있다. 예를 들어 동북아 국가들은 경제 발전 단계가 다르고 경제규모, 군사력 등의 격차와 정치적 이질성의 정도가 큰 반면 공동의 정체성은 부재하다. 이와 같은 권력의 비대칭성(asymmetries of power)[60]은 국제협력이나 통합의 장단기 혜택과 조정비용을 국가별로 불균등하게 분배시키면서 역내 국가들로 하여금 생존과 이익을 위해 특정 국가에 비대칭적 의존을 하게 만들었다.[61] 최근 들어와서는 상이한 체제를 지닌 미국과 중국 간에 패권 경쟁이 전개되면서 지역 내에서 양극체제가 공고해지고 있다. 이는 동북아 인권협력에도 부정적 영향을 미친다. 즉, 비대칭적인 권력이 존재하는 국가들 사이에서 강대국이 행하는 보편주의에 입각한 인권 압력은 자국의 이익 실현을 위한 정책을 관철시키는 데는 도움이 될지 몰라도 상대국의 실질적인 인권개선에는 기여하지 않는다.

현재 동북아에서는 공동의 이해와 공동체 형성 보다는 개별 이익과 주권, 지역 내 주도권 구축, 상호 경쟁이 더욱 두드러진다고 평가된다. 이는 역내 협력을 위한 바람직한 대안의 수립과 집행을 억제하는 데[62] 이런 특징은 인권영역에서도 예외가 아니다. 보다 적실성있는 북한 인권문제의 대안을 제시하기 위해서는 동북아 지역이 지닌 이러한 특수한 맥락적 배경을 냉철히 고려할 필요가 있다. 아울러서 외교정책은 목표를 설정하는 것만이 아니라 목표에 부합하는 수단을 채택하는 것을 포함하며, 그런 점에서 상징적 행동도

---

60) 여기서 권력이란 국가들 간의 관계에서 상대국에게 그들 고유의 이익과 선호와 다르게 강제하거나 영향을 미치는 능력을 말한다. 이는 조지프 나이(Joseph S. Nye. Jr.)가 언급한 변화 강제, 의제 제어, 기호 확립의 세 가지 양상을 지닌 '관계적 권력'과 유사하다. Joseph S. Nye. Jr., 윤영호 역. 『권력의 미래』(서울: 세종서적, 2012), pp.36-47.

61) 홍익표,"동북아 환경협력에 대한 비판적 고찰: 협력의 제약요인을 중심으로." 『국제정치논총』 제52집 3호(2012), p.180.

62) 경우에 따라서 국제사회에서의 주도적 지위 확보와 자국의 경제적 이익에 대한 고려, 긍정적인 대외 이미지 형성 등에 대한 고려가 협력으로 이어질 수도 있다. 그렇지만 이러한 동기에서 행하는 협력은 대개 그 수준이 낮고 지속성이 약하다는 한계가 있다.

중요하지만 그 행동이 인권수행에 중·장기적으로 어떤 실질적 효과를 가져올 것인지도 중시해야 한다.[63] 이들 지적에 기초해 현재 제기되고 있는 북한인권문제의 주요 대안들을 고찰해보면 다음과 같다.

1. 호명과 비난

호명과 비난(naming and shaming)은 북한의 인권 침해를 지속적으로 거론함으로써 체면에 손상을 주려는 캠페인을 말한다. 이는 인권탄압을 일삼던 국가들도 공개와 비난이 계속되면 국제사회의 여론을 의식하지 않을 수 없게 되어 결국 인권정책을 개선하게 된다는 가정에 입각해있다. 주로 1세대 인권인 시민적 · 정치적 권리를 중심으로 북한 인권문제를 공론화하고 압박을 가하는 호명과 비난에는 여론의 형성을 통한 도덕적 압박, 법률 제정, 경제적 제재와 봉쇄 등 다양한 수단이 동원된다. 북한주민들이 처한 심각하고 긴급한 인권상황을 감안할 때 그 실정을 국제사회에 제대로 알리고 문제해결을 위해 다양한 정책을 추진하는 것은 중요하다. 북한주민들이 처한 인권상황이 매우 열악하다는 '객관적 사실'을 외면하고 이에 침묵하면서 북한인권 거론을 단지 보수세력 '눈치보기'나 냉전세력에 '편승'하는 것이라고 주장하는 것은 별반 설득력이 없다.[64] 문제는 일부 인사들이 행하는 호명과 비난이 오직 1세대 인권만을 거론하고 있으며 북한 인권과 관련된 다른 견해에 대해서는 완강하게 불관용적 태도를 고수하는 데 있다. 이들은 북한이 필요로 하는 인도적 지원이나 1, 2세대 인권과 불가분의 관계에 있는 평화권과 개발권 등 3세대 인권에 대해서는 언급하지 않는다. 어떻게 당사국의 태도변화와 정책전환을 이끌어 낼 수 있는가에 대한 숙고 없이 일방적으로 비난을 퍼붓는 것은 바람직하지 않다. 1세대 인권만을 내세워 북한을 압박하는 것에 대해 북한은

---

63) Jack Donnelly(2002), pp.287.

64) 이는 진영논리에 갇혀있는 인사들이 사안에 따라 보편성과 특수성이라는 이중기준을 내세우면서 북한인권문제에 균형있게 접근하지 못하고 있다는 것을 의미한다. 인권문제 제기가 남북한 평화를 저해한다는 일부의 주장 역시 인권에 대한 편향적 시각을 드러낼 뿐이다.

자국의 주권을 침해하고 남북 기본합의서도 위반하는 것이라 반발하고 나올 공산이 크다. 적절한 압박과 더불어 남북한이 서로 이익을 취할 수 있는 '윈-윈'(win-win) 전략에 기초한 정책이 필요한 까닭이 여기에 있다.[65)]

북한 인권문제는 포괄성과 복잡성을 지니고 있기 때문에 이의 개선을 위한 정책은 보편적 국제인권레짐에 입각하되 북한이 처한 특수 상황 및 맥락을 고려하는 것이 가장 바람직하다.[66)] 이와 관련된 방안 중의 하나가 이중트랙 전략(two tracks strategy)이다. 이 전략은 국제사회 이해당사자 간의 합의를 이끌어내는 외교적 노력과 실효적인 인권개선을 이끌 북한의 변화에 기여하는 대북정책의 추구를 병행하는 것이다. 첫째 경로와 관련해서는 국가이익을 최우선으로 하는 권력정치가 아닌 국제법과 국제규범을 존중하고 다양한 이해당사자의 협력을 이끌어내는 다자주의에 기초해 정책을 추진하는 것이 필요하다. 인권 개입이 다른 국가나 국제기구와의 관계를 도외시하고 추진될 때 그 효과는 그리 크지 않기 때문이다. 두 번째는 북한이 주민의 실질적인 인권개선을 행할 수 있게 개방과 개혁을 지속적으로 추진하고 이로 인한 부작용을 안정적으로 관리하도록 돕는 것이다. 여기서 첫째 트랙은 1,2세대 인권에, 둘째 트랙은 개발권을 비롯한 3세대 인권에 초점을 맞춘 것이다. 지금까지의 경험에 비춰보면 북한에게는 국가 수준의 정치적 압력보다는 국제적 정부기구와 비정부기구들을 통한 시민사회 수준의 협력이, 그리고 제재의 위협 보다는 인센티브 제공을 수단으로 인권문제를 제기하는 것이 실효성이 컸다. 그런 점에서 북한으로 하여금 다양한 영역과 수준에서 대외 행위자들과 맺고 있는 연결망을 늘리도록 돕고 교류와 협력을 활성화하는 것이 중요하다.[67)]

---

65) 한편, 북한과 남한의 인권문제는 적대적인 상황 속에서 양쪽 사회 모두 반인권적인 제도를 통해 체제를 유지해왔다는 점에서 분리된 문제가 아닌, 한반도 전체의 평화와 인권의 문제로 이해하고 접근할 때 진정한 의미의 인권개선이 가능하다는 주장도 존재한다. 인권의 불가분성과 상호의존성에 기초하여 북한과 남한의 인권문제를 함께 고민하고 풀어가야 한다는 것이다. 인권운동사랑방·천주교인권위원회, "정치범수용소와 공개처형 문제를 둘러싼 북한인권", 『한반도인권 뉴스레터』, 17호(2010년 1월 20일). 인권 외교정책이 자국에서 인권이 존중되고 있는지를 살피기보다는 다른 나라들의 관행을 바꾸는 데만 관심을 갖는 다는 비판을 감안하면 이런 주장은 설득력이 있다. Andrew Clapham(2010), pp.105-107. 다만 이는 북한 인권문제 중에서도 포괄적이고 중장기적인 과제와 관련해 적실성이 있는 주장이라 할 수 있다.

66) 서보혁(2007), p.16.

2. 지역인권레짐의 창설

동북아에서 국제사회 행위자들의 기대가 수렴되어진 일련의 국제적 규범체계 및 실행절차를 의미하는 지역인권레짐을 창설해야 한다는 주장이 있다. 이 주장은 '경제적·사회적·문화적 권리에 관한 국제규약', '시민적·정치적 권리에 관한 국제규약', '인권과 기본적 자유의 보호를 위한 유럽협약' 등이 기존의 세계인권선언과는 달리 조약으로서 가입국을 법적으로 구속하는 것에 주목한다. 그 대표적 사례가'인권과 기본적 자유의 보호를 위한 유럽협약(the Convention for the Protection of Human Rights and Fundamental Freedoms)'에 따라 설립된 유럽인권레짐이 유럽인권위원회를 중심으로 폭넓은 영역에서 권리보호를 위해 활동한 역사적 사실이다. 이는 생명권, 고문금지, 사상과 양심, 종교의 자유, 표현의 자유, 집회와 결사의 자유 등 인권보호를 위한 공동의 최소기준을 정하고, 이에 서명한 국가의 정부들에게 이들 권리의 준수를 재촉하였다. 유럽인권레짐은 많은 국가들의 법과 관행에 영향을 미쳤고, '로메 협약(Lomé Convention)'을 통해 해외원조에 인권조항을 포함시키는데 기여했으며, 특히 민주주의 이행기에 있는 남유럽 국가들의 정치개혁을 고무시켰다고 평가된다.[68] 무엇보다 지역인권레짐의 창설은 1, 2세대 인권을 포함한 보다 넓은 영역의 인권을 포괄하고 있고, 인권에 대한 최대의 가해자이기도 한 국가의 행위를 견제하는 실질적 대안을 제시하는 데서 설득력이 크다.

그러나 한계도 존재한다. 개별 이익과 주권이 우선되고 주도권 구축과 상호 경쟁이 두드러지며 국가들의 인권관 역시 상이한 동북아에서는 지역인권

67) 최근에는 탈북자문제를 비롯한 북한 인권문제의 대안으로 국제사회가 개혁· 개방에 대한 북한의 두려움을 해소시켜주는 체제 안전보장을 제공하되, 인권 및 민주주의 증진 공약과 맞교환 방식을 적극적으로 고려할 필요가 있다는 주장도 제기되었다. 이 주장을 내세운 학자들은 국제사회의 바람직한 지원을 위한 방안으로 가칭 '북한 현대화 프로그램 지원기구' 설립과 '3~5개년 지원계획 수립'등을 제안한다. 또 △ 기본 생존권 보장 △ 의료 및 인간개발 지원 △ 과학기술 교류 촉진 △ 시장화 제도 구축 △ 재정 건전성 및 국제사회 편입 지원 △ 에너지 및 교통 인프라 지원 △ 인권 증진 지원 등 7개 분야를 지원 핵심과제로 꼽았다. 『한겨레』, 2010년 2월 5일.

68) Jack Donnelly(2002) pp.134-140.

레짐의 수립이 쉽지 않다. 설혹 동북아에서 이와 유사한 인권레짐을 창설한다 해도 동북아 국가들이 이를 이행할 지는 확실하지 않다. 동북아 국가들 사이에는 권력의 비대칭성이 존재하고 체제의 이질성이 크기 때문이다. 이들은 국제인권레짐이 요구하는 의무의 주체이자 동시에 가장 중요한 침해자라는 점에서 국제레짐에 강력한 강제력을 부여하지 않으려 할 가능성이 크다.[69] 아이러니하게도 인권보호를 위한 이들 절차는 그것이 가장 적게 필요한 곳에 주로 존재하고 있는 실정이다. 즉, 인권에 대한 대내적 관심이 높고 제도를 잘 갖춘 국가만 동의하는 데서 한계가 있다. 바로 여기에 국제인권레짐이 국가에 의한 이중기준의 인권정책을 제어하지 못하는 이유가 있다.

3. 헬싱키 프로세스의 적용

'헬싱키 프로세스(Helsinki Process)'의 동북아 적용을 주장하는 견해는 1970년대 서방국가들이 소련을 비롯한 사회주의국가들에게 헬싱키 프로세스를 통해 인권증진을 요구해 결국 사회주의 체제를 무너뜨렸다며, 이 프로세스의 동북아 적용 역시 큰 효과를 가져 올 것이라고 주장한다.[70] 1972년 개최된 유럽안보협력회의(CSCE)의 결과 1975년 채택된 '헬싱키 최종의정서(Final Act)'에는 서유럽국가들의 요구로 사람과 안보협력과 경제협력 이외에도 사상의 자유로운 교류 그리고 인권 및 기본적인 자유를 내용으로 하는 제3바스켓이 포함되었다. 이 조항은 그 후 일련의 검토회담을 통해 보다 구체화되었다.[71] 여기서 인권문제가 거론되는 것을 우려한 사회주의 국가들이 강경했던 인권 관련 정책을 누그러트렸는데, 이는 상호 무력사용 및 위협 억제 규정과 함께 인권증진과 역내 평화에 기여하였다는 것이다.

69) Jack Donnelly(2002), p.112.
70) 허만호, "'나선형 5단계론'으로 본 북한의 인권정책과 헬싱키 프로세스 인권부문의 대북한 적용", 북한인권시민연합 창립 10주년 기념 토론회 '북한인권문제의 다자간 협의' 발표논문(2006).
71) Thomas Buergenthal, "The Helsinki Process: Birth of a Human Rights System", In Richard Pierre Claude & Burns H. Weston (eds.), *Human Rights in the World Community, Issues and Actions*(Philadelphia: University of Pennsylvania Press, , 1992), pp.256-268.

CSCE와 같이 안보문제를 협력과 조화를 통해 해결하려는 다자안보협력기구는 그 어느 지역보다도 안보 불안이 높은 동북아 지역에 지역분쟁을 사전에 예방하고 완화시킬 수 있는 데서 필요하다. 헬싱키 최종의정서에서 규정된 '시민적, 정치적, 경제적, 사회적, 문화적 권리'는 1, 2세대 인권을 포괄하는 것으로 이후 상호신뢰와 합의에 기초한 문제해결에 기여했다. 그러나 인권영역에서 외부행위자의 강압에 의존하는 대외정책은 그 효과가 불확실하다. 미국의 부시행정부처럼 북한의 체제전복 의사를 배제하지 않은 채 1세대로만 국한해서 인권문제를 거론하는 것은 주권 평등과 내정 불간섭의 원칙을 중시했던 헬싱키 프로세스와 배치되기 때문이다. 관건은 동북아에서 헬싱키 프로세스의 제도화를 추진하는 과정에서 어떻게 북한에게 유인을 제공하고 능동적인 참여를 이끌어내는 가에 있다. 상이한 체제와 인권관을 지닌 국가들 사이에서 공동의 협력을 추진하는 데 가장 잘 부합하는 인권은 3세대 인권이라 할 수 있다.

4. 난민지위 부여

북한인권문제 중 뜨거운 쟁점이 되고 있는 탈북자문제와 관련해서 흔히 제시되는 대안이 난민지위 부여이다. 이는 1세대 인권인 시민 및 정치적 권리를 중심으로 한 대안으로 볼 수 있다. 구체적으로 이는 탈북자들이 국제난민법의 법리상 난민의 지위를 부여받을 수 있고, 국제적으로'난민협약'의 가입국은 난민을 어떠한 방법으로도 인종, 종교, 국적, 특정 사회집단의 구성원 신분 또는 정치적 의견을 이유로 그 생명 또는 자유가 위협받을 우려가 있는 영역의 국경을 추방하거나 송환하여서는 안 된다는 점을 강조한다.[72] UNHCR

72) 1951년 체결된 '난민지위협약'에 따르면 난민은 "인종, 종교, 국적, 정치적 견해, 특정 시민단체 참여 등으로 인한 박해의 공포를 피해 조국을 떠난 후 귀환하지 못하거나 귀환하려하지 않는 사람"을 의미한다. UNHCR, "난민이란 누구인가?", http://www.unhcr.or.kr/admin/print.html (검색일: 2012년 2월 10일). 이밖에도 사실상 난민(de facto refugee), 잠정난민(refugee sur place), 실향민(displaced persons) 등도 넓은 의미의 난민으로 인정된다. 이들에게 체류국은 외국인에게 인정되는 기본권을 보장해야 한다. 그러나 이 규정이 제대로 지켜지는 경우는 드물다. 심지어 1990년대 초반 서유럽 국가들은 체제전환과 민족갈등을 겪는 동유럽에서 유입되는

이 탈북자들을'우려그룹'이라고 공식 발표하고, 국제법에 따른 위임난민(mandate refugee)으로 간주할 수 있다는 입장을 밝힌 것도 주장의 근거로 동원된다.[73] 그러나 이는 중국이 일관되게 탈북자문제를'중국 국내법, 국제법 및 인도주의 원칙'에 따라 처리한다면서 탈북자들에 대한 난민지위 부여를 일괄 부정하고 이들을 단지 경제적 이주민으로 취급하고 있는 현실을 고려하면 그 실현가능성이 매우 낮다. 이에 비해 중국이 명시적으로 기속적 동의를 밝힌 주요 인권조약에 주목해 난민지위 여부, 불법체류 여부 등과 상관없이 원칙적으로 모든 인간에게 적용되는 국제인권법의 유용성을 면밀히 검토하고 그 활용방안을 모색해야 된다는 주장도 존재한다.[74] 그러나 이 제안도 인권협약의 이행을 강제할 구속력있는 장치가 존재하지 않으며, 그 동안 중국이 주권을 침해하고 국가이익 실현에 방해가 되는 사안에 대해서는 외부의 개입에 완강히 저항해왔다는 점에 비춰보면 그 효과가 크지 않다.

이와 관련해 분단국이었다 통일을 달성한 독일의 사례는 탈북자문제의 해결과 관련해 정책적 시사점을 제공해 준다. 서독은'연방강제이주민 및 동독난민법'에 근거해 강제이주민에 대한 지원이 기존의 서독인들과 동등한 법적 지원을 갖는 이들의 권리임을 명백히 하였고, 동독난민들에게는 동독난민증명서를 발급받게 하여 서독 내 하위집단으로 인정받게 하였다. 사회국가(Sozialstaat)인 서독에서는 이들에게도 다른 서독인들과 동등한 사회복지를 적용하였다. 서독정부와 사회는 단순히 개념차이만을 부각시킬 수 있는 논쟁을 최소화하고 동독정권에 대해 자유민주주의의 잣대보다는 UN 인권협약이나 헬싱키 최종의정서와 같은 국제규범을 기준으로 동독의 인권문제를 제기하였다. 브란트(Willy Brandt) 정부는 일방적 비난이나 압박보다는 정치적,

---

난민들을 억제하기 위해 국내법으로 난민의 범위를 축소하기도 했다. 홍익표(2005), p.335.

73) 루드 루버스(Ruud Lubbers) 유엔난민고등판무관은 2003년 9월 29일 제네바에서 열린 54차 집행위원회에서 "UNHCR 산하 국제보호국에 의해 최근 수집된 정보에 대한 분석은 상당수 탈북자들을 난민으로 간주하는 것이 당연하다고 결론짓고 있다"라고 밝힌 바 있다. 『연합뉴스』 2003년 10월 1일.

74) 조정현, "재중 탈북자 문제의 국제인권법적 해결방안", 『주요국제문제분석』, No. 2009-30(2009), pp.4-6.

경제적 수단을 활용하는 '조용한 교섭'을 통해 동독의 인권침해를 개선하려 했다. 동독 정부 역시 국제적 위상제고나 서독으로부터의 경제적 이익보장을 고려 종종 인권개선의 가시적 조치를 취하는 조치를 취했다.[75] 1989년 국경 개방 이후에는 서독으로 몰려든 난민들에게 민주적 절차를 밟아 법적자격을 인정하고 경제복구과정에 이들의 노동력을 적극 활용하면서 서독사회는 경제적 성장과 정치적 안정, 사회적 통합을 실현할 수 있었다.[76] 이러한 점은 한반도에서도 발생가능한 대규모 북한난민을 처리하는 데 있어 단기적으로는 정치적, 경제적 수단을 이용해 유인을 제공하고 협력을 도출하는 한편 중장기적으로는 민주주의의 수준을 높이고 복지국가를 구축하는 일이 중요하다는 것을 잘 보여준다.

Ⅴ. 결론

탈북자는 북한체제가 내부적으로 어려움에 처했다는 사실을 외부에 보내는 시그널이다. 이들로 인해 북한 주민들이 겪는 매우 심각한 수준의 각종 인권침해가 바깥에도 알려지게 되었다. 그럼에도 주변국들은 탈북자문제를 비롯한 북한 인권문제에 대해 서로 다른 입장을 고수하면서 정작 북한 인권 개선에는 의미있는 기여를 하지 못하고 있다. 북한 인권을 둘러싼 논의도 편향적이거나 이분법적 사고에 함몰되어 있고 다른 견해에 대해서는 완강하게 불관용적 태도를 고수하는 경우가 대부분이다. 이런 현실은 동북아 지역에서 타당하고 적실성있는 북한 인권 관련 논의를 제약하는 요인의 영향력이 여전히 강하다는 것을 잘 보여준다. 냉전의 유산, 강한 국가주의, 신자유주의적 세계화의 압력 등과 같은 요인은 인권에 대해 포괄적이고 총체적인 관점을

75) 김학성, "서독의 대동독 인권정책", 한반도평화연구원 주최 '대북 인권정책과 인권문제의 세계적 추세' 포럼 발표문, 2008년 8월 29일(2008).

76) 박명선, "서독의 동독난민정책과 사회통합", 『역사비평』, 봄호(1997), pp.239-259.

갖는 것을 저해하고 있다. 그러다 보니 국가이익을 우선시하는 권력정치(Realpolitik)에 경도된 주장이 넘쳐나고 인권에 대한 별다른 통찰 없이 현실주의에 입각해 인권문제를 재단하려는 경우도 흔히 발견된다. 물론 현실의 권력관계를 고려치 않는 보편적 인권의제는 강대국의 국익추구 도구로 전락할 수 있다[77]는 점도 유의할 필요가 있다. 또 다른 편에서는 문화적 특수성을 강조하는 상대주의를 내세우는데 이 주장 역시 일정한 설득력에도 불구하고 그 이면에는 비민주적 체제를 정당화하고 실제 인권침해를 간과하는 데서 문제가 있다. 이들 논의가 득세할 때 북한인권문제에 있어 자유로운 토론을 통해서 공동의 이익에 부합하는 최선의 해법을 도출하는 공간인 공론장은 축소되고 왜곡될 수 밖에 없을 것이다.

인권의 역사를 돌이켜보면 인권은 고정되고 화석화된 개념이 아니라 역사 속의 시련과 모순을 이겨내고 꾸준히 진화하는 개념임을 알 수 있다. 인권개념의 진화를 가져온 동력은 그것이 어떤 특수한 맥락과 조건을 갖는 사회일지라도 항상 기존 질서와 체제로부터 배제된 자들의 권리확보를 위한 부단한 투쟁이었다. 이들 투쟁의 빛나는 성과물인 인권은 역사적 연속성과 복잡한 변화의 과정을 반영하는 것이라는 데서 다층성과 복합성을 띠고 있다. 그런 까닭에 인권을 특정 범주로만 한정해서 좁게 인식하거나 아니면 여러 범주로 나누더라도 가치의 서열을 따지는 식의 논의는 그 한계가 사뭇 자명하다. 인권은 불가분적이고 상호의존적이며 상호연관성을 지니는 것이다. 북한인권문제 역시 다차원적이고 복합적인 성격을 띤다는 점을 고려할 때 관련 정책은 인권의 보편적 가치에 중심을 두되 북한이 처한 역사적 맥락과 정치적, 경제적 조건을 함께 고려해 대안을 제시하는 것이 바람직하다. 대립되는 주장과 정책들 중에서 어떤 것이 북한 주민들의 인권 보호에 실제적으로 긍정적 효과를 미치고 나아가서는 한반도 관계 안정과 동북아 평화 정착에도 기여하는 지를 숙고할 필요가 있다. 바로 이 점에서 '세 세대 인권'은 북한인권문제를 균형 있게 검토하고 그 적실성 있는 개선책을 수립하고 집행하는데

77) Micheline Ishay(2005), p.47.

유용한 개념으로 활용될 수 있다. 그 중에서도 3세대 인권에 속하는 개발권과 평화권은 경제협력과 군사적 신뢰구축을 고무하고 북한의 인권개선에도 기여할 수 있다는 점에서 특히 주목할 만하다. 답보상태에 놓인 북한인권문제의 개선을 위해서는 인권을 보는 균형되고 통찰력있는 시각과 아울러 이를 실제 정책에 적용할 수 있는 추진력을 갖춘 정치적 리더십이 그 어느 때 보다 더욱 요구된다.

참고문헌

김병로·신상진 외, 『북한-중국 간 사회·경제적 연결망의 형성과 구조』(서울: 서울대학교 통일평화연구소, 2008).

김수암, 『민주주의와 인권에 대한 북한의 인식과 대응』(서울: 통일연구원, 2007).

김수암·김국신 외, 『북한인권백서』(서울: 통일연구원, 2012).

김영진, "세력전이와 미국의 대중국 인권외교." 『EAI 중국연구패널보고서』 No.2(2011).

김학성, "서독의 대동독 인권정책", 한반도평화연구원 주최 '대북 인권정책과 인권문제의 세계적 추세' 포럼 발표문(2008년 8월 29일).

박명선, "서독의 동독난민정책과 사회통합", 『역사비평』, 봄호(1997).

서보혁, 『북한 인권: 이론·실제·정책』(파주: 한울아카데미, 2007).

서보혁, "자기만족형 북한인권정책의 문제점과 대안", 『코리아연구원 현안진단』, 139호(2009).

서창록, "북한 인권문제와 동아시아 인권 거버넌스: 국제레짐이론을 중심으로", 『통일문제연구』, 제44호(2005).

성공회대 인권평화연구소 편, 『동아시아 인권의 새로운 탐색』(서울: 도서출판 삼인, 2002).

양승창. "북한인권문제의 다자주의적 접근에 대한 중국의 입장." 북한인권시민연합 창립 10주년 기념 토론회 '북한인권문제의 다자간 협의' 발표논문(2006).

윤인진, "탈북자문제의 실태와 분석: 탈북과 사회적응의 통합모델", 『통일논총』, 18호(2002).

이금순 외, 『국제사회의 인권개선 전략: 이론과 실제』(서울: 통일연구원, 2008).

이무철, "한국의 대북인권정책", 국가인권위원회 · 한국국제정치학회 주최 '동아시아 인권레짐과 북한 인권' 심포지엄 발표문(2009년 10월 14일).

이무철, "'북한의 인권문제'와 북한의 인권관: 인권에 대한 북한의 시각과 정책에 대한 비판적 평가", 이수훈 엮음, 『북한의 국제관과 동북아 질서』(파주: 한울아카데미, 2011).

이원웅, "국제사회의 인권압력에 대한 북한의 인식과 대응: 비판적 평가", 『국제정치논총』, 제47집 1호(2007).

인권운동사랑방 사회권규약해설서팀 편, 『사회권규약 해설서 1: 사회권의 역사와 성격』(서울: 사람생각, 2002).

임홍빈, 『인권의 이념과 아시아적 가치론』(서울: 아연출판부, 2003).

전성흥, "중국의 인권담론과 정책: 해외 민주화 압력에 대한 대응", 『신아세아』, 15권 2호(2008).

정진성・공석기 외, 『인권으로 읽는 동아시아: 한국과 일본의 인권 개선조건』(서울: 서울대학교출판문화원, 2010).

조정현, "재중 탈북자 문제의 국제인권법적 해결방안", 『주요국제문제분석』, No. 2009-30(2009).

허만호, "'나선형 5단계론'으로 본 북한의 인권정책과 헬싱키 프로세스 인권부문의 대북한 적용", 북한인권시민연합 창립 10주년 기념 토론회 '북한인권문제의 다자간 협의' 발표논문(2006).

홍익표, "배제로의 수렴? 유럽의 인권정책과 이주민문제", 『국제지역연구』, 제9권 제2호(2005).

홍익표, "동북아 환경협력에 대한 비판적 고찰: 협력의 제약요인을 중심으로." 『국제정치논총』 제52집 3호(2012)

三村光弘, "일본 정부의 북한 인권에 관한 정책 그리고 과제와 전망", 국가인권위원회・한국국제정치학회 주최 제6차 북한인권 심포지엄 '동아시아의 인권레짐과 북한 인권' 발표논문(2009).

Alston, Philip, "A Third Generation of Solidarity Rights: Progressive Development or Obfuscation of International Human Rights Law?",

Netherlands International Law Review, Volume 29, Issue 3(1982).

Alston, Philip, "Peace as a Human Right", In Richard Pierre Claude & Burns H. Weston (eds.), *Human Rights in the World Community. Issues and Actions*(Philadelphia: University of Pennsylvania Press, 1992).

Andreassen, Bard A. & Stephen Marks (eds.), 양영미·김선 역, 인권을 생각하는 개발 지침서(서울: 후마니타스, 2010).

Amnesty International, *Amnesty International Report 2012: The State of the World's Human Rights*(London: Amnesty International Ltd, 2012).

Bauer, Joanne R. & Daniel A. Bell (eds.), *The East Asian Challenge for Human Rights*(Cambridge: Cambridge University Press, 1999).

Buergenthal, Thomas, "The Helsinki Process: Birth of a Human Rights System", In Richard Pierre Claude & Burns H. Weston (eds.), *Human Rights in the World Community. Issues and Actions*(Philadelphia: University of Pennsylvania Press, 1992).

Chanlett-Avery, Emma, "North Korea: U.S. Relations, Nuclear Diplomacy, and Internal Situation," *CRS Report for Congress*, January 17(2012).

Clapham, Andrew, 박용현 역, 『인권은 정치적이다: 쟁점으로 보는 인권교과서』(서울: 한겨레출판, 2010).

Cranston, Maurice "Are There Any Human Rights?", *Daedalus*, Vol.112, No.4(1983).

Donnelly, Jack, 박정원 역, 『인권과 국제정치: 국제인권의 현실과 가능성 및 한계』(서울: 도서출판 오름, 2000).

Feffer, John, "Engaging Pyongyang on Human Rights", *Foreign Policy in Focus*, November 20(2008).

Flinterman, Cees, "Three Generations of Human Rights" In Jan Berting & Peter R. Baehr et.al. (eds.), *Human Rights in a Pluralist World*(London:

Greenwood Publishing Group, 1990).

Haggard, Stephan & Marcus Noland, *Famine in North Korea: Markets, Aid, and Reform*(New York: Columbia University, 2007).

Human Rights Watch, World Report 2010 – North Korea, http://www.unhcr.org/refworld/docid/4b586ce716.html(검색일: 2012. 1. 15)

International Crisis Group, "Perilous Journeys: The Plight of North Koreans in China and Beyond", *Asia Report*, No.122, 26 October 2006.

International Federation for Human Rights, "Misery and Terror: Systematic Violations of Economic, Social and Cultural Rights in North Korea," fifth Report n°374/2(November, 2007).

Ishay, Micheline, 조효제 역, 『세계인권사상사』(서울: 도서출판 길, 2005).

Moyn, Samuel, *The Last Utopia*(Cambridge: The Belknap Press of the Harvard University Press, 2010).

Nye Jr., Joseph S., 윤영호 역, 『권력의 미래』(서울: 세종서적, 2012).

Opitz, Peter J., *Menschenrechte und internationaler Menschenrechtsschutz im 20. Jahrhundert: Geschichte und Dokumente*(München: Wilhelm Fink Verlag, 2002).

Riedel, Eibe, "Die Menschenrechte der dritten Generation als Strategie zur Verwirklichung der politischen und sozialen Menschenrechte," In Adolfo Perez Esquivel (Hg.), *Das Recht auf Entwicklung als Menschenrechte. Von der Nord-Süd-Konfrontation zur Weltsozialpolitik*(München: Schnell & Steiner, 1989).

Seymour, James D., "China: Background Paper on the Situation of North Koreans in China," *WRITENET independent analysis*(January 2005).

Steiner, Henry J. & Philip Alston, *International Human Rights in Context: Law, Politics, Morals*(Oxford: Oxford University Press, 2000).

Tetzlaff, Rainer(Hg.), *Menschenrechte und Entwicklung. Deutsche und internationale Kommentare und Dokumente*(Bonn: Stiftung Entwicklung und Frieden, 1993).

Vasak, Karel, "A 30-year Struggle: The Sustained Efforts to Give Force of Law to the Universal Declaration of Human Rights", *The Unesco Courier*(November, 1977).

Vasak, Karel (ed.), *The International Dimensions of Human Rights*(Paris: Unesco, 1979).

Vincent, R. J., *Human Rights and International Relations*(Cambridge: Cambridge University Press, 1995).

제6장

통일인식 관련 통일교육의 방향: 통일비용을 중심으로

조철호 | 통일교육원

Ⅰ. 서론

이 연구는 통일인식과 관련하여 통일교육의 방향을 모색하기 위하여 통일비용을 중심으로 고찰하고자 한다. 기존의 통일교육은 북한과 통일에 대한 풍부한 정보과 지식을 전달하는 위주이었다. 기존의 통일교육은 북한과 통일에 대한 풍부한 정보과 지식을 전달하는 위주이었다. 북한과 통일에 대하여 많은 정보와 지식을 알고 있다하더라도, 잘못된 인식과 논리를 갖고 있는 경우 더 문제가 된다. 이에 통일교육은 북한과 통일에 대한 올바른 인식과 논리를 제공하는 노력을 필요로 한다. 특히 통일비용에 대한 잘못된 인식이 통일의 무관심 내지 불필요성을 조장하고 있다는 문제의식에서 기존의 통일비용에 대한 인식을 점검하고 통일비용에 대한 올바른 이해를 강화시켜 줄 수 있는 통일교육의 방향을 모색하여야 한다.

2014년 박근혜 대통령이 통일대박을 언급한 이후 통일에 대한 관심과 통일에 대한 논의가 활성화되고 있다. 특히 통일비용과 통일편익을 비롯한 통일담론의 공론화가 본격적으로 제기되고 있다. 전체적으로 우리 사회는 거시

* 본 논문은 "통일비용 관련 통일교육의 방향", 〈평화학연구〉 제12권 3호, 2011년 9월 게재된 논문을 수정 보완한 것임.

적 측면에서 통일에 대하여 강조하여 왔었다. 그럼에도 불구하고 구체적으로 통일의 미시적 부분까지 대비하는 준비에 대해서는 상대적으로 충분히 논의되어 오지 않았다. 이러한 점에서 이러한 통일담론의 공론화는 우리의 통일의지를 강화시키고 통일 지지의 입장을 활성화시키어 궁극적으로 한반도 통일의 밑거름이 될 것이다. 이러한 문제의식의 연장선 상에서 통일비용에 대한 우리의 이해와 인식을 검토하고 통일비용에 대한 올바른 이해와 인식을 점검하는 작업을 필요로 하고 있다.

Ⅱ. 통일비용 관련 잘못된 이해와 인식

일반적으로 통일비용 관련 기존의 인식은 통일이 되면 막대한 통일비용이 들어갈 것이라는 막연히 추정하는 오류를 범하고 있다. 이러한 통일비용에 대한 잘못된 이해와 인식은 통일에 무관심하거나 심지어 통일을 반대하도록 만드는 경향을 보이고 있다.

서울대학교 통일평화연구소가 발표한 「2009년 통일의식조사」에 의하면, 통일이 '매우 필요'하다는 의견은 24.7%, '필요'하다는 의견은 31.1%로서 전체 응답자의 55.8%가 통일의 필요성을 인정하고 있다. 그러나 이러한 수치는 2007년의 63.8%에 비해 낮아진 것이며, 특히 '매우 필요'하다는 의견은 2007년에는 34.4%였으나, 2009년에는 거의 10% 포인트가 감소한 것이다. 뿐만 아니라 통일이 '전혀 필요없음'이라는 의견은 2007년 2.4%에서 2009년 4.4%로 증가하였으며, '필요없음'이라고 응답한 경우도 12.7%에서 16.2%로 증가하였다.[1] 또한 2010년 민주평화통일자문회의가 실시한 '국민통일의식 여론조사' 결과에 따르면, 국민 대다수(85%)가 통일의 필요성을 인식하고 있는 데 반하여, 통일비용 부담 용의는 절반 수준(52%)에 머무르고 있다. 또한

1) 조동호, "통일비용 논의의 바람직한 접근". 『JPI 정책포럼』, No. 2010-9, 2010년 3월, 제주평화연구원, p. 2.

통일연구원의 2010년도 통일문제 국민여론조사의 경우, 통일에 드는 비용이 많다는 인식이 64.8%를 차지한 반면, 통일로 인한 이득이 많다는 인식은 19.7%에 그치고 있다.[2] 이와 같이 우리 사회에서 통일의 필요성을 경제적 득실의 여부에 따라 결정하는 경제주의 관점이 강하게 만연되어 있다. 그러나 이러한 경제주의 관점은 "통일이 경제적으로 이익을 가져오면 찬성하고 손실을 가져오면 반대한다"는 논리를 내포하는 한계를 갖고 있다.

원칙적으로 통일은 남북한이 한민족이라는 바탕 아래에서 평화와 번영을 누릴 수 있는 최상의 상태라는 점에서, 통일은 국가적·민족적 차원에서 당위의 문제이다. 동시에 통일비용보다 큰 통일이익으로 분단비용의 해소와 통일편익을 발생시킨다는 점에서 실질적·경제적 필요의 문제이다. 그럼에도 불구하고 경제주의 관점에 기초한 잘못된 통일비용의 이해와 인식은 우리 사회에서 통일에 대한 무관심 및 불필요를 조장하고 통일논의 관련 갈등과 분란을 야기시킬 가능성이 높다. 더 나아가 이러한 잘못된 통일비용의 이해와 인식은 통일의지를 약화시켜 궁극적으로 통일을 불가능하게 만들 가능성이 농후하다는 것이 더 큰 문제이다. 남북한이 한민족으로 상생·공영을 할 수 있는 통일을 달성하기 위해서는 통일비용에 대한 우리의 이해와 인식을 점검하여 잘못된 통일비용에 대한 인식을 수정하여 올바른 통일비용에 대한 이해와 인식으로 전환하도록 만드는 것은 중요하고 시급하다.

Ⅲ. 통일비용 관련 올바른 이해와 인식

통일비용 관련 잘못된 이해와 인식은 통일비용의 과대비용, 통일비용의 증감 가능성, 통일비용의 소비적 지출 등을 상대적으로 부각시켜 온 경향을 보이고 있다. 그러나 통일은 통일비용의 발생과 더불어 동시에 분단비용의 해소, 통일편익의 창출을 야기시키는 있다는 점을 상기할 필요가 있다. 통일비

2) 통일연구원, 『통일환경평가 관련 2010년도 통일문제 여론조사』, 2010년 9월 8일, p. 32.

용은 분단비용과 통일편익을 함께 고려하여야 통일비용에 대한 균형적인 이해와 인식을 할 수 있다. 이를 토대로 통일비용의 과대비용, 통일비용의 증감 가능성, 통일비용의 소비적 지출 등과 같은 기존 인식의 주요 쟁점과 대하여 통일비용 관련 올바른 이해와 인식을 다음과 같이 도출할 수 있다.

1. 분단비용이 통일비용보다 크다.

막대한 통일비용 때문에 통일에 반대한다는 인식은 대표적인 잘못된 통일 인식이다.[3] 이러한 인식은 통일비용의 많고 적음에 따라 통일에 대한 찬성과 반대를 결정하는 경제주의의 관점을 가지고 있다. 그러나 이러한 인식은 경제주의의 입장에서도 분단비용의 해소, 통일편익의 발생을 연관하여 파악하지 않고 오로지 통일비용만을 고려하여 통일에 반대하는 오류를 범하고 있다. 통일로 인한 이해득실을 논하기 위해서는 분단비용, 통일비용, 통일편익을 동시에 입체적으로 분석해야 될 것이다. 통일비용이 분단비용보다 큰가, 통일비용이 통일편익보다 큰가를 정확하게 계산하여야 한다.

일반적으로 분단비용은 "남북한 분단으로 인하여 남북한이 지불하여야 하는 기회비용", 통일비용은 "남북한 통일로 인하여 통일한국이 지불하여야 하는 기회비용", 통일편익은 "남북한 통일로 인하여 통일한국이 누리게 보상 및 혜택"으로 정의되고 있다. 이러한 정의 아래 분단비용, 통일비용, 통일편익을 계량적으로 추정치를 산출하기 위해서 많은 연구기관에서 시도하였으나, 실질적으로 정확하게 추정하기 어려운 한계가 있다.

통일비용의 경우 통일의 시기와 방식(급진, 점진)에 따라 편차가 심하고, 남북간 소득 격차의 조정목표와 소득 조정기간에 따라 상이하기 때문에 현 시점에서 통일비용의 규모를 정확히 예측하기는 어렵다. 실제로 외부 연구기관의 비용 추계 결과도 연구자에 따라 낮게는 500억 달러에서 많게는 5조 달

3) 조동호의 경우 기존 통일비용 논의는 부담에 대한 고취, 재원조달방안의 모색 계기 제공이라는 장점을 갖고 있으나, 편익에 대한 고려 결여, 북한경제의 흡수능력 무시라는 문제점을 갖고 있다고 파악하고 있다.

러까지 추정하는 큰 차이를 보이고 있다.[4] 〈표 1 참조〉

| 표 1 | 통일비용 연구결과

연구자(기관)	통일시기	통일비용 개념	추정비용
한국개발 연구원 (1991)	2000년	• 남북한 소득격차 해소비용 • 2010년 북한 1인당 소득 남한의 60%	2,632~2,736억달러
하버드대 인구개발 연구소 (1991)	1991년	• 독일 통일비용 기준	2,500~5,000억달러
유로아시안 비즈니스 컨설팅 (1992)	1993년	• 1993년 북한 1인당 소득을 990달러로 가정하고 2000년 6,800달러로 올리기 이한 투자비용	3,280억달러
신창민 (1992)	2000년	• 남북한 소득격차 해소비용 • 2010년 북한 1인당 소득 남한과 동일	1조 7,700억달러
안두순 (1992)	1990년	• 남북한 소득격차 해소비용 • 2000년 북한 1인당 소득 남한과 동일	241조 5,000억원~ 360조 3,000억원
Economic Intelligence Unit (1992)	2000년	• 남북한 소득격차 해소비용 • 2000년 북한 1인당 소득 남한과 동일	1조 897억달러
배진영 (1993)	2000년	• 남북한 소득격차 해소비용 • 2010년 북한 1인당 소득 남한과 동일	4,480억달러
이영선 (1993)	2041년	• 점진적 통일 • 1990년부터 지원을 시작하여 남북한 소득수준이 같아지는 시점에 통일 • 기회비용 개념 이용	3,880억달러~8,418억달러
한국산업 은행 (1994)	1994년	• 남북한 소득격차 해소비용 • 2004년 북한 1인당 소득 남한의 60%	8,050억달러
M. Noland (1996)	1995년 2000년	• 북한 가계소득이 남한의 60%에 이르기 위해 소요되는 자본량을 통일시점에 따라 추정	1조 3,780억달러~3조 1,720억달러
황의각 (1996)	2000년	• 2005년 남북한 동일생활수준 달성비용	1조 2,040억달러
박태규 (1996)	1995년	• 항목별 소요지원액 합계	초기 5년은 남한지역GNP의8.7~11.3%, 후기 5년은 7.5%

4) 양운철의 경우 대부분의 통일비용 추정은 극히 단순한 확률적 실험일뿐이지 신중하게 시도된 예측이 아니며 정책적 함의도 낮다는 점에서 통일비용 추정의 문제점을 제기하고 있다. 양운철, "통일비용 개념 정립과 조성방안", 『통일비용, 어떻게 준비할 것인가』, 코리아정책연구원, 2010년 10월 15일, pp. 27~34.

연구자(기관)	통일시기	통일비용 개념	추정비용
이주훈 장원태 (1997)	-		
삼성경제 연구소 (2005)	2015년	• 가상가치접근법(contingency value method)을 통한 지불의사 측정	103조 1,514억원~129조 2,382억원
한우리연구원 (2007)	2020년	• 북한주민의 기초생활 및 초기 산업화를 위한 지원비용	5,460억달러
한국조세연구원(2009)	2011년	• 남북한 소득격차 해소비용 • 2030년 북한 1인당 소득 남한의 50%	9,912억달러
Rand Institute (2005)	-	• 국민기초생활보장제도를 제외한 급속한 통합비용	남한 GDP의 12%
Credit Suisse (2009)	-	• 북한 GDP를 2배로 올리는 비용	500억달러~6,700억달러
P. Beck (2010)	-	-	1조 5,000억달러

자료: 조동호(1997), 장원태(1998), 한기성(1999), 한우리연구원(2007), 최준욱(2009), Kwon(2009), 연하청(1998), 한기성(1999), 조동호(2010) 참조.

그러나 분단비용과 통일비용, 통일편익이 가지고 있는 자체 특성을 고려하면 분단비용과 통일비용 중 어느 비용이 큰가를 용이하게 판단할 수 있다. 분단비용은 남북한 분단이 지속되는 한 장기간 지속적으로 발생하는 비용인 반면, 통일비용은 남북한 통일이후 단기간 한시적으로 발생하는 비용이다. 〈그림 1 참조〉 분단비용은 분단의 정서적 비용과 정치사회적 비용으로 구분되고 있다.[5] 먼저 분단의 정서적 비용으로 남북한 간의 전쟁가능성에 의한 공포, 이산가족의 고통, 인간의식의 정신병리적 상태, 이념화와 체제경쟁의식의 내면화, 한민족의 우수성에 대한 발전제약 등이 있다. 분단의 정치사회적 비용으로 막대한 군사비 지출과 안보비용, 양극화된 흑백논리, 냉전체제의 유산 등이 있다.

이러한 점에서 통일비용을 논의할 경우 적어도 분단비용과 함께 입체적으로 고려해야 한다. 분단비용이 통일비용보다 크다는 것을 명심하여 통일비용

5) 조민, "분단의 정치사회적 비용과 통일의 이익", 『분단비용과 통일비용』, 민족통일연구원, 1997년, pp. 114~121.

때문에 통일에 대하여 우려하기보다 분단비용을 해소시킬 수 있는 통일을 위하여 적극적인 노력을 기울여야 될 것이다.

| 그림 1 | 분단비용과 통일비용

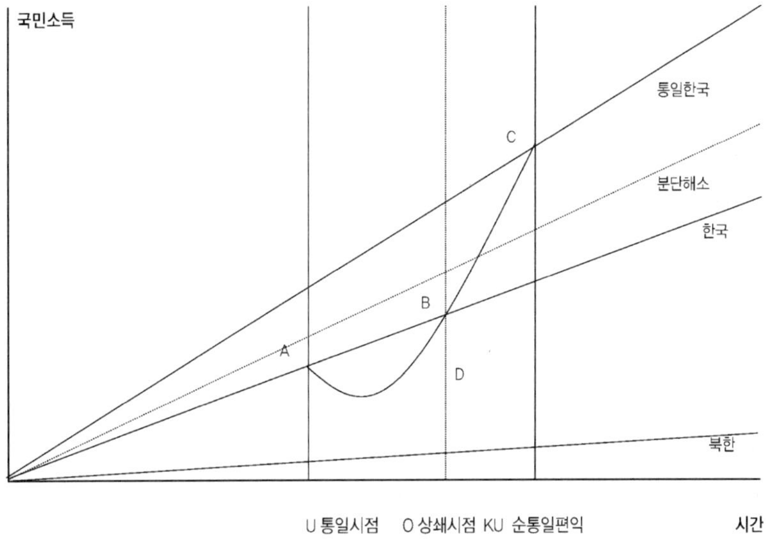

2. 통일비용은 준비 여하에 따라 줄일 수 있다.

통일되면 통일비용이 천문학적으로 증가할 것으로 예상되기 때문에 통일에 반대한다는 인식도 대표적인 잘못된 통일비용 인식이다. 동서독 통합은 남북한의 통일이 가능하다는 긍정적인 인식을 강화시켜 주었지만, 동시에 통독의 통일비용은 통일한국이 지불해야하는 통일비용을 우려하는 부정적인 인식을 조성시켜 주었다. 그러나 통일비용은 통일방식, 통합수준 등에 의해 다르게 산출될 수 있다는 점에서 통독의 통일비용 사례를 남북한 통일에 단순 적용하는 것은 무리가 있다. 오히려 통독의 통일비용 사례에서 나타나는 시행착오에 대한 심도 깊은 연구를 통하여 남북한 통일에 유용한 교훈을 찾아내는 노력을 필요로 한다.[6)]

일반적으로 통일비용은 구성요소를 중심으로 위기관리비용, 제도통합비용, 통합투자비용으로 구분된다. 첫째 위기관리비용은 통일과정에서 혼란 극복을 위한 비용(식량, 의약품, 난민 지원 등)으로 통일방식에 따라 증감이 가능하다. 점진적 통일방식은 위기관리비용을 감소시켜 줄 수 있는 반면, 급진적 통일방식은 위기관리비용을 증대시킬 것이다.[7] 지난 6월 대통령 직속 미래기획위원회는 점진적 통일방식 및 급진적 통일방식 각각의 경우에 대한 통일비용을 산정한 결과, 급진적 통일방식은 점진적 통일방식보다 7배 이상의 통일비용이 소요될 것이라는 전망을 발표하였다.

이러한 점에서 급진적 통일방식이 아닌 점진적 통일방식이 위기관리비용을 최소화시킬 수 있는 최선의 대안이다. 이를 위하여 우리 정부도 비핵·개방·3000, 그랜드 바겐 등을 비롯한 상생·공영정책을 전개하는 등 최선의 노력을 전개하여 왔다. 특히 건강한 남북관계를 수시로 강조하여 왔던 이명박 대통령은 2010년 8·15 경축사에서 평화공동체, 경제공동체, 민족공동체를 포함하는 3대 공동체 구상을 제시하였다.

또한 이러한 3대공동체 구상은 남북간 합의에 의한 평화통일을 상정한 것으로 남북간의 공동체 형성을 통한 점진적·안정적 평화통일을 지향하고 있다. 이러한 점에서 통일세 제안은 급변사태나 흡수통일 등 특정상황을 염두에 둔 것이 아니라 미래에 반드시 올 통일에 대하여 사전에 대비하고 노력하는 자세가 필요하다는 제기하기 위한 것이다. 2009년 2월 방한한 독일의 쾰러 대통령은 "통일이 이루어 질 것이라는 가능성을 절대 포기해서는 안될 것이다. 생각보다 빨리 통일이 올 수 있다는 점을 염두에 두어야 한다"고 조언하면서 "미리 계획을 세우고 준비하는 것이 필요하다"것을 강조하였다.

둘째, 제도통합비용은 통일한국 이후 국가통합을 위한 비용으로 통합수준, 통합방식에 따라 비용의 규모는 변경될 수 있다. 독일의 경우 통일비용은 동

6) 유호열, "통일대장정 준비, 현실적 정책대안 도출 기대", 『통일비용, 어떻게 준비할 것인가』, 코리아정책연구원, 2010년 10월 15일, pp. 4~5.

7) 최준욱의 경우 남북한의 소득격차가 클수록 남북한경제의 급진적 통합은 재정부담이 증가할 것으로 예상하고 있다. 최준욱, "남북한 경제통합이 재정에 미치는 영향", 『재정포럼』 2009년 3월, pp. 6~9.

서독의 통일과정에서 통일 후 일정기간 이내에 동독주민의 1인당 국민소득이 서독주민의의 국민소득과 같게 되기 위해 서독정부가 지출해야 하는 재정 소요액으로 정리하고 있다. 이에 따라 독일은 통합 이후 동독의 경제·사회 수준을 서독에 걸맞는 수준으로 끌어 올리는 데 소요되는 경제적·비경제적 비용을 집중하여 통일비용을 사용하였다.

독일 정부는 1991-1999년까지 총통일비용은 8,354억 유로(순통일비용은 6,304억 유로)로 연평균 약 928억 유로를 사용하였다고 공식적으로 1999년에 발표하였다. 그러나 이후 독일 정부는 통계의 동서독 구별 문제 등으로 통일비용을 공식적으로 발표하고 있지 않다. 다만 독일 내 민간연구기관들이 이후에도 추정치를 발표하고 있으며, 이에 따르면 1990~2009년까지의 총통일비용은 약 2조 유로(순통일비용은 1조 6,200억 유로)로 알려지고 있다. 구체적으로 구동독지역으로의 순이전액(총이전액에서 구동독지역으로부터 연방재정 등으로 되돌아가는 세금, 사회보장비 등을 제외한 금액)은 구서독지역 연간 GDP의 4-5%, 구동독지역 연간 GDP의 약 30%에 달하고 있다.[8)]

이와 같이 독일은 공공부문에서 구서독지역으로부터 구동독지역으로의 이전 금액을 통일비용으로 정의하여 총통일비용 - (동독지역 세금+사회보장기여금 등)=순통일비용을 산출하고 있다. 이러한 독일식 통일비용의 정의와 사례에 기초하여 한국과 북한의 경우, 동·서독보다 1인당 GDP 격차는 큰 반면, 인구격차는 크지 않아 독일보다 더 큰 통일비용이 소요될 것이라는 전망이 우리 사회에서 알려져 있다. 즉 통일 당시 동독의 1인당 GDP는 서독의 33%, 동독의 인구는 서독의 27%였으나, 북한의 1인당 GDP는 한국의 6%에 불과한 반면 북한의 인구는 한국의 48% 수준이므로, 남북한 통일이 독일식의 즉각적인 통일의 형태로 발생할 경우 통일한국의 통합비용은 독일통일보다 더 클 것으로 예상된다는 것이다.[9)] 젤리거의 경우 2007년도의 남북한의 소득격차에서 남한소득의 60%를 북한의 희망소득으로 설정할 경우 2,525.3억 달러를

8) 통일부, "8·15 경축사(통일분야) 참고자료". 2010년 8월 23일, p. 5.

9) Goohoon Kwon, "A United Korea? Reassessing North Korea Risks," *Global Economics Paper* No. 188, Goldman Sachs, September 21, 2009.

통일비용으로 산출하고 있다.[10] 이와 같이 독일의 통일비용을 남북한 통일에 직접적 적용함에 따라 나타나는 통일한국의 과도한 통일비용의 강조로 인하여 분단비용의 해소와 통일편익의 발생이 소외되어 오히려 통일의 무관심 내지 불필요성을 조장하고 있다.

이러한 독일식 통일비용의 개념과 정의와 다르게 우리 사회는 일반적으로 통일편익을 차감하지 않은 비용을 총통일비용으로, 통일편익을 차감한 비용을 순통일비용으로 파악하는 경향이 있다. 이러한 통일비용의 개념 차이를 제대로 이해하지 못함에 따라 나타나는 잘못된 통일비용의 인식을 점검하고 제대로 된 통일비용의 인식으로 바로 잡아 줄 필요성이 있다.

실제로 통일비용은 통일방식, 통합수준, 통합방식 등에 의해 달라질 수 있다는 점에 염두를 두고, 통일한국 이후 불필요한 통일비용의 최소화를 위하여 사전에 충분한 연구와 논의를 통하여 국민적 합의를 도출할 수 있도록 준비하고 대비하는 노력은 중요하다. 통일비용의 구성요소를 파악하고 국민적 합의를 바탕으로 하여 통일재원 조달방법에 대한 대안 마련을 필요로 하고 있다.

---

10) Bernhard Sellger, "Unification Costs in Germany and Korea: A Comparative Perspertive," *20 Years since the German Unification and Peace of the Korean Peninsula*, Maebong Institute for One Korea, November 4, 2009, National Congress Assembly Hall, p. 23.

| 그림 2 | 통일비용의 최소화

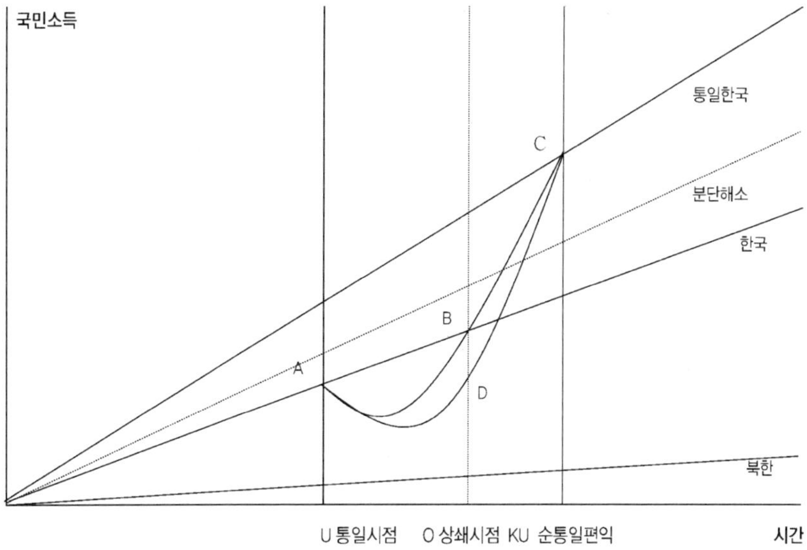

3. 통일비용은 사실상 통일투자이다.

통일비용은 통일 이후 소요되는 소비적 지출이라는 점에서 통일이 부담스럽다는 인식은 잘못된 통일비용의 인식이다. 통일비용의 구성요소에서 살펴본 바와 같이 제도통합비용은 통일한국의 안정적인 전환에 기여하고 통합투자비용은 미래에 더 큰 통일편익으로 보상된다는 점을 인지하여야 한다. 통일비용은 통일편익과 동시에 연계하여 파악해야 소비적 지출이 아닌 생산적 투자라는 통일비용의 본질적 성격을 이해할 수 있다.

통합투자비용은 통일한국 이후 북한지역의 경제활성화를 위한 투자비용으로 투자수준, 투자방식에 따라 변경이 가능하다. 일반적으로 통합투자비용은 투자수준, 투자지출주체에 따라 정부투자와 민간투자, 지출목적에 따라 투자지출과 경상지출로 구분된다.

| 표 1 | 통합투자비용의 지출주체와 목적에 따른 분류

구분		지출주체: 정 부	지출주체: 민 간
지출목적	투자지출	**정부투자 (A)** • 사회간접자본 조성 등	**민간투자 (C)** • 생산시설 투자 등
	경상지출	**정부경상지출 (B)** • 사회보장지출 및 각종 제도통합 비용 등	**민간경상지출 (D)** • 북한지역 주민에 대한 민간의 지원 등

슈피겔지 보도에 따르면 독일은 총통일비용으로 13년간('91-'03) 총 1조 2,500억 유로, 연간 960억유로를 평균적으로 통일비용으로 사용하였다. 이러한 통일비용의 크기는 한화 약 163조원(1유로=1,700원)에 해당하며 우리 정부예산('09년 284조)의 57%를 차지하는 규모이다. 아래의 표에서 보는 바와 같이 이러한 통일비용 중 사회복지 항목이 49%를 차지하여 왔다.

항목	인프라 구축	경제지원	사회복지	사용목적이 특정되지 않은 지원	기타 지출
	연방 도로 철도, 수로 주거, 도시 건축	지역경제지원 농업지원 신용기관이자 지원	연금 노동시장지원 육아보조비 장학금 등	통일기금 판매세 배분 재정균형지원 연대기금 등	인건비 국방비
금액	1,600억 유로 (12.5%)	900억 유로 (7%)	6,300억 유로 (49%)	2,950억 유로 (23%)	1,050억 유로 (8%)

독일은 '구동독지역 경제재건 비용'으로 13년간 총 2,500억유로, 연간 194억유로, 한화 약 33조원(1유로=1,700원), 우리 정부예산('09년 284조)의 11.7% 정도를 사용하여 왔다. 그 결과 아직 구동독지역의 생활수준이 구서독지역과 동일한 정도로 향상되지 못한 것은 사실이다. 예를 들면 2008년 구동독지역의 평균 임금은 구서독지역의 82% 수준에 도달하였으나, 생산성이 79% 수준에 머물고 있는 상태이다. 이와 같이 통독의 통일비용이 주로 동독의 복지향상에 49% 정도로 많이 투자되었고 동독의 경제재건에 12% 정도로 적게 투자되었던 점을 통독 자신도 통일비용의 투자방식의 문제점으로 지적되고 있다.

| 그림 3 | 동서독주민간 경제수렴정도

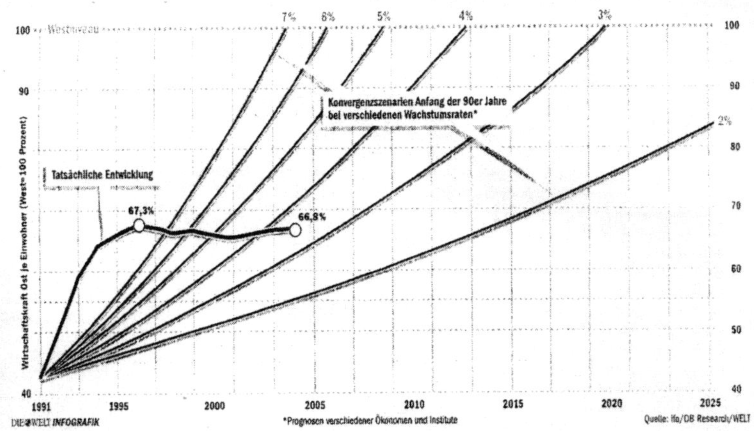

□ Wirtschaftskraft Ost je Einwohner (West = 100 prozent) : 동독주민의 경제수준 (서독주민 경제수준 = 100%)
□ Tatsächliche Entwicklung : 실제수렴도
□ Konvergenzszenarien Anfang der 90er Jahre bei verschiedenen Wachstumsraten : 90년대초 다양한 경제성장률에 따른 수렴 시나리오

실제로 매년 경제성장률에 따라 동서독의 경제수준이 동일해지는 해를 표시한 도표에서 알 수 있듯이, 20년이 지난 현재 상황은 도표에서 보는 것처럼 동독의 경제수준이 서독의 경제수준에 비해 70%를 넘지 못하고 있다.[11] 이와 같은 독일통합의 시행착오를 교훈으로 삼아 통일한국은 통일비용을 유용하게 활용할 수 있는 최선의 대안을 사전에 마련하는 것이 바람직하다고 충고하고 있다. 이를 참조할 때 지원을 통한 복지수준의 향상과 성장을 통합 복지수준의 향상과의 관계에 대한 충분한 연구와 논의를 통하여 국민적 합의를 도출할 수 있는 바람직한 최선의 대안을 사전에 준비하여야 할 것이다.

11) Detlef Kühn, "독일 통일의 현주소", 『독일 통일 세미나』, 주독일대사관, 2010년 2월, p. 14.

| 그림 4 | 통일비용의 상쇄시점

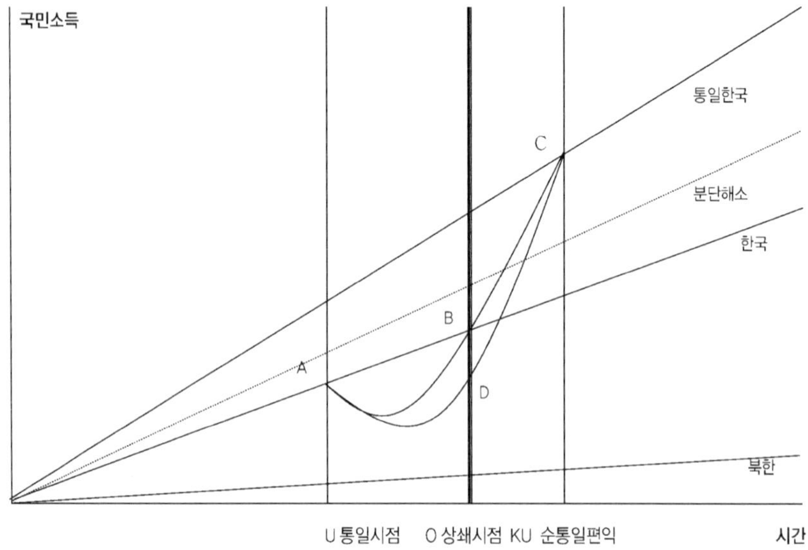

Ⅵ. 결론: 통일교육의 방향

본 연구는 통일비용에 대한 잘못된 인식이 통일의 무관심 내지 불필요성을 조장하고 있다는 문제의식에서 기존의 통일비용에 대한 인식을 점검하고 통일비용에 대한 올바른 이해를 강화시켜 줄 수 있는 통일교육의 방향을 모색하고자 하였다. 이에 연구결과 다음과 같은 통일비용에 대한 올바른 이해와 인식을 위한 통일교육의 방향을 도출할 수 있었다.

첫째, 통일비용의 크기와 관련하여 통일비용은 막대할 것이라는 인식의 오류를 지적하고, 분단비용이 통일비용보다 크다는 인식을 강화시킬 필요가 있다. 대부분의 기존 인식은 미래에 발생할 불확실한 추정치에 의존하고 오직 통일비용만을 강조하는 경향이 있다. 이로 인하여 기존 인식은 통일비용을 분단비용과 통일편익과 동시에 균형적으로 고려하는 편향적 인식을 갖고 있다. 이에 분단비용은 분단 기간 동안 장기간 지속적으로 발생하는 비용인 데 반해, 통일비용은 통일 이후 단기간 한시적으로 발생되는 비용이라는 특성에 기초하여 분단비용과 통일비용의 크기에 대한 이해를 강화시킬 필요가 있다.

둘째, 통일비용의 증감 가능성과 관련하여 통일비용은 계속하여 증대될 것이라는 인식의 오류를 지적하고, 통일비용은 준비의 여하에 따라 감소될 수 있다는 인식을 강화시킬 필요가 있다. 대부분의 기존 인식은 통일비용은 사전 대비하기가 어려우며 통일 이후 자연발생적으로 발생하는 비용으로 인식하는 경향을 갖고 있다. 이로 인하여 기존 인식은 통일비용을 감소시킬 수 있는 대안을 논의하고 준비하는 노력이 부족한 편이다. 이에 통일비용에 대하여 사전에 충분한 논의 속에서 국민적 합의를 바탕을 둔 철저한 통일준비를 할 경우 통일비용을 줄일 수 있다는 이해와 인식을 강화시킬 필요가 있다.

셋째, 통일비용의 지출 성격과 관련하여 통일비용은 소모적 지출이라는 인식의 오류를 지적하고, 통일비용은 미래의 통일편익으로 보상받을 수 있는 생산적 투자라는 인식을 강화시킬 필요가 있다. 대부분의 기존 인식은 통일 이후 제도통합비용은 통일한국의 안정적인 전환에 기여하고 통합투자비용은 미래에 더 큰 통일편익으로 보상된다는 인식을 강화시킬 필요가 있다.

결론적으로 통일비용의 크기, 증감 가능성, 지출 성격 등과 관련된 잘못된 이해와 인식의 수정을 통한 올바른 이해와 인식으로의 전환하는 노력을 통일비용 관련 통일교육의 방향으로 설정하여야 할 것이다. 우리의 잘못된 통일비용의 인식을 수정하고 올바른 통일비용의 인식으로 전환하는 작업은 남북한의 통일을 앞당길 뿐만 아니라 통일비용의 최소화에도 기여할 것이다. 남북분단체제의 소극적 관리에서 미래에 반드시 다가올 통일에 대하여 미리 적극적으로 대비하고 준비하는 자세를 갖는 것이 필요하다. 이를 위해서 우리가 통일 이전에 준비해야 사항을 점검하고 통일 이후 통합계획에 있어서 최선의 대안을 찾고 이에 대한 국민적 합의를 도출하는 것이 중요한 우리의 과제라고 할 수 있다.

참고문헌

국가정보원, 『통계로 나타난 독일통일 20년』. 국가정보원. 2009년.

김대우, "통일비용조달방안", 『용인대학교 논문집』, 15집. 1998년

김수용, "통일전후의 남북한 경제통합과 통일비용", 『서강경제논집』, 30집 2호, 2001년.

김영윤 외, 『평화비용의 의미와 실익』. 통일연구원, 2005.

김영윤, "비용과 편익 측면에서 본 독일 통일", 『분단비용과 통일비용』. 민족통일연구원, 1997.

김영탁, 『독일통일과 동독재건과정』 (서울: 한울, 1997).

김영희, "독일통일이 한국에 주는 교훈", JPI 정책포럼, No.2009-17(2009), 제주평화연구원.

김창권, "한반도 통일시 북한지역 국유기업 사유화 과정에서의 노동참여의 효율성", 『경상논총』, 제26권, 2002년 12월.

김창권, "독일 통일비용 15년 평가와 시사점", 『통일경제』, 86호, 2005년.

김창권, "한반도 통일비용에 대한 비판적 소고", 『산경농총』, 25권 2호, 2006년.

김창권, "북한이탈주민의 남한노동시장에서의 취업 결정요인 연구", 『경상논총』, 제25권 2호, 2007년 6월.

김창권, "독일 통일 이후 구동독지역 인구이동 및 인구변화와 한반도 통일에 주는 정책적 시사점", 『경상논총』, 제28권 1호, 2010년 3월.

노상채, "한반도 통일비용 연구동향 분석", 『경제경영연구』, 29집 1호, 2006년.

뮬러, U., 이봉기 역, 『대재앙 통일 - 독일 통일로부터의 교훈』, (서울: 문학세계사, 2005).

박종철, "3대공동체 통일구상과 통일대비", 『한반도 정세와 통일대비』, 한국지방정치학회, 2010년 11월 5일.

박태규, "한반도 통일에 따른 소요비용의 추계와 재원조달 방안", 『한반도 통일시의 경제통합전략』, 한국개발연구원, 1997년.

배득종, "국민들의 통일비용 지불의사의 측정", 『'95 북한 및 통일연구 논문집(V)』, (통일원, 1995).

손기웅, 『독일통일 20년: 현황과 교훈』, 통일부 통일교육원, 2010년 1월.

박태규, "한반도 통일에 따른 소요비용의 추계와 재원조달 방안", 『한반도 통일시의 경제통합전략』, (한국개발연구원, 1997)

신창민, "통일비용과 분단비용 재점검과 시사점", OK Times: Overseas Koreans Times, 139호, 2005년.

신창민, "통일비용 및 통일편익", 국회예산결산특별위원회, 2007년 8월 31일.

야프리베·루돌프 히켈, 함종만 번역, 『독일 통일비용: 분단국가의 교훈』, (서울: 대륙연구소 출판부, 1994).

양용석, "기존 추정분석사례의 고찰을 통한 적정 통일비용 산정방안에 관한 연구", 『군사논단』, 제58호, 2009년, 한국군사학회.

양운철, "통일비용의 추정과 재원 조달방안", 『세종정책연구』, 2권 1호, 2006년.

양운철, "통일비용 개념 정립과 조성방안", 『통일비용, 어떻게 준비할 것인가』, 코리아정책연구원, 2010년 10월 15일, pp. 27~34.

연하청, "남북한 통일비용과 편익", 명지대학교 개교 50주년 기념 북한연구소 학술대회 발표논문, 1998년.

유호열, "통일대장정 준비, 현실적 정책대안 도출 기대", 『통일비용, 어떻게 준비할 것인가』, 코리아정책연구원, 2010년 10월 15일.

이상만, "남북한 경제통합의 경제적 영향과 통일비용의 재원조달방안", 『남북한 경제관계발전을 위한 부문별 과제연구』, (서울: 한국개발연구원, 1991).

이승현, 『통일비용 추산을 둘러싼 최근 논의』, (서울: 국회도서관, 2003).

이승현·김갑식, "통일비용: 논의의 현황과 쟁점", 『이슈와 논점』, 제101호, 2010년, 국회입법조사처.

이승현·김갑식, "한반도 통일비용의 쟁점과 과제", NARS현안보고서 Vol. 105,

2010년 국회입법조사처.

이주훈·장원태, "국민의 통일비용 지불의사에 관한 연구", 『동북아경제연구』, 제9권 제1호, 1997년, 한국동북아경제학회.

장원태, "통일비용 조달방안 및 통일정책에 관한 연구", 『경북논총』, No. 2, 1998년, 경북대학교.

정용길, "통일독일의 통일비용과 경제통합", 『유럽연구』, 26권 3호, 2008년.

조동호, "통일의 경제적 비용과 편익", 『분단비용과 통일비용』, (민족통일연구원, 1997).

조동호, "통일에 따른 경제적 편익", 전홍택·이영선편, 『한반도 통일시의 경제통합전략』, (서울: 한국개발연구원, 1997).

조동호, "통일비용 논의의 바람직한 접근". 『JPI 정책포럼』, No. 2010-9, 2010년 3월, 제주평화연구원.

조민, "분단의 정치사회적 비용과 통일의 이익", 『분단비용과 통일비용』, (서울: 민족통일연구원, 1997).

조철호, "통일비용 관련 통일교육의 방향". 『한반도 정세와 통일대비』, 한국지방정치학회, 2010년 11월 5일.

최준욱, "남북한 경제통합이 재정에 미치는 영향", 『재정포럼』, 제158호, (한국조세연구원, 2009).

통일부, 『독일 통일백서(2002)』, (서울: 통일부, 2003).

통일부, "8·15 경축사(통일분야) 참고자료". 2010년 8월 23일

통일부 통일교육원, 『북한 이해 2010』, 통일부 통일교육원, 2010년 4월.

통일부 통일교육원, 『통일문제 이해 2010』, 통일부 통일교육원, 2010년 4월.

통일부, "국회 정기회 보고자료", 통일부, 2010.

통일연구원, 『독일통일백서 2006』, (서울: 통일연구원, 2008).

통일연구원, 『통일환경평가 관련 2010년도 통일문제 여론조사』, 2010년 9월 8일,

한기성(1999), "통일비용 최소화를 위한 정책에 관한 연구", 성균관대학교 대학원 박사학위 논문.

한우리연구원, "통일비용 및 통일편익", 국회 예산결산특별위원회 용역보고서 2007년.

한운석, "독일 통일 20년의 성과와 한계", 『역사와 담론』, 제54호, 호서사학회, 2009년.

홍성국, "통일한국의 군사비 감축과 효과", 『통일경제』, 통권 제17호, 현대경제사회연구원, 1996년.

홍성국 "남북한 분단비용의 추정", 『통일경제』, 통권 제40호, 1998년, 현대경제사회연구원,

황병덕, 『독일통일 20주년 조망: 독일통일이 한반도통일에 주는 시사점 - 통일주변환경 조성 중심』, 통일연구원, 통일정세분석 2010-05, 2010년 9월.

황준성, "독일통일 15년의 사회경제적 평가와 시사점", 『한독경상학회』, 제25권 4호, 2007년, 한독경상학회.

Bernhard Sellger, "Unification Costs in Germany and Korea: A Comparative Perspertive," 20Years since the German Unification and Peace of the Korean Peninsula, Maebong Institute for One Korea, November 4, 2009, National Congress Assembly Hall,

Detlef Kühn, "독일 통일의 현주소", 『독일 통일 세미나』, 주독일대사관, 2010년 2월.

Goohoon Kwon(2009), "A United Korea? Reassessing North Korea Risks," Global Economics Paper No. 188, Goldman Sachs, September 21, 2009.

Lee, Jong Won·Brezinaski, Horat·Kim, Chang-Kwaon(2001), "German Reunification after Ten Years: Lessons from the Monetary Side and the Laber Market for the United Korea", 『경상논총』, 제24권, 2001년 12월.

2부

북한과 동북아

제7장

북핵문제와 북중동맹: 중국의 동맹 유지 전략

나영주 | 강원대학교

Ⅰ. 머리말

지난 2012년 12월 12일 국제 사회의 우려에도 불구하고 북한은 은하 3호를 발사하였다. 유엔을 중심으로 국제사회는 신속하게 대응하여 안보리 결의 2087호를 새로이 채택하였다. 중국 환구시보(環球時報)는 유엔에서 북한의 로켓 발사에 대한 대북 제재 결의안 직후 북한이 핵실험으로 대응하겠다고 반발하자 사설을 통해 "북한이 향후 핵실험을 하면 대북지원을 지체 없이 멈춰야 한다"고 주장하였다. 신문은 특히 "중국이 북한과 우호 협력 관계 때문에 방관하거나 아무것도 하지 않을 수는 없으며, 북한이 화가 나면 화가 나게 내버려 두라"라고 주문하였다.[1)] 북한은 보란 듯이 3차 핵실험을 단행하였다. 북한의 3차 핵실험 이후 중국 일반인들이 반북 시위까지 벌이는 상황이 발생하였으며, 중국 외교부는 유례없이 주중 북한 대사를 초치해 북한의 핵실험에 대해 강한 반대의사를 표명했다. 중국의 주요 관영매체들은" '중국은 주저없이 북한을 응징해야 한다'(국무원 산하 中國網), '미국이 북한에 군사타격

* 본 논문은 『통일문제연구』, 제25권 2호(2013 하반기)에 게재된 논문임.

1) 『環球時報』, 2013, "社评：朝核危机, 中国不需看任何一方脸色," (1월 25일), http://opinion.huanqiu.com/editorial/2013-01/3581199.html (검색일: 2013. 1. 26).

을 가해도 막지 말아야 한다'(環球時報), '(북한은) 함부로 성질 부리지 말라'(人民日報)면서 앞다퉈 북한을 비난했다."[2)]

북한에 대한 중국의 심사(心思)는 틀어질대로 틀어졌다. 무수한 중국의 경고와 회유에도 불구하고 북한은 그들만의 '모험'을 강행한 것이었다. 중국은 유엔 안보리 결의 2094호에 별다른 이의 없이 동참하였다. 중국에서 새로운 권력이 등장 하는 시기에 발생한 사건이었고 중국의 입장에서는 양국 관계를 악화시키는 북한의 도발이었다. 중국의 최고 권력인 시진핑(習近平)은 단호하게 북한의 비핵화를 대한반도의 최우선 정책으로 조정하였다. 3차 핵실험 이후 북한의 군부 실세 최룡해(崔龍海)가 중국을 방문하여 시진핑에게 요청한 것은 "북한을 핵 보유국가로 인정해 달라"는 것이었으나 냉대를 받은 것으로 알려졌다.[3)] 한국 전쟁 정전 협정 체결 60주년인 전승절 행사에 중국은 국가부주석인 리위안차오(李源潮)를 사절로 보냈지만 양국의 우의가 도드라진 행사는 아니었다. 한국의 여야 국회 방문단을 만난 왕자루이(王家瑞) 중국당 대외연락부장은 중국과 북한의 관계를 설명하면서 '일반적 국가 관계'라는 표현[4)]을 사용할 정도로 양국 관계는 냉담해졌다. 2011년 북·중 우호협력 및 상호원조 조약(이하 북·중 조약) 50주년을 계기로 생전의 김정일 국방위원장은 당시 중국 후진타오(胡錦濤) 국가 주석에게 보낸 축전에서 "조중 친선 협조 관계를 대를 이어 발전시켜 나가자"고 강조하였으나 김정은 정권에서의 북·중 동맹 및 북·중 관계는 북한의 핵문제로 인해 상당히 많은 갈등과 난관이 예상되고 있다.

북·중 간에 1961년 체결한 북·중 조약의 내용에 비추어 볼 때 북한과 중국 상호간에는 조약 내용의 준수라는 측면에서 동맹이 형해화되어 가고 있는 측

---

2) 주춘렬, 2013, "중 내부 북에 '부글부글'... 시진핑 대북 정책 변화 바람 부나," 『세계일보』, (2월 15일), "http://www.segye.com/content/html/2013/02/15/20130215023682.html (검색일: 2013. 2.16).

3) 디지털 뉴스팀, 2013, "北 최룡해, 中 시진핑에 '핵보유국 지위 인정해 달라'," 『경향신문』, (6월 16일), http://news.khan.co.kr/kh_news/khan_art_view.html?artid=201306161136131&code=910303 (검색일: 2013. 6. 18).

4) KBS, 2013, 『9시 뉴스』, (5월 27일), http://news.kbs.co.kr/news/NewsView.do?SEARCH_NEWS_CODE=2665572 (검색일: 2013. 5. 27).

면이 분명이 있다. 북·중 조약은 사실상 사문화 되었으며 '가상동맹(virtual alliance)'에 불과하다고 주장되기도 한다.(Scobell, 2003: 277) 특히 북한 핵문제는 북·중 관계의 최대 현안임에도 불구하고 이를 해결하고자 하는 '동맹적 공조'는 보이지 않고 있다. 북핵 문제의 기원이 '동맹의 실패'에 기인한 바 크기 때문이다. 그럼에도 북한과 중국은 어느 쪽에서도 이의를 제기하지 않고 동맹(조약)을 유지하고 있다. 동맹의 결속력은 차치하더라도 북·중 동맹이 소멸하지 않고 유지되는 원천은 무엇인가? 본 연구의 목적은 목하 북·중 관계의 가장 심각한 현안이라고 할 수 있는 북한 핵문제를 북·중 동맹의 틀 속에서 분석하고자 하는 것이다. 동맹의 실효성에 관한 논란에도 불구하고 이를 유지하고자 하는 중국의 전략에 초점을 맞출 것이다. 우선 동맹이론의 견지에서 북·중 동맹의 두드러진 특징과 쟁점을 알아보고, 북한의 미사일 및 핵무기 개발이 갖는 북·중 동맹 정치의 불화와 파탄을 파악하고자 한다. 이와 같은 동맹의 심각한 변동에도 불구하고 동맹(조약)이 유지되는 이유에 관해 중국의 전략적 입장을 추론해 보고자 한다.

Ⅱ. 북·중 조약의 의의와 동맹의 실효성

1. 북·중 조약의 의의

북·중 조약의 정식 명칭은 조선민주주의 인민공화국과 중화인민공화국 간의 우호, 협조 및 호상 원조에 관한 조약(中華人民共和國和朝鮮民主主義人民共和國友好合作互助條約)이다.[5] 전문과 7개조로 구성되어 있다. 당시 북한의 내각 수상이었던 김일성과 중국의 국무원 총리를 담임했던 조우언라이(周恩來)가 각각의 국가로부터 전권을 위임받아 체결하였다. "동맹의 핵심은 두 가지다. 한 나라가 제3국의 침략을 받을 시 다른 한 나라가 자동적으로 참전

5) 조약의 전문(全文)은 이종석(2001), 최명해(2009) 부록 참조.

토록 한 제2조 '자동군사개입' 조항과 양국 공동 이익과 관련된 중대한 국제문제에 관해 협의토록 한 제4조 '상호협의의무' 규정이다. 이 두 조항이 없으면 양국 관계는 일반적인 국가 관계에 불과하다."(문일현, 2011)

제2조는 북·중 조약에서 가장 문제시 되고 있는 이른 바 군사적 자동 개입 조항이다. "체약 일방에 대한 침략을 방지하기 위해 체약 쌍방은 모든 조치를 공동으로 취하고, 체약 일방이 무력 침공을 받아 전쟁 상태에 처했을 때는 체약 상대방은 모든 힘을 다해 지체 없이 군사적 및 기타 원조를 제공 한다"고 명시되어 있다. 냉전시기 중국으로서는 이 규정을 삽입함으로 인해 북한과의 동맹 관계에서 그 만큼 정책적 유연성을 상실하는 계기를 맞게 되며, 북한은 이 조항을 근거로 삼아 '계산된 모험주의'를 통한 약소국의 힘을 보여줄 수 있었다.(최명해, 2009: 179; 최명해, 2011: 9-23) 동맹 형성 당시 명백히 적시되지는 않았지만 중국과 북한의 공동 위협으로 간주한 국가들과 관계회복이 이루어진 중국으로서 이 조약의 문구를 그대로 이행하기에는 현실적 제약이 많은 것이 사실이며 거의 빈사 상태에 이른 조문이라고 봐야 한다. 북한과 미국 간에 전쟁이 벌어져도 중국이 군대를 파견하기는 어렵다는 주장이 일찍이 제기된 적도 있다. (沈驥如, 2003). 한편 이 조항은 조약의 주체인 중국과 북한의 무력 침공으로 비롯된 전쟁이 아니라 무력 침공을 당할 경우를 언급한 것이기 때문에 만약 북한이 한반도에서 무력 도발을 먼저 실시한다면 중국으로서는 이 항에 해당하는 자동 개입이라는 동맹의 의무로부터 면제될 수 있다는 해석도 가능하다. 때문에 중국으로서는 이 조항이 북한의 무모한 군사적 도발을 일정 수준에서 관리할 수 있는 장치가 될 수도 있다.[6)]

제4조는 "체약 쌍방은 양국의 공동 이익과 관련되는 일체 중요한 국제 문제들에 대하여 계속 협의 한다"는 내용으로 되어 있다. 이른 바 북·중 동맹의 상호결박(mutual tethering)을 상징하는 조문으로 해석된다. 이 문구 역시 쌍방의 의무를 규정한 것이지만 중국보다는 북한에게 요구되는 조문으로 읽

---

6) 특정 전쟁의 발발과 기원을 어떤 수준에서 보느냐에 따라 전쟁의 책임 소재도 달라질 수 있다. 따라서 무력 침공의 해석 문제를 두고 여전히 논란은 있을 수 있다.

히고 있다. 자국의 전략적 이해에 관계될 수 있는 일체의 문제에 대해 협의해야 한다는 의무 규정은 상대적 약소국의 행보를 철저히 통제 관리(control and management)하겠다는 의미와도 같다. 제2조의 규정으로 상대적으로 강대국인 중국의 정책 유연성이 크게 제약을 받았다면 제4조의 규정은 중국이 김일성의 북한을 관리해 가는 수단의 근거가 된다. (최명해, 2009: 180) 동맹의 이 조문은 이후 양국 관계의 갈등과 협력 속에서 동맹의 굴곡을 만들어 내고 있다. 양국 관계가 협력적 관계를 유지하고 있을 때에는 나름 충분한 정책적 협의가 이루어지지만 갈등 관계를 보일 때는 마지못한 일방적 통보 현상이 나타나기 때문이다. 현재의 북·중 관계에서 이 조문도 거의 사문화되었다고 해도 과언이 아니다. 북한을 관리하는 기제로 작동하는가도 의심스럽다. 이미 북·중 동맹은 동맹의 포괄적 효과인 전략적 확실성(strategic certainty)은 사라지고 전략적 수사(strategic rhetoric)만 남았기 때문이다. 그러나 북한에서 비롯된 군사적 변화를 동반한 한반도 상황의 요동에서 중국이 개입할 수 있는 근거가 된다면 바로 이 조문이 될 가능성이 높다.[7]

2. 북·중 동맹의 실효성 논란

북·중 관계에서 동맹과 관련한 연구는 여러 측면에서 연구되고 있다. 북·중 동맹의 기원에서부터 북·중 동맹의 변화, 북·중 동맹의 결속력, 북·중 동맹과 한·미 동맹의 비교, 북한 유사시의 중국의 군사 개입에 관한 문제 등에 관한 연구들이다.[8] 북·중 관계는 정상 국가들 간의 관계일 뿐이라고 평가되기도 하며[9] 어떤 연구는 북·중 동맹의 지정학적인 전략적 가치를 여전히 높

7) 한편 북한 급변사태 시기에 중국이 한반도에 개입할 수 있는 근거를 역사와 경제적 측면에서 추론하면서 중국은 한반도의 통일 과정에서 영토적 야심을 보일 것이라는 전망도 제기되고 있다. 미 의회 보고서는 고구려와 발해를 자신들의 역사로 주장하는 중국의 왜곡된 역사관과 날이 갈수록 확대되고 있는 중국의 대북한 투자를 중국이 한반도 문제에 개입하는 중요한 근거로 들고 있다. 북한에 급변사태가 발생할 경우 중국은 이와 같은 연고권과 기득권을 들어 한반도 사태에 물리적 개입을 시도할 것이라는 것이다. 이에 관해서는 Government Printing Office(2012) 참조.

8) 강정일(2012), 김은비(2011), 이동준(2012), 박병광(2011), Bennett(2013), 박창희(2012), 김열수(2012)

이 사고 있다.(박창희, 2007: 27-55; Ikegami, 2012) 북·중 동맹은 주한 미군의 현대화 및 무장화에 대응하고, 당시 더욱 구체화되고 있었던 미국을 중심으로 하는 동북아 및 동아시아의 안보 동맹 정책에 균형(balancing)을 맞추기 위한 것이었다. 냉전이 고착화되어 가는 상황에서 미국은 한국, 대만, 동남아시아, 일본과의 동맹을 형성하여 북한, 중국, 소련을 억제하고자 하였다. 이런 미국의 움직임에 대해 북한과 중국은 어떤 식으로든 공동의 역량을 집결시킬 필요가 있었으며 역내의 안보 위협에 대응하는 과정을 긴밀하게 협력할 필요가 있었다. (박병광, 2011: 59)

한편 북·중 조약의 체결에는 중소 양국 공산당의 갈등이 중요하게 작용하였다.(주펑, 2011: 34) 중국은 이 조약을 통해 미국의 반공 봉쇄 정책에 대항하려는 의도 못지않게, 중국과 소련 사이에서 북한이 취할 행보를 조약이라는 형식을 통해 예방적으로 '결박'시키고자 하는 의도가 있었다.(최명해, 2009: 159-165, 175) 반대로 북한으로서는 당제(黨際) 관계이든 국제(國際) 관계이든 상대적으로 열세일 수 밖에 없는 비대칭적 동맹 관계에서 중국과 소련으로부터 안보 수혜를 기대하면서도 '자율성 침해'는 최소하려는 전략적 고려 속에서 양 동맹이 추진되었다고 볼 수 있다. 북한이 중국과 소련과의 동맹을 추진하려는 의도를 가지고 있으면서도 한국전에 참전한 중국인민지원군의 철수를 단행한 것은 김일성의 독자적 권력 유지를 확립하기 위해 중국으로부터의 정치적 간섭의 배제를 확보하기 위한 조치였다.(장창준, 2009)

한국과 미국의 관계가 동맹 혹은 혈맹이라고 지칭되듯이 북한과 중국 관계 역시 '피로 맺어진 동맹'으로 알려지고 있다. 전략적 확실성을 담보하기 위한 고려 속에서 만들어진 국가간의 관계가 동맹이기는 하지만 그 동맹은 동맹 당사자의 이해관계 속에서 갈등과 협력을 반복하며, 결속력의 강화와 약화를 거듭한다. 북·중 동맹 역시 예외가 아니다. 양국의 관계는 '혈맹 관계'임에도 불구하고 끊임없이 긴장과 갈등을 지속하였으며 긴밀한 유대의 시기는 오히

9) 이태환(2007: 243-297)은 현 북·중 관계는 정치적 측면에서는 당제관계에서 국가간 관계로, 군사적 측면에서는 혈맹에서 우호협력 관계로, 경제적 측면에서는 비대칭적 상호 의존 관계로 변모하였다고 분석한 바 있다.

려 예외적 현상이라고 평가되기도 한다.(최명해, 2009: 21) 다음에서 살펴보겠지만 탈냉전 이후 북한과 중국의 관계는 '동맹 정치'로 수용할 수 없는 관계 악화를 보여준다. 특히 북한의 핵문제가 국제사회의 중요 의제로 부각된 이후 북·중 관계는 '동맹의 실패' 현상을 제대로 보여주는 사례이기에 부족함이 없었다. 북한의 핵실험이 거듭될수록 중국이 북한과의 동맹 관계를 전략적으로 어떻게 다루어야 할 것인가에 관한 논의가 무성하였다. 거칠게 정리하자면 세 가지의 입장이 다투고 있다.

첫째는 동맹 폐기론이다. 북한이 중국의 국익 차원에서 하등에 도움이 되지 않는다는 입장이다. "북한의 3차 핵실험은 중국이 북한 김씨 왕조와의 오랜 동맹을 재평가해야 할 좋은 기회다. 북한의 지정학적 가치에 기초한 전략적 안보 관점은 이제 낡았다"[10]고 인식한다. 여기에는 북한에 대한 불신이 자리하고 있다. "북한은 중국의 처지를 고려한 적이 없으며 중국을 동맹으로 여긴 적도 없다. 북한은 중요한 결정을 내릴 때마다 중국보다는 미국에 통보해 왔다"며 기회가 주어지면 북한은 중국에게 등을 돌리고 미국과도 손을 잡을 것이라고 보고 있다.[11]

둘째는 동맹 강화론이다. 현재의 북·중 관계의 불화를 동맹 관계가 철저하게 유지되지 못하고 약화되었기 때문에 발생하는 것이라 본다. "중국의 대북정책이 너무 무기력하고 수동적"이어서 "미국이 대만에 무기를 파는 것처럼 중국은 무기제공 등을 통하여 북한의 안전을 보장함으로써 대북 영향력을 강화하고 북한이 도를 넘어설 경우 반드시 대가를 치르도록 해야 한다"[12] 고 주장한다. 중국이 북한의 안보에 기여(commitment)하는 바가 작기 때문에

---

10) Yuwen Deng, 2013, "China should abandon North Korea," *Financial Times* (February 27), http://www.ft.com/cms/s/0/9e2f68b2-7c5c-11e2-99f0-00144feabdc0.html#ixzz2MC2ZTXPt (검색일: 2013. 3. 4)

11) Wang wenwen, 2013, "China living in denial of NK's status as an ally," *Global Times*(2. 25), http://services.globaltimes.cn/epaper/2013-02-25/16598.htm(검색일: 2013. 3. 4); 曹世功, 2013, "'朝美交易论'是不靠谱的,"『环球时报』(2월 28일), http://opinion.huanqiu.com/opinion_world/2013-02/3685250.html (검색일: 2013. 3.4)

12) 刘佳, 2013, "中国的对朝政策为何被动?"『共识网』(2. 14), http://www.21ccom.net/articles/qqsw/zlwj/article_2013021476946.html (검색일: 2013. 2. 16).

그것을 해결하는 방법의 수단도 작을 수밖에 없다. 이 주장은 한미동맹의 작동처럼 중국의 북한에 핵우산을 제공함으로써 억지력을 제공하고 이를 통해 북한을 통제해야 한다는 주장까지도 나아갈 수 있다. 그러나 북·중 동맹이 강화되면 한미를 중심으로 한 상대 세력의 밸런싱(balancing)도 그 만큼 강화될 것이기 때문에 중국으로서 이 전략은 소탐대실의 우려가 있다. 물론 체제의 '주체'를 생명처럼 여기는 북한의 정책 노선에서 이런 전략을 수용할지도 논란이 될 수 있으며, 동맹과 패권을 지양하는 중국의 외교 노선과 정면으로 배치되는 문제도 있다.

셋째는 현상유지론이다. 지금 중국이 취하고 있는 대북 정책이지만 향후에도 여전히 활용가치가 있다는 주장이다. 한반도와 동북아에 대한 영향력 유지를 위해 현재의 조약을 유지해야 할 필요가 있다는 인식에 기반하고 있다. "북·중 조약은 중국이 북한을 견제하면서 다른 한편으로 미국과 한국도 위협할 수 있게 하는 중요한 전략적 가치가 있다"[13]고 본다. 한반도 상황과 동북아 정세의 대립 구도에서 북한의 지정학적 효용성이 여전히 북·중 동맹의 유인을 제공하는 요인이라고 보고 있다. 북한의 핵무기 개발에 반대하는 것과 북·중 우호관계를 유지하는 것은 전혀 별개의 문제라는 주장으로 이어진다.[14] 현상유지론은 북한의 핵문제가 북·중 관계 및 동맹에서 중요한 의제임에도 불구하고 중국 나름의 별다른 대안이 없음을 방증하는 것이기도 하다.

---

13) 『环球时报』, 2011, "专家 : 中朝友好合作互助条约的战略价值," (7월 11일), http://bbs.tiexue.net/post_5215731_1.html (검색일: 2013. 7. 12).
14) 单仁平, 2013, "用抨击朝鲜指桑骂槐, 此法不厚道," 『环球时报』(8월 13일), http://opinion.huanqiu.com/opinion_world/2013-08/4236747.html (검색일: 2013. 8. 16).

Ⅲ. 북한의 핵개발과 북·중 동맹의 실패

1. 탈냉전과 북·중 동맹의 불화

동맹은 그 성격과 형식에 관계없이 서로에 대한 '일정 수준의 공약'(commitment)이 반드시 포함되어 있는데, 공약에 대한 '상호 기대치의 편차'로 말미암아 동맹 관계에는 일정한 파동과 굴절이 드러나게 된다.(최명해, 2009: 50) 1961년 비로소 동맹 조약을 체결한 북·중 관계는 이후에도 여타의 동맹 국가들과 마찬가지로 위협에 대한 인식 차이, 국가의 대외 전략 차이, 상대에 대한 기대감의 차이 등으로 인해 갈등과 협력을 반복하였다. 냉전 시기 북·중 동맹의 변동에서 가장 큰 사건은 미국과 중국의 데탕트(detente)였다. 북한으로서는 충격이 큰 사건이었지만 중국은 북한을 상당정도 배려하면서 일을 추진하였다. 미·중의 접촉과 회담 결과를 조우언라이(周恩來)를 통해 김일성에게 설명하는 유대감을 표시하였다. 김일성은 당시 미·중 회담에서 보여준 한반도 문제에 대한 관심에 중국 측에 고마움을 표시하기까지 하였다.(이종석, 2001: 258) 그런데 동맹의 견지에서 중국과 미국의 화해와 수교는 외적 위협에 대한 인식의 격차를 더 벌려놓은 계기가 되며 사실상 동맹이라기보다는 동반자 관계로의 전환이 모색되는 시기 구분의 출발이라고 말할 수 있다. (龐眹·陽鑫宇, 2008: 85)

예기치 않은 동구 공산권의 붕괴로 탈냉전의 시기가 도래하였다. 중국과의 수교에 적극적으로 공을 들인 한국의 노력으로 한국과 중국은 1992년 8월에 수교가 이루어지게 된다. 1992년에 들어서면서 중국은 실용주의 노선에 입각해 한·중 수교를 실행하기로 결정하고 사전에 국가 주석 양상쿤(楊尙昆)을 김일성 80회 생일 기념 사절로 보내 한·중 수교에 대해 양해를 구하였다. 그런데 한국과의 수교 문제에 대해 중국은 북한과 동의를 구하는 협의의 성격이 아니라 일방적으로 통보하는 듯한 행태를 보여주었다.(이종석, 2001: 272) 동맹의 형성과 동맹 조약의 견지에서 보자면 양국 관계가 파탄날 정도의 심각한 사안이었다. 북한의 입장에서 볼 때 한국과 소련과의 수교 이후에 곧바로 이루어진 한·중 수교는 '교차승인 반대'라는 북한의 일관된 주장이 좌절되었음을 의미하는 것이었다. 남한이 과거 적대국이었던 소련과 중국과의 수교를 통해 외교적 역량을 강화한 반면 북한으로서는 오히려 국제혁명역량이 약화되는 외교적 고립이 심화되는 사건인 것이다. 한·중 수교가 이루어지던 1992년 8월의 시기는 북한이 핵사찰 문제로 미국 등 서방 국가들과 외교적 마찰이 극도에 달하던 시기였다. 한·중 수교는 북한 입장에서는 설상가상의 형국이었던 것이다. 북한의 배신감은 이를 데 없었다.(주평, 2011: 37)

한·중 수교로 북·중 관계는 급속히 냉각되었다.[15] 한·중 수교 전만 해도 중국의 최고위급 인사들이 빈번히 북한을 방문하고, 김일성 역시 1989년 11월과 1991년 10월에 중국을 방문하는 등 양국관계는 원만하게 유지되었다. 그러나 북·중 관계는 한·중 수교와 김일성 사망으로 관계가 전반적으로 경색되어 고위급 교류가 거의 전무한 상태가 되었다.(Kim, 1999: 295-321) 반면에 한국과 중국 정상들 간의 상호 방문과 교류가 빈번해지기 시작하였다. 한·중 수교, 중국의 경제적 시혜의 철수, 김일성 사망, 1995년부터 시작된 홍수와 가뭄의 피해가 겹치면서 북한은 체제 위기가 가속화되는 '고난의 행군' 시기를 맞게 된다.

1990년대 말 탈냉전으로 인한 국제 환경의 변화와 더불어 외교적 고립과 경제적 곤궁으로 체제의 위기에 직면한 북한으로서는 중국과의 장기적인 관계 갈등이 체제 유지에 유리할 것이 없다고 판단하여 중국과의 정상 외교를 가동시킬 필요를 느꼈다. 오랫동안 북한과 중국은 고위급의 방문을 통해 현안 문제를 논의해 왔었는데 이런 전통이 끊어진 것은 중국의 개혁·개방의 추진과 북한의 사회주의 완전 승리 테제 고수로 상징되는 양국의 상이한 국가발전 방식의 추구와 한·중 수교 때문이었다. 특히 한·중 수교가 가져다 준 양

---

15) 북한은 북·미간의 직접 협상을 통한 '새로운 평화보장 체계의 수립'과 기존 휴전체제의 무용화를 주장하면서 1994년 5월 '조선인민군 판문점 대표부'를 설치하여 정전협정체계를 무력화시켰다. 이 과정에서 중국과 사전에 상의하지 않았으며, 동년 8월에는 중국에 송호경 외교부 부부장을 특사로 보내 군사정전위원회 중국 대표단의 철수를 요구하였다. 중국은 한국전 휴전 협정의 주체이고 정전협정체제의 당사자로서 북한의 이런 행동은 한·중 수교에 따른 북·중 사이 관계 악화의 한 사례를 보여준다고 할 것이다.

국관계의 악화의 여파는 꽤나 길었고 골이 깊었던 것이다.

1999년 6월 북한 김영남 최고인민회의 상임위원장이 홍성남 내각 총리를 비롯한 주요 인사들을 대동하고 비로서 중국을 방문함으로써 북·중 관계 개선의 의지를 보였다. 이 때 장쩌민(江澤民) 주석은 김영남을 맞이해 양국 관계에서 처음으로 남북 관계 개선과 미국, 일본 등 서방과의 관계 개선을 공개적으로 권고하였다.(人民日報, 1999/ 6/ 5) 2000년 5월 말 김정일 국방 위원장은 비공식적으로 중국을 방문하여 2000년에 6월에 있을 남북 정상회담의 사안에 대해 중국과 협의한 것으로 알려졌다. 동맹 정치의 부활이라고도 할 수 있는 사건으로 한·중 수교 이후 극단적 불화를 내보이던 북·중 관계가 극적으로 호전되는 계기가 되었다고 평가할 수 있다.

2. 북한의 핵문제와 '결박'의 실패

탈냉전기 북한의 핵심적 대외적 정책의 목표는 미국과의 관계 정상화를 통하여 정권과 체제의 안정을 도모하는 것이었다. 핵무기 개발은 이런 북한의 의도를 실현하기 위한 최대의 협상 지렛대라고 말할 수 있다. (전병곤, 2008: 190-192) 1992년 이후 북한의 핵문제가 국제사회의 주요 이슈로 부각된 이후 핵 협상 과정에서 북한이 보여준 태도는 어떻게 보면 매우 단순하다고 할 수 있다. 북한의 정권 유지 및 체제의 생존을 담보해 달라는 것이다. 그것은 미국과의 양자 담판을 통해 달성할 수 있는 것이라 생각하였고, 협상의 자원으로 북한이 내세울 수 있는 것은 핵무기의 개발이라고 판단한 것이다. 미국과의 평화협정 체결 및 수교 더불어 핵 포기의 대가로써 얻을 수 있는 경제적 지원을 핵무기 개발이라는 위험한 수단으로 해결하려 했다고 해석할 수 있다.

1차 북핵 위기가 발생했을 경우 중국이 북한에 영향력을 얼마만큼 행사했는지에 대해서는 잘 알려져 있지 않다. 다만 당시 중국의 정세나 국제정치의 구도가 중국이 북핵문제를 다루기에는 쉽지 않았다는 것은 충분히 예견할 수 있다. 내부적으로 1989년 천안문 사태로 발생한 보·혁의 대립과 개방의 가속화 문제를 처리해야 했으며 밖으로는 동구권의 붕괴로 인한 국제 구조의 변화에 대응하고 적응하는데 고심해야 했다. 북핵 문제의 해결에서 중국의 역할에 주목한 것은 2002년 10월 우라늄 농축 프로그램(UEP) 시인으로 촉발된 이른 바 2차 북핵 위기 협상 과정에서부터라고 말할 수 있다. 이미 중국은 한반도 비핵화를 중국의 핵심적인 대외 정책 목표로 설정하고 있었다. 중국을 북핵 문제 해결의 주요 행위자로 끌어들인 것은 미국이었다. 2차 북핵 위기를 계기로 미국은 중국과 새로운 협력 구도를 만들어 내고자 노력하였다.(박홍서, 2007: 77-97)

미국은 중국이 북한 핵 문제의 핵심적 이해 상관자(stakeholder)임을 강조하였다. 특히 2기 부시 정권에서는 중국이 북한의 정권 붕괴가 초래할 파장을 우려해 북핵 해결에 적극적이지 않고 '현상유지'를 선호한다고 판단하고 중국의 이해관계를 배려하는 정책을 추진하였다. 미국은 미·중 고위급회담을 통해 중국의 북한 관련 문제 해결에 대한 우려를 해소하고자 북한의 정권교체가 아닌 점진적·단계적 변화와 북한 체제 변화의 모델로서 '핵무기가 없고, 중국식 개혁·개방을 취하는 북한'을 제시하고 이것이 미국에도 좋고 중국에도 좋은 한반 장래 시나리오임을 주지시켰다.

북·중 동맹의 입장에서 북한 핵과 미사일의 문제에는 여러 가지 복잡한 국가간의 이해관계가 뒤따른다. 일단 북한의 입장에서는 북한 체제 생존의 관건이 미국과의 평화협정 체결과 관계 개선에 있다고 보고 미국과의 대화와 담판이 주요 관심사였다. 유리한 협상을 이끌어내고자 핵문제에 집착을 하고 있는 것이고, 북한으로서는 체제 생존이 걸린 문제인 것이다. 미국의 입장에서는 북한에 대해 영향력이 있다고 판단되는 중국을 끌어들여 사안을 해결하면 문제가 쉽게 풀릴 수 있을 것이라고 판단했다. 그래서 최대한 중국의 이해를 반영하는 방식으로 문제를 해결하고자 하였으나 중국의 북한에 대한 영향력은 미국 기대만큼 크지 않았다는 것이다. 중국의 입장에서 북한의 핵과 장거리 미사일 문제는 한반도의 비핵화와 한반도 문제의 평화적 진행과 해결이라는 국가 정책 목표에 현저히 위배되는 사안이었다. 대화와 담판은 많았으나 이해관계의 상이함에 따라 결렬을 반복하고 있는 상황이다. 중국으로서이 문제에 어떻게, 얼마큼 개입하느냐의 문제는 동맹으로서의 관여인지 아니면 동맹 조약에서 금지하고 있는 내정간섭으로 간주될 수 있는 것인지를 가늠하는 미묘한 문제이기도 하다.

동맹이라는 이론적 관점에서 북한의 핵개발과 장거리 미사일의 개발은 양국을 결박시키는 동인으로 작동하는가? 결박이라는 의미가 이것을 해석하는데 의미가 있는 것인가? 결박으로 해석할 수 있다면 결박의 효과는 누가 더 보고 있는가? '결박'이라는 의미에 집착한 나머지 '결박'으로 해석할 수 없는 현상을 결박으로 포장하고 있지는 않은가? 북·중 간에 이 문제에 관해 결박이라는 범주로 포용할 수 있는 협의들이 존재하며 결박으로 인한 구속을 확인할 수 있는가? 북·중 동맹에서 북한의 핵과 미사일 개발은 결박 동맹 차원에서 북한의 '계산된 모험주의'인가? 즉 냉전시기 북·중 동맹의 두드러진 특징이기도 했던 결박 동맹으로 탈냉전의 동맹관계에서 벌어지는 현상을 충분히 해석할 수 있는가? 결박 동맹의 입장에서 북한 핵문제를 바라보는 시각은 북한이 미국과 일본, 한국의 위협에 대항해 핵보유를 하나의 생존을 위한 안전판으로 내세우는 한편, 중국의 자국에 대한 영향력이 비대해지는 것을 막고 동맹을 통해 얻을 수 있는 외교적 지지, 경제적 원조 등의 전략적 부수 효과를 얻고자 한다고 주장한다. 북한이 핵을 보유함으로써 중국을 더 강하게 결박하는 효과를 거두고 있다는 것이다. (김태경, 2012: 275-299)

그런데 결박 동맹론의 맹점 중의 하나는 그것이 지칭하는 범주가 너무 포괄적이고 분석적이지 못하다는 것이다. 최소한의 동맹 유지를 위해 무엇을 협의하고 무엇을 통보할 것인가 하는 문제는 동맹 체결국 사이에 굉장히 중요한 안보적 의제라고 할 수 있다. 북한의 핵 개발 및 미사일 개발의 문제는 분명 한 국가의 안보적 의제뿐만 아니라 동맹 차원에서도 중요한 협의 사항일 것으로 보인다. 그런데 정작 북·중 관계에서 북한의 핵과 미사일 개발과 관련하여 이런 협의가 있었던 것 같지는 않다. 2006년 7월 북한은 대포동 미사일 시험 발사를 단행하였으며, 중국 최고 지도부의 우려와 만류에도 불구하고 2006년 그 해 10월 9일 핵실험을 실시함으로써 국제사회를 당혹스럽게 만들었다. 중국은 "북한이 국제사회의 반대를 무릅쓰고 제멋대로(悍然) 핵실험을 실시하였으며, 중국 정부는 이를 단호하게 반대한다."라는 공식 성명을 발표하고 북·중 관계 역사상 최초로 유엔 안보리의 대북 제재 결의안 1718호에 찬성표를 던지는 것으로 대응하였다. 북한을 회유하고 설득하려 했던 중국의 외교적 역할을 수포로 돌리는 사건으로 중국은 배신감으로 사태의 추이를 지켜봐야만 했다. (신상진, 2007: 72-73) 국제사회의 공식적 최고 의결기구인 안보리에서 동맹국에 대한 제재를 가하는 상황에 찬성표를 던지는 행위를 동맹의 결박으로 해석할 수 있는 것인가? 결박은 최소한 결박 당사자들이 결박되어 있다고 느끼고 그 결박으로 인해 행동에 제약을 받아야 하는 것이다.

비대칭 동맹 관계에서는 통상 안보-자율성의 교환 모델(security-autonomy trade-off)이 설명력이 있는 것으로 원용된다. 강대국이 약소국에게 안보를 제공하는 대신 약소국의 정치적 자율성은 그만큼 위축된다는 것이다. 그런데 약소국이 정치적 자율성을 확대하면서 안보를 보장받는 동맹의 정치는 가능한 것인가?[16] 이런 질문은 다시금 동맹이란 무엇인가라는 개념의 천착을 요구한다. 이런 이론적 모델을 핵개발의 성숙 국면에 직면한 북·중 동맹에 대입한다는 것은 의미가 있는가? 중국은 북한이 핵이나 전략 무기 개발에 엄두를 못낼 만큼 북한에게 확실한 안보를 제공한 적이 없다. 중국은 북한이 중국을 등에 업고 있다는 인상만을 주어 대외적 균형을 공갈친 것에 불과한 측면이 없지 않다. 물론 이것도 동맹의 효과라면 효과일 수 있다. 그런데 중국이 북한의 안보를 확실히 보장한 것이라면 한·미 동맹과 같이 약소국의 핵과 미사일에 대한 원초적 욕구는 최소한 협의되거나 제어되어야 한다. 한국은 안보를 보장

16) 북한의 핵문제에서 북한이 지정학적 이점을 활용하여 미·중 강대국들의 세력 균형이라는 구조변수 하에서 북한의 자율성 신장을 위한 행위로 보는 시각(김태현, 2011: 189-213)은 북한과 중국의 동맹 관계라는 특별한 전제를 받아들이기 보다는 약소국이 강대국들간의 관계에서 생존하기 위한 전략적 행동이라는 설명에 더 가깝다.

받으면서 자율성을 제한 받는 동맹 정치 맥락에서 움직였다. 그러나 북한의 경우 이런 모델로 설명하기에는 너무 예외적이다.

중국 당국은 2009년 5월 북한의 2차 핵실험 직후 소집한 외사영도소조에서 '부전'(不戰)과 '불란'(不亂) '무핵'(無核)으로 집약되는 후진타오 체제의 대북 정책의 원칙을 확정한 바 있다. 한반도에서의 전쟁 방지와 북한 체제의 안정을 핵심 사안으로 북핵과 북·중 관계를 별개로 다루되 북핵 문제에 관해서는 국제사회와의 공조 속에서 단호하게 대처해 나가는 모습을 보여주었다. 북핵 문제와 북·중 관계를 별개로 다루겠다는 것은 북한과 중국의 특수 관계에 대한 미련을 여지없이 보여주는 사례라고 할 것이다. 북한과의 관계는 악화시키지 않되 북핵 문제에서는 국제사회에서 요구하는 중국의 역할을 보여줄 수밖에 없는 딜레마에서 어쩔 수 없이 선택한 정책이라고 볼 수 있다.

경제적 대중 의존도가 심각한 북한에 대해 중국이 경제적으로 심각한 제재를 가한다면 북한은 이미 핵을 포기할 수도 있었을 것이라는 가정도 가능하다. 미국을 비롯한 서방과 한국 측의 입장은 북핵 문제에 대한 중국의 대북 압박 효과가 별다른 효과를 발휘하지 못한다는 것이다.(Bolton, 2013: A13) 그런데 2013년 새로운 북한의 3차 핵실험으로 인해 중국은 대북 정책을 다소 조정한 듯한 인상을 보여주고 있다. 과거 후진타오 시기 한반도의 비핵화가 대한반도 정책에서 후순위였다면 북한의 새로운 핵실험으로 학습효과를 얻은 시진핑 체제는 정책의 우선 순위를 한반도 비핵화, 한반도 평화유지, 대화를 통한 분쟁 해결로 조정한 듯이 보인다. 북한의 핵 보유를 허용하지 않겠다는 입장을 가장 우선시하고 있다는 것이다. 시진핑 정권은 한반도의 비핵화를 달성하기 위해 대북 강압조치도 동원할 가능성이 점쳐지고 있으며, 북핵 문제와 관련해 국제적 연합전선을 구축하는데 보다 적극적이고 나설 것으로 예측되고 있다.(이춘복, 2013: 1-11)

Ⅳ. 북·중 동맹 유지의 전략적 근거

1. 대항 균형의 필요성 존속

북·중 동맹은 그것의 형성 시기 북한과 중국의 대외적 안보 위협에 대한 대응과 내부적으로 김일성, 마오쩌둥 체제의 권력 유지를 통해 체제의 안정을 도모하기 위한 지정학적 질서의 부산물로 평가할 수 있다.(박창희, 2007: 36) 앞에서도 살펴보았듯이 북핵 문제로 인해 동맹의 결속력은 현저히 약화되었지만 여전히 동맹 조약은 양국의 어디에서도 이의 제기 없이 유지되고 있다. 중국의 전략적 입장에서 북·중 동맹 형성의 배경이 되었던 요인들이 완전히 소거되지 않았다는 것을 우선적으로 추론해 볼 수 있겠다.[17]

왈트(Walt, 1987: 150-170; 1997: 156-79)는 동맹이 유지되는 원인을 동맹 중심 국가의 지도력, 동맹 신뢰성의 지속, 국내 정치와 엘리트에 의한 조작, 제도화 및 이념과 정책의 공유 등을 제시하고 있다. 동맹의 변화 요인은 동맹 구성국들의 위기의식의 변화, 동맹 신뢰성의 저하, 이념적 갈등 내지는 국내정치적 경쟁 등을 제시하고 있다.[18] 동맹이 해체되는 요인은 첫째, 동맹을 형성할 당시의 공동의 목표가 사라져 동맹의 존속 의미가 없을 때이다. 둘째, 동맹 참여국이 다른 수단으로 국가 이익을 보호할 수 있을 경우 동맹에 대한 의존도가 급격하게 줄어들게 된다. 셋째, 위협은 여전히 계속되나 동맹이 참여국의 안보를 더 이상 보장하지 못할 경우 동맹에 대한 신뢰도는 급격히 떨어지게 된다. 넷째, 국내 정치적 이유로 정치세력 중 일부가 동맹을 파기함으로써 얻는 국내정치적 이익이 안보 비용보다 크다고 생각할 때 동맹은 붕괴되기 쉽다. (김계동, 2001)

일반적으로 북·중 조약에 내재한 외적 위협대상은 '소련의 수정주의, 미

17) 여기서 동맹의 유지는 '동맹의 폐기'와 대립되는 개념이다. 동맹의 결속력 혹은 공고함을 측정하는 요인과 이를 촉진하는 전략과는 전혀 다른 식의 접근과 해석이 필요하다. 북·중 동맹을 '형해화된 동맹' 이나 내실 없는 '형식적인 동맹'으로 분석하는 것은 동맹의 결속력에 대한 평가이다.

18) 북·중 동맹 연구에서 왈트의 이론을 적용시킨 사례는 황교근(2009: 269-293)의 연구를 참고할 것.

제국주의, 일본 군국주의, 남한의 파시스트' 모두를 포함하는 것으로 상정되어 왔다.(Lee, 1996: 59-64) 그렇다면 북·중 조약이 체결되던 당시의 동맹을 형성하게 만든 요인이 상당히 변화하거나 소실된 상황에서 북·중 동맹이 유지되는 원인은 무엇인가? 소련은 패망하여 역사 속으로 사라진지 오래이다. 소련의 적통을 이었다는 러시아는 전향하여 개발권위주의적 자본주의 체제를 유지하고 있다. 중국이 그런 러시아와 형식적으로 화해한지는 오래되었다. 소련으로부터의 위협이 사라진 지금 적어도 소련의 수정주의가 북·중 동맹을 유지하는 동인은 아니라는 것이다. 남한의 파시스트라는 말은 이데올로기적 용어이다. 국제 공산주의 운동사와 냉전 시기에 적어도 사회주의자들에게 가장 적대적인 세력 중의 하나는 파시스트들인 것은 사실이다. 그러나 남한(한국)에 파시스트들이 존재했는가의 여부는 차치하더라도 한국과 중국은 이미 오래전 국가 간의 관계를 정식화하였다. 한국 전쟁의 당사자로서 아직 깔끔하게 종전과 평화협정을 체결하지는 않았지만 이미 이념적 적대세력은 아닌 것이다. 소련의 수정주의가 중국이 경계하는 대상이었다면 대항 동맹의 동인으로서 남한의 파시스트는 중국의 위협대상이라기 보다는 북한이 경계하는 세력이라 말할 수 있다.

미국의 제국주의와 일본의 군군주의에 대한 인식에서는 논란이 있을 수 있다. 냉전 시기적 상황이 아니고, 이데올로기 대립 시기가 아님에도 불구하고 중국의 성장이 가져온 '권력전이'(power transition)의 위협에 미국은 이를 억지하는 역할을 보여주고 있기 때문이다. 최근 미국의 동아시아 귀환(Clinton, 2011: 56-63)은 중국에 대한 실질적 제약이라는 의미로 받아들여지고 있다. 대만과의 통일 문제, 동·남 중국해의 영유권 문제에서 미국의 개입과 관여는 중국으로서는 못마땅한 전략 환경이다. 일본과의 관계는 과거사의 문제에 대한 인식 격차가 때때로 양국 관계를 심각하게 대립하게 만들고 있다. '정냉경열(政冷經熱)'이 함축하듯이 경제관계는 점차 밀접해지고 있음에도 정치적 측면에서는 동아시아의 패권 경쟁과 맞물리면서 갈등이 더 빈번할 것으로 예측되고 있다. 중·일 간의 영유권 분쟁과 더불어 일본의 군사적 재무장은 중국의 위협 인식을 제고시키고 있는 것이 사실이다. 한 때 적이었던 세 국가들과 모두 정상적인 국교 관계를 수립했지만 중국에게 한·미 동맹과 미·일 동맹은 동아시아의 불편한 세력 분포인 것은 분명하며 포위되고 있다는 전략적 위기의식을 가중시키고 있다.

중국은 때때로 한국과 미국의 동맹 강화 움직임에 대해 굉장히 불편한 기색을 드러내기도 한다. 냉전 시기 및 수교 이전에는 분명한 적성국들이었고 한국 전쟁 시기에는 교전 당사국들이다. 한국과는 냉전 해체 이후 수교하면서 전략적 협력 동반자 관계로까지 발전하였다.[19] 2008년 5월 친강(秦剛) 중국 외교부 대변인이 "한·미 군사동맹은 역사적인 산물이며 냉전시대의 군사동맹으로 현대 세계의 안보문제를 해결할 수 없다"고 한 발언이 한·중 관계에 파문을 일으켰다. 친 대변인은 자신의 발언이 "완전한 것이며 계통을 밟아 이루어진 것"이라고 말함으로써 중국 외교부의 공식 입장이라고 밝힌 바 있다.(조선일보, 2008/5/30) 중국이 정작 강조하고 싶은 것은 한·미 군사 동맹만이 한반도의 불확실성을 '관리'할 유일한 수단은 아니라는 것이다. 같은 맥락에서 천안함 사건의 진행 과정에서 한·미가 보여준 군사연습을 빙자한 무력시위와 중국의 이에 대한 대응은 전략적 경쟁자인 미국에게 시위하는 것도 있지만 한국에게 신호를 보내는 측면도 결코 무시할 수 없다. 한반도 관련 문제의 해결 과정에서 중국의 의사가 배제된 일방적인 한미 동맹의 독주는 받아들일 수 없다는 것이다.

중국이 진정으로 우려하는 사실은 북한이 궁지에 몰려 반격을 할 수밖에 없는 상황이 되어 적어도 지역 전쟁이 촉발되는 것이다. 중국은 북한이 독일식의 패권적 통일에 승복하기 보다는 반격을 감행할 것이라는 데에 의심의 여지를 두지 않는다. 더욱이 북한 체제가 단순히 붕괴된다 하더라도 유혈 국면을 초래할 가능성이 있으며, 남한에 의한 즉각적인 통일보다 내전을 촉발

19) 한·중관계는 지난 20년간 지속적으로 발전해 왔는데, 1992년 8월 노태우 대통령이 수교 협정에 서명하면서 시작된 '항구적인 선린 우호협력관계'가 1998년 '21세기를 향한 협력동반자관계'(김대중 정부), 2003년 '전면적 협력 동반자관계'(노무현 정부), 2008년 '전략적 협력 동반자관계'(이명박 정부)로 발전했다.

시킬 것으로 보고 있다.(Kim & Lee, 2002: 132) 결국 중국의 입장에서 북·중 동맹이 갖는 현재적 의미는 가치동맹으로 발전하고 있는 한미동맹에 대한 껄끄러움과 한반도 관련 안보 문제에서 한·미 밀착에 대한 일종의 의식적인 견제라고 할 것이다. 이에 한반도 문제의 관리와 평화적 해결 과정에서 중국은 한반도 문제에 관여하고, 개입할 수밖에 없는 주체라는 것을 끊임없이 인식시키는데 북·중 동맹 조약이 충분한 의미가 있다고 볼 수 있다.

2. 북한 유사시 개입의 정당성

북·중 동맹은 중국의 입장에서 한미 동맹, 미일동맹에의 대응 및 북한에 대한 영향력 유지 등을 고려할 때 여전히 그 필요성이 존재한다. 북·중 조약은 적어도 중국측 입장에서 볼 때 미래 한반도 안보 상황의 전개가 중국의 안보 이해에 위배되는 방향으로 전개되는 것을 방지하는 연성 균형 기제(soft balancing mechanism)로 작동하고 있다는 것이며, 다른 한편으로 북한의 돌출행동을 제어하는 대북 '관리기제'(management mechanism)의 기능을 하고 있다는 것이다.(최명해, 2011: 9-23)

북·중 동맹은 외적 위협이라는 대응 차원에서 뿐만 아니라, 상대방의 미래 행보에 대한 불확실성을 최소화시킬 수 있는 관리규범으로서도 작동한다. 북·중 동맹 조약은 중국의 관점에서 볼 때 적어도 북한의 행보 변화와 그로 말미암아 발생할 수 있는 한반도 안보 상황의 불확실성을 관리하기 위한 대응 조치라고 말할 수 있다.(최명해, 2009: 20) 북·중 동맹이 그나마 비틀거리면서도 유지되는 것은 북·중 동맹 형성의 목적, 즉 북한의 불확실한 정치 안보적 행보에 대한 관리라는 측면에서 기인 한 바 크다고 말할 수 있다.

이른바 결박동맹의 성격이 북·중 동맹에서도 여실히 드러난다고 보는 입장이다. 비대칭적 동맹 관계에서 결박적 성격은 잘 나타난다. 대표적으로 한·미 동맹은 결박적 성격이 강하며 미·일 동맹도 이런 특징이 원형적으로 존재한다고 할 것이다. 미국의 안보 우산 및 핵우산 이라는 동맹 재화의 제공으로 인해 한국과 일본은 핵무기나 전략적 미사일의 사거리 등의 문제에서 포기하거나 제한을 받게 된다. 그런데 북·중 관계에서 결박동맹의 성격을 좀 더 분석적으로 뜯어보면 과연 어느 범주까지를 결박 동맹으로 볼 것인가 하는 문제에 맞닥뜨리게 된다. 왜냐하면 동맹의 외적 기능으로서 공통의 안보 위협에 대한 인식의 공유는 차치하더라도 내적 기능을 담당하는 결박이 잘 작동되지 않는 듯하기 때문이다.

북·중 동맹의 성격으로 '결박'을 강조한 최명해는 그의 노작의 결론에서 비로소 '결박'을 이렇게 이야기한다.

> "...(중략) 결박이 완전한 통제와 동의어일 수는 없다. 통제가 기대 목표라고 한다면, 결박은 상호 이해 갈등 관리를 위한 '과정' 그 자체를 의미한다. 결박은 서로의 기대감을 완전히 만족시켜 줄 수는 없다고 하더라도, 최소한 극단적 상호 충돌(관계 파탄)은 회피할 수 있는 완충제임은 분명하다. 그래서 조·중 조약의 외적 기능은 이미 1970년대 미·중 화해 이후 점차 사라져왔음에도, 그 내적 기능은 지금까지도 여전히 중요하게 남아 있는 것이다. (하략)..." (최명해, 2009: 386)

극단적 상호 충돌(관계 파탄)을 회피하는 것이 결박이라는 이야기이다. 그러나 동맹이 아닌 정상적인 국가 간의 관계에서도 국제 관계의 의전이나 국제 관계에서의 이익을 고려할 때 관계 파탄을 염두에 두고 외교정책이나 외교 행위를 하는 국가는 거의 없다. '결박'이라는 개념 자체가 북·중 동맹을 설명하는데 '통제'보다는 설득력이 뛰어나다고 할 수 있으나 양국의 동맹 관계를 설명하는데 시기적 적실성이 있을지는 몰라도 분석적 개념은 아니다. 개념 자체의 내포와 외연이 모호하기 때문이다. 어디까지를 '결박'으로 볼 것이며 어디까지의 행위가 '결박'이 아닌 것인가가 분명하지 않다. 상호 결박인지 일방적 결박인지도 중요한 문제이다. 일방적 결박이라면 안보-자율성 교환 모델과 흡사한 동맹이 된다. 상호 결박이라면 대칭적 동맹 관계에서는 의미가 있지만 비대칭적 동맹 관계에서도 의미가 있는가하는 문제를 제기할 수 있다. 결박의 자원이 약소국은 취약하기 때문이다.

전략적 무기로서 핵과 미사일의 문제는 너무나 중차대한 동맹국들의 관심사항이다. 그 부분에서 북·중은 전략적으로 협의한 바가 없으며 이해나 양해를 구하는 외교적 행위가 있었는가에 대해서는 알려진 바가 없다.(신상진, 2008: 31) 이런 측면에서 북한은 중국을 이미 동맹으로 생각하고 있지 않다고 봐야 한다. 동맹의 외적 기능이 국제 구조의 변화, 과거 적성국과의 관계 개선 등으로 중국 안보 환경이 변하였기 때문에 미약해졌다고 하는 것은 중국의 사정이다. 북한의 경우는 외적 위협 상황 인식에서 과거와 달라진 바가 없다. 안보 위협에 대한 인식의 격차는 과거와는 질적으로 상이하게 바뀌었다. 그렇다면 결박 동맹에서 강조하는 내적 연계와 유대는 잘 작동되고 있는가? 북한의 핵과 미사일 개발을 여전히 북한의 '계산된 모험주의'로 설명할 것인가? 모험주의인 것은 분명하나 무엇을 계산했다는 것인가? 그 계산에 중국은 어떤 식으로 관여되고 있는 것인가? 동맹 상황에서 내적 연계와 유대는 적어도 최소한은 유지되어야 하나 북핵 문제와 장거리 미사일 개발에서 보듯이 그 마저도 북·중의 결박은 실패하고 있다.

중국 역시 냉전 시기에 북한을 순치시키기 위한 '계산된 모호성' 전략을 탈냉전시기, 특히 북한의 핵문제가 불거진 이후에는 의도하지 않았지만 분명하게 거두어 들였다고 봐야 한다. 비록 북한이 김일성의 유훈에 따라 '한반도 비핵화'를 추구하고 있다고는 하나 외교 전략적 측면에서 핵을 협상의 자원으로 이용하고 있는 상황에서 동맹의 당사국이 한반도의 비핵화를 공식적으로 천명하는 것은 '모호'하다고 보기 어렵다. '비핵화'라는 목표에는 북한과 중국이 설사 일치한다고 하더라도 그것의 실현 과정에서는 엄청난 인식의 차이가 존재하는 것인데, 중국은 그들의 입장을 모호하지 않게 밝히고 있는 셈이다.

이런 관계는 북한의 핵과 미사일 개발의 문제에서 그대로 표출되고 있다. 북·중 동맹의 대항적 형태로서의 한·미 동맹과 미·일 동맹은 한국과 일본이 전략적 무기를 개발하는 것을 안보 재화를 공여함으로써 제어하고 통제하는 반면에 북·중 동맹은 이런 기능을 전혀 하고 있지 못하다는 것이다. 사실 중국이 북한의 핵개발과 장거리 미사일의 개발에 영향력을 행사해 이것을 제지할 수 있는 힘을 가지고 있는가에 관해서는 회의적이다. 중국은 명백히 한반도의 안전과 평화가 자국에 유리하다는 입장을 견지함으로써 한반도의 비핵화를 기본적인 한반도 정책의 기조로 삼아왔다. 그러나 현실에서 북한의 핵과 미사일 개발을 저지할 수 있는 영향력은 가지고 있지 못한 것이다. 이것이 북·중 동맹의 현실이다. 이것이 북·중 동맹이 형해화되어 있다는 측의 주장의 논거로서 작동을 하더라도 반박할 여지는 별로 없어 보인다. 비대칭적 동맹으로서 중국의 북한 안보에 대한 보장이 확실하지 못하다고 생각하기에 북한은 자체적인 핵개발과 미사일 개발에 몰두하는 것이다.

그렇다면 중국은 왜 이렇게 유명무실한 동맹 조약을 굳이 붙들고 있는가를 다시 묻지 않을 수 없다. 만약 동중국해에서 일본과 교전 상황이 발생해 확전이 되면 동맹국으로서 북한은 중국을 도와 일본 또는 미국과 싸우는 상황이 발생할 수 있을 것인가? 중국은 그런 상황을 충분히 기대하고 있는가? 동맹의 외적 기능도 내적 기능도 박약한 상황에서 거의 사문화된 북·중 동맹을 유지하는 이유는 무엇일까? 단적으로 그것은 북·중 동맹이 가지고 있는 미래적 가치 때문이다. 무슨 말인고 하니 적어도 북·중 동맹은 현실적으로 효력이 없는 형해화된 동맹이라 할지라도 중국 입장에서는 한반도 상황에서 자국에게 불리한 형태로 세력이 포진하는 것을 제어할 수 있는 제도적 장치로서 북·중 조약을 활용하고자 하는 의도가 있기에 동맹을 유지하고 있다는 것이다.

즉 중국이 현재에도 북한과 동맹조약을 폐기하지 않고 유지하는 이유는 북한 문제로 야기될 수 있는 한반도 상황의 불확실성을 관리할 능력에 확신이 없기 때문이다. 북한의 정치적 의도와 행보에 대한 의구심, 한반도 문제 처리에 대한 미국과의 전략적 공감대 형성이 미비한 상태에서 북한의 미래 문제와 그로 말미암은 한반도 전체의 한·미 동맹 체제로의 일방적 편입 등 미래 한반도 상황에 대한 불확실성이 남아 있는 이상 북·중 조약은 여전히 유지될 것으로 전망할 수 있다. 북·중 조약은 중국의 입장에서 볼 때 미래 한반도 문제에 개입할 수 있는 법적 근거로 작용할 것이다.(최명해, 2009: 407-408)

불필요하거나 내용상의 실익이 없다고 중국이 먼저 북한에게 동맹의 폐기를 통고하는 것은 순진한 정치적 패착이다. 이 점은 국제적으로 점차 고립화되어가고 경제의 상당부분을 중국에 의존하는 있는 북한으로서도 전략적 자살행위이다. 서로를 '결박'하는 동맹의 유의미성이 거의 망실되었다하더라도 동맹의 폐기는 중국이 북한에 관여할 수 있는 통로 자체를 완전 폐쇄하는 것이나 마찬가지다. 서로 간에 동맹의 신뢰와 의무를 저버리는 행위로 인해 조약상의 내용이 유명무실해졌다고 하더라도 동맹 관계를 일부러 제거해서 얻어질 이익보다는 그냥 방치한다고 해서 잃은 것이 없다고 한다면 굳이 제거할 이유가 없다. 이런 단순한 이익 계산이 아니더라도 북·중 동맹의 유지, 정확하게는 북·중 조약의 유지는 중국의 입장에서 한반도 미래의 사변에 대해 개입할 수 있는 중요한 장치라고 말할 수 있다.

Ⅴ. 맺음말

북·중 관계의 무수한 부침 속에서 북한의 독자적인 장거리 미사일 및 핵개발은 북·중 동맹에 치명적인 문제가 되었다. 북·중 동맹의 실패가 북핵 문제를 야기했다고 볼 수 있다. 북·중 동맹이 '형해화'된 가운데 그 실효성이 중국 내외에서 공개적으로 거론되고 있다. 그럼에도 여전히 북·중 동맹은 조약으로 존속하고 있으며 아직 폐기되지 않았다. 세계사적 측면에서 무수한 동맹 조약은 문서에 불과한 것뿐이었고 동맹의 역사에서 보듯이 언제든지 조약의 문구는 무력화될 수 있는 것이다. 현실적으로 북한과 중국은 완전히 등을 돌린 적이 없으며 호상 간에 그럴 수 있으리라는 전망은 상당히 비현실적이다.

아무리 형해화된 동맹이라고 하지만 여전히 북·중 조약을 매개로 한 동맹을 유지하는 이유는 무엇인가? 동맹의 이중적 기능으로 추론해보자면 먼저 동맹의 외적 기능으로서 그것이 작동할 만한 여지가 충분히 있는 안보 상황이 여전히 존재한다는 것이다. 이는 구조적으로 한반도의 냉전적 잔재가 완전히 제거되지 않았기 때문이다. 물론 북·중 동맹은 대항 동맹으로서의 의미가 상당정도 쇠락하였다. 동맹 형성기보다 외적 위협의 구조와 환경이 상당히 달라졌으며 외적 위협이 약화되었다는 것도 부정할 수 없다. 현실적으로 북한의 핵문제가 돌이킬 수 없는 사태로 치달아 북한의 우려 시설에 대한 외과적 공격(surgical strike)이 실행될 때 중국은 군사적으로 어떤 행동을 취할 것인가? 과연 동맹의 기능은 작동할 것인가?

이런 질문에 대한 답이 부정적이라도 중국이 곤혹스러운 이런 동맹을 부여잡고 있는 것은 조약의 사문화 논란에도 불구하고 그것을 유지함으로써 갖는 전략적 효과는 충분히 기대할 수 있기 때문이다. 대항 동맹의 한 축이었던 한국은 북한에 대한 군사적 선제나 대응에서 최소한 중국의 반응을 염두에 둘 수밖에 없으며, 북한 문제를 처리하는데 중국을 결코 종속 변수로서 취급할 수 없는 효과를 가질 수 있다. 미국 역시 한국과의 공조이든 단독적 행위이든 대북한 전략적 행위를 취함에 있어 중국은 미국의 전략적 판단에 변수로 작동함으로써 미국의 행보와 운신을 제약할 수 있는 효과를 가지는 것이다. 물론 북·중 동맹 조약이 없다하더라도 이런 효과를 거둘 수 있을지 모른다. 그러나 북·중 동맹이 비록 강시적(僵屍的) 상황이어도 언제든 좀비(zombie)화 될 수 있다는 것을 대항 동맹의 당사자들에게 인식시켜주고 있다는 것이 형해화된 북·중 동맹의 현재적 의의인 것이다. 그것은 북한 문제를 포함한 한반도 문제 해결에서 한국과 미국의 전유(專有)가 결코 불가하다는 것을 상징하는 하나의 징표로서 작동하는 것이다.

동맹의 내적 기능으로서 북한과의 정치적, 군사적 결박적 성격은 유명무실하다. 북한의 핵과 미사일 개발의 문제에 대한 양국간의 관계가 이를 증명한다. 중국이 북한 문제와 북핵 문제를 분리해서 인식하고 대응하겠다는 것은 북·중 동맹이 유명무실하다는 것을 예시하는 것이다. 그렇다고 동맹적 관계가 양국관계의 모든 것은 아니기에 북·중 관계의 우호나 협력 관계를 과소평가할 이유는 되지 않는다. 중국은 북한 문제로 인해 중국이 군사적으로 연루되는 것을 최대한 경계한다. 어찌되었든 한반도에서 불거지는 사태가 평화적이고 중국에 우호적으로 처리되기를 바랄 따름이다.

따라서 군사적인 연루는 경계하나 정치적인 연루는 어찌되었든 지속적으로 유지하고자 한다. 사실 군사적 연루도 북한이 원인이 되어 도발되는 무력사태에 자동적으로 연루되는 것을 경계할 따름이다. 북한의 체제 급변으로 군사적 동원이 필요하다고 판단되는 시기에서의 연루를 경계하는 것은 아니다. 즉 북한의 정권 변화나 체제 지속 여부를 결정하는 유의미한 정치적 사건이 있기 전까지 대외적 군사적 연루는 경계하나 정치적 연루는 계속하겠다는 것이 중국의 복안인 것이며, 북한 체제의 심각한 변화와 이에 동반한 한반도 전략 환경의 변화가 모색되는 시기에는 군사적 개입까지도 충분히 고려하고 있다고 봐야 한다. 그러한 전략적 움직임에 정당성을 부여하는 것이 북·중 동맹이라고 말할 수 있다.

참고문헌

KBS, 『9시 뉴스』, http://news.kbs.co.kr/news/NewsView.do?SEARCH_NEWS_CODE=2665572 (2013/05/27).

강정일, "북중동맹의 공고성에 관한 연구." 『전략연구』 통권 제54호(2012).

김계동, "한미 동맹의 재조명: 동맹이론을 분석틀로." 『국제정치논총』 제41집 2권(2001).

김열수, "북한 급변 사태시 중국의 군사개입: 목적·양상·형태를 중심으로." 『신아세아』 제19권 2호(2012).

김은비, "탈냉전기 북중동맹의 결속력 변화 연구." 『한국군사학논집』 제67집, 제2권(2011).

김태경, "자주와 동맹 사이에서 : 북한의 핵보유와 북중 결박동맹." 『사회과학연구』, 28권 1호(2012).

김태현, "비대칭 동맹에서 약소국의 자율성에 대한 연구: 2차 북핵 위기시 북·중관계를 중심으로." 『신아세아』, 18권 1호(2011).

디지털뉴스팀,. "北 최룡해, 中 시진핑에 '핵보유국 지위 인정해 달라'." 『경향신문』(2013/06/16)http://news.khan.co.kr/kh_news/khan_art_view.html?artid=201306161136131&code=910303 (2013/06/18).

문일현, "북중동맹 50년, 덫에 걸린 中國." 『매일경제』(2011/07/12). http://news.mk.co.kr/newsRead.php?year=2011&no=448091(2013/08/20).

박병광, "북중동맹과 한미동맹의 비교: 성립배경과 조약 내용을 중심으로." 중북우호협조 및 상호원조조약과 한미동맹. 대한상공회의소 의원 회의실(2011/09/01).

박승준, "한미동맹은 냉전 산물이란 발언은 중국 공식입장." 『조선일보』(2008/05/30) http://news.chosun.com/site/data/html_dir/2008/05/30/2008053000129.html (검색일: 2013/01/12).

박창희, "지정학적 이익 변화와 북·중 동맹 관계: 기원, 발전, 그리고 전망." 『중소연구』, 통권113호(2007).

박창희, "북한 급변 사태와 중국의 군사개입." 이재석·조성훈 편. 『한반도 분쟁과 중국의 개입』. (서울: 선인, 2012).

박홍서, "탈냉전기 중·미간 협조체제의 출현?" 『국제정치논총』, 제47집 3호(2007).

신상진. "대만문제와 북핵문제를 둘러싼 중·미 관계 : 동북아 안보 위기의 협력적 관리." 『국가전략』, 13권 3호(2007).

신상진, "북·중 정치외교관계: 실리에 기초한 전략적 협력관계." 김병로 외. 『북한 중국 간 사회 경제적 연결망의 형성과 구조』. 서울대학교 통일평화연구소(2008).

우평균, "조·소 동맹과 북·러 관계 : 양국 관계의 변천 과정과 그 의미." 이기완 외. 『동맹의 정치학』(서울: 매봉, 2005).

이동준, "중국인의 대북인식과 북중동맹." 『평화연구』, 제20권 제 2호(2012).

이종석, 『북한-중국 관계, 1945-2000』(서울: 중심, 2001).

이춘복, "북한 3차 핵실험 후 중국의 대응과 북중관계: 시진핑 시대 중국의 대북정책은 진화하고 있는가?" 『JPI 정책 포럼』, No. 2013-04(2013).

이태환, "북중관계." 세종연구소 북한연구센터 편. 『북한의 대외관계』(서울: 한울 아카데미, 2007).

장창준, "1950년대 북중동맹의 변화에 관한 연구: 중국 인민지원군의 한국전쟁 참전과 철수를 중심으로." 북한대학원대학교 군사안보전공 석사학위논문(2009).

전병곤, "중-북 관계." 한국국제정치학회 중국분과 편. 『중국 현대국제관계』(서울: 오름, 2008).

주춘렬,. "중 내부 북에 '부글부글'... 시진핑 대북 정책 변화 바람 부나." 『세계일보』(2013/02/15).
"http://www.segye.com/content/html/2013/02/15/20130215023682.html (2013/02/16).

주펑, "중북관계에서의 동맹요소: 변화와 조정." 중북우호협조 및 상호원조조약과 한미동맹. 대한상공회의소 의원 회의실(2011/09/01).

최명해, "중국의 대미 데탕트 시도와 북·중 동맹관계의 재조명." 『아세아연구』, 제51권 3호(2008).

최명해, 『중국·북한 동맹관계』(서울: 오름, 2009).

최명해, "북중 조약의 현대적 함의와 북중관계 전망." 중북우호협조 및 상호원조조약과 한미동맹. 대한상공회의소 의원 회의실(2011/09/01).

황교근, "한·미 동맹과 북·중 동맹의 결속력 비교: Stephen M. Walt의 동맹의 지속, 와해요인을 중심으로." 『군사논단』, 제59호(2009).

龐朕·陽鑫宇, "從同盟到伙伴: 中朝關係的歷史演變." 『重慶社會主義學院學報』, 第3期(2008).

沈驥如, "維護東北亞安全的當務之急: 抑止朝核問題上的危險博弈." 『世界經濟與政治』, 第9期(2003).

曹世功, "'朝美交易论'是不靠谱的." 『环球时报』(2013/02/28).
http://opinion.huanqiu.com/opinion_world/2013-02/3685250.html
(2013/03/04).

刘佳, "中国的对朝政策为何被动？" 『共識網』(2013/02/14).
http://www.21ccom.net/articles/qqsw/zlwj/article_2013021476946.html
(2013/02/16).

单仁平, "用抨击朝鲜指桑骂槐, 此法不厚道." 『环球时报』(2013/08/13).
http://opinion.huanqiu.com/opinion_world/2013-08/4236747.html
(2013/08/16).

『人民日報』(1999/06/05).

『環球時報』, "社评：朝核危机, 中国不需看任何一方脸色."(2013/01/25).
http://opinion.huanqiu.com/editorial/2013-01/3581199.html
(2013/1/26).

『环球时报』, "专家：中朝友好合作互助条约的战略价值"(2011/07/11).

http://bbs.tiexue.net/post_5215731_1.html (2013/07/12)

Bennett, Bruce W, "Preparing for the Possibility of a North Korean Collapse," RAND(2013).

Bolton, John, "How to Answer the North Korean Threat." The Wall Street Journal, (February 20, 2013), A13.

Cliton, Hillary. "America's Pacific Century." Foreign Policy. November(2011).

Deng, Yuwen, "China should abandon North Korea." Financial Times(February 27, 2013).
http://www.ft.com/cms/s/0/9e2f68b2-7c5c-11e2-99f0-00144feabdc0.html#ixzz2MC2ZTXPt (2013/03/04).

Government Printing Office, "China's Impact on Korean Peninsular Unification and Questions for the Senate." A Minority Staff Report Prepared for the Use of the Committee of Foreign Relations United States Senate. Washington(2012).

Ikegami, Masako,. "China-North Kora: Renewal of the 'Blood Alliance'." Asia-Pacific Bulletin, No. 158(2012).

Kim, Samuel S. and Tai Hwan Lee, "Chinese- North Korean Relations: Managing Asymmetrical Interdependence." Samuel S. Kim and Tai Hwan Lee, eds. North Korea and Northeast Asia(New York: Rowman & Littlefield Publishers, 2002).

Kim, Taeho,. "Strategic Relations Between Beijing and Pyongyang : Growing Strains amid Lingering Ties." James R. Lilly and David Shambaugh, eds. China's Military Faces the Future. American Enterprise Institute(1999).

Lee, Chae-Jin, China and Korea: Dynamic Relations. Hoover Press Publication(1996).

Scobell, Andrew, "China and North Korea: The Limit of Influence." Current

History, Vol. 102, No. 665(2003).

Walt, Stephen M., The Origins of Alliance. Ithaca: Cornell University Press(1987).

Walt, Stephen M. "Why alliance endure or collapse." Survival, Vol.39, No.3, Spring(1997).

Wang, wenwen, "China living in denial of NK's status as an ally." Global TimesFeb. 25, 2013).
http://services.globaltimes.cn/epaper/2013-02-25/16598.htm(2013/03/04).

제8장

중국의 에너지 안보: 상하이협력기구를 중심으로

김승채 | 서울평화상문화재단

Ⅰ. 서론

본 연구의 목적은 포괄적 안보개념과 비전통적 안보가 강조되는 상황에서 중국의 에너지 안보를 상하이협력기구를[1] 통해 분석하려는 것이다.

소련이 붕괴된 이후 중앙아시아 각국들은 한동안 자유를 만끽했으나, 강대국들의 '거대한 게임'[2]에 다시 휘말리고 있다. 특히 최근에 정치분석가들과 언론들은 이 지역을 두고 '새로운 그레이트 게임'이 시작된 것으로 보고 있다.[3] 과거의 이 지역 종주국인 러시아와 신흥 강대국 중국, 그리고 초강대국 미국이 이 지역의 지배권을 놓고 각축전을 벌이고 있기 때문이다.

---

* 본 논문은 『국제관계연구』, 제15권 제2호(2010년 가을)에 게재된 논문을 수정한 것임.

1) 상하이협력기구는 중국어로 上海合作組織, 영어로 Shanghai Cooperation Organization(이하 SCO)로 표기한다. 상하이협력기구는 중국, 러시아, 카자흐스탄, 키르기즈스탄, 타지키스탄, 우즈베키스탄 등 6개국으로 구성되었으며, 약 3천만㎢의 면적을 차지하고 세계 전체 인구의 1/4을 포함하고 있다.

2) 19세기말 대영제국과 제정러시아는 중앙아시아를 놓고 '거대한 게임(The Great Game)'이라고 불리는 치열한 쟁탈전을 벌였다. 이 지역은 원래 고대 통상로인 실크로드가 지나가는 곳이었는데 현재는 우즈베키스탄, 키르기스스탄, 투르크메니스탄, 카자흐스탄, 타지크스탄, 아프가니스탄 등이 있다. 이 지역은 석유와 천연가스 등 풍부한 에너지와 송유관, 그리고 금, 은, 구리, 아연, 납, 철 등의 천연 자원을 보유하고 있는 것은 물론 중동, 러시아, 중국과 맞닿아 있어 지정학적 가치가 큰 지역이다.

3) Peter Hopkirk, 정영목 옮김, 『그레이트게임』(파주: 사계절, 2008), p.10.

한편 중국은 1978년 12월 중국공산당 11기 3중전회에서 덩샤오핑(鄧小平)이 개혁개방을 선언한 이후 작년까지 연평균 약 9%의 지속적인 성장을 계속해 오고 있다. 후진타오(胡錦濤) 주석은 2020년까지 중국을 중진국 수준인 '전면적 소강사회(全面的 小康社會)'로 만들기 위하여 지속적인 경제성장을 추진하고 있다. 그렇게 하기 위해서 중국은 연평균 9% 이상의 경제성장률을 지속시켜야 하고, 이를 달성하기 위해서 가장 중요한 생산요소인 에너지를 확보해야 하는데, 이미 2009년 일인당 소비는 OECD 국가의 1/3 수준이지만 총량으로 세계 1위의 에너지 소비국으로서[4] 전세계 '에너지 블랙홀'이 된 중국에게 에너지 확보는 더욱 절실한 문제가 되었다. 특히 후진타오 주석은 2006년 7월 G8과 개도국간의 공동회의 석상에서 '상호이익협력, 다원화발전, 공동보장(互利合作, 多元發展, 協同保障)'이라는 신에너지안보관을 발표하여 에너지 안보에 대한 중국의 입장을 분명하게 표명하였다.

2013년 3월에 국가주석으로 취임한 시진핑(習近平)은 후진타오 주석보다 한 발 더 나아가 에너지를 혁명차원에서 접근하였다. 즉 그는 지난 6월 13일 중앙재경영도소조 회의를 주재하며 "에너지 안보는 국가 경제사회 발전 전반에 관련된 것이자 국가전략 문제"라면서 에너지와 관련한 4대 부문에서의 혁명을 역설했다. 이 자리에서 시진핑 주석은 "에너지 소비 혁명을 통해 불합리한 에너지 소비를 억제해 나가고 에너지 공급 혁명으로 다원적인 공급 체계를 갖춰야 한다고 말하면서 에너지 기술 혁명으로 산업구조도 업그레이드해야 하며 시장의 가격 결정기능을 강화하는 에너지 수급 시스템 혁명도 필요하다"고 밝혔다. 그는 이어 "중국이 이미 세계 최대 에너지 생산국이자 소비국이 됐고 에너지 분야에서 커다란 발전을 이뤘지만 거대한 에너지 수요 압력에 직면해 있고 에너지 공급에 제약요인이 많다"는 점 등을 들어 이런 혁명의 필요성을 역설하였다. 또한 그는 "2030년 에너지 생산·소비 혁명전략"도 마련해 동부 연해지역에 새로운 핵발전소들을 추가로 건설하는 동시에 중앙아시아, 중동, 아메리카, 아프리카 등과 천연가스 협력을 강화하고 탐사개발

4) http://www.iea.org/index_info.asp?id=1479(검색일: 2010년 7월 22일)

에도 힘을 쏟을 것"이라고 말했다. 시진핑 주석의 이와 같은 언급은 에너지의 중요성, 에너지 확보의 절박성과 더불어 중국의 에너지 정책에 있어 커다란 변화를 예상할 수 있는 언급이라고 할 수 있다.[5)]

이러한 상황에서 중국은 아직도 개발되지 않거나, 개발 초기에 있으며 풍부한 천연자원을 보유한 중앙아시아로 눈을 돌리게 되었다. 중앙아시아의 4개국도 중국과의 경제교류는 자신들의 체제안정과 경제성장에 필요한 것으로 인식하여 중국과의 협력가능성을 증대시켰다. 이런 상황에서 중국은 핵심적 국가이익인 경제성장을 위해 에너지와 천연자원의 보고(寶庫)라고 할 수 있는 러시아와 중앙아시아 국가들과의 긴밀한 협력관계를 통하여 에너지 확보의 안전핀을 확보하려는 의도를 더욱 강력하게 추진하고 있다. 그것의 구체적인 실천이 바로 상하이협력기구를 통한 에너지 확보라고 할 수 있다. 상하이협력기구는 그 성격에 있어서 논란이[6)] 있지만 대체로 안보적인 차원에서 다자안보협력체라는 차원[7)], 경제협력체라는 차원[8)], 그리고 포괄적 안보개념의 차원에서 설명되고 있다. 그런데 상하이협력기구는 최근 들어 다자안보협력체나 경제협력체 보다는 중국이 에너지 안보를 구축하기 위해 심혈을 기울이고 있는 에너지 안보 차원의 국제기구라는 차원에서 더 많은 관심을 끌고 있다.

Ⅱ. 에너지 안보의 이론적 논의

1. 안보개념에 대한 이론적 논의: 전통적 안보와 비전통적 안보

일반적으로 안보는 개인을 포함하여 국제정치 행위자의 핵심 가치에 대한

5) http://www.yonhapnews.co.kr/bulletin/(검색일 2014년 6월 15일)

6) 상하이협력기구의 성격에 대해서는 본 연구 3장 2절 참조.

7) 대표적인 것으로 류동원, "중국의 다자안보협력에 대한 인식과 실천: 상하이협력기구(SCO)를 중심으로," 『국제정치논총』44집 4호(한국국제정치학회, 2004), pp.121-140.

8) 대표적인 것으로 박병인, "중국의 대중앙아시아 경제협력과 상하이협력기구 연구," 『중국학연구』 29집(중국학연구회, 2004), pp.747-775.

위협이 없는 상태라는 공감대가 형성되어 있다. 그러나 이와 같은 공감대에도 불구하고 안보(security)의 개념은 학자들에 따라, 시간과 공간의 차이에 따라 다양하게 사용되는 논란의 소지가 많은 개념이다.[9)]

이렇게 관점과 초점에 따라 다양하게 정의되는 안보연구는 2차대전 이후 등장하였다.[10)] 당시 안보연구는 국제체제의 성격을 반영하여 국가의 영토보전, 정치적 독립, 그리고 가치체계를 유지하는데 초점을 맞춘 안보개념을 증진시키면서 출발하였다. 따라서 안보는 주로 국가안보(national security)에 초점을 맞추면서 세력균형, 동맹, 억지와 방어라는 군사적 관점에서 정의되었다. 따라서 국가들은 국가 생존과 불가분의 관계에 있는 안보문제를 절대적 가치의 측면에서 다루고 있다.[11)] 이러한 측면에서 안보를 다루는 것을 국가안보 패러다임이라고도 말한다.

따라서 국가안보 개념에 입각한 안보문제는 경제, 사회문제와 같은 저위정치(low politics)보다는 군사력과 같은 고위정치(high politics)에 더 많은 관심을 보이게 되었다. 국가들은 인지된 군사적 위협에 대처하기 위하여 적절한 군사력과 다양한 무기체계를 유지하는 것이 국가안보의 필요조건이라고 생각했다.

이런 입장은 '만인의 만인에 대한 투쟁'을 지적한 홉스(Thomas Hobbes)의 사상을 신뢰하는 현실주의적 입장을 철저하게 뒷받침하는 안보 개념으로 소위 국가중심적 안보, 경성안보(hard security), 그리고 전통적인 안보개념으로 이해되어 왔다. 전통적인 안보개념은 이후 현재까지 안보 개념의 한 축을 형성하면서 유지되어 오고 있다.

한편 1970년대 이후 냉전체제의 구조적 경직성이 국제체제에서 권력의 분산, 행위자의 확산, 쟁점영역(issue area)의 확산, 그리고 지역적 다양성 등으로 인해 과거보다 완화된 것과 더불어 궁극적으로 냉전종식과 세계화의 진

9) 안보개념에 대한 보다 자세한 논의는 赤根谷達雄, 落合浩太郎 編著, 김준섭 역, 『신안전보장론』(국방대학교, 2001), pp.15-104 참조.

10) Steven E. Miller, "International Security at Twenty-five: From One World to Another," *International Security*, Vol.26, No.1(Summer 2001), p.5.

11) 주권과 안보 관계에 대한 자세한 논의는 박인휘, "주권과 글로벌 안보: 세계화시대 주권과 안보의 개념적 재구성," 『한국정치학회보』 제35집, 3호(한국정치학회, 2001), pp. 455-474 참조.

전은 안보개념의 전환을 요구하였다.

특히 상호의존과 협력의 시대로 접어들면서 이제 국가의 안전을 해치는 것이 단순하게 타국의 군사적 위협에 의한 것 보다는 기후변화, 자원 확보, 에너지, 보건, 환경파괴, 자연재해와 인구 증대로 인한 식량문제 등이 주요한 안보위협요인으로 등장하였다. 더욱이 최근에는 인간안보(human security)를 위협하는 문제들이 한층 중요한 안보위협요인으로 등장하였다. 이것은 과거의 전통적인 안보개념만으로 설명할 수 없는 새로운 안보상황이 대두되었음을 의미하며 보다 포괄적이고 심층적인 안보연구를 통해서만이 해결책을 강구할 수 있다는 결론에 도달하게 되었다.

따라서 다양한 차원의 안보문제를 다루기 위해서는 국가 위주의 해결과정과 방식, 양자관계 중심의 국제관계에서 탈피하여 국가들의 공동노력을 통한 문제해결이 필요하다는 공통의 인식이 대두하였다. 즉 다자간 협력틀을 구축하여 각국 정부, 국가간 기구, 비정부 단체(NGO), 비영리단체(NPO) 등 다양한 행위자들이 당면문제에 대해 포괄적이고 체계적인 접근을 통해 문제를 해결하려는 노력이 지배적인 현상으로 발전하였다. 결국 이와 같이 비군사적이면서도 다양한 안보위협요인과 더불어 과거와 다른 다자간, 다층적이고 복합적인 방안과 해결책을 추구하는 비전통적 안보가[12] 최근의 중심적인 안보개념이라고 할 수 있다. 그것은 다른 한편으로 안보개념이 전통적 안보 혹은 절대안보 차원을 넘어 경제, 에너지, 환경, 생태안보 등 비전통적 안보개념을 포함하는 포괄적 안보(comprehensive security)의 차원에서 운영되고 있음을 의미한다.

2. 다자안보협력의 내용과 특징

안보 영역과 대상의 변화와 더불어 국제적 상호의존의 심화는 더 이상 어느 한 국가의 노력만으로 안전보장을 추구하기에 한계를 노정시키면서 새로

12) 비전통적안보에 대해서는 이신화, “비전통적 안보와 동북아지역협력,” 『한국정치학회보』42집 2호(한국정치학회, 2008 여름), pp.416-417 참조.

운 안보환경에 대응할 수 있는 안보 패러다임, 전략적 사고, 그리고 변화된 안보개념을 모색하게 되었다. 그 과정에서 새롭게 도출된 것이 포괄적 안보(comprehensive security)를 비롯하여 공동안보(common security), 협력안보(cooperative security) 등으로 다자간 안보협력의 중요성을 강조하게 되었다. 다자주의는 크게 세 가지 형태로 나타난다. 먼저 동맹이다. 동맹은 공동의 적에 대항하는 공동안보를 위하여 무기한 또는 정해진 기간 동안 국가들이 공식적으로 결속하는 것을 의미한다. 동맹관계는 공동으로 대처해야 하는 위협이 명확하게 존재하고, 동맹자간의 동질성·호혜성·균등성이 높을 때 한층 공고해진다. 동맹관계는 둘 이상의 독립국가가 참가함에 따라 이루어지는데, 참가자의 수에 따라 양자동맹과 다자동맹으로 구분된다. 둘째, 집단안전보장(collective security)이 있다. 집단안전보장은 가상의 특정한 위협이나 적을 상정하지 않고, 대립관계에 있는 국가들을 포함한 독립국가들이 안보 제휴를 통하여 불특정한 참여국에 의한 평화파괴 행위에 대처하는 안보협력을 의미한다. 제1차 대전 이후 창설된 국제연맹(League of Nations)이나 2차대전 이후의 국제연합(UN)이 대표적인 것이다. 마지막으로 다자간 안보협력이 있다. 다자간 안보협력은 대체로 협력안보를 바탕으로 결성된다. 협력안보는 대립구조가 불명확하고 안보적 불안정성이 잠재하는 지역에서 분쟁의 발생 소지 및 불안요인을 비군사적 수단에 의해 사전에 방지·제거하는 예방외교(preventive diplomacy)적 성향이 강한 개념이다. 유럽안보협력회의(CSCE)나 유럽안보협력기구(OSCE)가 대표적인 것이다.

3. 에너지 안보의 내용과 특징

에너지 안보란[13] 에너지의 공급중단이나 부족사태를 방지하기 위한 에너지 공급의 안정적인 확보측면에서 제시된 것으로서 "한(국가의) 경제가 특정

13) 에너지 안보에 대한 보다 구체적인 논의는 이준범, "에너지 안보에 대한 이론적 접근: 에너지 수급의 정치경제," 『국제평화』제2권 1호(서울평화상문화재단, 2005년 6월), pp.7-12 참조. 본고에서 언급하는 에너지 안보는 이준범의 논리를 차용하고 있음.

에너지 공급 불안으로부터 자유로운 상태"를 의미한다.

크루에거(Krueger)는 에너지 안보를 "적절하고 안전한 석유공급의 확보"라고 정의했다. 이후 가격 위험에 대한 문제 인식이 확대되는 가운데 에너지 안보개념은 공급안보와 더불어 가격 안보를 포함시키는 방향으로 발전되었다. 미국 에너지부(Department of Energy)는 에너지 안보를 "석유 및 기타 에너지 자원의 적절한 공급이 합리적인 가격으로 지속적으로 가능한 상황"으로 규정했으며, 비엘레키(Bielecki)도 "합리적인 가격을 통한 안정적이고 적절한 에너지의 공급"으로 정의했다.[14)]

그런데 에너지 공급불안으로부터 자유를 달성하기 위해서는 몇 가지 조건이 충족되어야 한다.

먼저, '적정규모' 규모에 의한 에너지 공급을 들 수 있다.[15)] 에너지 공급 물량의 중요성은 1970년대 두 차례의 석유공급 혼란을 거치면서 특히 강조되었다. 당시 에너지 소비국들은 아랍 산유국들의 공급 물량 감축 통보에 의해 일종의 공황(panic)에 빠졌으며, 어떠한 가격을 치르더라도 필요 물량을 확보하기 위해 상호 치열한 경쟁을 벌였다.

둘째, 가격 또한 에너지 안보의 중요한 요소이다. 수요공급원칙으로 결정된 '합리적인 가격'에 기초한 에너지 공급은 소비국의 정상적인 경제활동을 위해 필요한 사항으로서, 지나치게 높은 에너지 가격은 소비국의 부(富)를 산유국으로 이전시키는 효과를 갖고 있다. 그러나 석유의 경우 '지대(rent)'에 의해 합리적인 가격을 찾는 것은 쉽지 않다. 예를 들면 사우디아라비아와 같은 중동 산유국들은 생산 가격이 배럴당 5-10달러에 불과한데 비해, 영국 북해 유전의 경우 15-20달러 이상에 이르고 있다. 약 10달러 이상의 차이에 의해 합리적인 국제유가는 경제학에서 이야기하는 것처럼 전적으로 시장에서 이뤄지는 것이 아니라고 할 수 있다.

---

14) R. B. Krueger, *The United States and International Oil* (New York: Praeger Publishers, Inc., 1975); J. Bielecki, "Energy Security: Is the Wolf at the Door?," *The Quarterly Review of Economics and Finance*, Vol. 42(2002); 도현재, 『21세기 에너지 안보의 재조명 및 강화 방안』(의왕: 에너지경제연구원, 2003), pp. 32-35에서 재인용.

15) J. Bielski(2002), pp. 232-250.

셋째, '신뢰'할 수 있는 공급원의 확보 여부이다. 에너지 소비국이 신뢰할 수 없는 에너지 공급원에 의존할 경우, 에너지 소비국은 에너지 공급국으로부터 에너지 공급에 대한 대가로서 정책적인 변화를 요구받게 된다. 제1차 석유위기 당시, 아랍 산유국들은 소비국에 대해 지속적인 석유공급에 대한 대가로서 친아랍 정책의 채택이라는 외교정책의 변화를 요구하였고, 국내 정책적으로는 석유로부터 탈피할 수 있는 에너지 정책의 채택을 강요받았다. 이런 점에서 에너지 안보는 경제적인 측면 뿐 만 아니라 국제정치적인 요인을 동시에 고려하여야 한다.

한편 에너지 안보 이론은 크게 경제중심적 접근과 정치중심적 접근이라는 양대 조류를 형성하고 있다. 먼저 경제 중심적 접근은 경쟁적인 에너지 수급 구조의 역할을 중심으로 한 것으로서 다수의 에너지 생산자와 다수의 에너지 소비자가 존재할 때, 에너지 안보는 확보되는 것으로 본다. 즉, 에너지 생산으로부터 소비에 이르는 연계선상(chain)에 놓여 있는 어떠한 부분이 혼란을 겪어 에너지 공급이 차질을 빚더라도, 이 연계선상에 다수의 참여자가 있을 경우, 공급혼란은 최소화될 수 있다고 보는 입장이다. 예를 들면 1990년 걸프전의 경우, 중동지역이 전장이 되었지만, 군사분쟁에 휘말리지 않은 다수의 공급원에 의해 석유공급 차질은 최소화될 수 있었으며, 국제유가도 정상을 되찾은 것으로 보고 있다.[16]

한편 에너지 안보에 대한 정치 중심의 접근은 에너지를 '공공재(public good)'의 입장에서 이해하여 에너지 안보 창출을 위해서는 정치적 힘이 중요한 역할을 수행할 수 있다는 점을 시사하고 있다. 즉 에너지 안보 불안은 에너지 생산과 소비의 균형이 불안해 질 때 나타나는 것으로서, 이것을 시정하기 위해서는 정치적 힘의 역할이 기대된다는 것이다. 특히 정치중심적 접근방식은 에너지 안보는 한 국가에 의해 창출될 수 없으며, 국제적 협력이 필요한 것으로 인식한다. 1960년 산유국의 이익을 실현하기 위해 결성된 국제석

---

16) Patrick Clawson, "Introduction," in Patrick Clawson (ed.), *Energy and National Security in the 21st Century* (Washington D.C.: National Defense University, 1995), p.5.

유수출국기구(OPEC)가 존재하는 것처럼, 1973년에 결성된 국제에너지기구(IEA)는 소비국간의 국제적 협력이 에너지 안보를 위해 필요하다는 점을 분명히 하고 있다.[17)]

그런데 두 접근법은 각각의 접근법들이 고려하지 못 한 측면들을 환기시켜 주는 것은 물론 에너지 안보를 위한 고려사항을 제시해 주고 있다는 점에서 본다면 상호 보완적인 것으로 평가할 수 있다.

Ⅲ. 상하이협력기구의 형성과 발전

1. 상하이협력기구의 발전과정

상하이협력기구는 1996년에 '상하이 5국' 기제에서 시작되어 2001년 '상하이협력기구'로 발전하면서 정식으로 출범하여 금년 6월 우즈베키스탄의 타슈켄트에서 개최된 제10차 정상회의에 이르고 있으며, 발전 과정은 다음과 같다.[18)]

먼저 '상하이 5국' 기제는 중러 및 중·러와 카자흐스탄, 키르기스스탄, 타지키스탄, 국경회담에서 기원한다. 중국은 구소련 해체 이후 러시아, 카자흐스탄, 키르기스스탄, 타지키스탄과 국경지역에서 군축 및 군사적 신뢰강화조치에 대해 회담을 시작하였다. 이러한 회담을 지속시키는 과정에서 5개국은 보다 긴밀한 협력체제의 필요성을 인식하고 1996년 4월 26일 중국, 러시아,

---

17) Kapstein은 1973년 석유공급 혼란 직후에 에너지 소비국들이 결성한 IEA를 '불안정한 동맹(insecure alliance)'라고 평가한다. Ethan Kaptstein, *The Insecure Alliance; Energy Crisis and Western Politics since 1944* (New York: Oxford University Press, 1991).

18) 상하이협력기구의 형성과 발전에 대한 보다 자세한 내용은 肖 德, 『上海合作組織: 區域經濟合作問題硏究』(北京: 人民出版社, 2009); 馬振崗, 『穩步向前的上海合作組織』(北京: 世界智識出版社, 2006); 李敏倫, 『中國新安全觀與上海合作組織硏究』(北京: 人民出版社, 2006); 박병인, "상하이협력기구 성립의 기원," 『중국학연구』, 33집(중국학연구회, 2005년), pp.511-532; Chien-peng Chung, "The Shanghai Co-operation Organization: China's Changing Influence in Central Asia," *The China Quarterly*, Vol. 180(Dec. 2004), pp.989-1009 참조.

카자흐스탄, 키르기스스탄, 타지키스탄 5개국 정상은 상하이에서 '상하이 5개국 정상회담'을 정례적인 회의체로 만들었다. 이 회담 이후 상하이협력기구가 탄생하는 2001년까지 '상하이 5국'은 매년 회의를 열고 국경지역의 군축 문제와 더불어 지역안전 강화, 분리주의, 테러리즘, 이슬람 원리주의(극단주의)에 대한 공동연합전선을 구축하고 이에 대한 각국의 상호 긴밀한 협력을 강화하였다.

한편 2001년 중국을 비롯한 6개국은 새로운 전기를 마련하였는데, 2001년 1월 우즈베키스탄을 '상하이 5국' 기제에 동참시키면서 6월 15일 상하이에서 중국, 러시아, 카자흐스탄, 키르기스스탄, 타지키스탄, 우즈베키스탄을 포함하는 상하이협력기구를 출범시켰다. 상하이협력기구의 6개국 정상들은 2001년 제1회 상하이 정상회의에서 상하이협력기구의 기본 목적과 원칙을 명시한 성립선언을 채택하였고 테러리즘 분리주의 및 극단주의 척결을 위한 협약에 서명하였다.[19] 공식언어로 중국어와 러시아어를 사용한다. 특히 상하이협력기구는 상호신뢰, 상호이익, 평등, 협상, 다문화 존중, 공동발전 추구를 의미하는 '상하이 정신'에 바탕을 두고 있는데, 그것은 회원국 간의 상호관계의 원칙이라고 할 수 있다.[20]

그런데 그것은 후진타오 주석이 서방 세계가 강조하는 중국위협론을 불식시키고자 2004년 이후 특별하게 강조하고 있는 전세계의 공동발전의 추구라는 조화세계론(和該世界論)의 이상을 충실하게 반영하고 있다는 점에서 상하이협력기구에서 중국이 가지는 입지가 얼마나 큰가를 가늠하게 해 준다.

이후 회원국들은 매년 돌아가면서 정상회의를 개최하여 국가간 협력을 증대하고 있다. 특히 2006년 6월 15일 상하이에서 열린 제6차 정상회의에서는 제도적 기틀을 확립하고, 안보협력의 강화, 지역경제 협력의 강화에 합의하고, 상하이협력기구는 개방성, 비동맹원칙에 근거하고 결코 이 기구가 제3세

19) 상하이협력기구 성립선언과 테러리즘 분리주의 및 원리주의 척결을 위한 협약의 내용에 대해서는 馬振崗(2006), pp.196-199, pp.200-209 참조.

20) 李鋼 主編, "從上海五國到上海合作組織,"『上海合作組織』(上海: 上海海關出版社, 2004), pp.12-13.

력에 대한 대항기구가 아님을 확인한다는 '상하이협력기구 5주년선언'을 채택하였다.[21)]

더욱이 2008년 8월 타지키스탄 두샨베에서 열린 정상회의에서는 에너지 전략을 조율하고 에너지 안보를 강화하기 위해 에너지 생산국과 소비국, 송유관과 가스관 경유국 및 사기업을 묶어주는 조직을 발족시킴으로써 SCO가 갖는 에너지 안보협력체의 성격을 한층 강화시켰다. 이것은 상품시장과 에너지 공급원 확보에 치중하고 있는 중국의 의도대도 잘 이행되고 있음은 물론 중국이 SCO를 에너지 안보 차원에서 적극적으로 활용하고 있음을 보여주는 것이다. 2009년 6월에 러시아 제3대 도시인 예카테린부르크에서 열린 정상회의에서는 북핵 6자회담 재개 지지 및 안보와 경제 분야에서의 회원국들의 결속 강화 등을 담은 '예카테린부르크 선언'을 채택하였다. 특히 2009년 정상회의에서 후진타오(胡錦濤) 주석은 금융 위기로 어려움을 겪는 SCO 회원국의 경제 상황 개선을 위해 100억 달러의 대출 자금을 지원하겠다는[22)] 뜻을 피력함으로써 SCO에 대한 중국의 지대한 관심을 표명하기도 하였다.

2010년 6월 우즈베키스탄의 타슈켄트에서 열린 제10차 정상회의에서는 SCO를 현재 역내의 상호신뢰와 우호증진, 평화·안보·안정·협력을 위한 공조체제에서 국제문제와 관련해서도 중요한 역할을 하는 고도로 효율적이고 공개적인 다자기구로 발전시키기로 하였다. 그러면서 중앙아시아의 비핵지대화 건설 추진을 약속하고, 미국을 겨냥해 제한되지 않은 미사일방어시스템의 중앙아시아 설치는 글로벌 안정의 불안정 요인이 될 것이라고 경고했다.[23)] 특히 이 회의에서는 새로운 회원국들이 가입할 수 있는 규정을 만들기로 합의함에[24)] 따라 그동안 업저버로 참여하고 있는 인도, 파키스탄, 몽골과 공개적으로 가입을 밝힌 아프가니스탄이 정식 회원국이 될 것으로 보인다.

한편 시진핑 주석은 상하이협력기구에 대해 상당한 관심을 표명하고 있는

---

21) 상하이협력기구 5주년 선언에 대한 자세한 내용은 『人民日報』, 2006년 6월 16일 참조.
22) 『연합뉴스』, 2009년 6월 16일
23) 『연합뉴스』, 2010년 6월 12일
24) *China Daily,* 2010년 6월 13일.

데, 2013년 3월 국가주석으로 취임한 이후 3월에 첫 번째 순방국으로 러시아를 방문하고, 5월에는 중남미와 미국, 그리고 9월에는 카자흐스탄에서 열린 13차 상하이협력기구 정상회담에 참석하면서 우즈베키스탄과 키르기스스탄 등 상하이협력기구 회원국들을 동시에 방문하여 다양한 에너지 협정과 투자 협정을 체결하였다. 특히 시진핑 주석은 2013년 9월 키르기스스탄 비슈케크에서 열린 제13차 상하이협력기구 정상회의 기조연설에서 "우리는 한배를 타는 정신, 상호 윈윈의 정신을 바탕으로 협력을 강화해 SCO를 공동 운명체, 이익 공동체로 만들어갈 필요가 있다"고 말하면서 "SCO 국가들이 교통, 무역, 에너지 등 분야의 협력을 강화해 경제 발전을 도모해야 하고, 특히 SCO가 '에너지 클럽'의 역할을 해 에너지 안보를 뒷받침해야 한다"고 지적했다. 이것은 시진핑이 에너지안보협력체로성의 상하이협력기구에 대한 관심을 적극적으로 표현한 것이라고 할 수 있다.

2. 상하이협력기구의 성격

1) 다자안보협력체

'상하이 5국'을 2001년에 정식으로 다자안보기구인 상하이협력기구로 발전시킴으로써 협력안보가 중국의 안보정책 수립에 주요한 준거로 되었다는 평가는[25] 상하이협력기구가 다자안보협력체라는 점을 분명히 하는 것이다. 특히 다자안보협력은 협력안보를 의미하는데 상하이협력기구는 분명히 그 모습을 가지고 있다.

먼저 협력안보 개념의 범위가 비군사적 부분을 포함한 포괄적 개념인데 SCO도 정치, 경제, 무역, 과학기술, 문화, 교육, 에너지, 교통, 환경보호 등 분야에서의 효과적 협력을 기구의 설립 목표로[26] 하고 있어 협력안보 개념에 부합된다. 또 협력안보가 상호간 군비통제 혹은 군축을 통해서 무력사용

25) 류동원(2004), p. 122.
26) 馬振崗(2006), pp.211-214.

이나 사용위협에 직면하지 않도록 안보를 재보장하는 것을 이론적 토대로 하는 것과 같이 상하이협력기구 역시 형성 당시 회원국 간 국경지역 군사력 축소 및 군사적 신뢰구축을 통한 문제 해결을 실시하였다.

상하이협력기구는 선언문에서 밝히고 있듯이 회원국간 상호신뢰, 상호이득, 평등, 상호 협의, 다면체 문화 존중, 공동 발전 추구 등에 충실할 것을 조직 이념으로 규정하고 있는데 이는 협력안보의 체체내 세력의 수평적이고 평등적 관계를 의미하고 있다고 볼 수 있다.

협력안보가 정치적, 평화적 방법을 통한 갈등해결방식을 채택하고 있는데 상하이협력기구도 회원국 간 내정 불간섭, 무력사용 및 무력사용 위협금지, 군사적 패권추구 금지, 상호 협상을 통한 문제 해결, 역외 국가와 관련된 국제 및 지역기구와의 협력 등을 원칙으로 하고 있다는 점에서 협력안보의 모습을 단적으로 보여준다. 특히 군사력 사용의 형식에 있어서 협력안보는 개별국가의 판단에 의한 개별적 자위를 이론적 틀로 삼고 있는데, 상하이협력기구도 이런 측면을 가지고 있다. 그러면서도 협력안보가 사전예방을 강조하고 있는데, 상하이협력기구도 테러, 분리주의, 극단주의 등으로 발생 가능한 문제를 사전에 억제·제거하기 위해 설립된 협력기구라는 점에서 협력안보의 다자안보협력체의 성격을 가지고 있다.

그러나 상하이협력기구가 이처럼 협력안보의 모습을 가지고 있는 것은 분명하지만 다른 한편으로 중국과 러시아는 이슬람 극단세력의 테러에 공동 대응한다는 명분으로 군사 협력을 강화하는 등 지역 공동체를 일종의 반미(反美)동맹으로 변화시키려는 움직임도 가지고 있다는 점을 간과할 수 없다. 예를 들면 2005년 7월 러시아가 우즈베키스탄에 주둔하고 있는 미군 철수를 강력하게 요구하여 우즈베키스탄이 2005년 12월에 주둔 중이었던 미군을 철수시킨 것, 카자흐스탄이나 키르기스스탄에 주둔하였던 미군의 철수, 2005년, 2007년, 그리고 2009년, 2011년, 2013년에 중국과 러시아를 중심으로 한 합동군사훈련 등은 상하이협력기구가 경제협력체를 넘어 정치, 군사안보 협력체의 성격까지도 띠고 있다는 사실을 시사하고 있다.

그러나 중국의 입장에서 미국으로부터 막대한 수혜를 입고 있는 국가로서 군사안보적인 반미(反美)벨트를 공공연하게 만들 수 없다는 점, 상하이협력기구를 다자안보협력체로 발전시켰을 경우 중국이나 러시아가 더 이상 자신들의 이익만을 극대화할 수 없다는 사실, 중국은 현상유지를 통해 경제이익을 극대화하려고 하기 때문에 분쟁의 단초를 제공하지 않을 것이라는 점, 그리고 대테러, 분리주의와 이슬람 원리주의의 반대를 통한 신장위구르자치구에 대한 통제권 확보에만 주력한다는 점에서 다자안보협력체로서의 한계를 가지고 있다.

2) 경제협력체

중국은 상하이협력기구를 경제협력체로 생각하고 3단계에 걸쳐 발전시켜 오고 있다.[27] 첫 번째 단계는 1996년 4월부터 2001년 6월까지다 이 시기는 상하이협력기구가 맹아적인 경제협력체의 역할을 하던 시기로 '상하이5국'이 경제무역 협력을 증대하고 다변합작을 강조하던 시기다. 두 번째 단계는 2001년 6월부터 2003년 9월까지로 이 단계는 지역경제협력, 특히 상해협력기구성립 선언에서 경제협력을 적극적으로 발전시킬 것을 합의함으로써 회원국 사이에 경제협력이 적극성을 띠기 시작한 시기다. 세 번째 단계는 2003년 9월 이후 현재까지이다. 2003년 9월 25일 북경에서 상하이협력기구 총리회담에서 경제협력의 기본 목표와 임무, 합작의 우선적인 방향과 영역에 합의, 서명함으로써 상하이협력기구가 실질적인 활동을 시작하는 단계로 진입하였다.

중국은 중앙아시아 각국들이 지리적으로 인접한데다 생필품 등 경제생활에 필요한 물자를 중국으로부터 값싸게 구입할 수밖에 없으며 투자도 중국에 의존할 수밖에 없기 때문에 경제공동체를 맺으면 쉽게 통제할 수 있다고 생각하고 경제협력에 대해 더욱 큰 관심을 표시한 것이다.

실제로 중국은 아래 〈표-1〉에서 보는 바와 같이 상하이협력기구 회원국들과 경제교류를 확대·발전시키고 있다. 이와 동시에 각국의 대외무역에서 중

27) 肖德(2009), pp. 115-116.

국이 차지하는 위치가 러시아에서는 3위, 카자흐스탄에서는 2위, 키르기스스탄에서는 4위, 타지크스탄에서는 6위, 우즈베키스탄에서는 5위를 각각 차지하고 있다.[28)]

특히 최근에 중국이 회원국들과 자유무역협정 체결을 강력하게 요청하고 있는데, 이것은 중국이 상하이협력기구를 경제협력체의 하나로 접근하고 있다는 점을 보여주는 것이다.

3) 에너지안보협력체

중국은 경제의 지속적 발전을 위해서는 주변시장의 확대 뿐만 아니라 거대한 에너지 공급능력의 확보에 심혈을 기울이고 있다. 이런 상황에서 중국은 중앙아시아 국가들과 에너지 협력을 통하여 원유수입원의 다각화와 동시에 페르시아만 오일 수입을 보장해 주는 미국에의 의존을 축소시키려고 한다.[29)]

이러한 중국의 의도는 중국국영석유천연가스공사(CNCP)가 카자흐스탄과 1997년에 Aktyubinsk 석유공사의 지분 60%의 매입계약 체결과 CNCP가 중앙아시아 지역 내의 여러 중요한 유전에 대한 통제권을 가지고 있으며, 카자흐스탄과 수십억 달러를 투자하여 2000년 이후 향후 6년간 2,500Km에 이르는 파이프라인을 건설한 것에서 잘 알 수 있다.

또 CNCP는 유전 개발권을 획득하기 위한 조건으로 중국의 신장위구르 지역까지 매년 5천만톤을 공급할 수 있는 대규모 파이프라인을 건설하여 석유를 공급받고 있다. 특히 투르크메니스탄과 카자흐스탄으로부터 중국까지의 석유, 천연가스 파이프라인은 러시아와 이란의 파이프라인망과 연결될 수 있는 가능성까지도 갖게 된다.

---

28) 위의 책, p.120.
29) Chien-peng Chung(2003), p. 60

| 표 1 | 2001-2008 중국과 상하이협력기구국가간 교역액

(단위 : 억$)

연도	국가 / 교역량	러시아	카자흐스탄	키르기스스탄	타지크스탄	우즈베키스탄
2001	총액	106.71	12.88	1.19	0.10	0.58
	수출	27.11	3.28	0.77	0.05	0.51
	수입	79.59	9.61	0.42	0.05	0.07
2002	총액	119.27	19.55	2.02	0.12	1.32
	수출	35.21	8.00	1.46	0.06	1.04
	수입	84.07	13.55	0.56	0.06	0.27
2003	총액	157.58	32.92	3.14	0.39	3.47
	수출	60.30	15.72	2.45	0.21	1.47
	수입	97.28	17.20	0.69	0.18	2.00
2004	총액	212.25	44.98	6.02	0.69	5.75
	수출	90.98	22.12	4.93	0.54	1.72
	수입	121.27	22.86	1.09	0.15	4.03
2005	총액	333.9	68.10	9.72	1.58	6.81
	수출	158.3	39.01	8.67	1.44	2.30
	수입	175.6	29.09	1.05	0.14	4.51
2006	총액	291.0	83.58	22.26	3.24	9.72
	수출	132.1	45.71	21.13	3.06	4.06
	수입	158.9	36.07	1.13	0.18	5.66
2007	총액	481.7	138.8	37.8	5.2	11.3
	수출	284.9	74.5	36.7	5.1	7.7
	수입	196.8	64.3	1.1	0.1	3.6
2008	총액	569.0	175.5	93.3	14.9	16.0
	수출	330.7	98.2	92.1	14.7	12.7
	수입	238.3	77.3	1.2	0.2	3.3

자료: 2001년-2007년 통계는 肖德(2009), pp.117-118; 2008년 통계는 中華人民共和國國家統計局 編, 『國家統計年監, 2009』(北京: 中國統計出版社, 2009), p.733, p.735.

특히 중국은 2012년 상하이협력기구 정상회담에서 중앙아시아에 100억 달러의 차관을 제공하여 철도, 도로, 석유 및 천연가스 파이프 등 인프라 건설을 지원하기로 했는데 이것은 중국이 이들 지역을 주요한 에너지 공급원으로서의 역할을 분명하게 인식한 결과라고 할 수 있다.

이런 점에서 상하이협력기구는 중국이 이 지역을 확보하는 데 가장 중요한 열쇠가 되고 있다. 따라서 중국의 입장에서 상하이협력기구는 다자안보협력체의 성격보다는 경제협력체, 특히 에너지 안보의 차원에서 접근하고 있다는 것이 더 타당성이 있다.

결국 중국은 1996년 '상하이 5'로 시작하여 2001년 우즈베키스탄을 추가한 상하이협력기구의 열 번의 정상회의를 통하여 경제중심적인 접근과 정치중심적 접근을 동시에 추진하면서 에너지 안보를 확보해 가고 있다. 다시 말하면 중국은 에너지 강국인 러시아와 중앙아시아 4개국과의 강력한 협력관계를 통하여 중국의 경제성장을 지속하고 '전면적 소강사회'를 넘어 세계 강대국으로 부상하기[30] 위한 장기계획을 실행에 옮겨가고 있다고 할 수 있다.

3. 상하이협력기구의 제도화

다자주의의 가장 중요한 요소는 국제제도라고 할 수 있다. 다자주의적 국제제도에 대한 참여가 주권국가의 행위에 어떠한 영향을 끼치는가에 대해서는 다양한 의견이 존재한다.

모겐소(Hans J. Morgenthau)와 같은 현실주의자들은 국제제도의 국가행위에 대한 영향력이 매우 낮은 것으로 인식함으로써 국제제도 참여를 통한 국제협력 촉진에 대해 그다지 긍정적으로 보지 않는다.[31] 반면 자유주의자들은 국제레짐을 포함하는 광의의 국제제도가 국가들의 행위를 좀 더 투명하게 하고, 불확실성과 거래비용을 줄이고 쟁점영역(issues)을 서로 연계시키면서 제한적이나마 합의가 지켜지는지를 통제, 집행함으로써 긍정적인 역할을 수행한다고 본다.[32] 그리고 구성주의자들은 국제레짐을 포함하는 국제제

30) 특히 2008년 9월 미국의 금융위기 이후 국제사회서는 중국을 미국과 더불어 G2로 지칭하고 있다.

31) Hans J. Morgenthau, *Politics among Nations* (New York: Knopf, 1968).

32) Robert O. Keohane, *International Institution and State Power: Essays in International Relation Theory* (Boulder, San Francisco: Westview Press, 1989), pp.2-5.

도가 표준과 규칙의 창조를 통하여 국가의 행위에 영향을 미칠 수 있고, 국제제도가 국가이익의 형성과 국가의 국제행위에 직접 영향을 끼침으로써 국가행위에 대해 전략적 제약을 구성한다고 생각한다.[33)]

한편 상하이협력기구는 다자주의의 핵심인 국제제도를 마련하고 실질적인 협력기제를 작동시키고 있다. 상하이협력기구는 헌장과 창립선언문을 통해 회원국 상호간 신뢰와 우호증진, 정치, 경제, 무역, 과학기술, 문화, 교육, 에너지, 교통, 환경보호 등의 분야에서 효과적인 협력관계 촉진, 역내 평화와 안보, 안정을 위한 공조체제 구축, 민주주의와 정의, 합리성에 기초로 한 새로운 국제정치, 경제 질서 촉진 등을 설립 목표로 하고 있다.

상하이협력기구의 조직은 크게 정례회의와 상설기구로 나누어진 이원화된 체계를 가지고 있다. 먼저 상설기구로 사무국(The SCO Secretariat)과 지역반테러기구(The SCO Regional Anti-terrorist Structure)로 구성된다.[34)] 사무국은 상설 행정기구로서 본부는 북경에 있으며, 주요 기능은 상하이협력기구 활동을 위한 행정적 지원, 상하이협력기구 내부 기구들의 문건에 대한 연구와 작성, 상하이협력기구 연례 예산 편성에 의견을 제시한다. 사무국장은 상하이협력기구 정상회의에서 임명되고 회원국 국가명의 러시아 알파벳 순서에 따라 각 회원국이 차례대로 역임하며, 임기는 3년이다. 지역반테러기구의 기능은 회원국 내의 테러, 분리주의, 극단주의 척결을 위한 수사기관과 특수부대간 조정 및 공조, 그리고 테러관련 혐의자 수색 공조를 목표로 하고, 이사회와 집행위원회로 구성된다. 회의 기제로서는 정상회의 밑에 정부관료위원회와 국무총리회의를 두고 있으며, 그 밑에 비상장관·문화부장관·교통장관·외교장관·국방부장관·법무장관·검사장·국경관리최고책임자 회의체를 가지고 운영되고 있다.

결국 상하이협력기구는 이미 제도적으로 완전한 틀을 가지고 운영되는 협

33) Emmanuel Alder and Michael Barnett, "A Framework for the Study of Security Communities," in Emmanuel Alder and Michael Barnett, (eds.), *Security Communities* (Cambridge: Cambridge University Press, 1998), pp.24-43.

34) 자세한 내용은 SCO 공식 웹사이트, http://www.sectsco.org 참조.

력체라고 할 수 있는데 중국은 이것을 국제기구를 운영하는 시금석이라는 차원에서 중국 지도부가 많은 관심을 가지고 참여하고 있다.

Ⅳ. 중국의 에너지 안보와 상하이협력기구

1. 중국의 에너지 현황

1993년 석유 순수입국으로 전락한 지 16년만인 2009년 세계 제1위의 석유소비국이 된 중국은 지속적인 경제성장을 위해 국가적인 차원에서 해외석유를 확보에 전력투구하고 있다. 중국은 전면적 소강사회를 목표로 한 2020년에는 1,050만 배럴의 원유를 수입할 것으로 예상된다. 중국은 원유소비의 급격한 증가에 대처하기 위하여 미국과 중동에서는 물론 대서양 연안에서 경쟁하고 있다. 이런 이유에서 미국의 독자적인 이라크 침공을 반대하였고, 핵개발로 미국과 심각한 갈등을 겪고 있는 이란과 에너지 협정을 체결하는 등 국가이익의 극대화를 위하여 수단과 방법을 가리지 않고 있다.

세계 인구의 20%를 차지하는 중국은 세계 석탄매장량의 12.6%를 가지고 있을 뿐이며, 1.3%의 원유 매장량, 1.3%의 천연가스 매장량을 보유하고 있다.[35]

2008년 중국의 원유 소비량은 5억 3,295만톤으로 과거 10년에 비해 2배 이상이며, 그것은 중국에서 소비되는 에너지의 18.7%를 차지한다.[36] 또 석유소비는 1980년-2005년까지 매년 5.3%씩 증가하였다. 중국은 원유 7백만 배럴을 매일 소비하고 있고, 또 330만 배럴을 수입하고 있는데 이것은 미국의 1/4 수준이다.

2007년에 중국은 1억 8670만 톤의 원유를 생산했는데 이것은 2006년 생

35) 중국의 에너지 현황에 대해서는 Denise Eby Konan and Jian Zhang, "China's Quest for Energy Resources on Global Market," *Pacific Focus*, Vol.23, No.3(December 2008), pp.382-399 참조.
36) 中華人民共和國國家統計局 編(2009), p.243.

산량보다 1.6% 증가한 것이다. 2007년 중국의 원유 순수입은 1억 5,928만 배럴이고 소비는 3억 4,600만톤이 증가하였다. 이것은 원유 소비량의 46%는 수입에 의존한다는 것을 의미한다. 2008년 현재 중국은 원유 1억 9천만톤을 생산하여 세계 5위를 차지하고 있지만[37] 2009년을 기점으로 세계 제1의 소비국이 되었다. 그러나 중국은 급격한 원유수요의 증대를 충족시키기 위하여 다양한 정책을 추진하고 있음에도 불구하고 장기적으로 중국의 석유수요는 2015년 5.4억톤으로 지속적을 증가할 전망이지만 연간 생산량은 2015년에 1.92억톤을 정점으로 2030년에는 1.4억톤까지 하락할 전망이다.[38]

한편 중국의 석탄은 중국에서 가장 큰 에너지원으로서 상업에너지 사용에서 가장 중요한 역할을 하고 있다. 중국은 세계에서 제3위의 석탄매장량을 가지고 있는데, 세계 매장량의 13%인 1,145억 5천만 입방톤 정도다.

2008년 전체 에너지 소비량의 68.7%가 석탄이었는데 이것은 1980년의 72.2%에[39] 비해서는 상당히 낮아진 것이다. 그런데 중국은 새로운 탄광을 개발하지 않고서는 앞으로 52년 정도밖에 공급하지 못할 것이다. 중국의 석탄생산은 2000년에 9억 9,800만 톤에서 2008년에는 27억 6,000만 톤으로 증가하였다.[40] 정부는 최근 채탄 비용으로 매년 50%씩 증액하고 있다.

최근에 수요급증으로 인해 중국의 석탄 수입은 계속 증가하고 있는데, 2007년에는 전년대비 34%가 증가한 5,102만 톤을 수입하였다. 따라서 중국은 2007년 1/4분기에 처음으로 석탄 순수입국으로 전락하였다. 1980년-2008년 사이 중국의 석탄 소비는 년 5.1%씩 증가하였지만 생산은 지속적으로 감소하였다.

한편 천연가스의 경우 국내공급이 수요를 가까스로 넘었다. 1980년-2005년 사이 천연가스 소비는 매년 4.9% 증가하였다. 그러나 국내 에너지 소비에

---

37) International Energy Agency, *Key World Energy Statistics,* 2009, p.11. (http://www.iea.org/stats/index.asp 검색일. 2010. 3.15)

38) 이태환, "동북아 에너지 안보," 『세종정책연구』 4권 2호(세종연구소, 2008), p.216.

39) 中華人民共和國國家統計局 編(2009), p.243.

40) 이 수치는 국제에너지기구의 통계(International Energy Agency, Key World Energy Statistics(2009), p.15)이며 중국의 공식통계는 19억 9,400만톤(中華人民共和國國家統計局 編(2009), p.243)이다.

서 천연가스가 차지하는 비율이 1980년 2.1%에서 2008년 3.8%로 증가했는데 중국 정부는 최근에 전체 에너지원에서 천연가스의 비율을 증대시키려고 노력하고 있다. 중국은 83조 입방피트(scf)의 천연가스를 보유하고 있어 2005년 수준의 소비(일일 49억 scf 사용) 기준으로 새로운 유전의 발견 없이 49년 정도 사용할 수 있을 뿐이다.

이상과 같은 중국의 에너지 현황을 보면 중국은 경제성장에 필요한 에너지 확보에 심혈을 기울일 수밖에 없다는 점을 추론할 수 있다. 따라서 이런 문제를 해결하는 방법 중의 하나로 에너지 보고인 중앙아시아로의 진출은 지극히 당연한 것으로 평가할 수 있다.

2. 중국의 안보개념[41]

덩샤오핑은 개혁·개방정책을 추진하면서 현대화와 경제발전이라는 국가목표를 달성하기 위하여 대외관계의 변화를 도모하였다. 특히 국제사회와의 협력을 증대하기 위해 평화발전론을 근거로 한 신안보관(新安保觀)으로 안보정책을 전환하였다.

신안보관은 과거의 평화발전론의 연장이라고 볼 수 있지만 평화발전론이 소극적이고 방어적인 개념이라면 신안보관은 중국의 국제적 역할을 더욱 강조한 보다 적극적이고 공세적인 개념이다. 신안보관은 국제안보에 있어서 힘의 우위, 군사동맹, 체제와 이데올로기적 입장보다는 공통된 안보의식, 상호신뢰와 상호이익에 기초한 평화와 경제적 협력, 그리고 공동발전을 더욱 중요한 요인으로 인식하는 것이다.

따라서 신안보관은 전통적인 군사적 안보개념 대신에 경제안보, 생태안보, 환경안보, 문화안보 등과 같이 비군사적인 안보의 중요성을 강조하면서 패권추구를 반대하고 주권과 다양성의 원칙을 존중하는 협력안보(合作安全)를[42]

---

41) 이 부분에 대한 보다 자세한 논의는 김승채, "제2차 북핵 해결과정에서 중국의 대북정책과 한국의 대응," 『통일문제연구』2003년 하반기(평화문제연구소, 2003), pp.41-43 참조.

42) 중국의 협력안보에 대한 보다 자세한 논의는 류동원(2002), pp.125-126 참조.

추구한다. 예를 들면 중국 사회과학원의 왕이저우(王逸舟)는 중국의 신안보는 전방위적이고 다차원적인 포괄적 안보(comprehensive security)라고[43] 규정하였다. 또한 중국의 안보전문가인 주팅창(朱聽昌)은 중국의 대외전략의 목표를 '주변지역을 안정시키고 아시아 태평양 지역을 기반으로 하여 세계로 나아가는 것(穩定周邊, 立足亞太, 走向世界)이라고[44] 언급하였다.

결국 중국은 경제 현대화와 국방 현대화의 과제를 선후(先後)의 문제가 아니라 동시에 해결해야 할 문제로 보게 되었다고 할 수 있다. 이런 점에서 볼 때 왕이저우의 "21세기 중국외교의 3가지 기본이익과 요구로서 '발전(현대화), 주권, (국제적)책임'이라는 지적과[45] 추수룽(楚樹龍)의 "21세기 중국의 핵심적 국가이익과 전략목표는 안보와 발전"이라는 지적[46]은 상당히 의미 있는 것이라고 할 수 있다.

이외에도 새로운 안보개념, 즉 '절대안보'에서 '공동안보'로의 전환도 중국의 안보정책의 내용을 변화시키는 계기가 되었다. 중국 인민해방군 부총참모장인 시웅광카이(熊光楷)는 "이념과 사회체제의 차이를 극복하고 나라간 의심과 적대감을 심화시키는 위험요소를 잠재우기 위해서는 새로운 개념이 추구돼야 한다"고[47] 지적하였다. 그가 말하는 새로운 안보개념은 '공동 안보'의 중요성을 강조하고 한 나라가 다른 나라의 안보를 담보로 하는 '절대적 안보'에 반대하는 것인데 이를 통하여 다자틀 내에서 국제분쟁의 해결을 강조하는 것임을 알 수 있다.[48]

---

43) 王逸舟, 『地球化時代的國際安全』(上海: 上海人民出版社, 1999) pp.8-9.
44) 朱聽昌 主編, 『中國周邊安全環境與安全戰略』(北京: 時事出版社, 2002), p.138.
45) 王逸舟, "21世紀中國的外交." 『戰略與管理』 1999, 6期, pp.18-27.
46) 楚樹龍, "中國的國家利益, 國家力量和國家戰略," 『戰略與管理』 1999, 4期, pp.13-14.
47) 『中國日報』, 2002년 12월 7일
48) 그가 지적한 시기는 이라크 전쟁 직전이었으나 대북 관계에서도 적용이 되는 문제라고 할 수 있다.

3. 중국의 에너지 안보

중국의 에너지 안보는 경제중심적 접근과 정치중심적 차원에서 동시에 접근함으로써 보다 올바른 평가를 내릴 수 있다.[49] 먼저 경제중심적 차원에서 볼 때 중국의 에너지 안보는 다음과 같이 전개되고 있음을 알 수 있다. 즉, 중국의 에너지 소비는 과거에 상상할 수 없을 정도로 급격한 신장세를 보이고 있다. 특히 석유소비는 1982년 이후 20년 동안 3배 이상 증가하였으며, 원유 수입량은 1999년 이후 불과 4년 만에 3배 이상 증가했다.[50] 이와 같은 중국의 급격한 석유소비 증가는 2003-2004년의 고유가 현상을 야기한 원인 중 하나로 지적되었으며, 실제로 2003년도 세계석유소비 증가분의 약 40%를 중국 석유소비 증가분이 차지한 것으로 나타났다.

중국의 에너지 수요는 급증하고 있는 반면 국내 에너지 생산은 한계에 직면하고 있다. 예를 들면 중국 북동부 다칭(大慶) 유전은 총 원유 생산량 330만 배럴 중 100만 배럴을 차지하고 있으나 1963년 생산을 시작했기 때문에 앞으로 생산량이 감소할 것으로 보인다. 기존의 유전에서도 더 이상 생산량이 증가하기는 어려울 것으로 예상된다.[51] 특히 중국은 석탄보다 상대적으로 환경오염을 덜 유발하는 석유, 천연가스 등의 부족이 가속화되고 있으며, 석유생산은 동부지역의 주력유전의 생산량이 한계에 직면하면서 증산이 곤란한 상태에 놓여 있다.[52]

중국은 제2의 석유증산 대책으로 신장 지역의 타리린(塔里林) 분지[53] 등의 서부지역 내륙유전의 신규개발과 남중국해 등을 포함한 해저유전개발에

---

49) 중국의 에너지 안보에 대한 보다 자세한 논의는 김현진, "중국과 일본의 에너지 안보전략," 『국제평화』제2권 1호(서울평화상문화재단, 2005. 6), pp.98-102 참조.

50) 중국의 석유소비는 1982년 166만b/d에서 2003년 536만b/d로 3배 이상 증가하였으며, 1999년 60만 b/d수준이던 원유수입량이 2003년에는 187만b/d로 4년 만에 3배 이상 증가했다.

51) 이장훈, 『홍군 vs 청군』(서울: 삼인, 2004), p.156.

52) 대경(大慶), 승리(勝利), 요하(遼河) 등 3대 대형유전이 모두 노령화로 원유 생산의 한계에 직면해 있다. 중국 총 원유 생산량 300만b/d의 30%에 해당하는 100만 b/d를 생산하는 대경유전의 경우도 생산량이 점차 감소하고 있는 상태이다.

53) 중국은 이 지역에서 대규모 유전과 천연가스전을 발견하기는 했으나 사막지대이기 때문에 채굴이 어려울 뿐만 아니라 거대한 송유관을 건설해야 하는 등 수송에도 어려움을 겪고 있다.

역점을 두고 강력하게 추진하고 있으며, 세계 각지의 석유생산국들, 특히 중앙아시아와의 협력관계를 적극적으로 모색하고 있다.

그러나 중국의 에너지 수급안보를 확보하는 과정에서 단순하게 시장의 논리로 접근하는데 다음과 같은 한계를 가지고 있다. 첫째, 중국의 원유수요 및 중동의존도 증가로 아시안 프리미엄이 확대될 전망이다. 한국, 일본을 비롯한 아시아 국가들 대부분의 중동지역 원유의존도가 높은 상황에서 중국의 석유 중동 의존도 역시 급격히 증가할 경우 아시안 프리미엄이 확대되는 것은 물론 여타 에너지 가격의 동반 상승을 야기하여 에너지 전체의 가격 상승으로 연결될 가능성이 있다.

둘째, 국제석유시장이 카지노化하고 투기요인에 의한 원유가격 급등락 가능성이 증대하는 상황 속에서[54] 석유위기를 경험하지 않은 거대 석유소비국 중국의 등장은 석유 위기 확대에 따른 경제적 리스크를 증폭시키고 있다. 그동안 공급위기를 경험한 세계의 석유 다소비국들은 이런 문제를 해결하기 위하여 국제에너지기구(IEA) 같은 협력체를 구성하여 각국의 원유 비축분 확보(90일분)와 긴급시 융통체제를 구축했다. 그러나 중국은 아직도 이와 같은 구체적인 석유확보를 위한 국제협력체에서의 역할의 한계를 가지고 있다고 볼 수 있다.

마지막으로 중장기적으로 세계적 환경규제 강화에 따른 에너지 소비구조의 변화가 에너지 가격의 변동을 유발시켜 중국의 에너지 안보를 위협할 수 있다. 특히 최근 들어 중국은 에너지 소비의 약 70%를 석탄에 의존하고 있는데[55], 화석연료를 청정연료로의 대체가 이루어진다면 청정에너지 가격 급등과 더불어 이것의 확보를 위한 중국의 에너지 안보는 심각한 위협에 직면할 것으로 보인다.

결국 이런 측면들이 중국의 상하이협력기구에의 적극적 발전을 가속화시

54) 1980년대까지 국제유가는 국제카르텔이 좌지우지 해 왔으나, 국제석유시장의 발달과 함께 불특정 다수의 투기세력이 시장판도를 좌우하게 되었다. 뉴욕상품거래소(NYMEX), 런던 국제석유거래소(IPE)의 원유 및 석유제품의 선물 거래는 머니 게임 양상이 강하게 대두하고 있다.

55) 보다 정확한 수치는 中華人民共和國國家統計局 編(2009), p.243.

키는 요인으로 작용할 것으로 보인다.

한편 정치중심적 차원에서 볼 때 중국의 에너지 안보는 다음과 같은 진행되고 있다. 먼저 중국은 미국이 주도하는 국제석유시장에 전적으로 의존하지 않고 독자적인 에너지 확보에 주력하고 있다. 중국은 해외의 석유 및 가스자원을 활용하는 해외진출전략을 석유의 안전공급 확보를 위한 중요한 대책의 하나로 상정하고 있다. 최근 수 년간 국영석유회사를 중심으로 유전개발권 획득 등 해외진출을 가속화하고 있으며 그 결과 카스피해 지역 및 중동지역 등의 석유권익을 차례로 획득하고 있다.[56]

둘째, 중국은 적극적인 자원외교로 중국석유회사의 해외진출을 뒷받침하고 있다. 후진타오 국가주석이 2003년 5월 국가주석 취임 후 처음 순방지를 에너지 대국인 러시아를 택한 것, 2004년 들어 이집트 등 아프리카 3개국을 순방하여 석유, 가스 분야의 상호협력을 강화하는데 합의했으며, 장쩌민(江澤民) 전 국가주석은 카스피해 연안국 및 러시아, 중동, 북아프리카 등 주요 산유국을 방문하여 에너지 관련국간 협정 체결을 제의했다. 우즈베키스탄에 6억 달러에 달하는 천연가스 개발 투자 약속도 이것의 일환으로 평가되고 있다.

특히 2013년 9월 중국석유천연가스집단(CNPC)은 시진핑 주석의 투르크메니스탄 국빈방문을 계기로 투르크메니스탄과 2020년까지 연간 천연가스 거래량을 650억㎥까지 확대하는 내용의 계약서에 서명한 것은 시진핑 주석의 에너지 확보를 위한 적극적인 행보를 보여주는 것이라고 할 수 있다.

마지막으로 중국은 에너지 외교를 통한 에너지 안보를 확보하고 있다. 특히 미국이 주도하는 국제석유시장에의 참여보다 산유국과의 특별한 관계조성을 통한 자원개발 및 협력을 추진하는데 주력하고 있다. 러시아와 에너지 협력 확대, 이란과의 석유협정, 그리고 인도와의 입찰 정보 공유를 포함한 5개항의 에너지 협력, 2006년 11월 3일-5일 사이의 중국-아프리카 포럼을

56) 2002년 1월 CNOOC(중국해양석유공사)는 스페인 석유회사 렙솔 보유의 인도네시아 유전권익을 일괄 매수했으며, 2002년 6월에는 페트로차이나가 미국 석유회사 데번(Devon)사 보유의 인도네시아 유전권익을 총괄 매수했다. 이는 중국 국영석유회사의 본격적인 해외유전자산 매수라는 점과 매수가격이 시세보다 상당히 높았다는 점에서 국제석유업계에 충격을 주었다.

통한 협력 증진 합의 등도 이에 대한 구체적인 사례로 나타나고 있다.

그러나 중국이 이렇게 정치중심적 접근을 통한 에너지 안보에 치중할 경우 미국이나 일본과 심각한 갈등을 유발할 수 있으며, 특히 미국과 비우호적인 산유국이나 에너지 생산국들과 협력을 모색할 경우 심각한 에너지 안보 문제와 더불어 정치적인 마찰을 가져올 수 있을 것으로 보인다. 이런 점에서 본다면 중국이 에너지 안보를 확보하기 위한 용이한 방법은 상하이협력기구와 같은 다자협력체를 통한 에너지 안보 담보가 현재 상황에서는 가장 유리한 대안이라고 생각하고 있다.

Ⅴ. 결론: 중국의 에너지 안보와 상하이협력기구

중국이 상하이협력기구를 형성·발전시키려는 궁극적 목적은 다음과 같은 몇 가지 배경에서 추진되고 있다고 볼 수 있다.

먼저 중국의 안보정책의 변화다. 앞에서 언급한 바와 같이 탈냉전과 세계화 시대에 새로운 안보위협에 대응하기 위하여 새로운 안보관을 제시하면서 군사안보에 중심점을 두었던 전통적 안보에서 벗어나 경제안보, 에너지안보, 생태안보, 환경안보, 문화안보 등과 같은 비전통적 안보를 강조하게 되었다.

둘째, 중국이 다자주의 외교에 서서히 눈을 뜨게 된 점이다. 즉 중국은 1996년 이후 대국화를 위한 대전략(China's Grand Strategy)을 추진하는 과정에서의 다자주의 전략을 적대적 관점을 무마시킬 수 있는 유용한 도구 가운데 하나로 인식하고 추진하고 있다. 상하이협력기구는 중국이 추구하는 다자외교의 대표적인 사례라고 할 수 있다.

셋째 국제질서 변화에 대한 중국의 인식이다. 중국은 현재의 국제환경은 국제적 힘의 대비가 심각하게 균형을 잃은 국면으로 인식하고, 이것은 중국에게 불리한 것으로 규정하고 있다. 이러한 상황에서 중국은 기존의 외교전략인 도광양회(韜光養晦)에[57] 충실하여 미국에 대항하기 보다는 미국중심의 단극체제에 순응하는 것이 현재로서는(최소한 2020년 중국이 전면적 소강사회를 달성하기 전까지) 중국의 이익을 확보하는데 최선책이라고 판단하였다. 그러면서도 다른 한편으로 유소작위(有所作爲)[58] 정책을 통하여 중국의 국가이익을 극대화하기 위하여 상하이협력기구의 창설에 적극성을 가지고 추진하게 하였다.

마지막으로 중국의 국제기구 운영을 위한 시금석으로서의 역할이다. 강대국으로 부상한 중국은 이제 변화된 국제환경 속에서 자신이 국제기구를 운영할 수 있는 능력이 충분한가에 대해 관심을 갖기 시작하였다. 특히 2008년 후반부터 시작된 글로벌 금융위기 극복과정에서 막대한 외환보유를 기반으로 위안화(元貨)의 기축통화 논의까지 주장할 정도로 강대국의 위상을 보이고 있다. 이런 과정에서 중국은 과연 미국이 수행하는 것과 같이 국제기구를 움직일 수 있는 능력이 있는가에 대해 생각하게 되었고, 상하이협력기구를 통해 그 가능성을 타진하는 계기를 마련하고 있다.[59]

이와 같은 중국의 전략환경의 변화와 국제환경의 변화는 중국의 국제기구에 대한 인식을 변화시켰다. 그런데 이런 과정에서 중국이 경제성장을 위한 에너지 확보라는 에너지 안보의 문제가 중국에게 절실한 국가적 요구로 등장하였다.

이런 상황에서 중국은 에너지 보고인 중앙아시아로 눈을 돌리게 되었다. 에너지 확보라는 핵심적 국가이익을 달성하기 위해서 중국은 자연스럽게 상하이협력기구를 활용하게 되었다.

비록 '상하이 5국' 기제가 처음에는 테러리즘, 민족분리주의, 이슬람 원리주의의 척결이라는 명목으로 출발하였지만 중국은 이런 목적과 더불어 에너지 확보를 위한 핵심기지로서 중앙아시아를 선택했고, 이를 위해 상하이협력기구를 적극적으로 활용하고 있다고 볼 수 있다. 특히 2007년 8월 키르기스

---

57) 재능을 감추고 드러내지 않다. 때를 기다리다.

58) 적당한 때가 되면 (중국의) 역할을 한다.

59) 필자가 2009년 7월과 11월 중국에서 만난 익명을 요구하는 외교전문가와 학자들은 대부분 상하이협력기구에 대한 이런 입장을 표명하였다.

스탄 비슈케크에서 열린 상하이협력기구 정상회담에서 석유·천연가스 등 에너지의 공동 개발을 강조한 '비슈케크 선언'의 채택은 2006년 7월 후진타오 주석의 신에너지안보관을 발표와 궤를 같이 하는 것이라고 볼 수 있다. 특히 시진핑이 2014년 6월 에너지 확보를 혁명과 연계시켜 강조하고, 그것을 확보하는 중요한 기지로서 상하이협력기구를 언급함으로써 중국에게 있어 상하이협력기구는 중국의 에너지 안보를 위한 적극적인 실천 방안의 하나라고 평가할 수 있다.

결국 중국은 상하이협력기구를 에너지 안전판으로 인식하고 도광양회의 외교전략을 구사하면서 단기적으로는 회원국과의 관계강화와 문제해결을 위해 유소작위의 전술을 사용하고 있다.

참고문헌

김승채, "제2차 북핵 해결과정에서 중국의 대북정책과 한국의 대응," 『통일문제연구』 2003년 하반기 (평화문제연구소, 2003).

김현진. "중국과 일본의 에너지 안보전략." 『국제평화』제2권 1호(서울평화상문화재단, 2005/0 6).

도현재. 『21세기 에너지 안보의 재조명 및 강화 방안』(의왕: 에너지경제연구원, 2003).

류동원. "중국의 다자안보협력에 대한 인식과 실천: 상하이협력기구(SCO)를 중심으로." 『국제정치논총』44집, 4호(한국국제정치학회, 2004).

박병인. "상하이협력기구 성립의 기원." 『중국학연구』33집(중국학연구회, 2005년).

박병인. "중국의 대중앙아시아 경제협력과 상하이협력기구 연구." 『중국학연구』29집(중국학연구회, 2004).

박인휘. "주권과 글로벌 안보: 세계화시대 주권과 안보의 개념적 재구성." 『한국정치학회보』 제35집, 3호(한국정치학회, 2001).

이신화. "비전통적 안보와 동북아지역협력." 『한국정치학회보』42집 2호(한국정치학회, 2008 여름).

이장훈. 『홍군 vs 청군』(서울: 삼인, 2004).

이준범. "에너지 안보에 대한 이론적 접근: 에너지 수급의 정치경제." 『국제평화』 제2권 1호(서울평화상문화재단, 2005년 6월).

이태환. "동북아 에너지 안보." 『세종정책연구』 4권 2호(세종연구소, 2008).

赤根谷達雄, 落合浩太郎 編著, 김준섭 역. 『신안전보장론』(서울: 국방대학교, 2001).

Hopkirk, Peter, 정영목 옮김. 『그레이트 게임』(서울: 사계절, 2006).

馬振崗. 『穩步向前的上海合作組織』(北京: 世界智識出版社, 2006).

王逸舟. "21世紀中國的外交." 『戰略與管理』, 1999, 6期.

王逸舟. 『地球化時代的國際安全』(上海: 上海人民出版社, 1999).

李鋼. "從上海五國到上海合作組織." 『上海合作組織』(上海: 上海海關出版社, 2004).

李敏倫. 『中國新安全觀與上海合作組織研究』(北京: 人民出版社, 2006).

中華人民共和國國家統計局 編, 『國家統計年監, 2009』(北京: 中國統計出版社, 2009)

朱聽昌. 『中國周邊安全環境與安全戰略』(北京: 時事出版社, 2002).

肖 德. 『上海合作組織: 區域經濟合作問題研究』(北京: 人民出版社, 2009).

楚樹龍. "中國的國家利益, 國家力量和國家戰略." 『戰略與管理』, 1999, 4期.

『中國日報』

Alder, Emmanuel. and Barnett, Michael. eds., *Security Communities* (Cambridge: Cambridge University Press, 1998).

Bielecki, J. "Energy Security: Is the Wolf at the Door?." The *Quarterly Review of Economics and Finance*, Vol. 42(2002).

Chung, chien-peng. "The Defense of Xinjiang: Politics, Economics and Security in Central Asia." *Harvard International Review*, Vol.25, Issue.3(Summer 2003).

Chung, Chien-peng. "The Shanghai Co-operation Organization: China's Changing Influence in Central Asia." *The China Quarterly*, Vol.180 (2004).

Clawson, Patrick. ed., *Energy and National Security in the 21st Century* (Washington D.C.: National Defense University, 1995).

Eby Konan, Denise. and Zhang, Jian. "China's Quest for Energy Resources on Global Market." *Pacific Focus*, Vol.23, No.3 (December 2008).

International Energy Agency, Key World Energy Statistics, 2009 (http://www.iea.org/stats/index.asp)

Kaptstein, Ethan., *The Insecure Alliance; Energy Crisis and Western Politics since 1944* (New York: Oxford University Press, 1991).

Keohane, Robert O., *International Institution and State Power: Essays in International Relation Theory* (Boulder, San Francisco: Westview Press, 1989).

Krueger, R. B., *The United States and International Oil* (New York: Praeger Publishers, Inc., 1975).

Miller, Steven E., "International Security at Twenty-five: From One World to Another." *International Security*, Vol.26, No.1 (Summer 2001).

Morgenthau, Hans J., *Politics among Nations* (New York: Knopf, 1968).

http://www.sectsco.org

제9장

북일 수교협상의 전개와 일본의 입장: 1990~2004년

이용철 | 고려대학교 평화와민주주의연구소

Ⅰ. 머리말

북일 간의 수교협상은 북한의 핵 및 미사일문제와 납치자문제의 해결을 국교정상화의 전제조건으로 요구하는 일본의 입장이 강경하여 쉽게 진전되지 않을 전망이다. 일본은 특히 1997년 말부터 북한에 의한 일본인 납치사건이 완전히 해결되지 않는 한 북한과 국교를 수립하지 않겠다는 정부의 방침을 굳히고, 1998년 7월에 당시의 하시모토 류타로 총리가 이 방침을 국회에서 공식적으로 표명하였다(신정화 2000, 235). 이러한 일본정부의 '선현안타결 후수교'의 입장은 2002년 9월의 제1차 북일 정상회담과 2004년 5월의 제2차 북일 정상회담을 거쳐 2004년 12월 현재에 이르기까지 견지되고 있다. 이에 대하여 북한은 납치문제의 해결에 부분적으로 협조하면서도 '선수교 후현안타결'의 교섭방식을 주장하여 양자의 수교협상은 교착상태에 처해있다[1].

---

*본 논문은 『아태정치연구』 창간호(2005)에 게재된 논문을 부분적으로 수정한 것임.

1) 본고가 작성된 2004년 12월까지 북일 간의 수교회담은 1990년부터 12차에 걸쳐 진행되었다. 이후 2006년 2월에 13차 회담이 열렸으나 성과 없이 종료되고, 2014년 6월 현재까지 수교회담은 개최되지 못하고 있다. 따라서 본고가 지적하고 있는 2차 회담 이후의 교착상태는 기본적으로 2014년 6월 현재까지 지속되고 있다고 할 수 있다. 2006년 이후 제1차 아베정권, 민주당 정권, 제2차 아베정권에서의 북일 관계의 전개에 대해서는 이기완(2013)이 자세히 분석하고 있다.

일본이 포괄적인 교섭방식을 주장하는 것은 북한과의 수교를 서두르지 않겠다는 의미이다. 그리고 이러한 일본의 입장은 수교를 서둘러서는 손해라는, 또는 수교를 서두를 필요성이 없다는 정치적·경제적 계산에 의한 것이라고 하기 보다는, 수교를 서두를 수 없게 하는 국내외적 상황의 산물이라고 할 수 있을 것이다.

우선 대표적인 국외적 제약 요인으로서는 미일 동맹의 존재를 지적할 수 있다. 일본은 북한과의 수교교섭 과정에서 미일관계의 틀과 북미관계의 추이를 진지하게 고려하지 않을 수 없다. 이것은 물론 일본이 수교협상의 구체적인 과정에서 미국의 재가를 받지 않으면 되지 않는다는 의미는 아니다. 적어도 미국이 세계전략 속에서 가장 중요하게 여기는 부분들에 대하여 일본은 미국의 의사를 정면으로 거슬리면서까지 협상과정에서 북한에 양보할 수 없다는 것이다. 일본이 수교의 전제조건으로 특히 북한의 핵 및 미사일 문제의 선결을 주장하는 것은 일차적으로 북한의 군사적 위협으로부터 일본의 안전보장을 확보하여야 한다는 독자적인 판단에 의한 것이지만, 더불어 미국의 세계전략과 미일 동맹의 요구에 의하여 깊이 규정받고 있다.

한편 대표적인 국내의 제약 요인으로서는 일본 국민의 대북 여론을 들 수 있다. 강한 정치적 리더십이 형성되기 힘든 내각 책임제하의 일본에 있어서 매스 미디어와 국민여론은 전통적으로 일본정부의 외교정책을 좌우하는 중요한 요인의 하나로 지적되어 왔다[2]. 북일 수교교섭의 과정에서도 국민 여론은 일본 정부의 협상 태도에 상당한 영향력을 행사하여 왔다. 특히 1997년부터 납치 및 대포동 미사일 발사문제로 일본 국내에 반북 및 혐북 여론이 급격히 확산되자, 일본 정부로서도 이러한 현안 문제에 대하여 국민의 의사를 거슬리면서까지 북한에 양보할 수 없는 상황이 형성되었다. 즉 일본 국민의 부정적인 대북 여론이 일본 정부의 강경한 '선현안타결 후수교'의 입장을 결정짓는 중요한 요인으로 작용하게 된 것이다.

2) 김영춘은 일본의 대외정책을 결정하는 국내의 주요 요인으로 수상, 외무성, 자민당, 재계, 그리고 매스 미디어와 국민 여론을 지적하고 있다(김영춘 2000, 3-16).

이러한 국민여론이라는 변수는 미일 관계라는 변수가 북일 수교교섭의 과정에서주로 핵 및 미사일 문제의 선결을 요구하는데 비하여 납치문제의 해결까지 요구하고 있다는 점에서 보다 포괄적인 성격을 지닌 것이다. 그리고 선거 시에 정권의 향방을 좌우할 수 있다는 점에서 보다 직접적으로 수교 교섭에 임하는 일본 정부의 태도에 영향을 미친다. 이 글은 이러한 관점에서 우선 제2절에서는 1990년부터 2000년까지 북일 수교협상이 역사적으로 어떻게 전개되었는지를 살펴보고, 제3절에서는 그 과정에서 나타난 수교협상의 쟁점에 대한 일본 정부의 입장을 검토한다. 그리고 제4절에서는 2002년과 2004년에 이루어진 두 차례의 북일 정상회담의 내용과 그 속에서 형성된 일본 국민의 대북 여론을 살펴보고, 마지막으로 일본정부의 협상입장을 여론과의 관계를 중심으로 고찰하려고 한다.

Ⅱ. 북일 수교협상의 전개: 1990-2000년

북일 간의 수교협상은 1990년대에 들어와 본격적으로 진행되었는데, 그 과정은 2004년 12월 현재까지 크게 세 시기로 구분하여 볼 수 있다. 첫째로 1991년 1월부터 1992년 12월까지 8차에 걸친 제1기의 협상시기, 둘째로 2000년 4월부터 2000년 10월까지 3차에 걸친 제2기의 협상시기, 그리고 2002년 9월부터 2004년 5월까지 2차에 걸친 정상회담과 1차에 걸친 제3기의 협상시기이다.

우선 1990년대 초반의 첫 번째 수교협상은 국제적인 냉전질서의 해체가 한반도에 확대되는 과정에서 본격화되었다. 노태우 대통령은 1988년에 이른바 '7·7선언'을 통해 '북한이 미국, 일본 등 우리나라와 우호관계에 있는 국가들과 관계를 개선하는데 협조할 용의가 있다'는 점을 표명하면서 대북 화해정책을 전개하였는데, 이러한 한반도 정세의 변화가 북일 수교교섭을 가능하게 한 중요한 환경적 요소의 하나로 지적될 수 있을 것이다(김영춘 2000,

18-19). 이러한 시대적 배경 속에서 북한은 일본과의 수교 및 경제적 보상을 통하여 동북아에서의 외교적 고립과 체제위기의 극복을 의도하게 되고, 일본으로서는 탈냉전 국제상황에서 한반도에서의 정치경제적 영향력을 확보한다는 주된 목적 하에 북한과의 관계개선을 적극적으로 시도하게 된다(양재인·김용복 2002, 54-57).

본격적인 수교교섭은 1990년 9월에 일본의 자민당과 사회당의 대표단이 북한을 방문하여 조선노동당과 3당 공동선언을 발표하고, 11월중에 정부 간의 실무교섭을 실시한다는데 합의하면서 시작되었다. 3당 공동선언은 일본이 식민지 지배뿐만 아니라 해방 이후의 적대관계에 대해서도 사죄하고 보상해야한다는 내용을 담고 있었다. 이는 한반도에서 정치적 정통성이 북한정부에 있다는 것으로 해석될 수도 있는 것으로 일본의 보수파와 외무성, 한국 정부와 국민으로부터 거센 반발과 비판을 받았다(신정화 2004, 227-233). 그러나 11월에 예비회담이 열려 협상의제에 대하여 (1)국교정상화에 관한 기본문제, (2)경제적 문제, (3)국제문제, (4)쌍방에 관계되는 기타 문제로 설정하고, 1991년 1월에 평양에서 이틀간에 걸쳐 제1차 국교정상화회담을 열게 된다. 이후 수교협상은 1991년에 5회(3월, 5월, 8월, 11월), 1992년에 3회(1월, 5월, 11월)에 걸쳐 진행되었다.

제1기의 수교협상의 의의는 우선 북일 양측이 의제에 대하여 공식적인 입장의 차이를 확인했다는 곳에 있다고 할 수 있다. 그리고 일련의 협의과정을 통하여, 북한은 수교와 동시에 배상하여야한다는 요구를 '선외교관계수립 후 배상' 주장으로 변경하였고, 일본인 처의 귀향문제에 대해서도 협조적인 입장을 취하였다. 또한 일본과 한국으로부터 비판을 받았던 해방 이후의 시기에 대한 배상요구도 철회할 의사를 밝혔다. 그러나 양측은 식민지지배의 성격에 대한 해석과 북한의 핵사찰문제에 대한 입장의 차이를 좁히지 못하였고, 제8차 회담에서 이른바 '이은혜' 라는 납치의혹자 문제를 표면적인 이유로 회담은 중단되었다[3]. 그 후 2000년 4월까지 7년 5개월이란 긴 기간 동안

3) 일본 측은 1991년 5월의 제3차 교섭 때부터 1988년에 일어난 대한항공기 폭파사건의 범인인

북일 수교협상은 열리지 못하였다.

그 동안 양국 정부는 북미관계의 개선에 따라 간헐적으로 수교협상을 재개하려고 시도하였으나, 일본국내외의 다양한 변수에 의해 협상노력은 좌절되었다. 1995년 5월에는 일본의 자민당, 사회당, 신당사키가케의 대표단으로 구성된 대표단이 북한을 방문하여 '북일 협상재개를 위한 4당 합의서'를 발표하였다. 그 내용의 골자는 조건을 달지 않고 조기에 국교정상화교섭을 재개한다는 것이었고, 협상분위기를 조성하기 위하여 그해 10월에 일본정부는 20만 톤의 쌀을 북한에 제공하였다. 그러나 1996년 9월에 발생한 북한잠수함사건, 1997년 2월의 황장엽씨의 망명사건, 3월의 납치의혹자에 대한 목격증언, 4월의 노동1호 미사일의 재배치 의혹 등으로 일본 국내 여론이 악화되면서 수교협상 재개의 노력은 다시 중단되었다.

이러한 교착상태를 타개하기 위하여 북한은 1997년 11월에 일본인 처의 귀향방문을 실시하였고, 이때를 맞추어 다시 일본의 연립3당의 대표단이 다시 방북하여 납치의혹자의 조사와 수교협상의 조속한 재개에 합의하였다. 그러나 이러한 움직임도 1998년 6월에 북한이 납치의혹사건의 종결을 일방적으로 선언하고, 1999년 3월에 북한의 공작선이 일본 영해를 침범하는 사건이 일어나면서 일본국내의 여론이 다시 악화되자 더 이상 진전되지 않았다(김영춘 2000, 28-40; 2002, 17-25).

2000년 4월에 개최된 제9차 수교협상은 북미관계가 개선된 결과라고 할 수 있다. 북한과 미국은 1999년 9월의 베를린회담에서 대포동 미사일의 발사유예와 경제제재안의 해제를 교환하는 타협안에 합의하였는데, 이러한 정세의 변화 속에서 그해 12월에 일본의 초당파 대표단이 북한을 방문하여 전제조건 없이 수교협상을 재개하기로 합의하였다. 그 결과 2000년 4월에 이어 8월의 제10차, 10월의 제11차 수교협상이 열리게 되었다. 그러면 이러한 제1기와 제2기의 일련의 수교협상과정에서 나타난 핵심적인 쟁점은 무엇이며,

---

김현희에게 일본어를 가르친 '이은혜'라는 일본인 여성의 신원확인과 납치여부에 대한 해명을 요구하였다. 이에 대하여 북한 측은 한국 정부와 일본 정부의 합작 모략극이라고 강하게 반발하였다(신정화 2000, 231-232).

이에 대한 일본 측의 입장은 어떻게 형성된 것인가?

Ⅲ. 북일 수교협상의 쟁점과 일본의 입장

제1기와 제2기의 10년 동안 11차에 걸쳐 진행되었던 북일 수교협상의 과정에서 나타난 주요 쟁점은 다음과 같이 크게 세 가지로 나누어 볼 수 있다. 첫째 국교정상화의 기본적인 의제로써 일본의 과거사 청산의 문제이며, 둘째 안전보장 문제로써 북한의 핵 및 미사일 개발의 문제이며, 셋째 북일 간의 현안 문제로서 북한의 일본인 납치의혹의 문제이다(양재인·김용복 2002, 62-63; 이재형 2003, 49-55; 신정화 2000, 226-239).

이러한 핵심적인 세 가지 문제에 대하여 북한은 우선 과거사 문제의 합의와 수교를 주장하는데 반하여, 일본은 세 문제의 일괄타결을 주장하여 왔다. 즉 안보문제와 납치문제의 해결을 국교정상화의 필수적인 전제조건으로 삼아오고 있다. 이러한 일본의 태도는 무엇보다도 북한과의 수교교섭을 일본 국내정치와의 관련 속에서 진행시킨다는 일본의 입장을 나타내는 것이라고 할 수 있다. 바꿔 말하자면 일본이 국내의 비판과 정치적지지의 철회를 감내하면서까지 북한과의 수교를 서두르지 않는다는 것이다. 이러한 양측의 수교방식에 대한 입장에 차이가 수교협상의 진전을 가로막는 근본적인 요인으로 작용하고 있다. 구체적으로 세 가지 주요 쟁점에 대하여 양국이 어떠한 주장을 하였는지를 보면 다음과 같다.

우선 첫째로 과거사의 해석과 청산문제에 대하여, 북한은 한일병합 조약이 폭력과 강제에 의한 것으로 불법이며 무효라고 주장하고 문서상의 명백한 사죄를 요구하였다. 그리고 교전국에 대한 배상과 불법적인 식민지지배에 대한 보상, 문화재의 반환 등을 요구하였다.

이에 대하여 일본은 한일병합이 국제법상 합법적으로 이루어졌으며, 해방 이후부터는 무효이나 당시로서는 유효하게 성립되었다고 주장하였다. 그리고 식민지지배의 내용에 대한 사죄는 1995년 8월에 발표된 당시의 무라야마 도미이치 수상의 '총리담화'로 해결되었다고 주장하였다[4]. 또한 해방 이전에 북한이 일본의 교전당사국이 아니었으므로 배상해야 할 합리적인 근거가 없다고 주장하고, 한일국교정상화의 예를 들어 재산청구권 방식으로 협의하겠다는 입장을 견지하였다. 이러한 일본의 태도는 한일병합 및 식민지 지배에 대한 일본 국내의 지배적인 역사인식을 반영한 것이다[5]. 동시에 수교과정을 통하여 일본이 지닌 최대의 카드인 경제지원을 이용하여 한반도에 대한 식민지지배의 역사적 정당성을 확보하려는 의지와, 확보할 수 있다는 계산에서 나온 것이라고 할 수 있다.

둘째로 북한의 핵 및 미사일문제에 대하여 북한은 기본적으로 미국과의 협상에 의하여 해결되어야 할 사항이며, 문제의 원인이 미국의 북한에 대한 적대정책에 있다는 점을 주장하여 왔다. 그리고 미사일의 개발 및 시험발사는 일본을 대상으로 한 것이 아니라는 것을 강조하였다.

이러한 북한의 입장에 대하여 일본은 북한의 핵 및 미사일의 개발 문제가 일본의 안보에 직결되는 사항이라는 점을 강조하고, 이 문제의 해결이 수교협상의 전제조건이라는 입장을 견지하여 왔다. 실제로 일본은 북한의 핵 및 미사일이 장기적으로 –특히 주일 미군이 철수했을 경우 등의 상황에서– 일본의 안보를 결정적으로 위협하는 중요한 요인의 하나로 진지하게 받아들이고 있다. 일본 전역이 북한의 대포동 미사일의 사정거리 안에 포함되고 있는 것을 고려한다면 일본의 주장이 단지 미일동맹의 요구에 의한 것은 아니라고 할 수 있다.

---

4) 일본의 무라야마 수상은 1995년 8월 15일 각료회의에서 결정한 총리담화를 통하여, "우리나라(일본)은 …식민지지배와 침략에 의하여 많은 나라, 특히 아시아의 여러 나라의 사람들에게 다대한 손해와 고통을 주었다.나는…의심할 수 없는 이런 역사를 겸허하게 받아들이고, 여기에서 다시 한번 통절한 반성과 깊은 사과를 표명합니다"고 하였다. 이러한 담화에 대하여 당시 북한은 비판적인 반응을 보였다(신정화 2000, 227-228).

5) 한일병합의 역사에 대하여 대다수의 일본지식인은 당시의 국제정세하에서 정치적 리얼리즘에 입각한 정당한 행위였다는 견해를 지니고 있다. 이점과 관련하여 전후 일본의 진보적인 지식인을 대표하는 마루야마 마사오(丸山眞男)의 한일합방에 대한 견해에 대해서 이용철(1996)이 비판적으로 검토하고 있다.

또한 핵 및 미사일문제에 대한 일본의 입장은 수교협상에 대한 일본 국민의 여론을 의식한 결과라고 할 수 있다. 우선 핵무기의 문제는 정치적·군사적인 고려 이전에, 히로시마와 나가사키의 피폭 경험을 지닌 일본 국민의 정서에 정면으로 배치되는 것으로 일본 정부로서도 교섭과정에서 경시하거나 양보할 수 없는 것이다. 그리고 미사일의 경우, 특히 북한이 1998년 8월에 대포동 1호의 발사실험을 한 후 일본 국민들 사이에 북한 위협론 및 북한 혐오론이 급격히 확산되었다. 2000년에 실시된 여론조사에 의하면, 일본국민의 57%가 북한의 군사적 도발을 우려하고 있는 것으로 나타났다(이재형 2003, 54). 이러한 국민 여론의 악화가 일본의 군비 증가를 정당화하는 한편, 미사일 재발사금지의 문제를 수교협상의 전제조건으로 부각시키는 결과를 가져왔다는 점을 부정할 수 없다. 셋째로 일본인 납치의혹문제에 대하여 북한은 북일 정상회담 이전까지 일관되게 사건의 존재 자체를 부정하여 왔다. 납치문제는 1991년 5월에 열린 제3차 교섭에서 처음으로 수교협상의 쟁점으로 나타났다. 이 문제에 대하여 북한은 쟁점화 초기부터 강하게 반발하였고, '자작극'이며 '반공화국 모략'이라는 입장을 견지하였다(신정화 2000, 235). 1998년 6월에는 북한 적십자사가 자체적으로 조사한 결과를 발표하여 일본이 주장하는 '행방불명자'의 존재를 한사람도 찾아내지 못하였다고 결론지었다(김영춘 2002, 25).

이에 대하여 일본은 납치문제의 제기로 여러 번 교섭이 중단되었음에도 불구하고 협상의 초기부터 납치의혹자의 확인을 일관되게 요구하였고, 나아가 이 문제를 북한에 대한 인도적인 식량지원 문제와 연계시켰다. 그리고 1998년 6월에는 당시의 하시모토 류타로 총리가 납치의혹자 문제의 해결을 북일 수교의 전제조건으로 삼겠다는 방침을 공식적으로 표명하였다. 즉 납치문제가 완전히 해결되지 않는 한 국교정상화가 있을 수 없다는 점을 분명히 한 것이다.

그런데 이러한 일본정부의 비타협적인 입장은 일본 국내에서 북한에 대한 국민 여론이 극단적으로 악화되고 납치문제가 정치 문제화됨에 따라 형성되었다. 납치의혹자의 가족들은 1997년 1월에 '납치피해자 가족 연락회'를 결성하여 강연, 언론과의 인터뷰, 서명운동, 대중 집회 등을 통하여 일본 정부를 상대로 적극적으로 납치문제의 규명운동을 전개하였다. 1999년 3월에는 125만 명의 서명서를 일본 정부에 전달하였으며, 5월에는 동경에서 각종 인권단체와 연대하여 '북한납치 일본인 구출대회'를 열었다. 그리고 유엔의 인권위원회에 호소하기도 하였다(김영춘 2000, 36-39).

이들의 운동에는 처음에는 무관심했던 일본의 언론도 주목하기 시작하였고 이들이 언론에 등장하는 횟수도 급격히 증가하였다. 이들이 일본의 우익단체들과 연계되었다고 볼 수 없으나, 보수적인 언론들은 의도적으로 이들의 운동을 확대하여 보도하였다. 그 결과 북한에 대한 극단적인 불신감이 급격히 일본사회에 확산되었고 납치 문제는 일본 국내에서 수교협상의 최대의 쟁점으로 부각되었다[6]. 이러한 국민 여론의 악화가 내각책임제 하의 일본 정부에 정권의 향방을 좌우할 커다란 정치적 부담으로 작용하였으며, 이에 따라 일본 정부는 납치문제의 해결을 수교의 불가피한 조건으로 설정하게 되었다.

이러한 핵심적인 쟁점에 대한 북일 간의 입장의 차이는 2000년 10월의 11차 협상까지 해소되지 않았고, 2001년 1월에 미국에서 부시 정권이 출범하면서 북미 관계가 냉각되자 협상은 다시 중단되었다. 그 후 2001년 4월에 일본에 고이즈미 정권이 출범하고 2차에 걸친 북일 정상회담이 열리면서 북일 간의 의견의 차이는 어느 정도 조정되었으나 역으로 일본 국민의 대북 여론은 더욱 악화되었다.

6) 당시 납치문제가 일본사회에 부각되었는가 하는 점은, 일본의 북한 전문가들이 텔레비전에 출연하여 북일 수교의 핵심적인 쟁점이 일본의 안전보장 문제라고 의식적으로 강조하지 않을 수 없었다는 점에 역설적으로 나타난다. 제1차 북일 정상회담에서 김정일 위원장이 납치사실을 시인한 것도 이러한 일본사회의 움직임을 의식한 결과라고 할 수 있다.

Ⅳ. 북일 정상회담과 일본여론

제1차 북일 정상회담은 2002년 9월 17일 일본의 고이즈미 수상이 평양을 방문하여 북한의 김정일 위원장과 회담을 갖는 형태로 열려 4개항으로 된 공동선언을 발표하였다. 그 주요 내용은 다음과 같다[7].

첫째 쌍방은 국교정상화를 조기에 실현하기 위하여 모든 노력을 기울이고, 2002년 10월중에 수교 교섭을 재개한다.

둘째 일본은 과거의 식민지지배에 의하여 조선인들에게 큰 손해와 고통을 준 역사적 사실을 겸허히 받아들이고, 통절한 반성과 마음으로부터의 사과의 뜻을 표명하였다. 국교정상화 이후, 쌍방이 적절하다고 생각하는 기간에 무상자금 협력, 저금리의 장기차관 공여 및 국제기관을 통한 인도주의적 지원 등의 경제협력을 실시한다. 또한 민간경제활동을 지원한다는 견지에서 국제협력은행 등에 의한 융자, 신용제공 등을 실시하는 것이 이 선언의 정신에 합치된다는 기본인식 하에 국교정상화교섭에서 경제협력의 구체적인 규모와 내용을 협의하기로 하였다. 쌍방은 국교정상화를 실현시키는데 있어서 1945년 8월 15일 이전에 생긴 사유에 근거한 양국 및 그 국민의 모든 재산 및 청구권을 상호 방기한다는 기본 원칙에 따라, 이것을 국교정상화교섭에서 구체적으로 협의하기로 하였다. 재일 조선인의 지위에 관한 문제 및 문화재의 문제에 대해서 성실히 협의하기로 하였다.

셋째 쌍방은 국제법을 준수하고 상호안전을 위협하는 행동을 취하지 않을 것을 확인하였다. 또한 일본국민의 생명과 안전에 관련되는 현안문제에 대해서 북한은 앞으로 다시 발생하지 않도록 적절한 조치를 취할 것을 확인하였다.

넷째 쌍방은 북동아시아 지역의 평화와 안전을 유지하고 강화하기 위하여 서로 협력해 갈 것을 확인했다. 쌍방은 이 지역의 관련 각국 사이에 상호신뢰에 근거한 협력관계가 구축되는 것이 중요하다는 것을 확인하면서, 동시에

---

7) 일본 외무성의 홈페이지 http://www.mofa.go.jp/mofaj/kaidan/s_koi/n_korea_02/sengen.html 에 평양공동선언의 일본어 전문이 게재되어 있다.

이 지역의 관련국간의 관계가 정상화됨에 따라 지역의 신뢰양성을 시도하기 위한 틀을 정비해 가는 것이 중요하다는 인식을 같이했다. 쌍방은 한반도의 핵문제를 포괄적으로 해결하기 위하여 관련된 모든 국제적 합의를 준수할 것을 확인했다. 또 쌍방은 핵 문제 및 미사일 문제를 포함한 안전보장상의 제반 문제에 대하여 관련국간의 대화를 촉진하고 문제해결을 도모할 필요성을 확인했다. 북한은 이 선언의 정신에 따라 미사일발사의 유예를 2003년 이후로 더 연장할 의향을 표명하였다. 쌍방은 안전보장에 관련된 문제를 협의해 가기로 했다.

이러한 평양공동선언의 합의내용을 보면 앞에서 언급한 세 가지 쟁점에 대한 북일 간의 입장의 차이를 다음과 같이 조정하였다고 할 수 있을 것이다. 우선 첫째로 과거사 청산의 문제에 대해서, 식민지 지배에 대한 사죄는 1995년의 무라야마 담화의 수준으로 하였고, 보상 문제도 1965년의 한일국교정상화 조약과 같이 경제협력 방식으로 해결하기로 합의하였다. 한일합병 조약에 대한 법적 해석의 문제는 상호 회피하고 있다. 둘째로 핵 및 미사일 문제에 대해서, 북한이 원칙적인 수준에서 국제적인 합의를 준수할 것을 약속하였고, 미사일 발사실험의 유예기간을 2003년 이후로 연장할 의향을 표명하였다. 셋째로 일본인 납치의혹문제에 대해서, 김정일 위원장이 직접 납치사실을 인정·사과하고 생존자 5명의 '일시귀국'에 합의하였다. 이러한 점에서 전체적으로 평양선언은 북한의 부분적인 양보에 의하여 양측의 입장의 차이를 조정한 것이라고 평가할 수 있을 것이다(양재인·김용복 2002, 65).

그러나 한편 평양선언은 교섭방식에 관한 양측의 입장의 차이에 대해서는 언급하고 있지 않다. 다시 말하자면 과거사 청산과 수교를 우선시하는 북한의 입장과, 현안문제와 과거사를 포괄적으로 해결하겠다는 일본의 입장의 차이를 조정하고 있지 않다. 이러한 점에서 평양선언은 기존의 개별적인 양측의 입장 차이를 해소하는데 기여했지만, 핵 및 납치문제를 극복하고 양국이 조기에 국교정상화를 달성시키기에는 근본적인 한계를 지니는 것이라고 할 수 있다.

제1차 정상회담에 관한 일본 국민의 여론은 전반적으로 긍정적인 것이었다. 일본 아사히신문의 긴급 여론조사에 의하면, 회담의 의미를 '전체적으로 평가한다'가 81%에 달하는 것으로 나타났다. 그러나 한편 북한이란 국가의 이미지에 있어서는 '변하지 않았다'가 69%로 나타나, 정상회담의 결과가 북한에 대한 일본국민의 이미지의 개선이나 경계감의 완화에 별 영향을 주지 못하였다는 것을 알 수 있다[8]. 오히려 정상회담 이후 일본사회에서 북한의 납치사건 해명에 대한 의혹이 증폭되고, 국제사회에서 북한의 핵개발 파문이 일어나게 되자, 일본국민의 북한에 대한 불신감은 극도로 강화되게 된다. 그리고 이러한 일본국내의 강경여론은 일본정부의 북한에 대한 강경한 협상태도를 결과하였다.

우선 북한의 핵 및 미사일을 둘러싼 안전보장상의 합의사항에 대하여 일본국민의 평가는 긍정적이었다. 특히 일부 전문가는 북한이, 미국과의 현안일 뿐이라는 이전의 태도와는 다르게, 일본을 상대로 안전보장상의 약속을 한 것을 일본외교의 성공이라고 높이 평가하였다(北岡伸一 2002, 50; 강상중 2003, 179-181). 그러나 북한이 정상회담 직후인 2002년 10월 초에 미국을 상대로 핵무기 개발계획의 진행을 시인하고[9] 다음해 1월에 NPT를 탈퇴하게 되자 일본국민의 북한 불신감은 급격히 확산되었다. 이러한 상황 속에서 북일 정상회담의 성과에 대하여 정치적 비판이 일게 되고 일부 대북 강경론자들은 평양선언 무효론을 주장하였다.

그리고 납치문제를 둘러싼 합의사항에 대하여 일본국민은 '충격'과 '불신'의 반응을 나타냈다. 무엇보다도 납치 사실이 실제로 존재하였고 피랍자의 일부가 사망하였다는 사실이 일본국민에게는 엄청난 충격이었다. 또한 북한

---

8) 朝日新聞 2002/09/18. 이 외에 일본의 야후와 교도 통신사의 합동 인터넷 여론조사에서는 68%가 정상회담을 '평가한다'고 답하였다. 그 이유로서 37%가 '납치 사건에 진전이 있었기 때문'이라고 지적한데 반하여, 8%가 '북동 아시아의 안전보장에 진전이 있었기 때문'이라고 답하였다. 이러한 여론 조사의 결과는 북일 수교협상에 대한 일본 국민들의 관심이 어디에 있는가를 잘 나타내준다. chunichi web press, 2002/09/18의 기사를 참조하였다.

9) 북한은 2002년 10월 3일부터 5일까지 북한을 방문한 미국 국무부의 제임즈 켈리 동아태담당 차관보에게 핵무기 개발 계획을 추진해 왔다고 시인하였다. 이 사실은 일본 언론에 대대적으로 보도되었고 일본 국민으로부터 평양선언을 정면으로 위반하는 것으로 비판받았다.

의 관련당국이 제시한 사망확인서가 급조된 것으로 나타나자, 일본국민의 대북 불신감과 혐오감은 극도에 달하였다. 이러한 충격과 불신감은 곧 자국 국민의 안전을 보장하지 못한 일본정부의 무능에 대한 질책과 비판으로 전환되었다. 이러한 국민여론의 추이에 따라 일본정부는 일방적으로 일시귀국자 5명을 영구 귀국시키기로 정하고, 북한에 대하여 5명의 잔류가족 8명의 즉시 귀환을 요구하였다. 나아가 납치 의혹자에 대한 북한의 설명에 대하여 150개 항목의 의문점을 제시하고 해명을 요청하였다. 이에 대하여 북한 측은 양국 정상 간의 약속을 위반하는 것이며 납치문제는 모두 해결된 상태라고 강하게 반발하였다.

이러한 상황 속에서 북일은 일단 정상회담에서 합의한 대로 2002년 10월 29일부터 제12차 수교협상을 열었다. 그러나 북한이 과거청산과 수교를 우선적으로 처리하자고 주장한데 대하여, 일본은 핵문제와 납치문제가 완전히 해결되지 않으면 수교교섭에 응할 수 없다는 입장을 견지하여 회담은 다시 결렬되었다(김영춘 2002, 64-65). 이 과정에서 평양선언의 합의사항은 어떠한 긍정적인 역할도 하지 못하였다.

이후 북일 관계는 2004년 5월에 일본의 고이즈미 수상이 다시 방북할 때까지 1년 반의 공백 상태를 맞게 된다. 그동안 일본 국내에서는 대중잡지와 텔레비전을 중심으로 '냉정함을 잃은 선동적인 북조선논의'가 지속되었다(和田春樹 2004, 138). 그 결과 일본 국민들 사이에 북한이라는 국가는 상습적으로 거짓말을 하고 대화상대가 될 수 없으며, 압력을 가하는 것이 최선의 현안해결의 방식이라는 인식이 급격히 확산되었다. 이에 따라 일본 정부도 북한에 대한 쌀 등의 인도지원을 동결하였고, 북한으로의 조총련의 송금을 규제하고 만경봉호 등의 특정 북한선박의 입항을 금지할 수 있는 일련의 경제제재 법안의 제정에 착수하였다. 또한 조총련 및 재일 조선인에 대한 일본 사회의 핍박과 공격도 급격히 증가되었다.

이에 대하여 북한은 경제제재안의 발동을 선전포고로 간주하고 미사일의 발사실험을 재개할 수 있다는 입장을 표명하였다. 이후 양국 간에는 감정적인 비난의 공방이 계속되었다. 이러한 상황의 전개를 볼 때, 신뢰양성을 통하여 비정상적인 양국관계를 정상화시키려고 하였던 제1차 정상회담은 의도한 것과는 다르게 오히려 단기적으로는 양국 국민의 불신감을 심화시키는 결과를 가져왔다고 할 수 있다.

제2차 북일 정상회담은 2004년 5월 22일 일본의 고이즈미 총리가 무박 1일의 예정으로 북한을 재방문하는 형태로 열렸다. 이 회담의 의미는, 당시의 양국의 비정상적인 적대관계가 제1차 정상회담에서 비롯된 만큼, 결자해지의 정신에 따라 양국정상이 직접 다시 만나 상호 불신감을 해소하려고 한 것에 있을 것이다. 그러나 한편 회담 시기를 결정하는데 고이즈미 총리의 개인적인 정치적 계산이 강하게 작용해서 일본 언론으로부터 회담이 '국내 선거용' 또는 '졸속 외교'라는 비판을 받기도 하였다[10].

제2차 정상회담에서 공동선언은 채택되지 않았다. 이 회담에서 양측 정상은 2002년의 9월에 합의된 평양선언의 이행과 양국의 관계정상화의 필요성을 원칙적으로 재확인하고 수교 실무회담의 개최에 합의하였다. 그리고 구체적인 현안에 있어서 일본은 북한에 대한 경제제재법안의 발동을 중지하고, 인도적인 차원에서 쌀 25만 톤과 1천만 달러상당의 의약품을 지원할 것을 약속하였다. 이에 대하여 북한은 납치자의 가족들을 일본으로 보내고 일본이 제시한 납치의혹자를 원점에서 재조사할 것을 약속하였다.

이러한 제2차 정상회담의 내용에 대하여 일본국민의 평가는 전반적으로 긍정적이었다. 정상회담의 다음날 행해진 아사히신문의 여론조사에 의하면, 21%가 '평가한다'고, 46%가 '평가하는 편이다'고 답하였다. 그리고 47%가 북한과의 국교정상화 교섭의 재개에 찬성하고, 38%가 반대한다고 답하였다. 이러한 여론조사의 결과에 대하여 일본의 대다수 국민이 북일 관계에 대하여 '냉정한' 판단을 하는 것으로 해석할 수도 있다(和田春樹 2004, 132).

---

10) 당시 일본의 대표적인 일간지인 아사히신문과 마이니치신문은 9월 15일자의 조간에서 1면 톱으로 고이즈미 총리의 방북 기사 대신에 총리 개인의 국민연금 미납 사실을 보도하였다. 제2차 정상회담이 일본의 국내정치 상황과 어떠한 관계 속에서 이루어졌는가에 대한 『中央公論』(2004.7), 34-48쪽이 비판적으로 분석하고 있다.

그러나 주목해야 할 것은, 같은 여론조사에서 대다수의 일본 국민이 북한에 대한 인도지원에 반대하고 북한에 대한 강경 정책을 요구하고 있다는 것이다[11]. 이러한 여론조사의 결과는 일본국민이 지닌 북한에 대한 혐오감이 얼마나 강하고 뿌리 깊은 것인가를 나타내주고 있다. 또한 북일 수교협상에 대한 일본국민의 관심이 지나치게 납치문제에 편중되어 있다는 것을 나타내는 것으로 해석될 수 있다.

한편 납치의혹자의 가족과 이들을 지원하는 시민단체나 의원연맹, 야당 등은 정상회담의 내용에 대하여 '예상할 수 있는 범위내의 최악의 결과'로 규정하였고(増本照明 2004, 66)[12], 텔레비전을 비롯한 매스컴과 일부 언론도 치욕적인 '외교 실패'로 비판하였다. 그 주된 이유는 납치의혹자 및 사망자에 대한 진실한 해명이 없는 상황에서 경제제제안의 철회와 인도지원을 약속하였다는 것이다. 즉 얻은 소득에 비하여 준 보상이 지나치게 많다는 것이다. 또한 평양선언 이후에 밝혀진 북한의 핵개발 사실에 대하여 일본정부로서의 추급이 약하였다는 점도 비판의 대상이 되었다[13]. 이러한 납치관련단체의 비판과 적극적인 활동은 제2차 정상회담 이후에도 고이즈미 내각의 대북 외교정책의 운영에 큰 정치적 부담으로 작용하고 있다.

---

11) 북한에의 식량지원에 대하여 아사히신문의 여론조사에서는 61%가 반대하는 것으로 나타났고, 요미우리신문의 경우에는 56%가 평가하지 않는다고 답하였다. 그리고 요미우리신문의 여론조사에서 54%가 북한과의 국교정상화가 필요하지만 서둘러서는 안된다고 생각하는 것으로 나타났다. 朝日新聞과 讀賣新聞 2004/05/24.

12) 마쓰모토 테루오씨는 납치피해자 가족연락회의 사무국 차장을 맡고 있다.

13) 핵개발 문제에 대하여 고이즈미 수상은 김정일 위원장에게 '핵 개발은 일본의 안전보장에 있어서도 위협이며 절대로 인정할 수 없다. 완전한 핵 폐기, 국제적인 사찰을 명확하게 받고, NPT체제로 돌아오는 것, 이것이 절대적으로 필요하고 불가결하다. 핵을 폐기함으로써 세계가 안전해질 뿐만 아니라 국제사회에서 평가를 받는다. 북한에게 가장 이익이 되는 것은 핵의 완전 폐기이다' 주장하였고, 이에 대하여 김정일 위원장은 '자신도 핵을 가지려고 하는 것은 아니다. 한반도의 비핵화가 최종 목표이다. 그러나 미국이 선제공격을 이야기하고 있는 이상, 핵무기의 억제력을 가지지 않을 수 없는 상황에 처해있다'고 답변하였다고 한다. 이러한 대화에 대하여 일본 국내에서는 '비공산국의 수뇌로써 처음으로 김정일 위원장에게 직접 설득한 것'으로 평가하는 견해도 있다(和田春樹 2004, 137). 그러나 일반적인 여론은 제2차 정상회담이 납치 문제에 비하여 핵 및 안전보장 문제에 어떠한 구체적인 진전도 가져오지 못하였다는 점에 대하여 비판적이었다.

Ⅴ. 맺음말

제2차 정상회담 이후에도 북일 수교교섭은 교착상태에 처해 있다. 2014년 12월 현재의 시점에서 제13차 수교협상의 일정은 아직 정해지지 않은 상태이다. 일본의 입장은 제2차 정상회담에서 김정일 위원장이 약속한 납치의혹자 10명에 대한 재조사의 결과를 듣고 수교 협상을 재개하겠다는 것이었다[14]. 그러나 지난 2004년 8월에 열렸던 북일 납치 문제 실무자회의가 구체적인 성과 없이 끝나자 이후 일본 국내에서는 다시 반북 여론이 강화되고 있다. 이에 대하여 일본 정부도 북한이 납치의혹자에 대한 재조사의 결과를 납득할 만한 수준에서 제시하지 않는 한 수교 교섭의 재개에 응하지 않겠다는 방침을 표명하였다[15]. 나아가 경제제재법안이라는 카드를 완전히 방기한 것은 아니며 경우에 따라서는 경제제재를 가할 수도 있다는 점을 강조하고 있다[16].

이러한 일본정부의 강경한 태도는 북한과의 수교과정을 통하여 핵 및 미사일, 납치의혹 등의 이른바 현안문제를 일괄적으로 해결하겠다는 입장으로 일관되게 표출되고 있다. 지금까지 살펴 본대로, 이러한 일본정부의 '선현안타결 후수교'의 강경 입장은 북한에 대한 일본국내의 비판적인 여론과 밀접하게 관련되어 있다. 바꿔 말하자면 국내정치에서 국민의 지지를 지속적으로 확보하기 위한 것이라고 할 수 있다. 그리고 일본 국민의 뿌리 깊은 반북여론이 가까운 시일 내에 극적으로 변화하리라는 조짐도 없다. 따라서 일본 정부의 북한에 대한 강경입장은 앞으로도 상당기간 지속될 것이고, 이것은 북한의 적극적인 접근에도 불구하고 양국의 수교교섭의 진전을 가로막는 중요한 요인의 하나로서 작용할 것으로 전망된다.

---

14) 제13차 수교회담은 2006년 2월에 개최되었는데 납치문제에 대한 일본의 강경한 주장에 북한이 반발하여 성과 없이 종료되었다. 회담의 구체적인 전개에 대해서는 양기웅·김준동(2006), 144-147쪽, 이면우(2011), 271-287쪽을 참조바람.

15) 讀賣新聞 2004/08/14.

16) 북한에 대한 일본의 제재는 2006년 대포동 2호 발사와 제 1차 핵실험 이후 제1차 아베 정권 때에 실시되기 시작했다. 이후 일본의 대북제재의 전개와 내용에 대해서는 이기완(2013)이 자세히 분석하고 있다.

참고문헌

김영춘, 『일본의 외교정책 결정요인–북일 국교정상화를 중심으로–』(서울: 통일연구원. 2000).

김영춘, 『일본의 대한반도 정책변화의 추이』(서울: 통일연구원, 2002).

신정화, "북일 관계의 발전과정과 주요현안:1993–1999년을 중심으로." 『북한연구학회보』제4권1호(2000).

신정화, 『일본의 대북정책:1945–1922년』(서울: 오름, 2004).

양기웅·김준동, "북일수교협상(1990–2006)의 결렬과 재개의 조건." 『일본연구논총』제23호(2006).

양영인·김용복, "북일관계의 개선과 북한의 개혁개방정책." 『동북아연구』제7권(2002).

이기완, "일본의 정치변화와 북일관계." 『국제관계연구』 제18권 제2호(2013).

이면우, 『현대일본외교의 변용과 한일협력』(서울: 한울, 2011).

이재형, "북일관계의 역사적 조망 및 양국관계정상화 전망." 『평화연구』제12권 1호(2003).

이용철, "패전기념일 8·15에 죽은 일본 지성계의 천황 마루야마 마사오." 『월간 말』제124호(1996).

최장집, "동아시아 공동체의 이념적 기초: 공존과 평화를 위한 공동의 의미 지평." 『아세아연구』제118호(2004).

姜尙中·水野直樹·李鍾元編, 『日朝交渉–課題と展望』(東京: 岩波書店, 2003).

姜尙中, 『日朝關係の克服』(東京: 集英社, 2003).

高崎宗司, 『檢証　日朝交涉』(東京: 平凡社, 2004).

北岡伸一, "戰後日本外交史に殘る成功である," 『中央公論』(2002/11).

松本照夫, "私たちはなぜ總理訪朝を「最悪の結果」と受け止めたのか." 『中央公論』

(2004/07).

和田春樹, "日朝國交交渉以外に道はない."『世界』(2004/07).

伊豆見 元, "國際的制裁の道を閉ざすな."『中央公論』(2005/02).

『世界』(2002/11).

『朝日新聞』(2002/09/18), (2004/05/24).

『読売新聞 』(2004/05/24), (2004/08/14).

CHUNICHI WEB PRESS(2002/09/18).

일본외무성 홈페이지.
http://www.mofa.go.jp/mofaj/area/n_korea/index.html

제10장

김정일 정권의 북·러 관계 (1994~2000): 「로동신문」의 내용을 중심으로

홍민식 | 강원대학교

Ⅰ. 머리말

1994년 7월 8일 김일성 주석의 돌연한 사망으로 김정일 정권이 출범하면서 구소련 붕괴와 새로운 러시아 연방 등장 이후, 불편하고 소원한 관계에 있던 북한과 러시아는 관계회복의 새로운 전기를 맞게 되었다. 주지하다시피 그동안 북한과 러시아 관계는, 한·소 수교(1990년 9월), 북한과 대러 교역시 우호가격철폐 및 경화결제요구(1991년 11월), 한·러 기본조약체결(1992년 11월), 북한 핵 문제 해결 위한 서방 국가들의 국제공조체제에 러시아의 적극 참여(1993년 6월), 1961년 북한과 구소련 간에 체결된 「조·소 우호협조 및 호상원조조약」의 제1조 자동군사개입조항에 대한 러시아의 사실상 폐기방침 선언(1994년 6월) 등의 주요 사태진전으로, 정치·경제·군사안보 전 분야에 걸쳐서 악화일로를 걸어왔다.

북·러 관계회복의 전기는 양국 모두 국가이익을 기반으로 하는 대·내외적 상황인식의 변화에서 찾을 수 있다(Suzanne Crow, 1997: 43-46). 북한은 가중되는 경제난과 외교적 고립의 위기를 벗어나기 위해서라도 러시아와의 관계회복을 모색하지 않을 수 없었다. 지역강대국의 위치를 확보하고자 하는 러시아는 부진한 국내경제개혁으로 인한 대서방관계 재조정과, 한반도에서의 지정학적 이해 재인식 및 지속적인 영향력 확보를 위해 북한에 다시 접근하지 않을 수 없었다.

1996년 9월 10일 연장시효가 만료되면서 지난 35년간 지속되어 있던 「조·소 우호협조 및 호상원조조약」이 폐기되고, 이후 몇 차례에 걸친 협상 끝에 북한과 러시아는 2000년 2월 9일 「조·로 우호선린 및 협조에 관한 조약」을 새롭게 체결하였다(「로동신문」,2000. 2. 10). 이로써 북·러 관계는 그동안의 이념적·군사적 유대를 바탕으로 한 사회주의 동맹국관계에서 탈피하여, 우호· 선린·협력의 토대 위에서 국가이익을 중시하는 실용주의적 협력관계로 변모하게 되었다(「월간 북한동향」, 1995. 9. : 58-60).

이 글은 1994년 7월 김일성 주석 사망으로부터 2000년 2월 「조·로 우호선린 및 협조에 관한 조약」체결 때까지의 「로동신문」의 내용을 중심으로 김정일 정권의 북·러 관계의 내용과 성격을 정치·군사안보·경제 관계 면에 걸쳐서 분석·검토하고 나름대로의 발전전망을 내려보기 위한 의도에서 작성되었다.[1)]

Ⅱ. 정치관계

1990년 10월 5일자 「로동신문」은 '딸라로 사고 파는 《외교관계》'라는 제목의 논평에서, 같은 해 9월 30일에 있었던 한·소 수교를 두고, "소련은 사회주의 대국으로서의 존엄과 체면, 동맹국의 리익과 신의를 팔아먹었다"고 맹렬히 비난하였다(「로동신문」, 1990. 10. 5). 이를 계기로 사회주의 동맹국

---

* 이 논문은 2001년 12월 〈사회과학 연구〉, 제40집에 게재된 것임

1) 대외정책과 관련된 공식 간행물이 제대로 없는 북한의 경우에 있어서 조선 로동당의 기관지인 「로동신문」은 북한의 대외정책의 기조와 내용 그리고 특징을 최소한 공식적인 차원에서 살펴볼 수 있는 거의 유일한 자료라고 할 수 있다.

으로서 긴밀했던 양국관계는 금이 가기 시작했다. 그 이후 고르바쵸프의 구소련이 해체되고, 옐친의 새로운 러시아연방이 등장하면서 북·러 관계는 관계회복의 전기를 맞을 때까지, 정치·경제·군사안보 등 전 분야에 걸쳐서 계속 악화되었다. 북·러간 관계악화의 근본원인은 무엇보다도 새롭게 형성된 이념과 체제의 차이에서 오는 갈등이라 할 수 있다. 사회주의 동유럽과 구소련이 몰락함으로서 초래된 탈냉전체제적 상황에서, 자본주의를 바탕으로 하는 자유민주주의와 시장경제로의 체제전환을 적극 추진하고 있던 새로운 러시아와, 여전히 '우리식 사회주의'를 표방함으로서 사회주의체제를 고수하고자 하던 북한의 갈등은 필연적인 것이었다. 그것은 바로 '사회주의 연대성'의 단절을 의미하는 것이었다(여인곤. 1995 : 22-24).

만성적 경제침체로부터 조속히 탈피하고, 시장경제체제로의 원활한 이행을 위해 초기 옐친의 러시아는 서구 자본주의국가들의 경제적 지원에 의존하지 않을 수 없었다. 가이다르(Yegor Gaidar) 총리의 충격요법을 통한 급진적 시장경제체제로의 이행정책이나 꼬쥐레프(Andrey Kozyrev) 외무장관의 대서양주의(Atlantizm) 표방을 통한 친서구 중심 대외정책은 이 같은 현실인식에서 출발한 것이었다. 그러나 가이다르의 급진적 시장경제개혁이 실패하면서 러시아 경제는 더욱 침체되고 혼란한 상황에 빠지게 되었다.[2)] 물론 러시아의 시장경제로의 이행이 주요 서구자본주의 국가들에게는 커다란 관심의 대상이었지만, 이행기 러시아경제의 불안전성과 취약성은, 이들로 하여금 러시아에 대규모 투자를 기피하게 만든 직접적 원인이 되었다. 이것은 동시에 러시아 대외정책의 입안과 수행과정에 있어, 커다란 제약요인이 되었다(강봉구, 1999 : 23). 이러한 상황에서 1993년 12월 총선이후 보수세력이 부상하고 민족주의적 정서가 증대되는 가운데 친서구중심 대외정책에 대한 반성과 비판이 지속적으로 제기되면서, 그동안 소홀히 했던 CIS동맹국 및 아시아·태평양 지역 국가들과의 관계도 강화해 나감으로써 보다 확실하게 국가이

2) 러시아는 1992년 12월 제7차 인민대의원 대회에서 가이다르를 퇴진시키고 중도파인 체르노미르딘(Viktor Chernomirdin)을 총리로 인준하였다. 이후 러시아는 점진적 시장경제개혁으로 선회하였지만 여전히 심각한 경제침체의 늪을 벗어나지 못했다.

익을 확보해야 한다는 유라시아주의(Yevraziystvo)적 대외정책의 적극적 추진이 강력히 요구되었다.[3)]

러시아의 대외정책이 균형을 강조하고 자국의 독자적 위상을 강화하는 방향으로 수정되면서 그동안 한반도에서 남한편중외교정책이 점차 북한과 균형을 갖추도록 전환하게 되었다. 남북한 균형정책을 기조로, 북·러 관계가 점차 회복되는 직접적 계기가 된 것은 첫째로, 처음 기대와는 달리 남한의 대러시아 투자가 소극적이고, 교역 규모도 만족스럽지 못했을 뿐 아니라, 한·소 수교 직후 1991~1993년 기간 중 남한이 구소련에 지원하기로 약속했던 30억 달러의 경협자금 중, 1991년 지원된 14억 7000만 달러 이외의 나머지 잔여차관 제공이 중단되었다는 사실 둘째로 1994년 10월 북·미 제네바 핵 협상이 타결된 이후 더욱 높아진 북·미 및 북·일 수교가능성에 따른(여인곤, 1995 : 69-72) 북한에 대한 러시아의 영향력 확보 필요성이 시급해졌다는 사실이다.[4)]

1993년 1월 옐친대통령 특사로 쿠나제(Georgy Kunadze)외무차관의 평양 방문은 한반도에서 러시아 국가이익의 확보라고 하는 인식의 토대 위에서, 북한과 정상적인 국가 대 국가로서 선린협조 관계를 모색하고자 하는 적극적인 시도로 간주될 수 있다.[5)] 러시아의 대북한 정책의 이 같은 방향전환을 계기로 그동안 한·소 수교와 한·중 수교(1992년 8월)로 심각한 외교적 고립과 경제난에 직면해 온 북한은, 대 러시아 관계 회복을 적극 고려하게 되었다. 그런데 이미 이념과 체제를 달리 하게 된 양국관계에서 비교적 이해관계가 쉽게 일치할 수 있는 분야는 경제분야이기 때문에 북한은 우선적으로 러시아

---

3) 러시아의 대외정책이 동·서간의 균형을 갖추는 방향으로 수정되면서 1996년 1월 친서구적 성향의 꼬쥐레프가 퇴진하고 실용주의자인 쁘리마코프(Yevgeny Primakov)가 새롭게 외무장관으로 기용되었다.

4) 1992 -1995년 기간 중 남한의 중국에 대한 투자는 약 10억 달러에 달하고 있는 반면, 러시아에 대한 투자는 약 3000만 달러에 불과한 것으로 나타났다. 1993년 남한과 러시아간 무역량은 중국(43%), 일본(24%), 미국(20%)보다 훨씬 뒤지는 9%정도에 지나지 않았다.(Daily Report: Central Eurasia, 30. August. 1993:21)

5) 쿠나제는 양국간 무역 및 경제교류가 과거와 같은 사회주의 동맹국으로서 고려를 탈피하고, 순수하게 상업적 목적에 따라 이루어 질 것임을 확인하였다.(Seung-Ho Joo, 1998: 80-82)

와 경제관계의 정상화를 모색하게 되었다. 1993년 8월 6~16일간 김정우 대외경제위원회 부위원장을 단장으로 하는 북한경제대표단의 러시아 방문은 그동안 경색되었던 양국간 경제관계의 정상화를 위한 새로운 시작의 의미를 갖는 것이었다.

양국 간의 냉각된 정치관계는 1994년 9월 20일~24일간 파노프(Alexander Panov)외무차관의 평양방문을 계기로 김정일 정권에 대한 러시아의 적극적인 지지가 표명되면서 점차 회복국면으로 접어들게 되었다. 파노프의 평양방문에서 "러시아는 북한과 건설적인 관계를 증진시킬 준비가 되어 있다."는 옐친 대통령의 구두메시지가 김정일에게 전달되었다. 이에 대해 북한은 "이데올로기적·사회적 상이성에도 불구하고 러시아와 광범위한 우호적 관계를 유지하고 정치적 대화를 촉진시키며, 한반도에 대한 러시아의 이해를 고려할 준비가 되어있다."고 응답하였다. 1994년 10월 18일 북한 「중앙통신」보도도 대러 관계를 확대 발전시키는 것이 북한의 확고한 입장임을(박재규, 1997:120. Alexander Zhebin, 199 a: 178-180) 강조함으로서 북한의 러시아와의 선린우호관계 회복의지가 거듭 확인되고 있었다(「내외통신」, 종합판(54), 1995. 3 : 175-176)

그런데 북한은 김일성 사후 바로 김정일 정권이 출범하면서 대체적으로 1998년 9월 5일 최고인민회의 제10기 1차 회의까지의 기간 동안에 무엇보다도 김정일 정권의 체제정통성 과시를 위해 일부 친북한 성향의 러시아 언론들의 김정일 정권에 대한 지지·찬양의 기사내용이나, 북한의 적극적 후원 아래 결성된 친북한 단체들의 활동상황 등을 「로동신문」에 상세하게 소개하고 있다.[6] 또한 러시아 정부당국과는 별개로 당 차원에서 '러시아 연방공산당', '공산당련방소련공산당 , '러시아공산주의노동자당' 등 좌파정당과 '러시아자유민주당' 같은 극우정당 등과의 상호초청·방문을 통한 다각적인 연대관계를

6) 「로동신문」에 자주 소개되는 친북한성향의 러시아 신문들로는 「빠뜨리오뜨」, 「쁘라우다」, 「웨쩨란」, 「글라스노스찌」, 「쏘베쯔까야 로씨야」, 「쎌쓰까야 쥐즌」등이 있다. 친북한 단체들로는 '조선민주주의 인민공화국과의 친선 및 문화협조 러시아 협회', '러시아조선친선련계의원', '모스크바 청년주체사상연구협회', '러시아 김정일주의 연구센터', '모스크바 고려인 통일련합회', '모스크바 러시아조선인 협회', '모스크바 조선인 로병위원회', '조선민주주의인민공화국과의 련계를 위한 러시아사회계위원회', '조선 러시아 공산주의 청년동맹'등이 있다.

유지하고 있다. 이것 역시 현실사회주의 국가로서 북한의 위상을 제고하기 위한 적극적이고 공세적인 노력의 일환으로 간주될 수 있겠다.[7)]

1994년 9월 3일 모스크바종합대학 교수인 미하일 꼰낀을 단장으로 하는 러시아 김정일주의 연구센터대표단이 평양을 방문하였다. 꼰낀은 러시아 김정일주의 연구센터의 결성목적과 활동방향을 다음과 같이 밝히고 있다(「로동신문」, 1994. 9. 4).

“현 정세 하에서 세계가 위대한 지도사상 없이는 한 걸음도 전진할 수 없다(......) 이런 의미에서 우리는 김정일 동지께서 발전 풍부화시켜 나가시는 위대한 주체사상만이 인류의 자주위업 완성을 위한 유일한 지도사상이라는 것을 확신하고 김정일주의 연구센터를 결성하였다. 이 과정에서 우리는 친애하는 김정일 동지의 수많은 로작들을 연구하면서 사람 중심의 주체사상의 진리성을 더욱 깊이 확증하게 되었다. 대표단의 조선방문은 주체사상이 구현된 조선의 현실을 더 잘 알고 그에 기초하여 센터의 활동을 더욱 적극화 해 나가자는데 있다.”

1994년 10월 2일~6일간 러시아 자유민주당 위원장 쥐리놉스끼를 단장으로 하는 러시아 자유민주당대표단이 평양을 방문하여 조선노동당 중앙위원회 황장엽 비서, 리종옥 부주석 등과 회담을 갖었다. 특히 쥐리놉스끼는 기자회견을 통해, 북한에서 정치와 령도의 계승문제가 훌륭하게 해결된 것에 깊은 인상을 받았으며 전 소련과 동구라파 나라들이 겪은 동란을 피할 수 있게 된 북한에서 오늘날 고통에 처해있는 러시아가 어떻게 해야 하는 것을 주체사상을 통해 많이 배워야 한다고 생각하고 있음을 밝혔다(「로동신문」, 1994. 10. 6). 1994년 10월 21일에는 김일성 주석 사망 100일을 맞아 알렉쎄이 뽀노마료브를 단장으로 하는 러시아조선친선련계의원단 대표단이 평양을 방문해 양형섭 최고인민회의의장과 만났다. 여기서도 김정일 정권의 정당성이 강조되고, 양국간의 친선관계를 더욱 발전시켜 나갈 것이 언급되었다(「로동신문」, 1994. 10. 23).

---

7) 여기서 현실 사회주의 국가는, 공산당이 집권하고 있는 국가를 가리킨다.

1994년 11월 22일자 「로동신문」은 평양을 방문중인, 발레리 꼬왈렌꼬, 알렉산드로 꼬왈로브, 이반 벨리나꼬브 같은 모스크바종합대학 교수들과 조선중앙통신사와의 기자회견 내용을 소개하고 있다. 즉, 그들은 모두 김정일의 논문「사회주의는 과학이다」가 "과학으로서의 사회주의 사상과 리론을 전면적으로 체계화하고 완성한 불후의 사회주의총서라고 하면서 자기들은 이번에 사회주의는 반드시 재생되며 종국적 승리를 이룩하게 되리라는 확신을 더욱 굳게 가지게 되었다"는 것이다. 아울러 그들은 "여러 나라에서 사회주의가 무너진 것은 과학으로서의 사회주의의 실패가 아니라 사회주의를 변질시킨 기회주의의 파산을 의미한다"는 김정일의 주장을 거듭 확인해 주고 있다(「로동신문」, 1994. 11. 22). 1994년 12월 30일자 「로동신문」은 '어느 시기가 더 좋았는가'라는 제목의 글에서 러시아 신문 「글라스노스찌」 최근호에 실린 러시아의 현 단계 사유화의 문제점을 지적하는 내용을 소개하면서 현재 많은 러시아 국민들은 국가와 사회로부터 많은 혜택을 받던 이전 사회주의시기를 그리워하고 있다는 것을 강조하고 있다(「로동신문」, 1994. 12. 3). 이것 역시 김정일 정권의 사회주의체제로서의 우월성을 과시하고자 하는 의도를 명확히 담고 있는 것이라 하겠다.

북·미 제네바 핵 협상 타결이후 1995년 들어와 북한은 미국 및 일본과의 관계개선이 대외정책목표의 제일 우선순위였기 때문에 대러시아 관계에서는 주목할 만한 성과는 없었다. 그러나 정치분야에서의 인적교류와 상호방문은 지속적으로 추진됨으로써 북·러 간의 선린·우호 관계를 회복하기 위한 노력은 계속 강조되고 있었다. 아울러 김정일 정권의 체제정당성 과시를 위해 북한은 러시아 국내의 친북한 관련 언론보도나 친북인사들의 기고내용도 「로동신문」에 꾸준히 소개하고 있었다. 1995년 1월 25일 조선로동당중앙위원회 박경선 부부장을 단장으로 하는 조선로동당 대표단이 모스크바를 방문해 러시아연방공산당중앙집행위원회 쥬가노프 위원장과 면담하였다. 여기서 쥬가노프는 러시아연방공산당 제3차대회에 당 대표단을 파견해 준 조선로동당 지도부에 깊은 사의를 표시하고, 앞으로 러시아연방공산당은 조선로동당과의 련계와 협조를 강화해 나갈 것이라고 지적하였다(「로동신문」,1995. 1. 29). 1995년 4월 20일자 「로동신문」은 전북한주재 소련대사였던 알렉산드로 까쁘또가 '계승성과 안정성은 조선민주주의 인민공화국의 발전요인'이라는 제목으로 「쁘라우다」(4월 13일자)에 기고한 내용을 소개하고 있다.

북·러간 정치관계의 새로운 전기는 1995년 8월 7일 러시아가 「러·북한 우호협력 및 상호 원조에 관한 조약」폐기를 선언하고 이를 대체할 러·북한 새로운 기본관계에 관한 조약초안을 북한에 제시하면서 비롯되었다. 북한 외교부대변인도 같은 해 9월 8일 "소련의 붕괴로 그 조약은 의의를 상실하고 폐기된 것이나 다름없다"고 인정하였다(「내외통신」, 종합판(57), 1995: 143). 조약당사국이 제3국의 침략을 받을 경우 군사원조를 제공하기로한 동 조약의 '자동군사개입조항'이 사실상 사라지게 됨으로써 북한은 러시아와 이념적 유대 및 군사적 동맹관계에서 탈피하여, 선린우호의 토대 위에서 국가이익을 중시하는 실용주의적 협력관계로의 전환을 모색하게 되었다.

선린 우호에 바탕을 둔 북·러 간의 관계정상화 노력은 1996년에 와서 보다 더욱 본격화되었다. 김정일의 생일을 기념하여 1996년 2월 2일 모스크바에서 열린 '자주·평화·친선에 관한 주체사상 국제학술토론회'에 셀레즈뇨프(Gennadi Seleznev)러시아 국가두마 의장이 축하전문을 보냈다(「로동신문」, 1996. 2. 5). 아울러 조선노동당 대표단 단장으로 이 학술토론회에 참석중인 황장엽 노동당 비서가 2월 6일 쥬가노프 러시아연방공산당 위원장을 면담했다. 1996년 4월 10일에서 4월 12일까지 이그나쩬꼬(Vitaliy Ignatenko)부총리와 파노프 외무차관 등 러시아정부 대표단이 북한을 방문하였다. 이것은 지금까지 양국관계 악화기간 동안 장관급 이상의 고위인사의 상호방문이 이뤄지지 않았던 전례로 보아 주목할 만한 것이었다. 러시아정부 대표단의 평양방문에서 북한과 러시아 사이의 경제협조 관계를 더욱 확대·발전시키기 위한 「무역·경제 및 과학기술 협조위원회」제1차 회의 의정서가 조인되었고 양국외무차관들 사이의 정치협상이 진행되었다. 이 협상에서 쌍방은 북·러 관계를 새롭게 확대 발전시킬 데 대한 서로의 의지를 확인하고 그 실천방도 문제들에 대하여 진지하게 토의하였다. 아울러 한반도의 긴장완화와 평화보장 체계수립문제에 대해 상호의견을 교환하였다.[8] 북한 외교부 대변인은 러시아 정부 대표단의 북한 방문이 두 나라 사이의 이해를 도모하고 쌍무 관계를 여러 분야에서 확대·발전시키기 위한 중요한 계기가 되었다고 공언하였다(「로동신문」, 1996. 4. 19. 「내외통신」, 종합판(60), 1996: 90-93). 그 후 1996년 5월 26일에서 29일까지 셀레즈노프 국가두마 의장을 단장을 하는 러시아 하원대표단이 북한 최고인민회의 초청으로 평양을 방문하였다. 셀레즈노프 의장은 27일 부총리 홍성남을 만난 데 이어 28일에는 최고인민회의의장 양형섭, 부주석 리종옥, 부총리겸 외교부장 김영남과 잇달아 만나 북·러간의 상호 공동 관심사를 논의하였다. 특히 같은 해 9월로 자동 폐기되는 「조·소 우호협조 및 호상원조조약 」을 대체할 기본관계조약체결 문제에 대해 포괄적인 의견교환이 있었다(「로동신문」,1996. 5. 9). 북한은 1996년 8월 13일에는, 조선민주주의인민공화국 중앙인민위원회 명의로, 조선해방 51돐에 즈음하여 러시아연방의 옐친 대통령에게 북·러 사이의 선린·우호협조관계가 앞으로 자주·평등·내정 불간섭의 원칙에 따라 두 나라 인민들의 이익에 맞게 발전되기를 확신한다는 전문을 발송했다(「로동신문」,1996. 8. 15).

북·러간 새로운 기본관계 조약 체결을 위한 구체적인 협상은 1997년에 와서 시작되었다.[9] 우선 외교부장 김영남에게 전달할 프리마코프 외무장관의 친서를 휴대한 카라신(Grigory Karasin) 외무차관을 단장으로 하는 러시아 외무부 대표단이 1월 21일에서 25일까지 평양을 방문해, 이인규 외교부 부부장을 단장으로 하는 북한외교부대표단과 1차 실무회담을 가졌다. 이 회담에서 북·러 쌍방 대표단은 "두 나라 사이의 조약안 사항의 많은 부문에서 합의를 보았다"고 밝혔지만 북한이 한반도의 연방제통일 방안에 대한 지지내용을

8) 이 회담에서 파노프는 남북한과 관련주변국들이 참여하는 한반도 평화체제구축을 위한 국제회의 개최를 제의했다. 아울러 1996년 4월초 북한의 일방적인 휴전협정 무력화시도로 인한 한반도 긴장조성에 대해 러시아의 우려를 표명하고 한반도에 새로운 평화체제가 수립될 때까지 현재 휴전협정을 존중할 것을 촉구하였다.

9) 북한은 '조·소 우호협조 및 호상원조조약' 시효가 만료되기 7일 전인 1996년 9월 3일 신 조약체결을 위한 북한측 초안을 러시아에 전달하였다.

조약에 포함시킬 것을 주장함으로서 상당한 진통을 겼었다. 1997년 4월 29일에서 5월 3일까지에는 루킨(Vladimir Lukin) 국가두마 국제위원장을 단장으로 하는 러시아 하원대표단이 북한최고인민회의 초청으로 평양을 방문했다. 루킨은 귀국 후 러시아 방송과의 회견에서 이번 회담에서 북·러 쌍방은 현재의 관계를 보다 발전시켜야 한다는데 견해의 일치를 보았으며, 특히 경제 및 과학기술 협조에 대해 두 나라 정부간 위원회 활동을 보다 적극화해야 할 의사를 표명했다고 언급했다. 또한 루킨은 이번 회담에서 한반도 문제 해결을 위한 4자 회담과 관련 러시아는 모스크바를 포함해 기타 유관국들도 참가시키는 보다 폭넓은 다자간 회담이 바람직하다는 입장을 북한측에 다시 밝혔다고 강조했다(「내외통신」, 종합판(64), 1997 : 111-112).

북·러간 새로운 기본관계 조약체결을 위한 제2차 실무회담은 1997년 6월 16일에서 17일까지 모스크바에서 이인규 외교부 부부장과 카라신 외무차관 사이에 진행되었다. 물론 북·러 간의 관계 정상화를 위한 방안이 세부적으로 논의되었지만 이 회담에서도 조약 내용에 북한연방제통일방안에 대한 러시아의 지지를 포함하고자 하는 북한과, 한반도 문제는 어디까지나 유엔헌장과 국제법에 기초해 해결되어야 한다는 러시아 측의 입장이 계속 충돌하였다. 따라서 북한과 러시아는 1997년 중으로 또 한차례의 북·러 기본조약 협상을 개최할 것이며 이를 위해 북한은 러시아 외무장관 프리마코프가 평양을 방문해 주도록 요청했고, 연말쯤 새로운 조약에 조인할 예정임을 6월 18일 러시아 방송이 보도했다(「내외통신」, 종합판(64), 1997 : 142). 또한 이 회담에서 카라신 외무차관은 한반도 문제에 관련 러시아가 4자간 회담을 지지하지만 그 회담의 참가자수를 늘이고 국제회의를 소집하자는 이전의 제안을 계속 주장하고 있다고 강조했다. 1997년 10월 13일에서 15일까지에는 모스크바에서 북·러간 무역·경제 및 과학기술협조위원회 제2차 회의가 북한정부 경제대표단(단장; 리성대 대외경제위원회 위원장)과 러시아 연방정부 경제대표단 (단장;바체슬라브 미하일로프스키 민족문제 및 연방관계 장관) 사이에 진행되었다. 이 회의에서 북·러 쌍방은 3건의 정부간 협정을 체결하고 무역·경제 및 과학기술

협조위원회 제2차 회의 의정서를 조인하였다(「로동신문」, 1997. 10. 8).

1998년은 김일성 주석 사망 후 4년여만에 북한의 권력승계가 공식적으로 마무리되고 본격적인 김정일 시대가 개막된 해이다.[10] 따라서 북한 체제의 안정성이 대내외적으로 과시되었다고 하겠다. 그 동안 난항을 겪어 온 북·러 간 새로운 기본관계조약 체결을 위한 실무협상도 3월과 11월, 각각 평양과 모스크바에서 북한외교부CIS국장 박현보와 러시아 외무부 제1아시아 국장 레오니드 모이세에프(Leonid Moissiev)간에 진행되어 해결의 실마리를 찾게 되었다. 12월 1일에는 카라신 러시아 외무차관과 박의춘 주러 대사가, 북·러 관계 뿐 아니라 동북아시아 및 한반도의 안보, 안전강화방안이 논의된 「1999~2000년 대외정치분야 상호협력 공동 사업안」을 조인했다(「북한동향」 제 411호, 1998: 「내외통신」제472호, 1998. 12. 10).

1999년에 와서 북·러 간에는 종전의 우호·선린·협력 관계가 정상적으로 복원되기 시작했다. 동년 3월 17일에는 북·러 경제 문화협정 체결 50주년 기념행사 참석을 위해 평양을 방문한 카라신 외무차관과 이인규 외교부 부부장 사이에, 「북·러 우호·선린·협력에 관한 조약」이 가조인되었다(「로동신문」, 1999. 3. 19). 물론 이바노프 러시아 외무장관이 조만간 방북하여 공식서명하는 문제가 남아 있기는 했지만, 이로써 그동안 3년여를 끌어온 북·러간 새로운 기본 관계조약체결을 위한 노력은 대체적으로 마무리되었다고 할 수 있다. 이 당시 북·러 신 조약의 구체적인 내용은 알려지지 않았지만 카라신 차관은 3월 19일 베이징에서 이타르타스 통신과의 회견에서 신조약이 제3국을 겨냥한 것이 아니며, 이념적인 부분이 배제된 것으로 "국제법과 유엔헌장의 모든 요구에 부합하는 선진된 조약"이라고 밝혔다. 북한도 3월 20일 중앙통신을 통해, 북·러 신조약이 가조인됨으로써 "두 나라 관계를 더욱 발전시킬 수 있는 법률적 토대를 마련하게 됐다."고 전했다(「연합뉴스」주간 종합판 제1171호, 1999 : C가 3-4).

---

10) 북한은 1998년 9월5일 조선인민회의 제10기 1차 회의에서 김정일 당총비서를 국가의 최고직책으로 격상된 국방위원장(북한 정치·경제·군사를 총괄 지휘하는 사실상의 국가수반)에 재 추대하였다. 「로동신문」, 1998. 9. 12

북·러 신조약의 공식 체결을 위한 이바노프 외부장관의 방북은, NATO의 유고공습, 체첸사태, 12월 러시아 총선 등 러시아 국내외 문제로 계속 지연되어 왔다. 그러나 2000년 2월 9일 '평양만수대의사당'에서 박남순 북한 외무상과 이바노프 러시아 외무장관이 조약문에 정식으로 서명함으로써 「조·로 우호·선린·협조에 관한 조약」이 공식 체결되었다(「로동신문」, 2000. 2. 10). 이로써 북·러 간의 우호선린 협력관계가 공식적으로 복원되었으며, 북·러간 관계발전에 '새로운 관계의 시작'을 알리는 분명한 이정표를 갖게 되었다. 그것은 소련 붕괴이후, 자유민주주의와 자본주의를 바탕으로 하는 새로운 러시아 연방이 등장하면서, 양국관계가 비현실적이고, 갈등의 소지가 많았던 이념적·군사적 동맹관계의 길에서 벗어나, 보다 현실적인 국가이익을 기본으로 하는 실용주의적 협력관계의 길로 접어들게 되었음을 의미하는 것이었다.

Ⅲ. 군사·안보관계

구소련 붕괴이후 김정일 정권이 출범할 때까지 「조·소 우호협조 및 호상원조조약」에 기반을 두고 유지되어 온 북한과 러시아간의 군사·안보관계는 현실적으로 심각한 갈등과 불안정 속에서 표류해 왔다. 이러한 심각한 갈등의 기폭제가 된 것은 한·소 수교와 이후 옐친의 새로운 러시아 연방의 남한편중 정책에 자극을 받은 북한의 본격적인 핵개발 추진이었다. 이것은 구소련과 마찬가지로 한반도의 비핵화정책을 추진해 온 러시아로서는 용납할 수 없는 일이었다. 북한의 핵 개발은 접경국가가 핵을 보유하지 않는 것을 국가이익과 연결시켜 온 러시아에 대한 직접적인 도전이었다(여인곤, 1995 : 26). 따라서 북한이 1993년 3월 12일 「핵 확산 금지조약」(NPT) 탈퇴선언을 했을 때 러시아는 북한의 핵개발을 저지하기 위해 북한의 NPT 잔류 및 조약상의 의무이행을 촉구하는 성명을 발표했을 뿐 아니라, 미국 등 서방 핵 관련 당사국들과 국제공조체제를 긴밀하게 유지하였다.

남북한 간에 채택된 「한반도의 비핵화에 관한 공동선언」의 후속조치로 1992년 1월 31일 「핵안전협정」에 서명 하게된 북한은 같은 해 5월부터 1993년 2월까지 6차에 걸친 「국제원자력기구」(IAEA)의 임시사찰을 받은 바 있다. 북한의 NPT 탈퇴선언은 군사목적의 핵개발 의혹을 받고 있던 영변의 2개 핵시설에 대한 IAEA의 특별사찰 요구에 대한 단호한 전략적인 거부의지의 표명이었다. 북한의 핵개발을 동북아지역안보에 대한 심각한 위협으로 간주해 온 러시아는 이를 저지하기 위하여 북한이 IAEA의 특별사찰과 남북한 상호핵사찰을 수락하도록 지속적으로 북한에 압력을 가하였다.

이 같은 러시아의 직접적인 압력과 미국 등 서방 핵 관련 당사국들의 국제공조를 통한 설득과 압력에 대한 또 다른 전략적 대응으로, 북한은 1993년 6월 11일 NPT 탈퇴유보 결정을 내리게 되었다. 이후 북한은 러시아를 배제하고 직접 미국과 고위급 회담을 통해 핵 협상을 진행하게 되었다. 그동안 핵위협을 통한 북한의 '벼랑끝' 외교전술은 이 핵 협상이 진행되는 동안 북한측에 상당한 성공을 가져다 주었다. 1994년 10월 21일 북·미 제네바 핵 협상 타결은 같은 해 11월 16일자 러시아신문「쁘라우다」의 지적처럼 북한외교의 특출한 성과라고 할 수 있다(「Pravda」, 1994. 11. 16. 「로동신문」, 1994. 11.21). 이 핵 협상의 타결로 북한은, 미국으로부터의 핵안보위협의 부담에서 벗어나게 되었고, 경수로 건설에 대한 합의를 얻어낼 수 있었다. 무엇보다 주목할 것은 연락사무소 개설에 대한 잠정적인 합의에서 보듯이 북한과 미국이 정치 및 경제관계를 완전히 정상화하려는 방향으로 나아가려는 의지를 밝힌 것이다.

그러나 러시아가 배제된 북한과 미국의 핵협상 타결은, 북한의 독자적인 핵 개발 저지는 물론 동북아 지역의 평화와 안보에 나름대로 지속적인 영향력을 견지하려는 러시아의 국가이익과는 크게 어긋나는 것이었다. 북·미 핵 협상과정에서 러시아는 북한 핵 개발 저지와 자국의 영향력 확보를 위한 노력의 일환으로 1994년 3월 24일 남북한·미국·러시아·중국·일본·국제원자력기구·유엔사무총장이 참여하는 8자 회담을 제의한 바 있다. 러시아의 이 같은 다자회담 제의에 대해 미국을 포함한 유엔 상임이사국은 물론 북한도 냉담한 거부 반응을 보였다. 특히 북한의 거부반응은 핵문제를 미국과의 직접 협상을 통해 해결하고자 하는 북한의 전략적 이해에서뿐만 아니라 한·소 수교 이후 1993년에 이르기까지 북한에 대한 핵 기술 및 핵 원료 제공 중단 등과 같은 러시아의 직접적인 저지 행위에 대한 반발에서 비롯된 것이었다.[11) 또한 북·미 핵 합의서에 따른 북한과 「한반도에너지개발기구」(KEDO)간의 핵 협정에서 한국형 경수로를 설치하기로 함으로써 그동안 북·미 핵 협상과정에서 러시아형 경수로가 채택되기를 기대했던 러시아로서는 커다란 경제적 이익의 상실이 아닐 수 없었다.

북·미 핵 협상 과정에서 이와 같은 러시아의 철저한 소외와 상실감은 한·소 수교 이후 남한편중의 한반도 정책을 전면 수정하는 계기가 되었다. 물론 앞장에서 언급한 바와 같이 러시아는 1993년 이후로, 친서구중심적인 대서양주의 외교정책에서, 서구는 물론 동구 및 아시아·태평양 지역도 중시하는 유라시아주의적 외교정책으로 전환하고 있었다. 이러한 정책전환을 배경으로 러시아는 남한과의 협력적 동반자 관계를 계속 유지할 뿐 아니라 북한과도 국가 대 국가로서 우호·협력관계를 회복하려고 하였다. 이를 계기로 북한도 대러 관계회복에 다시 적극적인 관심을 갖고 접근하게 되었다.

군사·안보 분야에서 러시아의 대북관계회복의 노력은 옐친 정권 등장 이후, 그동안 중단했던 북한에 대한 무기판매 재개로부터 시작되었다. 1993년 11월 러시아는 일본무역회사의 중개로 Foxtrot급 4척과 GolfⅡ급 10척등 태평양함대가 보유하고 있던 퇴역잠수함 14척을 북한에 고철용으로 하였다. 그러나 이 퇴역 잠수함들이 고철용으로 판매되었다고는 하지만, SS-N-5 탄도미사일을 운반할 수 있는 성능을 갖추고 있기 때문에 주변국들의 심각한 우려를 야기하였다(「Moscow News」, no.27, 1994 : 4). 이러한 우려에도 불구

11) 1993년 옐친대통령은 660메가와트 용량의 러시아형 경수로 원자로 3기를 북한에 제공하기로 한 1991년의 합의를 전면 취소하였다. (Alexander Zhebin, 1996 : 720)

하고 대북무기판매가 재개될 수 있었던 것은, 1990년 걸프전 이전까지만 해도 세계제일의 무기수출국이었던 러시아가 경제난 타개를 위해 가장 쉽게 접근할 수 있는 분야가 무기판매였을 뿐 아니라, 무기체계의 상당부분을 여전히 러시아에 의존하고 있는 북한의 현실적 요구와 이를 이용해 북한에 대한 영향력을 보다 확대하려는 러시아의 입장이 일치했기 때문이다.

이처럼 미시적 차원에서 북·러 군사안보협력관계는 복원되었지만, 안보정책수행시 이데올로기적 원칙을 포기한다고 선언한 1993년 11월 러시아의 '군사독트린'과 이에 따른 거시적 차원에서 북·러 군사안보협력관계는 그 성격이 크게 변화됨에 따라 새로운 형태의 협력관계의 모색이 요구되었다(Stuart Kaufman, 1993).

그것은 지난 35년 동안 지속되어 온 북·러 군사동맹조약인 「조·소 우호협조 및 호상원조조약」이 1996년 9월 10일 연장시효만료로 폐기되면서 극명하게 나타났다.[12] 사실상 과거의 군사동맹 관계를 청산하게 된 북한과 러시아는 새로운 우호협력조약 체결을 적극 모색하게 되었다. 앞장에서 상세히 언급한 바와 같이 북·러 양국은 1996년 9월 새로운 조약의 초안을 상호교환한 이후 거의 3년 6개월에 걸친 회담과정을 통해 2000년 2월 9일 「조·로 우호선린 및 협조에 관한 조약」을 체결하였다. 이처럼 새로운 조약 체결이 지연된 것은 북·러 양국이 '유사시 자동군사 개입조항'을 삭제하는데는 쉽게 합의를 했지만, '고려연방제통일방안'에 대한 러시아 측의 지지내용을 조약 문안에 포함시키고 아울러 한국에 대한 무기판매금지를 요구하는 북한 측의 주장으로 최종합의가 어려웠기 때문이다. 또한 NATO의 유고공습, 체첸사태 등과 같은 러시아 국내외 문제로 이바노프 외무장관의 평양방문이 지연될 수밖에 없었던 것도 조약체결지연에 일조를 했다.

제네바 핵 협상 타결이후, 김정일 정권은 대외정책의 최우선순위를 미국 및 일본과의 관계정상화를 통한 당면한 경제난의 타결과, 대미평화협정체결

12) 동조약 폐기와 더불어 구소련이래 러시아군이 누려 온 북한상공 통과권과 기항권도 소멸되었다. (강원식, 1998 : 251)

을 통한 한반도 평화보장체계의 구축에 두고 있었다. 1995년 2월 8일 판문점 중립국 감독위원회로부터 폴란드 대표단을 일방적으로 철수시킨 북한의 휴전협정체제 무력화 시도는 미국과의 직접대화를 통해 평화협정을 이끌어 내고자 하는 치밀한 의도가 내재된 것이었다. 따라서 1996년 4월 이그나쩬꼬 부총리와 파노프 외무차관의 평양방문으로 '러·북 경제·과학기술 공동위원회'가 개최될 때까지 북·러 간의 공식적인 관계는 쌍방의 관계개선 의지 천명에도 불구하고 별다른 진전이 없었다.

그러나 북한은 비공식적으로 군사·안보적 측면에서 러시아의 친북단체 및 정당들과의 지속적인 접촉과 후원을 통해 북·미 쌍방 간의 직접적인 평화 협정체결과 고려연방제 통일방안 등에 대한 지지캠페인을 대대적으로 벌여 왔다. 특히 「로동신문」은 매년 '조선 인민과의 국제적 련대성 월간' (6.25~7.27)이나 '고려민주련방공화국 창립방안지지 월간' (10.10~11.10) 그리고 '조선민주주의인민공화국 창건일'(9.9)에는 이들 러시아의 친북단체 및 정당들의 '련대성 집회'의 내용을 상세히 보도함으로서 군사·안보 면에서 북·러 간의 우호적인 지지협력 관계를 대외적으로 과시하고자 하였다.

이를테면, 1995년 '조선인민과의 국제적 련대성 월간'에 '조선민주주의 인민공화국과의 친선 및 문화협조 로씨아협회'가 6월 26일 모스크바에서 개최한 조선인민과의 련대성 집회에서는 "조선반도에서 항구적이고 공고한 평화를 보장할 수 있는 유일한 방도는 조선민주주의인민공화국이 발기한 새로운 평화보장 체계수립제안을 리행하고 조미사이에 평화협정을 체결하는 것이다. 이것은 로씨아의 전략적 리해관계에도 전적으로 부합되는 것이다"라는 주장을 채택하였다. 또한 "정전협정의 당사자가 조선민주주의인민공화국과 미국인 것 만큼 낡은 정전협정을 대신할 평화협정의 당사자도 다름아닌 조선민주주의인민공화국과 미국이다"라고 강조한 러시아 과학 아카데미 보리스 자네긴 교수의 연설이 있었다(「로동신문」, 1995. 7. 2). 같은 해 '고려민주연방공화국 창립방안지지월간'에 역시 '조선민주주의인민공화국과의 친선 및 문화협조 로씨아협회'가 10월 26일 모스크바에서 개최한 연대성집회에서는

“조선을 통일하기 위한 가장 공명정대하고 현실적인 방안은 바로 15년전 위대한 수령 김일성 동지께서 제시하신 고려민주련방공화국창립방안”이라는 친북인사들의 주장이 제시되고 있다(「로동신문」, 1995. 11. 1). 이 연대성집회 일주일 전인 10월 19일에는 조선통일문제에 관한 청문회가 러시아연방회의 국가회의 청사에서 열렸다. 이 청문회에서 손성필 주러 북한대사는 하나의 민족, 하나의 국가, 두 개 제도, 두 개 정부에 기초하고 있는 련방제 통일방안이 가장 합리적이고 현실적인 통일강령이며 남한에서의 국가보안법 철폐와 휴전선 콘크리트장벽 제거를 한반도에서의 새로운 평화보장체계수립의 전제조건으로 강조하였다. 이에 대해 러시아 국가회의 국제문제위원회 블라지미르 루낀 위원장은 “러시아는 조선의 통일문제를 조선의 내부문제로 보며 조선이 하루 빨리 통일되어 분열의 비극을 끝장내기를 바란다”고 언급하였다(「로동신문」, 1995. 10. 28).

북한의 대외정책 및 통일정책에 대한 지지표명을 위한 이같은 러시아의 친북단체들의 연대성집회는 1995년 이래로 매년 김정일 정권의 연례행사로 자리를 잡았다(「로동신문」, 1996. 6.30 , 7.2 , 10.8 : 1997. 7.2, 10.2 : 1998. 6.3 , 11.1 : 1999. 6.9). 「자유민주당」이나 「러시아연방공산당」, 「좌익러시아당」, 「농업당」같은 친북정당들도 연대성집회기간동안의 지지성명 뿐 아니라, 특정기념일 등에 조선노동당과의 수시 상호방문을 통해 지속적인 지지입장을 표명해 왔다. 특히 옐친 정권의 시장경제개혁이 많은 혼란을 초래하고 이에 대한 반작용으로 하원에서 공산당이 다수의석을 차지하는 상황에서 북한은 러시아에서 사회주의 정당들이 정권을 재창출할 수 있기를 바라는 열망 속에서 이들과 긴밀한 유대와 협력관계를 유지해왔다. 김정일 정권은 사회주의체제안보를 위해 「로동신문」을 통해, 러시아에서의 민주주의와 시장경제개혁의 혼란상을 약간은 과장된 형태로 북한주민들에게 지속적으로 보도해왔다(「로동신문」, 1995. 12.30 : 1996. 1.13 : 1997. 5.30 , 6.9 : 1998. 2.4).

1996년 러시아는 실용주의적 전방위외교정책을 채택하면서 대북접근정책을 보다 가속화하기 시작했다. 그것은 1993년 이후 북한 핵무기 해결과정에서, 러시아의 8자회담제안에 대한 관련국들의 무시, KEDO사업에서의 제외, 그리고 한반도에서의 항구적인 평화체제구축을 위한 4자회담에서의 배제, 남한과의 경제협력부진 등으로 러시아의 한반도에서의 현저한 영향력 저하에 대한 뼈저린 반성에서 출발한 것이었다. 북한도 1995년 이후 계속 가중되는 식량난과 경제침체, 한·미·일 공조체제강화에 따른 김정일 정권의 체제안보강화필요성, 지속적인 대·미 협상과정에서 국제적인 지지세력의 확보필요 등의 상황인식으로 대러 접근을 보다 적극화하게 되었다.

이미 언급한 바와 같이 1996년 4월 제 1차 북·러 경제무역 및 과학기술협력위원회 회의차 이그나쩬코 부총리를 단장으로 하는 러시아 정부 대표단의 평양방문(4.10~12일)은 김정일 정권 들어와서 러시아의 장관급 고위인사의 첫 공식방문이라는 점에서 커다란 의미를 갖는 것이었다 여기서는 해당분야의 북·러간 협력의정서가 홍성남 부총리와 이그나쩬코 부총리 사이에 조인되었다. 아울러 이인규 외교부 부부장과 파노프 외무차관사이에, 한반도의 긴장완화와 평화보장체계수립문제에 대한 진지한 의견교환이 있었다. 이것은 북한 측의 정전협정 무력화시도로 인한 한반도의 긴장 고조문제에 대한 러시아 깊은 우려를 반영하는 것이었다. 그러나 북한의 한반도 긴장 조성에 관한 러시아의 우려와 「조·소 우호협조 및 호상원조조약」의 폐기로 사실상 자동군사개입이 불가능함에도 불구하고 북·러간 군사기술 협력은 비공식적으로 꾸준하게 지속되어 왔다.[13] 그것은 러시아의 상업적·정치적 차원의 이해와 북한의 군사적·안보적 차원의 이해가 일치했기 때문에 가능할 수 있었다. 실제로 예를 들어 1999년 5월 말까지 북한이 ZIL-43362형 러시아제 디젤 군용트럭 1천대를 도입키로 한 것이나 같은 해 8월, 러시아로부터 최첨단 기종인 미그-29기 10여대 분량의 부품을 들여와 조립·생산중이라는 정보들에 대한 여러 언론보도들이 이같은 북·러간 군사기술협력사실을 뒷받침해 주고있

13) 1997년 2월 카라신 외무차관은 러시아 방송과의 회견에서 "북·러간 군사협력은 러시아의 국제적 의무에 모순되지 않으며 지역내 세력균형을 허물지 않는 범위 내에서 이루어져야 하며, 협력분야에는 무기공급·부품교환뿐만 아니라 군사대표단의 교류, 인재양성 등의 문제도 포함되어 있다."고 언급한 바 있다.

다(「연합뉴스」, 주간판, 1999. 5. 6 : E가 5-6).

사실상 국가수반인 김정일의 국방위원장 취임(9월 5일 최고인민회의 10기 1차회의)과 북한정권창립 50주년(9월 9일)을 얼마 앞두고 북한은 1998년 8월 31일 함북 화대군 무수단리(대포동)에서 미사일로 추정되는 발사체를 쏘아올렸다. 무엇보다도 이것은 김일성 주석 사후, 김정일 정권의 체제공고화를 대내외적으로 과시하기 위한 의도를 갖는 것이었다(「로동신문」, 1998. 9. 13). 그런데 이 발사체가 인공위성이라는 북한당국의 주장은 그동안 전략무기개발차원에서 지속적으로 미사일을 개발·수출해 온 북한의 과거행태 때문에 주변국들로부터 인정을 받지 못했다. 이러한 새로운 미사일 실험의혹은 일본과 미국의 북한과의 관계개선 노력을 급격히 냉각시키는 결과를 초래했다. 그러나 이들의 강경입장과 달리 러시아는 북한에 대해 보다 온건한 태도를 보여주었다.[14] 그대신 러시아는 이를 계기로 동북아지역안보체계의 신뢰구축을 위해 다자회담과 다자간 지역안보체제확립이 필요하다는 종전의 입장을 보다 강화할 수 있었다.

2000년 2월「조·로 우호 선린 및 협조에 관한 조약」의 체결과 북·러간 두만강하류국경획정합의로 북한과 러시아는 과거의 군사동맹국에서 탈피하여 보다 실용주의적 입장에서 상호국가이익을 추구하는 정상적인 국가 대 국가의 관계를 확립하는 또다른 전기를 맞게 되었다. 따라서 북러간의 군사안보관계도 이러한 실용주의적 상호주의의 토대위에서 새로운 협력관계로 발전하게 될 전망이다. 이러한 실용주의와 상호주의의 토대 위에서 새로운 협력관계로 발전하게 될 전망이다.

---

14) 러시아 정부당국은 북한의 미사일발사 의혹에 대해 "모든 국가의 미사일 프로그램은 어떤 국가를 위협하려는 안될뿐만 아니라 군비경쟁을 촉진시키는 요인으로 작용해서는 안된다."고 주장하면서 적극적인 강경대응을 하지 않았다. (고재남, 2000 : 9)

Ⅳ. 경제관계

구소련 붕괴 이후 대체적으로 1993년 후반기까지 북한과 러시아의 경제교류 및 협력관계는 별다른 진전이 없었다. 그것은 양국관계가 전반적인 악화일로를 걷던 시대적 상황과 일치한다. 특히 옐친의 새로운 러시아가 시장경제체제로의 이행을 적극추진하면서 북한과의 교역에서 그동안 사회주의 동맹국으로서 우호가격을 철폐하고 경화결제를 요구하게 됨에 따라 북한경제는 심각한 위기국면으로 접어들게 되었다. 우호가격철폐와 경화결제요구는 무엇보다도 북·러간의 교역규모를 지속적으로 대폭 감소시켰고, 북한 전체 소비량의 1/3이상을 구소련에 의존하던 원유, 석유제품, 석탄, 괴탄 등 연료와 에너지 수입도 1/10 규모로 감소시켰다.[15) 이로 인한 심각한 전력난과 에너지 위기는 북한의 공장 가동률을 현저히 저하시켰다.

러시아 역시, 시장경제 체제로의 이행이 순탄치 못하므로 인한 많은 시행착오와 혼란, 그리고 시장경제개혁을 뒷받침해 줄 서구자본주의국가들의 지속적인 관심과 지원의 미비로 심각한 경제 침체의 상황에 직면하고 있었다. 이런 상황에서 러시아는 친서구 중심의 대외정책 노선을 지양하고 그동안 소홀히 했던 아시아·태평양 지역도 중시하는 유라시아주의적 대외정책노선으로 전환하면서, 한반도에서 러시아 국익중심의 균형있는 정치·경제·군사안보적 이해를 추구하게 되었다. 앞장에서도 언급한 바와 같이 이러한 정책전환의 직접적 계기가 된 것은 국제적인 북한 핵문제 해결과정에서 러시아의 소외감과 상실감 그리고 이에 따른 북·미 및 북·일 수교가능성에 대비한 러시아의 영향력 확보필요성, 기대했던 남한의 경제협력과 지원의 부진으로 인한 남한편중정책의 재고필요성 등이다. 따라서 북·러 양국 모두 이미 달라지게 된 정치이념과 체제의 상이에서 오는 갈등에도 불구하고 경제관계회복의 필요성을 절감하고 있었다.

---

15) 원유수입의 경우 1990년에는 50만톤 규모이던 것이 경화결제가 전면적으로 실시되게 된 1992년에는 2만 5천톤 규모로 감소하였다. (Yakubovsky, 1995)

북·러간 경제관계회복의 제스처는 러시아로부터 시작되었다. 1993년 1월 쿠나제 외무차관의 평양방문이 바로 그것이다. 그러나 그것은 양국관계 악화 이전의 경제관계와는 성격이 다른 것이었다. 즉, 북·러간에 새롭게 시도되게 될 경제협력과 교류는, 세계자본주의 시장가격을 무시한 우호가격 및 청산결제 방식 등에서 보여지는 바와 같은 사회주의 동맹국으로서 배려 위에서가 아니라 순수하게 상업적 고려와 목적에 따른 정상적인 국가 대 국가 간의 선린 협조의 기반 위에 토대를 둔 것이었다. 체제위기로까지 발전할 수 있는 심각한 경제난에 처한 북한으로서는 다른 선택의 여지가 없었다. 따라서 북한은 우선 러시아와 경제관계를 정상화한 연후에 정치관계를 회복하는 방향으로 입장을 정리하게 되었다.

1993년 8월 6~16일 간 김정우 대외경제위원회 부위원장을 단장으로 하는 북한 경제 대표단의 모스크바 방문은 러시아의 이같은 경제관계회복 제스처에 대한 북한의 적극적인 응답이었다. 북·러 양국은 여기서 북한의 나진-선봉지역을 국제화물중계기지로 개발하는데 합의하고 실제로 다음달인 9월에 이 지역의 기반시설조성을 위한 1억 달러 규모의 투자계약을 체결하였다.[16] 1994년 5월 북·러 양국은 평양에서 시베리아 북한 벌목공들의 안전보장과 북한 당국의 러시아 국내법 준수 및 벌목공들의 파업권 보장, 시베리아 벌목 목재의 분배비율 등의 내용을 담고 있는 새로운 임업협정안에 가서명하였다.[17] 심각한 경제난 때문에 사실상 전면적인 경제협력의 확대가 어려웠던 북·러 양국은 이처럼 러시아의 시베리아와 극동지역, 북한의 나진-선봉지역에서 경제적으로 상호보완적인 이해관계를 추구함으로서, 부진했던 경제관계회복의 실질적인 돌파구를 갖을 수 있게 되었다.

---

16) 북한은 1991년 12월 정무원결정 제 74호로 나진-선봉지역을 자유무역지대로 지정하고 경제특구정책을 추진하기 시작했다. 이 나진-선봉경제특구 개발계획을 북한은 다음과 같이 3단계에 걸쳐 실시할 예정이었다. 즉, 1단계 기간인 1993-1995년에는 기반시설(인프라)조성, 2단계기간인 1996-2000년까지 수출주도형 제조업에 의한 외국자본유치, 3단계인 2001-2010년까지 중계무역 수출가공, 금융 등 종합적인 기능을 갖춘 국제도시로 조성한다는 것이다. 그러나 외국자본의 투자를 통한 총 32억달러에 달하는 재원확보가 어려운 북한의 나진-선봉지역은 아직 1단계 기반시설 조성 단계도 마무리짓지 못한 상황이라고 할 수 있다. (「내외통신」종합판(58), 1995 : 268-269)

17) 이 새로운 임업협정안은 1995년 2월 북·러 쌍방간에 정식체결되었다.

김일성 주석 사망 이후, 김정일 정권에 대한 적극적인 지지표명을 위한 1994년 9월 20~24일간 파노프 외무차관의 평양방문은 앞서 언급한 바와 같이 냉각된 정치관계의 회복은 물론 이를 토대로 그동안 방치되었던 북·러 양국의 경제협력과 교류를 보다 정상화하기 위한 공식적인 대화채널을 복원하겠다는 의지가 담긴 것이었다(「로동신문」, 1994. 9. 23). 특히 북·러간 교역규모의 지속적 감소는 시급히 극복해야 할 과제였다. 다음 〈표1〉 에서 보듯이 북한의 최대교역상대국이었던 구소련이 붕괴하고 옐친의 새로운 러시아가 등장하면서 북·러간 교역규모는 급락하기 시작했는데 김정일 정권에 들어와서도 1997년 잠시 회복국면을 제외하고 여전히 지속적인 하락세를 벗어나지 못하고 있다. 이것은 북·러 양국이 심각한 경제난과 러시아의 경화결제요구, 북한의 대·러 채무부담 등이 그 직접적인 원인이라고 할 수 있다.

| 표 1 | 북한과 러시아간 교역규모현황

(단위:백만달러)

연 도	1990	1991	1992	1993	1994	1995	1996	1997	1998
수 출	1,045	171	65	39	40	15	29	17	8
수 입	1,518	194	227	188	100	68	36	67	57
교역총계	2,563	365	292	227	140	83	65	84	65

자료: 한국무역진흥공사, 「북한의 대외무역동향」(서울:KOTRA, 1991~1998)
「북한뉴스레터」, 1993년 6월 P.3, 「통일경제」, 1993년 7월, p.71

그런데 김정일 정권의 북·러 교역은, 규모면에서의 지속적인 감소경향뿐 아니라 구조적으로도 취약성을 탈피하지 못하고 있다. 우선 북한의 대러수출면에서 볼 때 〈표2〉 에서 보듯이, 1998년 10대 수출품목 중에서 3위 이하가 모두 1백만불 미만의 영세성을 면치 못하고 있다. 아울러 TV등 가전제품류가 주요수출품목으로 등장한 것은 북한이 임가공형태로 전자부품류를 수입, 조립생산한 후 이를 러시아 등 제 3국으로 수출하고 있기 때문이다. 아울러 북한의 지속적인 식량난에도 불구하고 수산물품의 수출이 3.7배나 증가한 것은 주목할 만하다.[18]

| 표 2 | 북한의 대러 10대 수출품목: 1997~1998

(단위: 천불)

구 분	1997년	1998년	증감률(%)
1. TV	1,453	3,543	243.8
2. VCR	821	1,558	107.2
3. 전자오븐	·	709	·
4. 축전지	·	657	신규품목
5. 냉장고	38	587	15배 증가
6. 섬유류	1,358	449	66.9
7. 어류	105	388	369.5
8. 운반용기계류	544	266	−51.0
9. 라디오수신기	·	231	신규품목
10. 진공청소기	·	182	신규품목

자료: 모스크바무역단 보고서 종합
「북한뉴스레터」1999년 5월호 재인용

북한의 대러수입은 〈표3〉에서 보듯이 수출에 비해 금액 면에서는 7배나 크지만 매년 품목별로 변동이 심하다. 1997년 북한의 대·러수입의 50%(3,342만불) 상당을 차지하였던 석유류가 1998년에는 9배이상 감소하여 전체수입의 11%(370만불) 수준으로 크게 하락하였다. 주목할 것은 1998년도 철도레일수입이 670만불로 제1위 수입품목이 되었는데, 이것은 최근 북한이 노후화된 철도부문에 대한 투자를 강화하고 있기 때문이다. 아울러 10대 수입품목 중에 비료, 수산물류, 농산물류가 큰 비중을 차지함으로서 북한의 식량난을 잘 보여주고 있다. 이처럼 북한의 대러 수입품목은 북한경제가 직면하고 있는 어려움을 반영하듯 주로 에너지, 기간산업용 기자재류, 비료, 식품류에 따른 부품교체나 보수유지를 위해 러시아로부터 관련부품이나 설비류를 지속적으로 도입해야 하는 구조를 갖고 있다.

18) http://www.kotra.or.kr/nk/research/neconomy/9905.htm(검색일 2000년 5월 16일)(이광희, 1999)

| 표 3 | 북한의 대러 10대수입품목 : 1997-1998

(단위 : 천불)

구 분	1997년	1998년	증감률(%)
1. 철도레일 배관용파이프	·	6,690	신규품목
2. 비 료	2,314	4,198	81.4
3. 원 목	1,241	4,604	227.5
4. 석 유·역청류	33,423	3,695	9배이상감소
5. 운반용기계류.	2,482	3,665	47.7
6. 철강제품.	2,721	3,609	32.6
7. 산업설비류	2,721	2,728	0.3
8. 고무제품	195	2,132	11배 증가
9. 어 류	0	442	-
10. 농산물류	0	430	-

자료: 모스크바 무역관 보고서 종합
「북한뉴스레터」, 1999년 5월

그러나 북·러 양국은 이러한 교역규모의 하락추세와 교역내용의 구조적 취약성에도 불구하고 러시아의 극동지역과 시베리아 지역에서의 교류는 비교적 원활한 편이었다. 이것은 이 지역 지방정부와 기업들이 러시아연방중앙정부의 지원감소에 따른 경제적 어려움으로 북한과의 경제협력을 적극 희망하고 있었을 뿐 아니라, 이 지역의 풍부한 부존자원의 개발이익 및 북한의 값싸고 질 좋은 노동력 활용이라는 북·러 양국의 상호보완적 이해관계가 쉽게 일치할 수 있었기 때문이다. 이 지역의 구체적인 유망협력분야는 극동지역의 연해주가 농업·수산업·기계제작업·건설분야, 아무르주가 농업분야, 하바로프스크주가 임업분야, 사할린주가 석유 및 가스 등이고 시베리아 지역의 케메로보주가 석탄·코크스, 사하공화국이 석탄 및 가스 등이라 할 수 있다(「계간 북한동향」, 1999. 3 : 164-165).

실제로 북·러 양국은 주요대표단의 상호교환 방문을 통해 이 지역에서의 구체적인 경제협력관계를 보다 공식화하려는 노력을 기울였다. 1995년 3월에는 러시아 연해주 행정부 대표단이 평양을 방문해 북한의 홍성남 부총리를 비롯한 대외경제위원회 대표단과 경제통상회담을 갖고 농업·수산업 및 기계

제작 건설 분야 등에서 북한과 연해주간 교역경제관계 발전에 관한 협력각서(memorandum)를 조인했다(「내외통신」종합판(56), 1995 : 234-255). 같은 해 8월에는 북한의 농업대표단이 블라지보스톡을 방문해 블라지보스톡주재 북한 농업대표부를 개설하였다.[19] 12월에는 북한 수산부대표단이 제9차 북·러 어업공동위원회에 참석차 블라지보스톡을 방문하여 어업협력합의서를 채택했다.

1996년에 들어와 북·러 양국은 쌍방의 경제협력관계를 중앙정부차원으로 복원하고 확대하기 위한 활발한 노력을 기울이게 되었다. 1996년 4월 10일~12일 까지 이그나쩬코 부총리와 파노프 외무차관 등 러시아중앙정부 대표단이 평양을 방문해 홍성남 부총리 등 북한 대표단과 '무역·경제 및 과학기술협조위원회' 제 1차 회의를 가졌다(「로동신문」, 1994. 4. 13). 이 회의에서 북·러 양국은 북·러간 무역통상규모확대, 합작투자액수확대, 50억달러에 달하는 북한의 대러채무문제, 기술원조 등이 논의되었다. 이 논의에서 북·러 양국은 쌍방간 경제무역협조를 지난 1991년 수준으로 끌어올리기 위해 노력하고 과학기술·입업과 경공업, 운수업 등과 같은 주요분야에서 지난 시기 정부간 위원회사업기구들을 복원하는데 합의하였다(「내외통신」종합판(60), 1996 : 92-93). 이 합의를 토대로 이그나쩬꼬 부총리와 홍성남 부총리 간에 '무역·경제 및 과학기술협조위원회' 제1차회의의정서가 조인되었다.(4.12) 같은 해 10월에는 평양에서 제10차 북·러 어업공동회가 개최되어 러시아어업대표단과 북한 수산부대표단 사이에 '수산업협조에 관한 합의서'가 채택되었다.(10.12) 또한 11월에는 모스크바에서 '투자장려 및 상호보호협정'(11.28)과 '북·러 과학원간 과학협조에 관한 협정'(11.29)이 체결되었다(「로동신문」, 1994. 11. 30).

북·러간 새로운 기본관계 조약 체결을 위한 구체적인 협상이 시작됐던 1997년에는, 7월에 러시아사하공화국 대표단이 평양을 방문해 북한석탄공업

19) 이미 북한과 러시아는 1994년 11월 14일 북한 대외경제위원회 대표단의 블라지보스톡 방문을 통해, 러시아극동지역의 북한기업들과 합영기업소들의 활동을 관장하게 될 「정무원 대표부」를 1995년초에 개설하기로 합의한 바 있다. (「내외통신」종합판(54), 1994 : 243)

부와 사하공화국 탄전공동개발 및 공급협정을 체결하였다.(7.4)[20] 9월에는 모스크바에서 손성필 주 러시아 북한대사와 사탈로프 드미트리에비치 러시아 재무부차관 간에 '소득과 재산에 대한 이중과세방지협정'이 체결되었다.(9.26) 10월13~15일 까지에는 모스크바에서 북·러간 무역·경제 및 과학기술협조위원회 제2차회의가 북한정부경제대표단과 러시아연방정부경제대표단 사이에 진행되었다(「내외통신」종합판(69), 1998 : 257). 이 회의에서는 구소련의 기술지원 아래 건설된 북한지역의 노후된 공장들을 개선하는 문제와 북한의 대러부채상환문제, 평양의 자동차 전지공장, 평양화력발전소건설, 나진-선봉 자유특구에 대한 러시아의 참여문제[21]등이 집중적으로 논의되었다. 특히 여기서 북한은 청진의 야금공장 정상가동을 위해 필요한 제철용 코크스와, 승리화학공장 정상 가동을 위해 필요한 원유를 공급해 줄 것을 러시아측에 요청했다. 북·러 양측은 이 회의에서 식물검역 및 보호분야, 수의분야, 경제기술협조분야등 3건의 정부간 협정을 체결하고, 무역·경제 및 과학기술협조위원회 제2차 의정서를 조인하였다.[22] 또한 10월26~29일까지 블라지보스톡에서 북한수산부대표단과 러시아어업대표단 사이에 수산분야 협조에 관한 제11차 북·러 어업공동위원회가 개최되었다. 12월에 들어와 러시아는 심각한 식량난을 겪고 있는 북한에 35억 루불어치, 3백70톤분의 식량을 인도적 차원에서 제공하였다.

김정일 정권의 체제공고화가 구축되었던 1998년 들어와 북한은 안정된 정권안보를 바탕으로 러시아와의 경제협력과 교류의 확대를 위해 여러분야에서 보다 적극적이고 구체화된 논의를 발전시키게 되었다. 3월에는 북한 외교부 대표단이 직접 연해주, 하바롭스크주, 아무르주 등을 차례로 순회방문하면서 식량지원, 경제협력교류방안 등을 협의하였다. 4월에는 모스크바에서,

---

20) http://www.kotra.co.kr/main/nk/research/exter-13phop3(검색일 2000년 12월15일) (「계간 북한동향」 1999. 3 : 166)

21) 시설노후, 에너지와 원자재의 수입급감으로 북한의 공장가동률은 1998년 현재로 30%이하인 것으로 알려지고 있다. (「내외통신」종합판(69), 1998 : 257)

22) 여기에는 북한의 채무변제에 관한 원칙적 합의가 포함되었다. (「로동신문」, 1997. 10. 18) (Seung-ho Joo, 1998 : 90-91)

서시베리아지역의 케메로보 주정부대표단과 북한금속공업부 대표단사이에 케메로보주의 철강업체가 김책제철소의 현대화사업을 지원할 것이 합의되었다.(4.3) 이것은 1997년 10월 북·러간 '무역경제 및 과학기술협조위원회' 제2차의정서에 따른 것으로 러시아측에서는 「Merkuri」사가, 북한측에서는「금속무역총회사」가 전권을 가지고 이 김책제철소 재건 프로젝트를 수행해 나가기로 하였다. 또한 이 합의에 따라 케메로보주 쿠즈바스지역의 한 기계제작업체가 북한의 김책제철소에 특수장비와 관련부품을 제작 공급하기로 하였다. 또한 러시아측은 제철소 가동을 위해 양질의 쿠즈네츠산 제철용 코크스탄을 북한에 공급할 예정인데 공급물량은 98년중에 4만8천톤, 99년에는 120만톤으로 확대할 계획을 갖고 있었다.[23)]

또한 같은 달에 북한의 릉라도무역상사가 블라지보스톡에서 러시아 극동공업무역회사와 원유정제 임가공계약을 체결하였으며, 11월에는 러시아 어업대표단이 제12차 북·러 어업공동위원회 참석을 위해 평양을 방문하였다. 그러나 북·러 양국의 이러한 구체적인 경제협력 논의의 진전에도 불구하고 짧은 기간내에 북한 당국이 기대할 만한 성과가 나타나기는 어려운 전망이다. 왜냐하면 러시아는 98년 8월 부분적 모라토리움(대외지불유예)를 선언한 이후 외환위기 및 경제침체가 계속되고 있어 특정국에 대한 정책적인 경제협력지원이 쉽지 않은 실정이다. 북한 역시 심각한 식량난과 에너지 난으로 경제가 완전히 침체 국면에서 벗어나지 못하고 있기 때문이다.[24)]

따라서 북·러 양국이 현재 처해있는 경제적 현실과 체제의 상이함에서 오는 구조적 한계로 가까운 시일내에 교역과 투자가 크게 확대되기는 어려울 것이다. 그러나 교역이나 투자분야와 달리 북한노동력의 대러 진출은 앞으로 상호협력이 가장 용이한 분야 중 하나가 될 것으로 보인다. 특히 지리적으로 북한과 인접하여 있고, 인구밀도가 낮아 노동력 부족현상이 심화되고 있는

23) "러시아, 북한 김책제철소 현대화에 참여 합의"
http://www.kotra.co.kr/nk/news/9804.htm (검색일 2000년5월16일)

24) "북-러 경제 협력 현황 및 전망"
http://www.kotra.co.kr/nk/research/neconomy/9905.htm(검색일 2000년 5월 16일)

러시아 극동지역에서 전개되는 각종 개발사업에 값싸고 질 좋은 북한 노동력에 대한 수요가 지속적으로 증가될 전망이다.

Ⅴ. 맺음말

지금까지 북한 조선 로동당의 기관지인 「로동신문」의 내용을 중심으로 1994년 7월 김일성 주석 사망 이후 2000년 2월 「조·로 우호선린 및 협조에 관한 조약」을 체결 할 때까지의 김정일 정권의 북·러 관계의 내용과 성격을 분석해 보았다. 이제 전반적으로 김정일 정권의 북·러 관계의 기본 방향은 과거 김일성 정권에서의 이념적·군사적 유대를 바탕으로 한 사회주의 동맹국 관계에서, 우호·선린·협력의 토대 위에서 국가이익을 중시하는 실용주의적 협력관계로 변모하게 되었다.

그 동안 김정일 정권 하에서 북·러간의 정치관계는, 옐친의 새로운 러시아 연방이 등장하면서 사실상 이념과 체제상의 차이에서 오는 갈등을 내면화 시켜온 관계라고 할 수 있다. 이러한 상황에서도 김정일 정권은 러시아 정부 당국과는 별개로, 러시아 내의 극우정당이나 좌파정당 및 친북 단체나 친북 인사들과의 상호 초청·방문활동을 지속적으로 유지해 왔다. 앞으로도 현실 사회주의국가로서 북한의 위상을 제고하고, 러시아내에서 친북 정치세력을 확보하려는 이러한 노력은 계속 될 전망이다.

김정일 정권 하에서 북·러간의 군사·안보관계는 북한의 핵 개발 추진으로 인한 러시아와의 심각한 갈등과 불안정에도 불구하고, 러시아의 대북 무기판매 재개, 군사대표단의 상호 방문 등과 같은 미시적 차원의 군사안보 협력을 유지시켜 왔다. 그러나 1993년 11월 러시아의 「군사독트린」 선언이후로 러시아의 안보정책 수행시 이데올로기적 원칙이 포기되면서, 거시적 차원에서 북·러 군사안보 협력관계는 그 성격이 크게 변화되게 되었고 이에 따른 새로운 형태의 협력 관계의 모색이 요구되었다. 앞으로 북·러간의 군사안보 관계는 과거의 군사 동맹국에서 탈피하여 보다 실용주의적 입장에서 상호 국가이익을 추구하는 정상적인 국가 대 국가의 관계로 발전하게 될 전망이다.

김정일 정권 하에서 북·러간의 경제관계는 그 동안 러시아로부터의 우호가격 및 청산결제 방식 등과 같은 사회주의 동맹국으로서의 배려가 없어지고, 오직 상업적 고려와 목적에 따른 거래관계를 요구받게 되면서 교역규모의 지속적인 대폭 감소라는 문제에 직면해 왔다. 물론 이것은 북한의 심각한 경제난, 식량난, 에너지 난, 외화부족에 기인한 것이지만 러시아의 지속적인 경제 침체도 지대한 영향을 미쳤다. 그러나 이념과 체제를 달리하는 북·러 양국이 다른 분야에 비해 비교적 이해관계가 쉽게 일치할 수 있는 분야가 경제분야이기 때문에 북·러 양국은 경제관계 정상화를 위한 나름대로의 노력을 기울였다.

북·러 양국은 1996년 이후「무역·경제 및 과학기술 협조 위원회」를 매년 정례화하면서 쌍방의 경제협력 관계를 중앙정부 차원으로 복원·확대시켜나가고 있다. 물론 아직도 50억달러에 달하는 북한의 대러 채무문제, 경화결제 능력부족, 제한된 시장개장정책 등의 제약요인이 있지만, 정차 러시아 경제가 회복국면으로 가고 있고 북한도 심각한 경제난과 외교적 고립의 위기를 벗어나기 시작하면서 북·러 경제관계는 보다 구체적이고 실질적인 협력관계로 발전될 전망이다.

참고문헌

강봉구, 『현대 러시아 대외정책의 이해』(서울: 한양대학교 출판부, 1999).

강원식, 『러시아는 우리에게 무엇인가』(서울: 일신사, 1998).

고재남, "러시아·북한관계의 현황과 전망", 외교안보연구원, 『주요 국제문제 분석』(2000/01/17).

여인곤, 『러·북 관계 변화 전망과 한국의 대응방안』(서울: 민족통일연구원, 1995).

정원준, "북한의 대외 협정 체결 현황 및 남북경협에의 시사점", 『북한 뉴스레터』(2000, 8월호).

Crow, Suzanne, "Russia Debates Its National Interest" RFE/RL Research Report vol.1. no.28(1992/July).

Kaufman, Stuart, "Lesson Form the Gulf War and Russian Military Doctrine", *Journal of Slavic Military Studies* (1993/September).

Seung-Ho, Joo, "Russia and Korea", Bae-Ho Hahn and Chae-Jin Lee(eds), *The Korean Peninsula and The Major Powers*(Seou: The Sejong Institute, 1998)

Yakubovsky, 『러시아-북한간의 경제협력 : 문제점과 전망』, 서울, 한양대학교 중소연구소 학술세미나(1995/05/030.

Zhebin, Alexander, "Russia and Korean Unification", *Asian Perspective*, vol.19. no. 2. (1995, Fall/Winter).

_______________, "Russia and North Korea", *Asian Survey*, vol. 35. no. 8. (1995, August).

『계간 북한동향』.

『내외통신』.

『로동신문』.

『북한 뉴스레터』.

『월간 북한동향』.

『연합뉴스 : 북한·통일·재외동포』.

『Daily Report : Central Eurasia』.

『Moscow News』.

『Pravda』.

http://www.kotra.co.kr/main/info/nk/research/exter-13 phop3

http://www.kotra.co.kr/nk/news/9804.htm

http://www.kotra.co.kr/nk/research/neconomy/9905.htm

제11장

러시아에서의 민족주의와 다문화주의

김인성 ı 충남대학교

Ⅰ. 서론

러시아는 다민족국가이다. 구소련의 몰락과정에서 드러난 바와 같이 러시아의 민족관계는 갈등의 요소를 내포하고 있다. 이 문제의 해결은 아직까지도 신생독립국가인 러시아의 국가적 생존과 직결되어 있다. 이 문제를 어떻게 해결할 것인가에 대한 답은 아직까지 분명하지 않다. 무엇보다 먼저 고려할 점은 러시아는 아직 국가건설과정이 다 끝나지 않았으며, 국민정체성과 개별 민족 정체성 간의 관계를 어떠한 식으로 형성할 지에 대한 동의도 마련되지 않고 있다는 사실이다.

러시아의 민족간 관계는 매우 복잡하다. 현실적으로 러시아 민족들이 인구의 절대다수를 차지하고 있으면서 민족주의적 담론을 주도하고 있기는 하지만, 현실에 있어서 다른 민족들과의 관계 악화는 국가적 일체성을 무너뜨릴 위험이 있다. 이 때문에 새롭게 모색하고 있는 국민적 정체성의 전면에 러시아 민족주의를 내세우기 힘든 상황이다.

킴리카(Kymlicka 1995)는 상이한 문화적 다양성의 원천을 가진 두 가지 유형의 국가를 제시하고 있다. 하나는 다민족국가(multination states)이고, 다른 하나는 다종족국가(polyethnic states)이다. 다민족국가는 주어진 국가 내에 두 개 이상의 '민족'들이 특정 영토를 점하고 자신들만의 언어와 문화를 보유하고 있으며 제도적으로 어느 정도 확립되어 있는 역사적 공동체를 이루고 있는 국가이다(Kymlicka 1995, 11). 한편 다종족국가는 이민자들과 결부되어 있다(Kymlicka 1995, 13).

러시아연방에서 보이고 있는 다문화 현상은 이 두 가지 원천 모두와 결부되어 있으며, 다른 어느 국가보다도 매우 복잡한 양상을 띠고 있다. 첫째, 러시아에 거주하고 있는 민족들의 숫자는 무려 130개가 넘는다.[1] 이 많은 수의 민족들을 러시아 국가 형성과정에서 이루어지고 있는 국민 정체성과 어떤 방식으로 조화시킬 것인가 하는 문제는 그 자체로 복잡하고 어렵다. 둘째, 개별민족들의 수가 엄청남에도 불구하고, 국민전체 구성원 중 러시아민족이 차지하고 있는 비율이 너무 크다. 2002년 실시된 인구조사결과에 따르면 러시아연방의 인구는 145,166,731명이다. 연방은 182개 민족들로 구성되어 있고, 구성민족의 분포상 전체의 79.8%인 115,889,107명이 러시아 민족으로서 절대다수를 차지하고 있다. 비러시아 민족들 중에서는 타타르인들이 555만명으로 가장 많으며, 다음으로는 우크라이나인이 294명, 바쉬키르인이 167만명, 츄바쉬인이 164만명, 체첸인이 136만명 순이다(김인성 2007, 175-176). 전체 인구의 80% 가까이를 차지하고 있는 러시아민족들을 다른 여타의 소수민족들과 동등하게 다룰 것인지, 아니면 특별한 지위를 인정해야 하는 것인지의 여부를 결정하기가 매우 어렵다. 셋째, 현재 러시아 연방의 영토 편제는 민족단위 지방정부 32개와 영토단위 지방정부 44개로 이루어져 있다. 이러한 복합적인 영토편제로 인해 지방정부를 구성하는 민족과 그렇지 못한 민족 간의 불평등한 권리의 문제가 발생할 수 있으며, 민족지

---

* 본 논문은 2012년 6월 1일, 『민족연구』 통권 제50호에 게재된 것을 부분 수정한 것임.

1) 2002년 러시아연방 인구조사에서 발표에 따르면, 러시아 영토 내에는 무려 182개의 민족이 거주하고 있다. 그러나 일본인, 체코인, 프랑스인 등 그 수가 극히 미미하고 역사적으로 큰 관련성이 없는 민족들을 제외하면 대체로 130개 민족 정도가 러시아연방 내에 거주하고 있는 것으로 파악할 수 있다.

방정부와 영토지방정부 간에도 편제상의 불평등 문제가 제기되어 왔다. 넷째, 구소련 시기에 대규모 민족 이동이 있었으며, 구소련 몰락 이후에도 대규모의 민족이동이 이루어졌다. 이들 문제의 처리는 아직까지도 계속되고 있으며, 러시아 문화적 다양성을 더욱 복잡하게 하고 있다. 다섯째, 러시아는 이민 유입 국가이다. 대체적으로는 구소련 국가들로부터의 이민이 주를 이루지만, 중국 등 인접국가에서의 새로운 이민 현상이 발생하고 있다. 전체적으로 1, 2, 3번 양상은 러시아연방이 다민족국가라는 사실과 결부되어 있으며, 4, 5번은 다종족 국가로서의 다문화적 다양성의 원천으로 작용하고 있다. 본고에서는 다종족국가로서의 다문화적 다양성이 러시아연방에서 중요한 문제로 부각되고 있음을 인정한다. 그러나 본고의 논의는 러시아민족주의와 여타 민족관계를 중심으로 진행하고자 한다.

| 그림 1 | 러시아민족 대 비러시아민족 비율(출처: 김인성 2007, 175)

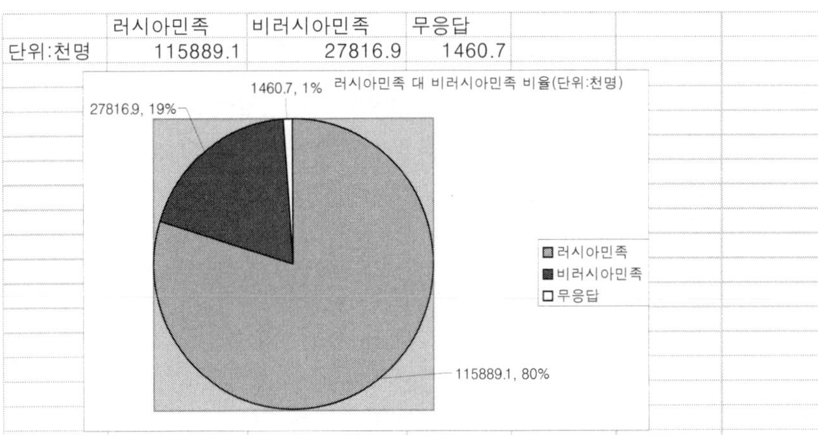

위에서 언급한 바와 같이 러시아에서 복잡하게 나타나고 있는 문화적 다양성의 원천들을 염두에 두면서, 본 글에서는 개별 민족주의를 용인하면서 국민적 정체성을 형성해야 하는 딜레마를 가진 러시아연방 내에서 러시아 민족주의와 사회적으로 광범위하게 나타나고 있는 다문화적 현상이 어떠한 관계

를 맺고 있는 지를 살펴보고자 한다. 이를 위해 먼저 러시아 연방에서 이야기되고 있는 러시아 민족주의와 다문화주의에 대한 시각에 대해 살펴보고, 러시아의 대표적인 여론조사기관에서 실시된 설문조사 결과를 토대로 민족주의와 다문화주의의 수용에 대해 알아보고자 한다.

Ⅱ. 러시아 연방에서의 다문화주의와 민족주의에 대한 논의

러시아 학계 내에서 다문화주의에 대한 논의는 그리 많지 않다. 무엇보다도 서구 학계에서 제기된 다문화주의에 대한 논의가 러시아의 상황에 적합하지 않다는 인식이 광범위하게 확산되어 있다. 실제에 있어 다문화 현상과 관련하여 러시아가 당면한 중차대한 문제는 러시아 연방 내에 거주하고 있는 다민족 현상과 결부되어 있다. 따라서 이민자들 문제가 매우 중요하게 다루어지고 있는 서구 학계의 다문화주의가 러시아 특유의 다문화 현상을 설명하고 해답을 주기에는 어려움이 있다는 인식이 널리 퍼져 있다.

제2장에서는 러시아 내에서 다문화주의의 정착과 관련된 논의를 크게 두 가지로 나누어 살펴보고자 한다. 첫째는, 다문화주의가 러시아 내의 다문화 현상과 관련된 문제들을 해결하는 데 중요한 역할을 할 수 있다는 논의이다. 둘째는, 다문화주의의 정착을 위한 시도는 러시아 민족들이 다수를 점하고 있는 러시아의 상황에 맞지 않는다는 논의이다.

1. 러시아에서의 다문화주의의 유용성에 대한 논의

러시아 연방 정치계에서는 다문화주의의에 대한 공식적인 언급이 전무하다. 실제로 2000년대 이후의 신문 자료들을 검색해 본 결과, 러시아 정부 고위인사나 두마의원들 중에서 공식적으로 다문화주의를 언급한 경우는 전혀 찾아볼 수 없었다. 러시아 학계에서도 이와 관련된 논의가 진지하게 이루어

지지 않고 있다. 일부 학자들이 다문화주의를 언급하고 있기는 하지만, 다문화주의가 어떠한 방식으로 러시아의 민족 문제를 해결할 수 있을 지에 대해서까지 논지가 전개되는 경우는 매우 드물다. 다만 서구에서 진행되고 있는 다문화주의에 대한 논의를 소개하는 정도에서 머무는 사례가 대부분이다. 지금부터 살펴볼 내용은 카잔 연방대학의 사회학과 교수인 니자모바 릴리야 라빌리예브나(Низамова Лилия Равильевна)가 작성한 논의를 중심으로 진행하고자 한다.[2)]

릴리야 교수는 왜 러시아에서는 다문화주의가 거의 논의되지 않는가? 과연 러시아에 "다문화주의의 붐"이 일어날 수는 없는 것일까?라는 문제를 제기한다. 그에 따르면 러시아의 사회학 분야에서 다문화주의적 관점이 받아들여지지 않는 데에는 네 가지 이유가 있다.

첫째, 가장 중요한 것은 러시아에서는 20세기가 21세기로 넘어가는 시점에서 러시아 국민 국가의 형성이 진행되고 있다는 사실이다. 서구에서 국민국가의 형성은 이미 18세기와 19세기에 진행되었다. 그러나 러시아에서는 구소련이 몰락한 이후가 되어서야 러시아 국민(российский) 국가 형성 혹은 러시아 민족(русский) 국가 형성 프로젝트가 새롭게 전개되었다.[3)] 서구의 민족국가 형성과정에서 민족주의는 전체 영토와 개별 지방 영토를 가릴 것 없는 통치권을 행사하는 중앙집중적인 형태의 정부를 만들어 내었다. 그리고 이는 현대 러시아에서 구소련의 몰락에 대한 반응으로서 진행되고 있다. 이를테면 옐친 정부에서의 중앙집중적 경향의 강화와 체첸 문제의 해결 방식,

2) Низамова Л.Р. 2004. Мультикультурализм в России: факторы отторжения и возможности применения // Доклады II Всероссийского социологического конгресса "Российское общество и социология в XXI веке: социальные вызовы и альтернативы".- М.: Альфа-М, - Т. 2. 원본은 모스크바 대학 사회학부 전자도서관에서 찾을 수 있음.
(http://lib.socio.msu.ru/l/library?e=d-000-00---0kongress—00-0-0-0prompt-10---4------0-1l--1-ru-50---20-help---00031-001-1-0windowsZz-1251-00&a=d&cl=CL1&d=HASH016f1415e1e1cbe2e165e6ee.1.3)

3) 러시아 국민(российский) 국가 형성은 서구식 개념의 국민국가로 러시아에 존재하는 다양한 민족이 통합되어 가는 과정을 의미하며, 혹은 러시아 민족(русский) 국가 형성은 러시아 민족 주도 하에 여타의 민족이 동화되면서 국민국가가 형성되는 것을 의미한다.

그리고 국제 사회에서의 강대국 지위의 회복 등이 그것이다.

그러나 릴리야 교수는 서구에서 민족국가가 형성되던 시점과 러시아가 민족국가를 형성하려는 시점인 현대사회는 차이가 있음에 주목한다. 가장 중요한 차이로 국제화의 맥락을 들고 있다. 국제화의 전개는 소수 민족 정체성과 지역 정체성의 요구를 중요하게 고려하는 경향과 함께 일어나고 있다는 것이다. 이를테면, 캐나다의 퀘벡주 문제나 영국의 웨일즈 지방과 스코틀랜드 지방의 문제, 스페인의 소수민족 문제 등을 그 예로 들 수 있다. 21세기에는 새로운 민족 국가의 형성 과정에서 국민, 민족, 소수자들의 합법적인 집단적 권리가 국제 수준에서 보장되어야 한다. 바로 이러한 상황이 러시아 사회에서 다문화주의와 관련된 주제를 보다 활성화시킬 수 있다.

둘째, 러시아에서는 아직까지 다문화주의의 잠재력이 충분히 논의되지 못하고 있으며, 때문에 인식의 정도가 낮다. 더 나아가 다문화주의 개념은 서구의 발명품으로서 매우 부정적인 인식과 결부되어 있다. 이러한 상황은 현대 러시아 사회에 아직까지 평등, 자유, 공정 등의 자유주의적 논의가 발전되지 못했기 때문에 발생하고 있다. 게다가 다문화주의는 매우 자주 여성할례와 같은 야만적인 소수민족들의 관습 등과 같은 소름끼치는 주제와 결부된다. 이 때문에 러시아 대중의 사고 속에서는 다문화주의가 통째로 무시되고 있으며, "우리에게 이런 건 필요없어!"라는 부정적인 확신으로 표현되고 있다.

셋째, 러시아에서는 다문화주의가 이미 소비에트 시절에 존재하였다고 여겨지고 있다. 구소비에트 시기에는 모든 민족이 민족자치정부를 구성하지는 못했지만, 러시아 역사상 최초로 많은 민족들이 소비에트 공화국, 자치 공화국, 자치 크라이, 자치 오끄루그 등의 민족 정부 조직 형태를 보장받았기 때문이다. 그러나 구소련 시기에 행해졌던 민족 관련 제도화들, 이를테면, 공화국, 끄라이, 오블라스찌 등의 자치 형태나 여권과 앙케트 들에 표기된 민족 명칭 등을 다문화주의 실현이라고 하는 것은 잘못이다. 다문화주의는 민족 관련 제도화와 일방적으로 결부되어질 수 없다. 다문화주의는 무엇보다도 특정 민족에 대한 잘못된 인식이나 고정관념으로부터의 자유, 민족간 존중과

관용, 인종차별주의와 쇼비니즘의 거부, 사회통합 등의 원칙등과 결부되어 있다. 소비에트 식의 민족 서열화는 다문화의주의라 할 수 없다. 게다가 소비에트 시절에는 독일인, 유대인, 크림타타르인, 체첸인 등등에 대한 소수민족 탄압이 발생했을 뿐만 아니라 "단일의 소비에트 민족" 형성을 추구하였다. 이러한 사실들은 다문화주의의 원칙이나 가치와 절대 양립할 수 없다.

넷째, 러시아에서는 최근 몇 년 사이에 이민에 의해 점차로 킴리카가 언급하였던 "다종족 국가"로 변모해가고 있다는 점이 과소평가되고 있다. 이민자들의 수가 증가하는 한편, 민족주의와 쇼비니즘, 인종혐오주의가 증대하는 이 상황에서 새로운 이민정책의 실행은 여전히 이루어지지 않고 있다. 이러한 상황에서 다민족주의의 가능성과 긍정적인 측면들을 무시할 수 없으리라 여겨진다.

릴리야 교수는 다민족국가인 러시아에서 다문화주의는 충분한 잠재력을 가지고 있다고 주장하며 그 근거로 네 가지를 제시한다. 첫째, 다문화주의를 통해 새로운 민주 러시아에서 역사적으로 형성된 문화적, 민족적 다양성을 보존할 수 있으며, 21세기에 형성된 여러 조건들에 상응하는 연방제의 형성을 위한 기초로 작용할 수 있다. 왜냐하면 근대적 형태의 민족국가형성과정을 답습할 경우, 러시아민족정부의 형성을 주장하거나 경우에 따라서는 바쉬키르민족정부나 타타르민족정부 등 공화국으로부터의 이탈이 가능할 수도 있기 때문이다.

둘째, 다문화주의는 러시아의 수많은 영토 내 디아스포라 문제를 해결할 수 있다. 행정구역을 할당받지 못한 이들 비명칭 민족들은 자주 민족문화발전과 보존에 어려움을 겪고 있다. 그리고 이러한 문제는 매우 급진적인 정서와 요구를 확산시켜서 민족주의나 쇼비니즘으로 표현될 가능성을 가지고 있다. 러시아 내 디아스포라의 문제를 염두에 두지 않는 것은 현재의 러시아연방주의 모델에 단점이 있다는 것을 의미한다.

셋째, 새로운 이민정책 혹은 이민자 정책을 수행하기 위해서 다문화주의는 시대의 요구에 부응하는 유용한 틀이 될 수 있다. 현재 러시아 내에 퍼져있는 이민자 문제에 대한 논의를 활성화시키고, 타민족이나 이민자들의 범죄 등과 같은 이들에 대한 고정관념을 해결하는 데도 유용하다.

넷째, 다문화주의는 새롭게 형성되고 있는 민족문화적 정체성에 관심을 돌리고 이 정체성들과 이들이 요구하는 바를 보다 명확히 파악할 수 있게 한다.

결론적으로 릴리야 교수는 위에서 언급한 여러 상황에 비추어 볼 때 러시아 학계에서 다문화주의적인 논의가 광범위하게 이루어져야 할 시점이 되었으며, 이러한 논의들이 러시아가 당면한 문제를 해결하는 데 유용할 것이라 이야기 한다.

2. 러시아 민족 중심의 국가 건설에 대한 논의

러시아 연방의 다민족 현상에 대한 다문화주의적 해결을 거부하는 논의의 핵심에는 '러시아민족'의 대표성에 대한 주장이 놓여있다.

법률상으로 볼 때, 다문화주의에 대한 언급은 전혀 없지만 옐친 시기 1996년 6월 15일 제정되었던 "러시아연방정부 민족정책개념(이하–개념)에 대한 대통령령(Указ Президента Россий ской Федерации об утверждении концепции государственной национальной полиииитики Россий ской Федерации)"은 현재 서구에서 논의되고 있는 다문화주의적 원칙과 크게 벗어나지 않는 법제적 시도였다고 볼 수 있다. '개념'의 서문에는 "과거의 유산은 민족관계의 추이에 핵심적인 영향을 미치고 있다. 전체주의 체제에 의해 행해진 러시아민족을 포함한 모든 민족에 대한 심각한 타격으로 인해 대규모의 추방과 탄압이 행해졌으며 많은 민족문화유산들이 파괴되었다. 소련시기에 민족발전과 협조의 영역에서 성취가 있었던 반면, 작금의 모순을 초래한 통합정책이 시행된 바 있다. 소련의 몰락 이후 러시아정부체제의 전통과 연방주의, 그리고 시민사회적 원칙에 기반한 새로운 차원의 국가발전이 시작되었으나, 정부의 민족정책개념 부재는 러시아연방정부의 정착 및 개혁의 성공 그리고 민족간 화합의 달성을 어렵게 하였다"고 쓰고 있다.

이러한 표현은 과거 소련 시기의 민족 정책이 기본적으로 강제적인 동화정책이었음을 인정하고, 새로운 다민족 정책은 민족간의 평등에 기초한 것이 될 것임을 천명하는 것이라 할 수 있다. 이 법안에는 '다양한 민족성 및 신념을 보유한 시민들간 평등원칙의 확립', '민족문화적 이익의 고려와 충족을 위한 법적, 제도적, 물질적 조건의 제공', '정부권력기구 및 지방자치기구로의 의사전달', 기타 민족문화 보존과 발전을 위한 국가의 지원 등에 대해 명시하고 있다. '러시아 국민의 애국심 진작', '범국가언어로 러시아어 이용' 등의 문구가 존재하지만, 애국심 진작은 시민권에 기초한 국민통합을 의미하는 표현이며, 러시아어에 대한 언급은 국가언어로서의 지위를 다시 한 번 상기시킨 것이라 할 수 있다. 여기에는 러시아 연방의 다민족 정책에 러시아민족의 핵심적인 역할이나 중요성에 대한 표현을 찾아볼 수 없다.

그러나 "개념"의 한계는 분명하다. 무엇보다도 연방법이 아니라 대통령령으로 포고되었다는 점을 들 수 있다. 연방 정치 차원에서 민족관계에 대한 논의는 아직까지 합의에 다다르지 못하고 있다. 따라서 "개념"은 법률적 효력이 없으며, 옐친 정부가 추구하고 있는 민족정책의 큰 틀이라는 상징적 의미만을 지닐 뿐이다. 다만, 1996년 7월 17일 채택된 "민족문화자치단체에 관한 러시아연방법(Федеральный закон о национально-культурной автономии)"은 "개념"이 지니고 있는 일부 정책들을 공식적으로 법제화했다는 점에서 의미를 지닌다.

옐친 정부가 민족관계에 대한 기본 원칙들을 법제화하는 데 실패한 이후, 러시아 두마에서 몇 차례 이와 관련된 법안이 제출된 바 있었다. 2001년 4월과 2003년 9월에 제출된 이 법안의 명칭은 "러시아연방 민족정책 기조에 관한 연방법(Проект федерального закона "Об основах государственной национальной политики Российской Федерации")이다. 2003년에 제출된 이 법률안의 특이한 점은 제15조에 있다. 이 조항의 제목은 "러시아민족에 대하여"이다. 제 15조 전문은 다음과 같다. "러시아민족은 러시아연방 토착민족의 하나로서 러시아국가성의 요체이며 러시아정부의 발전과 안녕에 대한 기본적인 책임을 진다. 러시아연방 내의 민족관계의 양태는 러시아민족의 자기인식과 민족간 정서에 의해 결정된다. 러시아민족 성원들은 러시아연방 영토 내에서 소수민족으로 간주될 수 없다. 러시아연방정부 조직들, 지방정부 조직들, 지방자치단체 조직들은 러시아연방의 민족문화 및 사회경제발전 프로그램을 구상하고 실현함에 있어 러시아민족의 이해와 요구를 감안하여야만 한다."

이 법조문이 함의하고 있는 바를 간단히 정리하면 다음과 같다. 첫째, 러시아연방은 러시아 민족의 국가이다. 러시아 국가성은 러시아민족으로부터 나오며, 러시아의 발전과 안녕에 대한 기본책임을 러시아민족이 진다는 이야기는 곧 국가운영의 주체는 러시아 민족이라는 의미로 해석할 수 있다. 둘째, 러시아연방 내의 민족관계에 있어서 러시아민족은 최상위의 지위를 차지한다. 따라서 러시아 내의 다른 소수민족과는 다른 지위를 가지고, 러시아 연방의 민족관계를 규정함에 있어 주요한 역할을 한다. 셋째, 러시아민족은 러시아의 대표민족으로서 그에 합당한 권리를 가진다. 따라서 지방자치단체로부터 지방정부 그리고 연방정부에 이르기까지 문화와 사회, 경제생활 등 전반에 걸친 정책을 구상하고 실현함에 있어 러시아민족의 이익을 고려하여야 한다.

러시아민족을 상위에 두는 민족관계를 규정하는 위의 법안은 통과되지 못하였다. 그러나 러시아민족주의자들의 일반적인 정서는 잘 드러내고 있는 것으로 여겨진다. 2003년도부터 발간되기 시작한 "루스끼 오브라즈(Русский Образ)"라는 잡지의 창간호 기사 "민족문화 자치단체: 선한 의도(Националь но-культурная автономия: Благое намерение)"에서는 러시아 민족주의자들의 러시아 민족관계에 대한 정서가 잘 드러나 있다.

기사의 논지는 러시아민족문화자치단체가 신청한 등록요청이 러시아연방 사법부에 의해 거부된 것은 불공정하다는 것이다. 러시아 사법부 산하 사회단체 및 종교단체 담당위원회에 따르면, 러시아민족문화자치단체는 1996년 옐친대통령이 발포한 "러시아연방 민족정책 개념"의 취지와 부합하지 않는다는 것이었다. 다시 말하자면, "민족문화자치단체법"의 대상은 소수민족들인

데, 러시아민족은 이에 해당하지 않는다는 것이다.

러시아민족문화자치단체의 단체등록을 둘러싼 논쟁은 차치하고, 이 기사에서 드러나는 러시아민족주의적 주장은 관심을 가질 만하다. 주요 주장들은 다음과 같다. 첫째, 러시아 연방구조 내에서 러시아민족은 차별받고 있다는 것이다. 러시아연방 내에는 타타르 공화국, 바쉬꼬르스탄 공화국, 체첸 공화국, 깔믹 공화국 등등 수십 개의 민족단위 구성체가 존재한다. 그러나 러시아민족을 위한 지방정부는 존재하지 않는다. 게다가 러시아연방은 법률상, 그리고 실제에 있어 러시아민족의 정부가 아니므로, 러시아민족을 위한 정부는 단 하나도 존재하지 않는 셈이라는 것이다. 실제로 러시아연방 헌법에 따르면, 러시아의 주권은 '다민족으로 구성된 국민'으로부터 나온다고 기술되어 있다.

둘째, 러시아민족은 러시아연방의 주인임에도 불구하고 주인으로서 인정받지 못하고 있다. 이 기사의 주장에 따르면, 러시아연방 인구의 82%는 러시아민족 구성원이다.[4] 러시아 민족은 자신의 운명과 국가의 운명 그리고 러시아의 국부를 책임져 왔음에도 불구하고, 이 사실을 기억하고 언급하는 이는 없다. 게다가 많은 소수민족들이 러시아정부로부터 재정적인 지원을 비롯한 각종 혜택을 받고 있는 데 비해, 러시아민족에 대한 혜택은 매우 적다. 정부가 지원하는 데 필요한 경비의 대부분은 러시아민족의 수고에 의한 것임을 고려하면 이는 불공평하다.

셋째, 러시아연방은 역사적으로 러시아민족의 선조들이 건설하여, 후예들에게 물려준 것이다. 그러나 헌법에 러시아민족에 대한 언급은 한 마디도 없다. 또한 정부의 조직 체계 내에 러시아민족의 권리 보호를 위한 기구도 없다.

이 기사의 내용은 2001년과 2003년에 러시아두마에서 상정되었던 "러시아연방 민족정책 기조에 관한 연방법" 초안의 내용과 지극히 유사하다. 역사적으로 또는 실제에 있어 러시아민족이 러시아연방의 핵심적인 민족이며, 러시아연방의 주인으로서의 권리와 책임이 있다는 주장은 민족간 평등이라는

---

4) 1989년 인구조사에서는 러시아민족의 비율이 82%였으며, 2002년 인구조사에서 이 비율은 79.8%로 집계되었다.

다문화주의적 원칙과 잘 부합하지 않는다. 민족관계에 있어서 완벽한 위계질서를 상정하고 있기 때문이다. 또한 러시아민족주의자들이 자신들의 권리 주장이 다른 민족들의 권리를 침해하지 않는다고 주장하고 있음에도 불구하고, 러시아연방 내에서의 민족관계를 규정함에 있어 러시아민족의 자기인식이 중요하다는 주장은 러시아민족으로의 동화정책을 통해 러시아의 다민족 문제를 해결해야 한다는 것과 다름없다.

Ⅲ. 민족주의와 다민족문화 공존에 대한 시민의식

러시아의 대표적인 여론조사기관인 '전러시아 여론조사센터(Всероссийский центр изучения общественного мнения: ВЦИОМ)'는 다양한 사회 이슈에 대한 국민들의 견해를 꾸준히 조사해 오고 있다.[5] 제3장에서는 이 기관의 여론조사 중에서 민족주의 및 다문화 현상에 대한 결과를 소개하고 분석하고자 한다. 2장에서 소개된 두 가지 의견이 러시아 연방에 거주하는 국민들 사이에서 어떻게 반영되고, 인식되고 있는 지에 대해 살펴볼 것이다.

1. 극우 민족주의에 대한 인식

2005년 11월 4일 모스크바에서 몇 개의 민족-애국주의 단체들이 "러시아 민족을 위한 러시아"라는 구호를 외치며 거리를 행진하는 행사를 개최하였다. 이에 관련하여 시민들은 어떠한 생각을 하고 있는 지에 대하여 전러시아 여론조사센터가 설문조사를 하였다. 설문조사는 2005년 11월 12-13일 이루어졌다. 조사는 46개 지방정부의 153개 지역에서 1,500명을 대상으로 이루어졌으며, 오차범위는 3.4%이다.

5) 조사결과는 인터넷 홈페이지(http://wciom.ru)를 통해 확인할 수 있다.

| 표 1 | 극우 민족주의 단체의 주장에 대한 러시아국민들의 의식

2005년 11월 4일 일련의 민족-애국주의 단체들이 모스크바에서 "러시아인들의 행진(Русский марш)"이라는 행사를 개최하였다. 여기에서 "민족이 최우선!", "러시아인이여 전진하라!", "침략자를 물리치자!", "러시아, 민족, 질서!", "러시아민족을 위한 러시아" 등의 구호가 나타났다. 이러한 행사와 구호에 대해 당신은 어떻게 생각하는가?

	응답자 전원	가족의 월수입별(단위: 루블)			
		1500 이하	1501-3000	3001-5000	5001 이상
무조건 반대	24	19	23	25	35
반대	28	27	29	26	29
찬성	23	23	22	24	18
무조건 찬성	12	18	11	13	8
대답하기 어려움	13	13	15	12	10

출처: "Патриоты против националистов." Пресс-выпуск №343, Всероссийский центр изучения общественного мнения (ВЦИОМ), 2005. 11. 22.

응답자들의 24%는 극우민족주의자들의 주장에 절대적인 반대의사를 표명하였으며, 28%는 부정적인 견해를 드러냈다. 전체적으로 52%의 응답자가 극우민족주의를 거부하는 의사를 보였다. 한편 극우민족주의자들의 주장에 절대적인 지지를 보내는 응답자의 비율은 12%였으며, 대체적으로 긍정하는 응답자의 비율은 23%였다. 전체적으로 35%의 응답자가 극우민족주의의 주장에 찬성하였다.

한편, 가구별 소득격차를 반영한 응답에서는 월간 소득이 1,500루블 이하인 응답자들의 경우 반대의견이 46%, 1,500루블 이상 3천 루블 이하 계층에서는 52%, 3천 루블 이상 5천 루블 이하 계층에서는 51%, 5천 루블 이상 계층에서는 64%로 나타났다. 찬성은 1,500 루블 이하에서는 41%, 1,500 루블 이상 계층에서는 33%, 3천 루블 이상 계층에서는 37%, 5천 루블 이상 계층에서는 26%였다.

이 조사결과는 극우민족주의에 대한 러시아 국민들의 정서를 파악할 수 있는데, 그 내용은 다음과 같다. 첫째, 러시아국민들 중 절반 정도인 52%는 극우민족주의에 반대하고 있다. 이러한 수치는 찬성의사를 표명한 응답자 비율

35%에 비해서 17%이상 높은 수치이다. 전체적으로 러시아국민들은 극우민족주의에 대해 부정적인 인식을 가지고 있다고 할 수 있다. 그러나 극우민족주의에 찬성하는 비율 35%가 매우 낮은 수치라고 보기는 어렵다. 게다가 응답하기 어렵다는 이들이 13%에 달하며, 이들은 극우민족주의의 주장에 반대 입장을 가지고 있다고 볼 수 없고 경우에 따라서는 용인할 수도 있다는 입장으로 해석할 수도 있다. 조사결과를 볼 때, 러시아국민들 사이에서 극우민족주의에 대한 명확한 합의가 존재한다고 보기는 어려우나, 일정한 영향력을 가진 것은 분명하다.

둘째, 소득이 높은 응답자들 사이에서 극우민족주의에 대한 반대의견이 뚜렷하고, 저소득층에서 찬성의견이 높은 것으로 나타났다. 이러한 결과는 교육수준이 높고 경제적 여건이 나은 계층일수록 극우민족주의에 대해 비판적인 의식을 가지고 있다는 것을 보여준다. 저소득 계층이 극우민족주의에 대해 보다 관용적인 태도를 보이는 것은 이들이 극우민족주의적인 선전선동에 취약한 때문이기도 하지만, 러시아연방 독립 이후 시행된 자유주의적 경제개혁의 절대적인 피해자들이기 때문이라고도 할 수 있다. 구소련 말 이후 1990년대 중반까지 진행된 정치적 혼란과 1992년 시작된 '충격요법'에 의한 자유시장경제로의 개혁은 특히나 저소득계층에게 큰 충격을 준 바 있다. 이에 따라 1993년 12월의 두마 선거에서 극우민족주의 정당인 '자유민주당'이 승리를 거두기도 하였다. 서구식 정치모델과 경제모델에 대한 거부감, 구소련의 몰락으로 인한 러시아의 국가적 지위의 하락 등에 대한 반감이 저소득 계층에서 더욱 강하게 나타난 것이라 여겨진다.

2. 러시아 국가성과 러시아민족과의 관계에 대한 의식

"러시아연방은 러시아민족을 위한 것인가 아니면 전체 민족들을 위한 것인가?"라는 주제의설문조사결과가 전러시아여론조사센터에 의해 2006년 12월 21일 발표되었다. 설문조사는 2006년 12월 2-3일에 실시되었으며, 러시아

연방 46개 지방정부의 153개 지역에서 1,600명을 대상으로 조사가 이루어졌다. 통계 오차범위는 3.4%이다.

| 표 2 | 러시아연방과 민족관계의 성격에 대한 의식 조사

러시아에서의 민족관계 성격에 대한 아래의 논의들 중에서 당신이 동의하는 것은 무엇인가?				
	2003년	2004년	2005년	2006년
러시아는 당연히 러시아민족들의 국가이다.	17	11	16	15
러시아는 다민족 국가이다. 그러나 다수민족인 러시아민족이 더 많은 권한을 보유해야 한다. 이는 그들에게 국가 전체의 운명에 대한 책임이 있기 때문이다.	31	34	27	36
러시아는 상호간에 영향을 미치는 수많은 민족들을 공통의 집이다. 러시아의 모든 민족들은 동등한 권리를 보유해야 하며 그 누구도 특혜를 누릴 수는 없다.	49	49	53	44
대답하기 어려움	3	6	4	5

출처: "Россия для русских – или для всех." Пресс–выпуск № 603, Всероссийский центр изучения общественного мнения (ВЦИОМ), 2006. 12. 21.

위의 여론조사문항은 "러시아연방의 주권은 어디로부터 나오는가?"라는 질문과 동일하다. 러시아연방 헌법 제3조1항에는 "러시아연방의 주권은 다민족으로 구성된 국민으로부터 나온다"고 명시되어 있다. 또한 헌법 제5조3항에 따르면 모든 민족관계는 평등과 자결의 원칙에 기초한다. 본 논문 2장에서 살펴보았으며 러시아 민족주의자들은 민족권 권리의 평등에 대해 부정적인 입장을 보이고 있다.

"러시아는 당연히 러시아 민족들의 국가"라는 다분히 극우민족주의적인 입장을 지지하는 이들은 11%~17%이며, 러시아민족이 더 많은 권한을 보유해야 한다는 주장은 27%~36% 사이로 나타났다. 러시아민족주의가 러시아 내의 민족관계를 주도해야 한다는 주장은 43%~51% 사이이다. 한편 민족간 평등에 기초한 러시아 국가건설을 요구하는 시각은 44%~53% 사이이다. 통계수치상 두 개의 견해에 대한 러시아국민들의 지지는 거의 반반으로 양분되어 있다. 이는 기본적으로 이 문제에 대해 러시아 국민들 사이에 합의가 존재하지 않는다는 사실을 의미한다. 그런데 여기서 한 가지 고려할 점은 러시아민족의 정체성에 대한 러시아국민들의 인식 역시 뚜렷한 합의가 없다는 사실이다. 이에 대해서는 표3)과 표4)를 통해 보다 자세히 살펴보기로 한다.

| 표 3 | 러시아민족을 위한 러시아라는 사고에 대한 의식조사

"러시아민족을 위한 러시아"라는 사고에 대한 당신의 견해는?			
	2003년	2004년	2006년
지지한다. 이미 오래전에 이루어졌어야 한다.	16	10	12
지지한다. 만일 러시아민족이라는 단어가 러시아 국민 전체를 의미한다는 조건으로.	30	23	34
합당한 선에서라면 나쁘지 않다.	20	28	23
반대한다. 그러한 사고는 러시아가 문명화된 서구 사회로 진입하는 것을 어렵게할 것이다.	15	12	12
반대한다. 그러한 사고는 파시즘이다.	13	17	11
대답하기 어려움.	6	10	8

출처: "Россия для русских – или для всех." Пресс–выпуск № 603, Всероссийский центр изучения общественного мнения (ВЦИОМ), 2006. 12. 21.

표4)은 "러시아민족을 위한 러시아"라는 사고에 대한 견해를 묻는 설문으로서 표2)와 유사한 내용을 담고 있다. 다만, '러시아민족이라는 단어가 러시아 국민 전체를 의미한다는 조건으로 러시아는 러시아민족을 위한 것이다'라는 항목이 추가되었다. 사실상 이 문항은 러시아민족주의의 우월성을 부인하고 있다. 23%~34%의 응답자들이 이 항목에 긍정적인 반응을 보였으며, 다른 항목에 대한 응답율보다 훨씬 높다. 한편, 이 설문에 대한 적극적 지지자와 조건부 지지자들 합한 비율은 35%~38%이며, 반대자의 비율은 23~29%이다. 표2)에서 조사된 바와 다른 결과가 도출된 것은 '러시아민족'이란 '러시아국민전체'를 의미한다는 항목이 추가된 때문이다.

| 표 4 | 러시아인에 대한 정체성 조사

러시아민족이란 어떤 사람인가?						
	응답자 전 체	거주지 유형				
		모스크바, 상트페테르부르크	50만인구 이상도시	10만~50만	10만 이하	농촌
러시아어가 모국어인 자	12	12	15	13	11	11
러시아에서 자라고 러시아민족의 전통문화 속에서 양육받은 자	39	44	34	41	40	37
러시아를 위해 정직하게 일하는 자	23	16	23	23	21	27
조상과 혈연이 러시아민족인 자	15	21	14	15	13	15
러시아 정교 신앙과 그 문화를 지지하는 자	7	4	11	4	9	7
대답하기 어려움	4	3	3	4	6	3

출처: "Россия для русских – или для всех." Пресс-выпуск № 603, Всероссийский центр изучения общественного мнения (ВЦИОМ), 2006. 12. 21.

표 14)는 "러시아민족이란 어떤 사람인가?"에 대한 질문에 대한 설문결과이다. 흥미로운 사실은 러시아민족정체성을 '조상 및 혈연'과 연관시키고 있는 응답자의 비율은 15%에 불과하다는 점이다. 러시아어에서 '러시아인'을 지칭하는 단어는 두 가지가 있다. 하나는 '러시아국민(россиянин)'이며 다른 하나는 '러시아민족구성원(русский)'이다. 일반적으로 이 두 개념은 일상생활 속에서 의미가 혼재되어 사용되고 있다. 그러나 공식적인 차원에서 이 두 개념은 구분되어 사용되고 있고, 설문조사에서도 명확하게 두 개념을 분리하여 사용하고 있다. 이 외에 '러시아어가 모국어인자', '러시아민족의 전통문화 속에서 양육받은자', '러시아 정교와 문화를 지지하는 자' 등의 항목은 사실상 러시아민족문화와 결부되어 있다. 즉 러시아민족문화를 수용하는 이들은 곧 러시아민족구성원으로 인정할 수 있다는 의미로 해석될 수 있다. 이 문항들에 대한 응답율은 58%로 다른 항목들에 비해 월등하다. 게다가 '러시아를 위해 정직하게 일하는 자'가 러시아민족이라는 응답에 대한 비율이 23%에 달한다. 이는 혈통이나 문화적 동화와 관계없이 러시아국민이 곧 러시아민족이라는 인식을 가지고 있는 이들이 꽤 많이 존재한다는 것을 의미한다.

한편, 특기할 만한 사실은 도시 지역일 수록 혈통과 문화적 연관성을 더 중요하게 생각하고 있고, 시골 지역일 수록 '러시아를 위해 정직하게 일하는 자'를 러시아민족으로 여기는 경향이 좀 더 크게 나타나고 있다는 점이다.

| 표 5 | 러시아 내 민족들의 권리 침해에 대한 의식 조사

현대 러시아에서 러시아민족과 다른 민족들 중에서 어느 쪽의 권리가 더 자주 차별받고 있다고 생각하는가?		
	2003년	2006년
러시아민족	45	41
다른 민족들	29	27
대답하기 어려움	26	32

출처: "Россия для русских – или для всех." Пресс-выпуск № 603, Всероссийский центр изучения общественного мнения (ВЦИОМ), 2006. 12. 21.

표 15)에서는 현대 러시아에서 러시아민족과 다른 민족들 중에서 어느 쪽의 권리가 더 자주 차별받고 있는 지에 대해 묻고 있다. 문항 자체는 매우 간단하지만, 역사적으로 이 문제는 매우 복잡하다. 일단 러시아민족이 차별받고 있다고 여기는 이들의 비율은 41%~ 45%로 나타났다. 러시아민족은 다수민족이면서도 구소련시기에도 또한 신생러시아연방시기에도 러시아민족을 대표하는 정부를 가지지 못하였으며, 이에 대해 크든 작든 불만을 가지는 이들이 있어왔다. 스스로를 러시아민족이라 여기는 이들이 러시아국민의 80%를 차지하는 상황을 염두에 둔다면, 러시아민족구성원의 약 절반 정도가 러시아민족이 차별받고 있다고 여기고 있는 셈이다. 한편, 다른 민족들이 더 차별받고 있다는 응답은 27%~29%이다. 이 수치는 러시아국민 중 비러시아민족이 차지하는 비율 20%를 상회하고 있다. 이는 러시아민족구성원들 중에도 비러시아민족들에 대한 민족차별과 억압의 역사를 인정하는 이들이 존재함을 의미한다. 한편, 26%~32%의 응답자는 이 질문에 대해 대답하기 어렵다는 의견을 표명하였다. 이러한 응답율은 다른 여타의 설문항목에 비해 매우 높은 수치이다. 이는 러시아에 거주하는 모든 민족을 차별받고 있다고 여기고 있거나, 혹은 차별은 없다는 의견을 지니고 있다는 의미로 해석될 수도 있으나,

그만큼 민족차별의 문제가 복잡하게 진행되고 있다는 의미이기도 하다.

3. 러시아 내 민족관계에 대한 의식

전러시아여론조사센터는 2007년 10월 10일 "러시아에서의 민족관계(Межнациональный мир в России)"라는 제목의 설문조사 결과를 발표하였다. 이 설문조사는 러시아에서의 민족들이 타민족에 대해 어느 정도의 관용, 차별 등을 느끼고 있는 가를 알아보기 위해 실시되었다. 조사는 2007년 8월 25-26일에 이루어졌으며, 46개 지방정부의 153개 지역에서 1,562명을 대상으로 실시되었다. 통계의 오차범위는 3.4%이다.

| 표 6 | 민족관계에 대한 국민들의 역사의식

각각의 질문에 대하여 동의하는 답변을 고르시오.(각 질문에 대해 한 개의 답변)

	응답자 전체	민족	
		러시아민족	다른 민족
A.			
러시아국민들은 다른 민족구성원 혹은 다른 종교나 문화를 가진 이들과 교류하고 협력하려는 의지가 있는가?	87	87	91
러시아국민들은 다른 문화에 대해 폐쇄적이며, 적대적이고 그들과 교류하는 것을 두려워하는가?	8	8	4
대답하기 어려움	5	5	5
B.			
러시아민족은 역사적으로 다양한 민족들을 병합하여, 그들과 조화롭게 지냈으며, 그들에게 높은 수준의 문화와 문명을 가져다 주었는가?	80	81	82
러시아 국가의 역사는 다른 민족들에 대한 폭력적인 병합의 역사이며, 이들 민족들의 민족적 자주성과 풍습을 억압하는 역사인가?	10	10	9
대답하기 어려움	10	9	9
C.			
러시아에서 다양한 민족들 사이의 관계는 언제나 인내와 관용을 보여왔으며, 우정과 대화 협력의 관계였는가?	78	78	81

각각의 질문에 대하여 동의하는 답변을 고르시오.(각 질문에 대해 한 개의 답변)			
	응답자 전체	민족	
		러시아민족	다른 민족
러시아에서 다양한 민족들 사이의 관계는 민족들 간 의견의 불일치, 갈등, 적대감을 보여왔는가?	11	11	10
대답하기 어려움	11	11	9
D.			
국가정책은 러시아 내의 다양한 민족들의 평등에 기초하였으며, 민족간 평화와 동의를 추구하여왔는가?	71	71	74
러시아에는 민족간 동등한 권리는 없었으며, 특정 민족이 모든 권리를 향유하고, 다른 민족의 권리는 제한하고 축소하였는가?	16	15	13
대답하기 어려움	13	14	13

출처: "Межнациональный мир в России." ресс–выпуск №788, Всероссийский центр изучения общественного мнения (ВЦИОМ), 2007. 10. 10.

러시아연방의 민족관계에 대한 국민들의 역사의식과 관련된 표6)의 설문조사 결과는 매우 인상적이다. 역사적으로 러시아국민들은 다른 민족들과의 관계에서 교류, 협력, 조화, 인내와 관용, 우정, 평등 등에 기초하여왔다는 응답이 71%~87%에 달하고 있다. 표5)에서 68%~74%의 응답자들이 러시아민족 혹은 다른 민족들에 대한 차별이 존재하고 있다는 응답과는 매우 다른 결과이다. 이 결과에 대해서는 두 가지 해석이 가능할 것으로 보인다. 첫째, 현대 시기에 나타나고 있는 민족차별에도 불구하고, 러시아 전체 역사 속에서는 민족간 협력과 인내, 관용, 평등 등의 다문화적 가치를 실현하고자 하는 노력이 보다 더 뚜렷하게 드러났다는 점에 대체적으로 인식을 같이하고 있다는 점이다. 둘째, 러시아민족의 구성원들 중 러시아민족의 우월적 지위를 주장하는 이들 조차도 러시아의 민족관계는 위에서 언급한 다문화적 가치에 기초해야 한다는 데 동의하고 있다는 점이다. 즉, 거의 대부분의 러시아국민들은 러시아의 민족관계를 둘러싼 제반 문제들을 해결함에 있어서 민족간 협력과 인내, 관용, 평등 등의 다문화적 가치가 중요하다는 점에 이의가 없다고 할 수 있다.

| 표 7 | 다양한 민족구성원들 사이의 관계에 대한 의식

모스크바의 다양한 민족들의 구성원들 사이에 어떠한 관계가 형성되어 있다고 생각하는가?				
	응답자전체	경제적 여건		
		매우 좋음, 좋음	중간	매우 나쁨, 나쁨
안정적이고 우호적임	10	16	9	5
전체적으로 안정적이고 우호적임. 그러나 가끔씩 긴장상태가 발생함.	35	35	37	30
다분히 긴장관계임.	36	35	37	40
나쁜 관계로 갈등적임.	15	11	14	22
대답하기 어려움.	4	3	4	4

출처: "Межнациональные отношения в столице глазами ее жителей." Пресс-выпуск № 1353, Всероссийский центр изучения общественного мнения (ВЦИОМ), 2009. 11. 2.

전러시아여론조사센터는 2009년 11월 2일 "러시아 수도 거주자들의 눈에 비친 민족관계"에 대한 여론 조사를 실시하였다. 여론조사는 모스크바에서 2009년 9월 22-28일 1천명을 대상으로 실시되었으며, 통계오차범위는 3.2%이다.

모스크바에서 조사된 민족관계에 대한 설문조사결과에 따르면 부정적인 의견이 다소간 더 많은 것으로 나타났다. 민족간 관계가 안정적이고 우호적이라는 견해는 10%에 불과했으며 나쁜 관계로 갈등적이란 견해는 이보다 더 많은 15%로 나타났다. 대체적으로 안정적이라는 의견은 35%, 다분히 긴장관계라는 의견은 36%였다. 즉 안정적이라는 의견은 45%이며, 갈등적이고 긴장관계라는 의견은 51%로 부정적인 견해가 좀 더 많았다. 그러나 이 조사결과가 러시아연방 국민들 전체의 의견과 동일하다고 보기는 어렵다. 표4)에서 나타난 것처럼 도시 지역일 수록 러시아민족정체성을 혈통과 문화와 결부시키는 경향이 더 강하다. 또한 조사에서는 나타나지 않고 있지만, 도시 지역에서 다른 민족들과의 접촉빈도가 높으며, 일자리를 찾아서 이주해온 타민족들의 비율이 높다. 이러한 이유로 해서 민족간 갈등관계에 대한 체감은 시골 지역보다 도시 지역에서 더 높게 나타났을 것으로 보인다. 이 문항에 대해 러시아연방 전체지역에서 설문을 실시할 경우 긍정적인 의견이 보다 크게 나타날 것으로 추측할 수 있다.

한편, 소득격차에 따른 조사에서는 경제적인 여건이 좋은 계층은 51%가 긍정적인 답변을, 경제적 여건이 나쁜 계층에서는 62%가 부정적인 답변을 하였다. 민족관계에 대한 계층별 의식은 주제에 따라 상당한 일관성을 보이고 있다. 표1)에서 살펴본 바와 같이 잘 사는 계층일 수록 극우민족주의에 반대하는 경향이 보다 강하게 나타났기 때문이다.

4. 민족관계의 변화에 대한 의식

전러시아여론조사센터는 민족들 간의 관계의 변화에 대한 의식 조사 결과를 2008년과 2011년에 발표하였다. 2008년 여론 조사는 5월 31일 - 6월 1일에 실시되었으며 46개 지방정부의 153개 지역에서 1,600명을 대상으로 이루어졌다. 통계 오차범위는 3.4%이다. 한편, 2011년 여론 조사는 11월 14-24일에 모스크바와 상트페테르부르크 시민들을 대상으로 실시되었다. 조사대상자는 1,200명이며, 통계 오차범위는 3.2%이다.

| 표 8 | 민족관계의 변화에 대한 의식 조사

당신 의견으로는 지난 몇 년간 러시아에서의 민족 관계가 변화하였는가?			
	2005년	2006년	2008년
보다 긴장되고, 불관용적이 되었다.	41	36	24
변화없다.	35	39	40
보다 관용적이 되었다.	17	17	27
대답하기 어려움	7	8	9

출처: "Межнациональные отношения в России: Напряженность снижается?." Пресс-выпуск № 978, Всероссийский центр изучения общественного мнения (ВЦИОМ), 2008. 6. 17.

| 표 9 | 모스크바와 페테르부르크 시민들의 민족관계의 변화에 대한 의식 조사

당신 의견으로는 지난 1년간 러시아에서의 민족관계는 어떻게 변하였는가?		
	모스크바	상트페테르부르크
보다 긴장되고, 불관용적이 되었다.	63	54
변화없다.	20	23
보다 관용적이 되었다.	12	16
대답하기 어려움	5	7

출처: "Межнациональные отношения глазами моковичей и петербуржцев." Пресс-выпуск № 1903, Всероссийский центр изучения общественного мнения (ВЦИОМ), 2011. 12. 7.

표8)과 표9)에서 나타나는 민족관계의 변화에 대한 의식조사결과에서는 편차가 지나치게 크게 나타나고 있다. 2005년, 2006년, 2008년, 2011년 조사결과들을 비교해 보면 보다 긴장되고 불관용적이 되었다는 견해는 24%~63%로 나타났다. 한편, 보다 관용적이 되었다는 견해는 12%~27%사이로 조사되었다. 같은 문항에 대한 편차가 너무 크다. 그러나 전체적인 상황과 다른 통계조사결과들을 염두에 둘 때 다음과 같은 해석이 가능하다. 첫째, 현실 속에서의 민족관계에 대한 러시아국민들의 의식은 매우 유동적이며, 설문대상자들의 상황에 따라 매우 다양하게 해석되어지고 있다. 표6)에서 나타난 바처럼 러시아국민들 대다수의 의식 속에는 민족간 관계가 협력과 조화, 평등 등의 원칙에 기초하여 형성되어 왔으며, 그렇게 되어야 한다고 여기고 있다. 그러나 현실 속에서는 다양한 형태의 민족간 갈등이 표출되고 있다. 극우민족주의자들, 인종주의자들, 체첸문제, 테러들, 불법이주자 등의 문제가 끊임없이 발생하고 있으며, 이들 문제는 기본적으로 민족관계를 긴장시키는 요인이라고 할 수 있다. 둘째, 조사 시기에 따라 많은 편차가 있는 것은 사실이지만, 러시아인들은 대체적으로 민족관계가 대체적으로 관용적이 되었다기 보다는 긴장되고, 불관용적인 방향으로 변화하고 있다고 느끼고 있다. 셋째, 상트페테르부르크 시민들보다 모스크바 시민들이 민족간 긴장관계를 더 크게 의식하고 있다. 이는 모스크바에서 더 많은 민족간 갈등관계가 표출되고 있기 때문이라고 할 수 있다. 모스크바에서는 몇 차례 테러가 이루어

진 적이 있으며, 극우단체의 시위와 인종차별적 행위들도 보다 빈번하며, 타지방으로부터의 이주와 불법외국인노동자 문제 등도 더 심각하기 때문이라고 볼 수 있다.

5. 러시아내 민족차별과 편견에 대한 여론 조사

전러시아여론조사센터는 2007년 10월 10일 "러시아에서의 민족관계(Межнациональный мир в России)"라는 제목의 설문조사 결과를 발표하였다.[6)]

| 표 10 | 다른 민족이 러시아 대통령이 되는 것에 대한 수용

다른 민족이 러시아의 대통령이 되는 것을 허용하는가?	응답자전체	민족	
		러시아민족	다른 민족
무조건 찬성	8	7	17
찬성	20	16	41
반대	26	27	19
무조건 반대	34	37	13
대답하기 어려움	12	13	10

출처: "Межнациональный мир в России." Пресс-выпуск №788, Всероссийский центр изучения общественного мнения (ВЦИОМ), 2007. 10. 10.

"다른 민족이 러시아 대통령이 되는 것을 허용하는가?"라는 질문에 대해 응답자의 과반수가 넘는 60%가 반대의견을 표명하였으며, 찬성한다는 입장은 28%에 그쳤다. 특히 러시아민족구성원들의 경우, 64%가 반대의견을, 23%가 찬성의견을 표명하였다. 여타의 민족들의 경우 반대가 32% 찬성이 58%로 나타났으며, 이는 러시아민족의 경우와 정반대의 상황이다.

이 결과가 의미하는 바는 러시아국민들의 과반수 이상은 러시아민족이 러

6) 이 조사는 본 논문 3장 2절에 소개되고 있다. 2절에서는 민족관계 전반에 대해 소개하고 있으며, 5절에서는 민족 차별과 편견에 대하여 별도로 분석한다.

시아연방의 대표민족이라는 의식을 보유하고 있다는 사실이다. 표2)에서 러시아 민족주의가 곧 러시아의 민족관계를 주도해야 한다는 시각은 시기에 따라 44%~53%였다. 러시아민족의 대표성이라는 유사한 주제로 진행된 설문조사결과(표10)에서는 이 수치가 60%로 다소간 높게 나타났다. 이는 다민족국가로서 모든 민족들이 동등한 권리를 보유하고 있다고 여기는 러시아국민들 중에서도 러시아대통령 선출과 같은 구체적인 사안에 대해서는 보다 더 러시아민족주의적 정서를 드러내고 있는 것으로 해석할 수 있다.

| 표 11 | 다른 민족구성원과의 관계 유형

당신 주변에 다른 민족이 있다면 어떠한 관계인가?			
	예	아니오	대답하기 어려움
친구	68	31	1
가까운 친척	38	60	2
먼 친척	45	49	6
동료, 지인	69	28	3
비호감, 적	32	49	19

출처: "Межнациональный мир в России." Пресс-выпуск №788, Всероссийский центр изучения общественного мнения (ВЦИОМ), 2007. 10. 10.

러시아 국민들의 약 70%는 친구, 동료, 지인 등의 형태로 다른 민족과 직접적인 관계를 맺고 있다. 친척들 중에 타민족이 있는 경우는 가까운 친척의 경우 38%, 먼 친척의 경우 45%에 해당했다. 주목할 만한 점은 주변에 있는 타민족들에게 비호감, 적대감을 느끼는 비율이 32%에 달한다는 사실이다. 그렇지 않다는 의견이 49%로 더 많긴 하지만 비호감의 비율은 꽤 높은 편으로 보이니다. 다만, 이 설문조사 항목은 너무 모호해서 정확한 해석을 내리기 힘든 측면이 있다는 점은 지적할 필요가 있다. 첫째, 동일 민족내 구성원에 대한 호감도와 타민족 구성원간의 호감도에 대한 비교분석이 이루어지지 않았다. 둘째, 주변의 다른 민족구성원들 중 싫은 사람이 있는가?라는 질문은 '다른 민족이기 때문에 싫어하는가?'라는 질문과는 명백히 상이하다. 따라서 이 조사항목은 보다 구체적인 상황에 대한 별도의 조사 없이는 큰 의미를 부여하기 힘들 것으로 보인다.

| 표 12 | 민족차별의 경험에 대한 조사

당신이나 당신의 친척, 지인들이 민족적인 이유로 차별을 받은 적이 있는가? (질문에 답변 하나)				
	매우 자주	가끔씩	없음	대답하기 어려움
직장에서	2	11	81	6
학교에서	1	7	85	7
일상생활에서(가게, 공공기관, 호텔, 대중교통 등등)	4	14	76	6

출처: "Межнациональный мир в России." ресс-выпуск №788, Всероссийский центр изучения общественного мнения (ВЦИОМ), 2007. 10. 10.

"당신이나 자신의 친척, 지인들이 민족적인 이유로 차별을 받은 적이 있는가?"라는 질문에 대해 명백한 다수는 '없다'라는 답변을 내놓았다. 이들의 비율은 76%~85%에 달한다. 지금까지의 다른 설문조사결과들을 염두에 둘 때, 이러한 조사결과는 다음과 같은 의미를 지닌다고 할 수 있다. 첫째, 러시아 국민들이 느끼는 민족간 긴장관계는 직접적인 경험에 의한 것이라기 보다는 러시아가 처해있는 다양한 정치적, 사회적 상황들에 대한 간접체험이라는 점이다. 러시아국민들 중 80%이상이 자신과 자신의 주변사람들 중에서 민족차별을 경험한 적이 없다면, 자신이 직접 그러한 일을 경험하거나 목격했을 가능성은 훨씬 더 낮다고 할 수 있다. 표7), 표8)과 표9)에서 보여지는 바와 같은 높은 수준의 민족간 긴장관계에 대한 인식은 자신이나 주변의 경험에서 기인한 것은 아니라는 해석이 가능하다. 둘째, 민족차별은 잘 아는 사람들보다는 잘 모르는 사람들과의 관계에서 더 많이 발생하고 있다. 즉, 직장이나 학교에서 차별을 경험한 사례는 각각 13%와 8%인 반면, 일상생활 중에서의 경험 비율은 다소 높은 18%로 나타났다.

| 표 13 | 비러시아 민족에 대한 편견과 관련된 의식조사

러시아가 당면한 여러 가지 문제들은 러시아영토에 거주하는 비러시아 민족들의 잘못 때문이라는 견해에 동의하는가?	모스크바	상트페테르부르크
동의함	13	11
대체로 동의함	14	13
대체로 동의 안함	18	14
동의 안함	50	58
대답하기 어려움	4	4

출처: "Межнациональные отношения глазами моковичей и петербуржцев." Пресс-выпуск № 1903, Всероссийский центр изучения общественного мнения (ВЦИОМ), 2011. 12. 7.

2011년 11월에 모스크바와 상트페테르부르크 시민들을 대상으로 하는 여론조사에서 "러시아가 당면한 여러 가지 문제들은 러시아영토에 거주하는 비러시아 민족들의 잘못 때문이라는 견해에 동의하는가?"라는 문항을 제시하였다. 모스크바의 경우 응답자의 27%가 '동의' 혹은 '대체로 동의'라는 답변을 하였고, 상트페테르부르크에서는 26%가 동의한다는 답변을 하였다. 한편, '대체로 동의 안함'과 '동의 안함'은 두 도시에서 각각 68%와 72%로 나타났다. 주목할 점은 '동의 안함'이라는 응답이 50%와 58%로 과반 이상을 차지하였다는 점이다. 상기한 바와 같이 러시아의 대도시에서 민족갈등에 대해 더 많이 인식하고 있다는 점을 염두에 두어야 한다. 즉 러시아연방 전체 차원의 조사에서는 이 질문에 대해 부정적인 답변이 보다 더 많을 것으로 예상할 수 있다. 이러한 점을 고려할 때 이 조사결과의 함의는 다음과 같다. 첫째, 러시아국민들 과반수 이상은 러시아가 처한 여러 가지 문제들의 민족적 연관성을 부인하고 있다. 둘째, 러시아국민의 1/4 정도는 신생러시아연방이 당면한 문제가 비러시아민족의 책임이라는 인식을 가지고 있다. 그러나 구체적인 이슈에 대한 항목이 주어지지 않았기 때문에 이 조사결과에 대한 해석의 여지는 매우 크다. 이를테면 체첸전이나 카프카즈인들에 의해 저질러진 것으로 여겨지는 테러들에 대한 질문지가 주어진다면 민족적 연관성과의 비율은 크게 높아질 것이며, 경제적인 문제에 대한 것이라면 그 비율은 매우 낮아질 것이다. 따라서 1/4에 달하는 응답자가 곧바로 극우민족주의적인 정치적 성향을 지녔다고 판단할 수는 없다.

| 표 14 | 민족간 결혼에 대한 러시아국민 의식조사

만일 당신의 가까운 친척(딸, 아들, 손자)이 아래의 민족과 결혼한다면 당신의 태도는?			
		2002	2010
러시아인	인정할수 없음	2	2
	상관없음	17	26
	인정함	79	70
	대답하기 어려움	2	2
우크라이나인, 벨라루스인	인정할수 없음	25	14
	상관없음	34	45
	인정함	49	37
	대답하기 어려움	5	5
라트비아인, 리투아니아인, 에스토니아인	인정할수 없음	34	35
	상관없음	36	43
	인정함	25	14
	대답하기 어려움	5	8
그루지아인, 아르메니아인, 아제르바이잔인	인정할수 없음	58	54
	상관없음	26	30
	인정함	12	7
	대답하기 어려움	5	8
카자르인, 타직인, 키르기즈인, 우즈벡인	인정할수 없음	57	60
	상관없음	27	27
	인정함	11	6
	대답하기 어려움	5	7
유대인	인정할수 없음	46	46
	상관없음	34	37
	인정함	15	10
	대답하기 어려움	6	7
체첸인	인정할수 없음	67	65
	상관없음	20	23
	인정함	8	5
	대답하기 어려움	6	7

만일 당신의 가까운 친척(딸, 아들, 손자)이 아래의 민족과 결혼한다면 당신의 태도는?			
		2002	2010
독일인, 프랑스인, 영국인	인정할수 없음	27	33
	상관없음	39	44
	인정함	27	17
	대답하기 어려움	7	7
미국인	인정할수 없음	–	37
	상관없음	–	41
	인정함	–	14
	대답하기 어려움	–	8
아랍인	인정할수 없음	–	63
	상관없음	–	23
	인정함	–	6
	대답하기 어려움	–	8

출처: "Россияне о межнациональных браках." Пресс-выпуск № 1569, Всероссийский центр изучения общественного мнения (ВЦИОМ), 2010. 8. 27.

러시아국민에게 여타의 민족성원과의 결혼에 대한 의식 조사결과는 전러시아여론조사센타에 의해 2010년 8월 27일 발표되었다. 여론조사는 2010년 7월 3-4일에 실시되었으며, 42개 지방정부의 140개 지역에서 1,600명을 대상으로 조사가 이루어졌다. 통계오차범위는 3.4%이다.

위의 표는 자신의 자식이나 손자가 특정 민족과 결혼할 경우 어떠한 태도를 보일 것인가에 대한 설문결과이다. 2002년과 2010년의 조사결과를 비교해서 제시하고 있으나, 통계적인 의미는 그리 크지 않다. 통계수치의 차이가 오차범위내인 경우가 많고, 항목별로 일정한 경향성을 찾기도 어렵기 때문이다. 따라서 최근의 설문결과인 2010년 조사를 중심으로 분석하도록 한다. 가장 두드러지는 점은 러시아민족과의 결혼에 대해서는 인정할 수 없다는 비율이 2%에 불과하며, 상관없거나 인정한다는 답변은 무려 96%에 달한다는 사실이다. 러시아민족이 자기 민족과의 결혼에 반대할 이유가 별로 없다는 점을 염두에 둘 필요가 있다. 즉 이러한 결과는 러시아국민의 약 20%에 달하는 비러시아민족들이 자신의 후손이 러시아민족과 결혼하는데 별다른 거부감이 없다는 것을 의미하며, 그 반대는 성립하지 않는다.

그 밖에 여타 민족과의 결혼에 대한 반대의견 비율을 낮은 순서로 살펴보면 다음과 같다: 슬라브계(우크라이나, 벨라루스) – 14%, 유럽계(독일, 프랑스, 영국) – 33%, 발트3국 – 35%, 미국인 – 37%, 유대인 – 46%, 카프카즈인(그루지아, 아르메니아, 아제르바이잔) – 54%, 중앙아시아인(카작, 타직, 키르기즈) – 60%, 아랍인 – 63%, 체첸인 – 65%. 이러한 결과는 러시아국민들 사이에 타민족에 대한 선호와 비선호의 구분이 뚜렷하다는 것을 의미한다. 슬라브 민족에 대한 선호도가 가장 높으며, 서유럽과 미국인들이 그 뒤를 따른다. 유대인과 카프카즈인들은 비선호의 대상이며, 가장 싫어하는 민족들은 아랍계들로서 특히 체첸인에 대한 선호도가 가장 낮다. 역사적으로 지속적으로 제기되어온 유대인 혐오증은 현실적인 기반이 있는 것으로 드러났다. 그러나 아랍계들에 대한 비선호의 원인이 러시아인들이 기본적으로 가지는 민족차별적 인식 때문인지, 아니면 이들로 인해 지속적으로 제기되고 있는 국가안보상의 문제인지에 대해서는 명확하게 설명하기 어렵다. 러시아연방 내에 거주하고 있는 고려인, 부랴트인, 깔믹인 등의 아시아계 민족들에 대한 설문항목도 포함되었다면 더 많은 분석이 가능했을 것으로 여겨진다.

| 표 15 | 타민족과의 결혼에 대한 수용

당신은 당신 자신 혹은 당신의 자식들이 다른 민족구성원과 결혼하는 것을 허용하는가?

	응답자전체	민족	
		러시아민족	다른 민족
무조건 찬성	18	17	31
찬성	41	40	44
반대	19	19	15
무조건 반대	9	9	4
대답하기 어려움	13	15	6

출처: "Межнациональный мир в России." Пресс-выпуск №788, Всероссийский центр изучения общественного мнения (ВЦИОМ), 2007. 10. 10.

표15)는 2007년 10월에 이루어진 설문조사의 결과이다. 표14)와 비슷한 내용이지만, 민족별 리스트를 제공하지 않고 있으며, 설문대상자가 러시아민족인지 아닌 지에 대해 답하도록 되어 있다. 이 조사결과에 따르면 러시아민족에 속하는 응답자의 57%가, 그리고 비러시아민족에 속하는 응답자의 75%가 다른 민족 구성원과의 결혼에 긍정적인 답변을 하였다. 러시아민족의 경우 답변자의 과반수 이상이 긍정적인 답변을 하였으나, 전체적으로 타민족과의 결혼에 대한 긍정적인 인식은 비러시아민족들 사이에서 훨씬 높게 나타났다.

Ⅳ. 결론

러시아연방의 다민족적 특성으로 인한 다문화적 현상과 러시아민족주의 간의 관계를 살펴보았다. 먼저 지적할 점은 러시아는 킴리카가 상이한 문화적 다양성의 원천을 가진 두 가지 유형의 국가, 즉 다민족국가와 다종족국가의 성격을 모두 가지고 있음에도 불구하고, 다문화주의를 통해 다문화적 현상이 야기하는 문제들을 해결하려는 시도는 매우 미미하다는 사실이다. 2장에서 살펴본 바와 같이 학계 일부에서 다문화주의에 주목하려는 시도가 있기는 하다. 그러나 현재 진행되고 있는 국민국가형성 과정에서 나타나는 중앙집중화의 경향, 다문화주의에 대한 잘못된 인식, 그리고 러시아 사회의 다민족적, 다종족적 성격이 야기하고 있는 문제들에 대한 과소 평가 등으로 인해 다문화주의는 크게 관심을 끌지 못하고 있다.

러시아민족주의는 민족적 다양성으로 인한 제반 문제들을 평등과 조화, 인내와 관용 등의 다문화주의적 가치에 기초하여 해결하는 데 걸림돌이 되고 있다. 러시아민족주의는 러시아국가성의 원천을 러시아민족에 두고 있으며, 러시아민족이 러시아의 주인이며, 특별한 권리를 누려야 한다고 주장하고 있다. 러시아연방정부의 공식적인 정책이나 법제도에 러시아민족주의자들의 주장이 반영되고 있지는 않지만, 보다 구체적이고 현실적인 정책들을 제도화하는 데 있어서는 어려움을 겪고 있다.

러시아 민족주의가 어느 정도로 러시아 사회에 영향을 미치고 있는 지에 대해서는 3장에서 제시되고 있는 다양한 설문조사결과를 통하여 그 윤곽을 살펴볼 수 있다. 첫째, 러시아의 극우민족주의에 동의하는 러시아 국민들의 비율은 대체로 10%~17% 정도이다. 이러한 비율은 '러시아 극우민족주의 단체의 행사와 주장에 대해 무조건 동의'하는 응답자의 비율(12%), '러시아는 당연히 러시아민족들의 국가이다'라는 논의에 대한 찬성자의 비율(10%~17%) 등을 고려한 것이다.

둘째, 극우주의 동조자들을 포함하여 보다 온건한 형태의 '러시아민족주의'에 동조하는 러시아 국민들의 비율은 41%~51% 사이인 것으로 보인다. 이는 '러시아에서 러시아 민족이 더 많은 권한을 가져야 한다는 의견에 대한 동의'하는 이들의 비율(43%~51%), '러시아민족에 대한 차별이 더 많다는 주장에 동의'하는 비율(41%~45%)을 통해 알 수 있다. 한편, 경제적인 환경이 좋은 이들일수록 러시아민족주의에 동조하지 않으며, 반대로 경제적인 빈곤층일수록 러시아민족주의에 동의하는 경향이 뚜렷하게 나타나고 있다.

셋째, 러시아 국민들의 과반수 이상은 다양한 민족들 간 관계에 있어 긴장과 갈등이 존재한다고 인식하고 있다. 표7), 표8), 표9)에서 보이는 바와 같이 응답자의 51%는 민족관계가 '다분히 긴장관계'이거나 '갈등적'이라 생각하고 있으며, '가끔씩 긴장관계가 발생'한다는 의견도 35%에 달했다.

넷째, 러시아국민들의 의식 속에 민족적인 차별이나 편견이 존재하는 것으로 드러났다. '다른 민족이 러시아 대통령이 데 반대'하는 의견은 60%에 달하고 있다. 또한 다른 민족과의 결혼에 대한 사고에 대한 여론조사결과에 따르면 호감이 가는 민족과 비호감 민족이 명백하게 나타난다. 즉 러시아민족과 슬라브민족에 대해서는 매우 뚜렷한 호감을 보이고 있는 반면, 이슬람계 민족들에 대해서는 60%이상의 응답자들이 비호감을 표명하였다.

이상에서 보이는 결과에 따르면 러시아국민들의 절반 정도는 러시아민족주의에 동조하고 있으며, 러시아 내의 민족관계에 대해 부정적인 인식을 하고 있는 것으로 드러난다. 그러나 이러한 결과와 부합하지 않는 설문조사결과도 다수 드러났다. 첫째, 러시아국민들은 '러시아민족이란 무엇인가?'라는 문제에 대해 일치된 견해를 가지고 있지 않다. 표4)에서 보이는 바와 같이 러시아민족정체성을 '혈연 및 조상'과 결부시키는 의견은 15%에 불과하다. 공교롭게도 이러한 수치는 러시아 극우민족주의의 주장에 동의하는 비율과 비슷하다. 러시아어와 러시아민족의 전통문화, 러시아정교 등 문화적 요인과 러시아민족정체성을 결부시키는 의견이 58%로 과반수를 차지하고 있으며, 러시아국민이 곧 러시아민족이라는 견해를 가진 이들의 비율도 23%에 달하고 있다. 이러한 결과는 러시아민족정체성에 대한 논의가 아직 진행중이며, 국민정체성과 민족정체성 간의 경계가 분명하지 않다는 사실을 의미한다.

둘째, 절대 다수의 러시아국민들은 민족차별이나 갈등을 직접 경험한 바가 없다. 표12)에서 보이는 것처럼, 76%~85%의 응답자들은 자신과 주변 사람들이 민족차별을 당한 적이 없다고 밝히고 있다. 러시아국민의 과반수가 러시아에 민족간 갈등관계가 존재한다는 의견을 표명한 것과는 크게 대조된다. 이는 구소련 말기와 신생러시아 독립 이후 정치적, 사회적 민족갈등에 대한 우려가 큰 반면, 일상생활에서는 민족갈등을 직접 겪지는 않고 있다는 판단을 가능케 한다.

셋째, 러시아국민들의 절대 다수는 역사적으로 러시아내 다양한 민족들이 '교류와 협력, 조화, 우정과 대화, 민족간 평등' 등의 가치에 기초하여 관계를 맺어오고 있다고 인식하고 있다. 표6)에서 볼 수 있는 것처럼 이러한 인식을 지지하는 응답자 비율은 사안에 따라 71%~87%에 달하고 있다. 반대하는 의견은 8%~16%로 이 비율 역시 극우민족주의 지지층과 유사하다. 이는 현재 상황에서 느끼고 있는 민족간 갈등관계나 차별에도 불구하고, 러시아 민족관계가 지향하여 왔고, 지향해야할 바는 다양한 다문화주의적 가치의 실현에 있다는 점을 국민들 대다수가 지지하고 있다는 사실을 의미한다.

전체적으로 파악할 때, 러시아의 다문화적 현상과 결부된 다양한 문제들의 해결에 있어 다문화주의가 대안으로 인식되고 있지는 않다. 현실에 있어서 러시아국민들 사이에서는 러시아민족주의가 영향력을 가지고 있으며, 이로 인해 민족간 완전한 평등에 기초한 다문화 정책의 입안과 실행에 어려움이 있다. 그러나 러시아국민들의 대다수는 민족간 평등, 인내와 관용 등의 원칙에 따라 다민족 국가로서의 러시아가 지닌 제반 문제들을 해결해야 한다고 인식하고 있다. 이와 관련된 논의는 아직까지 진행 중에 있다. 현재 러시아연방이 안고 있는 정치·사회적 불안정이 해소되고, 러시아민족정체성과 러시아국민정체성에 대한 합의가 형성되는 과정에서 다문화주의적 가치를 통한 문제해결이 시도될 가능성은 충분히 있다고 여겨진다.

참고문헌

Kymlicka, W, *Multicultural Citixenship*(New York: Oxford University Press, 1995)

Низамова Л.Р, Мультикультурализм в России: факторы отторжения и возмо жности пр именения // Доклады II Всероссий ского социологического конг ресса "Россий скоеобщество и социология в XXI веке: социальные вызовы и альтернативы".- М.: Альфа-М, - Т. 2(2004).

김인성, "러시아연방의 다문화주의." 『민족연구』 30(2007).

"2002년 러시아연방 인구조사 결과"(http://www.perepis2002.ru)

"Межнациональные отношения в России: Напряженность снижается?." Прес с-выпуск № 978, Всероссий ский центр изучения общественного мнения (ВЦИОМ)(2008/06/17).

"Межнациональные отношения глазами моковичей и петербуржцев." Прес с-выпуск № 1903, Всероссий ский центр изучения общественного мнени я (ВЦИОМ)(2011/12/07).

"Межнациональный мир в России." Пресс-выпуск №788, Всероссий ский центр изуче ния общественного мнения (ВЦИОМ)(2007/10/10).

"Национально-культурная автономия: Благое намерение." Русский Образ, No.1(2002/02).

"Патриоты против националистов." Пресс-выпуск №343, Всероссий ский центр изуче ния общественного мнения (ВЦИОМ)(2005/11/22).

"Россия для русских - или для всех." Пресс-выпуск № 603, Всероссий ский центр изу чения общественного мнения (ВЦИОМ)(2006/12/21).

"러시아연방 민족정책 기조에 관한 연방법안"(Проект федерального закона "Об основах гос ударственной национальной политики Россий ской Федерации")

№ 369190-3, вносится депутатами Государственной Думы В.И. Никитиным, С.К. Смирновой , К.А. Бичелдеем, А.А. Аслахановым, С.П. Будажаповым, А.П. Бурулько, Р.Н. Гимаев ым, В.А. Казаковцевым и А.А. Никитиным (внесен 22.09.2003)

"러시아연방정부 민족정책개념(이하-개념)에 대한 대통령령(Указ Президента Российской Федерации об утверждении концепции государственной национальной полиитики Российской Федерации) 15 июня 1996 года, N 909.

"민족문화자치단체에 관한 러시아연방법"(Федеральный закон о национально-культурной автономии)

집필진 소개 (집필순)

백인학

- 강원대학교 윤리교육과 교수
- 고려대학교 정치학 박사
- 전 강원대학교 사범대학장

안득기

- 국가안보전략연구소 연구위원
- 한국외국어대학교 정치학 박사
- 민주평통 상임위원
  - "신뢰프로세스 정책의 방향성에 관한 연구"(2013), "남북교류협력의 제도적 안정성에 관한 연구"(2013), "A Study on Construct for Unification Culture: Focusing on Conflicts Settlement"(2012), "Changes in North Korea and Situations on Korean Peninsula: Focusing on N. Korea's Sovereign Hereditary, Economy, Nuclear Issue and Relations with S. Korea"(2011).
  - 『갈등과 통합의 국제정치』(2008, 공저).
  - 『전후 세계의 스포츠와 국가정체성』(2009, 역서)
  - 『정치@영화 – 영화속에서 본 정치』(2008, 공저)

허정필

- 한국외국어대학교 대학원 석사 졸업
- 동국대학교 북한학과 박사과정 수료

남광규

- 고려대학교 아세아문제연구소 연구교수
- 고려대학교 대학원 정치학 박사
- 매봉통일연구소 소장
  - 통일연구원, 『통일비전 개발』(늘품 플러스, 2011).
  - 이정식 외, 『남북한 정부수립의 과정』(인간사랑, 2010).
  - "남한의 '3단계 통일방안'과 북한의 '연방제'에 있어 정당 역할," 『국제문제연구』, 제14권 1호(2014. 03).
  - "미소공위와 미소의 조선임시정부 수립대책," 한국국제정치학회, 『국제정치논총』, 47집 3호(2007. 09).

이수석

- 국가안보전략연구소 수석연구위원
- 고려대학교 대학원 정치학 박사
- 민주평통 상임위원
  - 『탈북자와 함께 본 북한사회』(오름, 2012)
  - 『통일대계 탐색연구』(통일연구원, 2009)
  - "김정은 정권의 권력구조와 북한체제 전망", 『평화학연구』 13권 4호, 2012
  - "김정일 후계구도와 북한체제 전망", 『통일연구』 14권 1호, 2010

김일기

- 국가안보전략연구소 연구위원
- 건국대학교 대학원 정치학 박사
- 민주평통 상임위원
  - 『통일세대에게 들려주고 싶은 통일북한 이슈 100』(공저, 평화문제연구소, 2012)
  - 『국가정보학』(공저, 박영사, 2013)
  - "김정은 시대 북한정치의 특징과 전망," 『북한학회보』, 제38집 2호, 2013
  - "평화와 소통의 관점에서 본 한반도신뢰프로세스" 『평화학연구』, 제14권 2호, 2013

우평균

- 한양대학교 아태지역연구센터 연구교수
- 고려대학교 대학원 정치학 박사
  - 『유라시아 지역의 분쟁』(공저, 민속원, 2014)
  - 『2013 동아시아 전략평가』(공저, 한국전략문제연구소, 2013)
  - "동유럽 공산체제 해체와 북한체제 붕괴의 연관성," 『평화학연구』 15권 4호(2014)
  - "러시아민족주의의 성격과 푸틴주의의 민족주의적 지향," 『슬라브학보』 29권 3호(2014)

❙ 홍익표

- 부산대학교 사회교육연구소 부소장
- 독일 함부르크대학교(Universität Hamburg) 정치학 박사

  - 『한국정치를 읽는 20개의 키워드: 신자유주의부터 포퓰리즘까지』(2013)
  - 『왜 민족음악인가? 다시 읽는 유럽의 민족주의와 음악』(2011, 공저)
  - 『세계화 시대의 정치학』(2009, 공저)
  - "동북아 환경협력에 대한 비판적 고찰: 협력의 제약요인을 중심으로"(2012); "배제로의 수렴? 유럽의 인권정책과 이주민문제"(2005); "남북한 사회통합의 새로운 지향: 합의제 민주주의를 중심으로"(2004)

❙ 나영주

- 강원대학교 강사
- 고려대학교 대학원 정치학 박사

  - "중국 시진핑 정권의 개혁 정치와 이념적 지향" 『민족연구』, 제57호(2014).
  - "센카쿠 제도 분쟁과 미국의 개입 전략." 『국제정치연구』, 제16집 1호(2013).

❙ 김승채

- 서울평화상문화재단 사무총장
- 전 고려대학교 겸임교수
- 고려대학교 대학원 정치학 박사

  - 『전략적 통합과 한반도 평화체제』(집문당, 2009. 3)
  - "미중관계 시나리오별 중장기 통일대비 정책," 통일부 정책연구보고서 (2010. 9).
  - "정치경제 개혁의 30년: 중국화 VS 세계화," 『민족연구』, 통권 38 호(2009년 6월).

❙ 이용철

- 고려대학교 평화와민주주의연구소 연구교수
- 와세다대학교 대학원 정치학 박사
- 전 와세다대학 대학원 정치학연구과 부교수

  - 『韓国プロテスタントの南北統一の思想と運動―国家と宗教の間で―』(東京: 社会評論社, 2007)
  - "냉전기 한국의 지역협력 외교: 박정희의 국가건설 구상과 ASPAC 창설" 『국제문제연구』 제14권제2호(2014여름).

❙ 홍민식

- 강원대학교 윤리교육과 교수
- 고려대학교 대학원 정치학 박사
- 전 강원대학교 교무처장

  - "시장사회주의의 이데올로기적 함의"(2006)
  - "평화연구의 현황과 과제"(2005)
  - "러시아의 사회주의:사회, 민족주의 결합을 통한 활로모색"(2004)

❙ 김인성

- 러시아 상트페테르부르크 정치사회학 박사
- 전 고려대학교 아세아문제연구소 HK연구교수
- 현 충남대학교 연구교수

  - "러시아 쿠릴열도 정책의 정치·경제적 함의." 『민족연구』, 2013.
  - "러시아에서의 민족주의와 다문화주의." 『민족연구』, 2012.
  - "사할린 한인의 한국으로의 재이주와 정착분석." 『재외한인연구』, 2011.
  - "연해주 한인사회를 통해 본 러시아 정부의 다문화정책." 『민족연구』, 2010
  - "러시아연방 이민 및 정착 지원 제도의 실태와 문제점." 『러시아연구』, 2009.

  외 다수

❙ 조철호

- 통일교육원 교수
- 고려대학교 정치학 박사
- 한국국제정치학회 이사

  - "박정희의 자주국방과 핵개발," 『역사비평』(2000. 08).
  - "주한미군 위상변화의 제도화와 미래의 한미동맹," 『아세아연구』, 제45집 4호(2005.12).
  - "이중적 핵력개발정책과 한미 핵갈등," 『아세아연구』, 제16집 1호(2002. 12).